시경집전변정

이 책은 2018년도 정부(교육부)의 재원으로 한국고전번역원의 지원을 받아
수행된 '특수고전협동번역사업'의 결과물임.

This work was supported by Institute for the Translation of Korean Classics - Grant funded by the Korean Government.

시경집전변정 1

詩經集傳辨正

심대윤 沈大允 지음

성원규
윤은숙
김형석 옮김

일러두기

1. 이 책의 번역 대본은 고려대학교 도서관에 소장된 《시경집전변정(詩經集傳辨正)》(육당A3A4-1~6)으로 하였다. 규장각에 소장된 또 다른 필사본(古1324-3)은 대동문화연구원에서 간행한 《심대윤전집》 제2책과 한국경학자료시스템(http://koco.skku.edu)에서 볼 수 있다.
2. 내용이 간단한 역주는 간주(間註)로, 긴 역주는 각주(脚註)로 처리하였다.
3. 한자는 필요한 경우 이해를 돕기 위하여 넣었으며, 운문(韻文)은 원문을 병기하였다.
4. 맞춤법과 띄어쓰기는 한글 맞춤법과 표준어 규정을 따랐다.
5. 이 책의 번역문에서 사용한 부호는 다음과 같다.
   ( ) : 번역문과 음이 같은 한자를 묶는다.
   〔 〕: 번역문과 뜻은 같으나 음이 다른 한자를 묶는다.
   " " : 대화 등의 인용문을 묶는다.
   ' ' : " " 안의 재인용 또는 강조 문구를 묶는다.
   「 」: ' ' 안의 재인용을 묶는다.
   『 』: 「 」 안의 재인용을 묶는다.
   《 》: 책명 및 각주의 전거(典據)를 묶는다.
   〈 〉: 책의 편명 및 운문·산문의 제목 또는 보충역을 묶는다.
6. 이 책의 후반부에 고려대본을 저본으로 하여 표점 · 교감한 원문을 실었다.
7. 본문의 오류로 의심 가는 점이 있으나 근거할 만한 대조본이 없을 경우에는 교감기에 그 내용만 언급하였다.
8. 판각이나 필사 과정에서 관행적으로 통용하던 글자는 문맥에 맞게 고쳐 쓰고 교감기는 달지 않았다.
9. 이 책에 사용된 표점부호는 다음과 같다.
   。 의문문과 감탄문을 제외한 문장의 끝에 쓴다.
   ? 의문문의 끝에 쓴다.
   ! 감탄문이나 감탄사의 끝, 강한 어조의 명령문 · 청유문 · 반어문의 끝

에 쓴다.

,	한 문장 안에서 일반적으로 구의 구분이 필요한 곳에 쓴다.
、	한 구 안에서 병렬된 단어 사이에 쓴다.
;	복문 안에서 구조상 분명하게 병렬된 어구 사이에 쓴다.
:	완전한 인용문의 경우 인용부호와 함께 쓰거나, 화제 혹은 소표제어로서 문장을 이끄는 어구 뒤에 쓴다.
" " ' '	직접 인용된 말이나 강조해야 하는 말을 나타내는 데 쓰되, 1차 인용에는 " "를, 2차 인용에는 ' '를, 3차 인용에는 「 」를 쓴다.
【 】	原文의 註를 나타내는 데 쓴다.
·	서명부호(《 》) 안에서 서명과 편명 등을 구분하는 데 쓴다.
《 》	서명, 편명, 악곡명, 서화명 등을 나타내는 데 쓴다.
____	인명, 지명, 국명, 민족명, 건물명, 연호 등의 고유명사를 나타내는 데 쓴다.
□	빠진 글자의 자리에 쓴다.
▨	훼손된 글자의 자리에 쓴다.

차례

詩經集傳辨正1 校勘・標點

해제

심대윤(沈大允)의《시경집전변정(詩經集傳辨正)》

신영주 | 성신여자대학교 한문교육과 교수

1.

《시경집전변정(詩經集傳辨正)》(규장각장본 古1324-3)은 심대윤(沈大允)이《시경집전(詩經集傳)》을 비판적으로 분석하고 자신의 견해를 보태어 기미년(1859, 철종 10) 겨울에 완성한 저술이다. 불분권(不分卷) 6책으로 이루어진 필사본(筆寫本)이다. 제6책 끝에 '기미동저(己未冬著)'라는 기록을 남겨 놓아 저술을 완성한 시기를 추정할 수 있다.

심대윤은《복리전서(福利全書)》1책,《한중수필(閒中隨筆)》2책,《상의점법(象義占法)》5책,《동사(東史)》6책,《전사(全史)》58책 등을 비롯해 경학과 역사 방면에 방대한 저술을 남겼다. 이 중에는 본서를 비롯하여《서경채전변정(書經蔡傳辨正)》4책,《예기정해(禮記正解)》8책,《의례정론(儀禮正論)》2책,《주례산정(周禮刪正)》·《효경산정(孝經刪正)》2책,《춘추사전주소초선(春秋四傳註疏抄選)》10책,《춘추사전속전(春秋四傳續傳)》3책 등 경학에 관한 저술만 절반가량에 이른다.

2.

심대윤(沈大允)은 본관은 청송(靑松)이고, 자는 진경(晉卿)이고, 호는 백운(白雲), 석교(石橋)이다. 1806년에 경기도 안성 가곡(佳谷 원삼면 가좌리)에서 심완륜(沈完倫 1778~1833)과 의령남씨(宜寧南氏) 사이의 맏아들로 태어나, 1872년(고종 9) 7월 25일에 향년 67세로 세상을 떠났다.

《해동악부(海東樂府)》의 저자 심광세(沈光世 1577~1624)가 9대조이고, 영조 때 영의정을 지낸 심수현(沈壽賢 1663~1736)이 고조이다. 이계(耳溪) 홍양호(洪良浩 1724~1802)가 곧 심수현의 외손이다. 종증조 심육(沈錥 1685~1755)은 조선 양명학을 일으킨 정제두(1649~1736)의 학술을 계승하였다.

그의 가문은 이전까지 벼슬과 학술로 높은 위상을 갖추고 있었으나, 1755년에 변서사건(變書事件)에 연루되어 종증조 심악(沈鑵 1702~1755)과 심필(沈鉍)이 처형되면서 타격을 받아 가문이 쇠락하고 벼슬길이 막히고 말았다. 마침내 폐족이 되다시피 나락에 떨어진 가문 배경 속에서 성장한 심대윤은 평생 출사를 포기하고 경전 연구와 저술에 몰두하였다.

그는 부인 경주이씨(慶州李氏)와의 사이에서 자식을 두지 못하여, 넷째 동생 심의돈(沈宜敦)의 아들 심명택(沈明澤)을 양자로 들였다. 39세에는 서울을 떠나 안성(安城)의 가곡(佳谷)으로 돌아가 노모를 모시고 두 동생과 함께 거주하였다. 이 시기 그는 생계를 잇기 어려워 나무 반상(盤床)을 제작하는 공방과 약방을 운영하였다고 한다.

"내가 경전을 어릴 때 일과로 공부한 뒤로, 스스로 재주와 지식이 부족하여 경전을 통할 수 없다고 생각해서, 다시 책을 펴 보지 않은 지가 거의 20년이다. 나이가 34세, 35세를 지나서 비로소 다시 경전을 연구했으나, 집이 가난하고 부친이 노쇠한 데다가 안성에 거주하여 생업을 꾸리고 응대하느라 골몰해서 여유가 없었다."[1]

그는 어린 시절에 경전을 공부하다가 성취하지 못하고 거의 20년 가까운 세월 동안 학문을 멈추었다. 당시 급박한 가정 형편으로 겨를을 내기 어려웠기 때문이다. 이후 30대 중반에 이르러 다시 학문을 시작해서 경전 연구에 매진하였고, 임인년(1842) 이후로 20여 년 동안 방대한 저술을 남길 수 있었다.

> "임인년(1842)에 병들고 나서야 《주역상의점법》을 지어 5개월 만에 마칠 수 있었다. 그 이후로 지금까지 거의 20년 동안 여유가 있을 때마다 번번이 저술을 남겼다. 오직 삼례(三禮)에 대해서는 1년가량의 공력을 썼다. 그 외의 여러 경(經)은 혹은 수십 일, 혹은 수개월의 공력을 들여서 작업을 마쳤다."[2]

1842년부터 본격적으로 경전 연구를 통해 얻은 성과를 정리하여 저술로 남기기 시작하였다. 이를 거의 20년 동안 지속하여 수많은 저술을 완성하기에 이른 것이다.

사승(師承)으로 이어지는 유가의 일반적 학술 전통을 학습할 겨를이 부족하였고, 오히려 양명학에 심취한 선조의 학술 경험을 가정에서 물려받은 그였기에, 결과적으로 자신만의 독창적인 학문 세계를 구축할 수 있었다. 그리고 이것이 고스란히 저술에 담긴 것으로 보인다. 그의 저술에는 주자의 학술 권위에 얽매이지 않은 자유롭고 독특한 학적 분석이 유감없이 발휘되어 있다. 삼례(三禮)에 대한 주석은 《주

1 沈大允, 《詩經集傳辨正》〈跋〉, "余於經傳, 在童幼時課讀之後, 自以才知譾劣, 不足以通經, 不復開卷者, 且二十年. 年過三十四五, 始復返究經傳, 而家貧親老, 又居城闉, 營生酬接, 汨無暇隙."

2 沈大允, 《詩經集傳辨正》〈跋〉, "壬寅病中, 著象義, 五月而畢. 其後至今, 幾二十年間, 每有閑隙, 則輒有所著. 獨三禮用周年之工, 其餘諸經, 或數十日, 或數月而畢工."

례산정》, 《의례정론》, 《예기정해》를 이른다.

위당 정인보 선생은 심대윤의 경전 주석에 대해 이런 평을 남겼다.

> "우리나라의 여러 선비가 모두 정주(程朱)의 가법(家法)을 지켜 감히 새로운 뜻을 제시하지 못하였다. 그 폐해로 겉모습을 답습하기만 하고 마음으로 깨우치지 못하는 것이다. 선생은 재주가 높고 사고가 깊은 분으로 세상일을 오래 겪으면서 인정(人情)을 익숙하게 이해하였다. 뿐만이 아니라 곤궁하고 답답한 마음이 가슴 속에 쌓여 있었기에 성인의 말씀을 해석하는 데에 마음을 붙이게 되었다. 그 풀이는 대진(戴震)에 가까우면서 크고 거침없는 것으로는 더 뛰어나다. 근세에 학문을 축적한 선비 중에 성호 이익과 순암 안정복은 역사로 알려졌고, 다산 정약용은 정치를 논한 것으로 알려졌다. 선생은 적막한 곳을 외로이 지키고 있으면서 명성을 얻지는 못하였다. 도리어 강하면서 격한 말로 옛 학자를 지적하고 비판하여 당시의 비방을 한 몸에 받았을 뿐이다. 결국 저술도 파묻혀 물어보는 자도 거의 없을 정도다. 그러나 마음을 가라앉히고 따져보면, 선생의 정밀한 의리와 빼어난 해석은 세상의 수많은 주장 속에서 우뚝하게 드러난다. 우리나라 경학의 빛이라 하겠다."[3]

3 鄭寅普, 〈閒中隨筆識〉, "國朝諸師儒, 皆守程朱家法, 不敢發新義, 其弊爲貌襲而無心得. 先生才高思深, 更事久而於人情至孰悉, 積中困懮, 釋聖言而寄其懷. 其說近戴震, 而宏肆過之. 近世積學之彦, 如李星湖、安順菴以歷史著, 丁茶山以言政顯. 先生塊守寂寞, 聲稱泯焉. 反以發辭抗激, 訾嗷前修, 叢當時之訕謗, 書遂錮而罕有過問者. 然平心而論, 精義英解, 卓鑠羣言之林, 爲三韓經學光." 진재교(2008) 〈심대윤의 이남(二南)과 관저(關雎)의 설시(說詩)에 대한 고찰〉(《한문학보》 19집, 우리한문학회)에서 재인용.

3.

《시경집전변정》의 내용 구성은 대략 다음과 같다.

<table>
<tr><th colspan="3">구분</th><th>편수</th></tr>
<tr><td rowspan="5">제1책</td><td></td><td>서(序)</td><td></td></tr>
<tr><td></td><td>논어설시(論語說詩)</td><td></td></tr>
<tr><td rowspan="3">국풍(國風)</td><td>주남(周南)</td><td>11</td></tr>
<tr><td>소남(召南)</td><td>14</td></tr>
<tr><td>패(邶)</td><td>19</td></tr>
<tr><td rowspan="4">제2책</td><td rowspan="4">국풍(國風)</td><td>용(鄘)</td><td>10</td></tr>
<tr><td>위(衛)</td><td>10</td></tr>
<tr><td>왕(王)</td><td>10</td></tr>
<tr><td>정(鄭)</td><td>21</td></tr>
<tr><td rowspan="8">제3책</td><td rowspan="8">국풍(國風)</td><td>제(齊)</td><td>11</td></tr>
<tr><td>위(魏)</td><td>7</td></tr>
<tr><td>당(唐)</td><td>12</td></tr>
<tr><td>진(秦)</td><td>10</td></tr>
<tr><td>진(陳)</td><td>10</td></tr>
<tr><td>회(檜)</td><td>4</td></tr>
<tr><td>조(曹)</td><td>4</td></tr>
<tr><td>빈(豳)</td><td>7</td></tr>
<tr><td rowspan="5">제4책</td><td rowspan="5">소아(小雅)</td><td>녹명(鹿鳴)</td><td>10</td></tr>
<tr><td>백화(白華)</td><td>10</td></tr>
<tr><td>동궁(彤弓)</td><td>10</td></tr>
<tr><td>기보(祈父)</td><td>10</td></tr>
<tr><td>소민(小旻)</td><td>10</td></tr>
<tr><td rowspan="5">제5책</td><td rowspan="3">소아(小雅)</td><td>북산(北山)</td><td>10</td></tr>
<tr><td>상호(桑扈)</td><td>10</td></tr>
<tr><td>도인사(都人士)</td><td>10</td></tr>
<tr><td rowspan="2">대아(大雅)</td><td>문왕(文王)</td><td>10</td></tr>
<tr><td>생민(生民)</td><td>10</td></tr>
</table>

제6책	대아(大雅)	탕(蕩)	11
	주송(周頌)	청묘(淸廟)	10
		신공(臣工)	10
		민여소자(閔予小子)	11
	노송(魯頌)	노송(魯頌)	4
	상송(商頌)	상송(商頌)	5
		발(跋)	

《시경집전》에 실린 시 311수 전체를 분석 대상으로 삼았다. 물론 자신의 다른 견해를 제시하지 않은 부분도 적지 않으나, 거의 대부분의 시에 대해 자신의 독특한 견해를 제시하였다. 아울러 《시경집전》에 포함되어 있지 않은 주석 중에서도 필요하다고 생각하는 것을 추가해서 제시하였다.

저술의 처음과 끝에 서와 발을 달았고, 서 뒤에 〈논어설시(論語說詩)〉를 실었다. 이는 《논어》에서 《시경》을 언급한 일곱 곳을 잘라 기록하고 이에 대한 자신의 견해를 간략하게 밝힌 것이다.

풍, 아, 송의 대분류 및 하위분류가 적용되어 새로 시작하는 첫머리나 끝에는 간헐적으로 소서 형식의 짧은 기록을 붙였다. 여기에는 해당 분류에 포함된 시의 내용과 성격 등에 대한 견해가 제시되어 있다. 각 시 작품에 대해서는 먼저 시 원문을 장별로 싣고, 이어서 해당 시에 대한 《시경집전》의 주석 중에 취할 만한 것을 아래에 소개하였다. 그런 뒤에 새로운 주석을 추가하거나 자신의 다른 견해를 제시하였다. 이런 형식은 전편에 걸쳐 일정하게 적용되었다.

내용이 전하지 않고 제목만 남은 시는 녹명지십(鹿鳴之什)과 백화지십(白華之什)에 각각 1수와 5수가 포함되어 있다. 이 6수는 제목만 소개하고 그 성격을 규정하는 자신의 견해를 제시하였다.

4.

〈논어설시(論語說詩)〉에는 논어에서 시를 언급한 일곱 조목을 인용하고 평어를 붙였다. 인용한 경문은 아래와 같다.

	편장	
1	자한 14장	子曰 吾自衛反魯 然後（樂正）雅頌 各得其所
2	자로 5장	(子曰) 誦詩三百 授之以政 不達 使於四方 不能專對 雖多 (亦)奚(以)爲
3	태백 8장	興於詩
4	계씨 13장	不學詩 無以言
5	양화 9장	詩可以興 可以觀 可以群 可以怨 邇之事父 遠之事君 多識於鳥獸草木之名
6	학이 15장	子貢曰 貧而無諂 富而無驕 何如 子曰 可也 未若貧而樂 富而好禮者也 子貢曰 詩云 如切如磋 如琢如磨 其斯之謂與 子曰 賜也 始可與言詩已矣 告諸往而知來者
7	팔일 8장	子夏(問)曰 巧笑倩兮 美目盼兮 素以爲絢兮 何謂也 子曰 繪事後素 曰 禮後乎 子曰 起予者 商也 始可與言詩已矣

인용한 경문에는 《시경》이 정립된 시기와 저작 규모, 및 그 사회적 효용이 언급되어 있다. 아울러 시의 활용을 보여준다. 공자의 시선에 비친 《시경》 모습을 토대로 그 형태를 유추하고 성격 규정을 시도한 부분으로 보인다.

아울러 공자가 시를 산삭한 일에 관한 《사기》의 서술이 잘못되었다고 지적하였다.

“선유의 말에 ‘공자께서 이미 시삼백(詩三百)이라 하셨으니, 《시경》

이 삼백 편인 것이 오래되었다.'라고 하였다. 《사기》의 말처럼 천여 편을 공자가 산삭해서 3백 편으로 만든 것이 아님이 분명하다.[4] 따라서 《시경》과 《서경》을 산삭했다는 말은 약간 산제(刪削)했음을 의미한다. 아와 송이 뒤섞여 함께 있어 공자가 정리해서 바로잡으신 것이다."[5]

기존에 《사기》의 기록에 근거하여, 공자가 당시에 전하는 1천여 편의 시를 가져다가 정리해서 311수를 간추려내었다고 알려졌으나, 이는 사실과 다를 것이라고 보았다. 공자의 역할은 단지 약간의 산삭을 가하면서, 뒤섞여 있는 아와 송의 편제 오류를 바로잡는 데에 있었다는 것이다.

5.

내용은 없고 제목만 전하는 6수의 시에 대해 주자는 《의례》에 근거하여 '성률만 있고 가사가 없는 생시(笙詩)'에 해당한다고 규정하였다.[6] 그러나 심대윤은 이런 의견을 강하게 부정하고, 이것이 가사를 잃어버린 일시(逸詩)일 뿐이라고 주장하였다.

4 司馬遷, 《史記》〈孔子世家〉, "古者詩三千餘篇, 及至孔子, 去其重, 取可施於禮義."

5 沈大允, 《詩經集傳辨正》〈論語說詩〉, "自夫子已言詩三百, 則詩三百舊矣. 非千餘篇而夫子刪爲三百, 如史記所稱, 明矣. 然則刪詩、書者, 或略有刪削歟. 雅、頌混竝, 故夫子釐而正之也."

6 朱熹, 《詩經集傳》小雅, 〈華黍〉, "鄕飮酒禮, 鼓瑟而歌鹿鳴四牡皇皇者華然後, 笙入堂下, 磬南北面立, 樂南陔白華華黍. 燕禮, 亦鼓瑟而歌鹿鳴四牡皇華然後, 笙入立于縣中, 奏南陔白華華黍. 南陔以下, 今無以考其名篇之義, 然曰笙曰樂曰奏, 而不言歌, 則有聲而無詞明矣."

"〈백화〉와 〈화서〉는 일시(逸詩)이다. 《시경집전》에서 〈남해〉, 〈백화〉, 〈화서〉는 생시(笙詩)로서 성률만 있고 가사가 없다고 한 것은 아무런 생각이 없이 입에서 나오는 대로 말한 것이라고 이를 만하다. 가사가 없다면 어떻게 시라고 하면서 편질 속에 엮어 넣을 수 있겠는가? 또 성률은 어디에 있을 수 있겠는가? 시가 없다면 생(笙)으로 연주한 것이 무엇의 성률인가?"[7]

가사와 성률로 구분할 때, 시로 표현한 것이 가사이고 음악에 붙인 것이 성률이다. 주자는 〈남해〉 등 6수가 애초부터 가사를 붙이지 않고 악보처럼 성률만 갖추어 완성하였다고 보았다. 곧 가사를 잃어버린 것이 아니라 본디 가사가 없었다는 말이다. 예컨대, 〈어리(魚麗)〉를 노래하면서 생(笙)으로 〈유경(由庚)〉을 연주하고, 〈남유가어(南有嘉魚)〉를 노래하면서 〈숭구(崇丘)〉를 연주하고, 〈남상유대(南上有臺)〉를 노래하면서 〈유의(由儀)〉를 연주하는 식으로 이 6수가 활용된 것이다.

이에 대해 심대윤은, 가사 없이 성률만 있는 것을 시로 헤아려 《시경》에 수록하지는 않았으리라는 이유를 들었다. 또 가사가 없으면 성률을 붙일 곳이 없기에, 결국 생으로 연주할 성률을 갖출 수 없다고 주장하였다.

이런 모순을 초래하는 원인에 대해서는 이렇게 진단하였다.

"선유의 병통은 매양 무(無)에서 유(有)를 찾아내고 이에 미혹되어

7 沈大允, 《詩經集傳辨正》 小雅, 〈華黍〉, "白華華黍, 逸詩也. 集傳以爲南陔白華華黍笙詩也, 有聲而無辭, 可謂無心而信口者矣. 無辭則何以謂之詩而編於篇帙之中乎? 聲在何處乎? 無詩則笙之所奏者, 何聲乎?"

마치 도깨비 뱃속에라도 들어간 것처럼, 우주에 없는 일을 말하는 데에 있다. 내가 말한 '뜰의 토끼〔庭兎〕'[8]가 바로 이것이다. 배우는 자는 조심해서 이런 버릇을 익히지 말아야 한다."[9]

일시(逸詩)일 뿐인데, 선유가 근거가 되지 않는 말들을 끌어대어 허구를 지어내었다고 비판하였다. 곧 분리할 수 없는 가사와 성률을 따로 떼어 성률을 위해서만 지어진 시라고 주장한 것이 가소롭다고 하였다. 이것이 도깨비 말이 아니고 무엇이냐고 비난하기까지 하였다.[10]

6.

심대윤은 서문에서, 예(禮)는 체(體)가 되고 악(樂)은 용(用)이 되어 예로 선비를 가르치고 악으로 백성을 교화하는데, 악은 시가(詩歌)를 위주로 하고 성률(聲律)로 보조한다고 하였다.[11] 공자가 시를 산정해서 《시경》을 엮은 큰 의도가 백성 교화에 있다고 보았다.

예(禮)는 도(道)를 중(中)에 맞게 안배한 것으로 체에 해당하고,

8 "뜰의 토끼〔庭兎〕"는 심대윤이 《논어》〈위정(爲政)〉에서 제기한 비유이다. 알 수 없는 일을 계속 생각하면, 마침내 실체 없는 형체를 볼 수 있다는 것이다. 뜰에 토끼가 있는가 하고 정신을 모아 주시하기를 3년 동안 하고 나면, 이에 미혹되어 마치 토끼가 있는 듯이 보인다는 것이다.

9 沈大允, 《詩經集傳辨正》 小雅, 〈華黍〉, "先儒之病, 每在於無中尋有, 沈惑而入於鬼魅之腹, 說出宇宙所無之事, 余所謂庭兎是也. 學者愼無爲此習哉! '學而時習之', 所以慮此患也."

10 沈大允, 《詩經集傳辨正》 小雅, 〈華黍〉, "其云'見於詩者, 歌也; 寓於樂者, 聲也'者, 尤極可笑. 樂則聲也, 有聲而無詩, 聲何以寓於聲乎? 非鬼魅之說而何?"

11 沈大允, 《詩經集傳辨正》 〈序〉, "禮爲體, 樂爲用. 禮以敎士, 樂以化民, 樂以詩歌爲主, 聲律爲助."

악(樂)은 예(禮)의 내용을 시가(詩歌)로 불러서 가르침이 이루어지게 하는 것으로 용에 해당한다는 것이다.[12] 지식이 부족해서 가르침을 쉽게 수용하지 못하는 백성에게는 악(樂)을 활용해서 교화할 수 있다.[13] 그런데 악(樂)이 대개 시가(詩歌)로 이루어지기에 시가가 매우 중요할 수밖에 없다.[14] 백성 교화의 주요 도구가 곧 시가(詩歌)이다.

> "시는 말이 간결하고 풍자적이며 뜻이 미세하고 은밀하다. 사물에 의탁해서 정감을 발현하여 깊이 다가서고 곡진히 전달하기에, 한 사람이 노래하면 세 사람이 감탄하여 자신도 모르는 사이에 손으로 춤을 추고 발로 구르게 된다. 언어가 끝난 뒤까지 뜻이 남고 소리가 짧게 끝난 뒤까지 생각은 길게 이어지니, 사람 마음에 깊게 스며드는 것이 혹 가리켜 진술하고 자세히 설명하는 것보다 뛰어나다."[15]

심대윤이 생각하는 시의 효용을 보여준다. 시는 간결한 언어로 풍자하여 은미한 뜻을 드러낸다. 사물에 의탁해서 정감을 표현하여 깊은 뜻을 곡진하게 전달하기 때문에, 언어가 끝난 뒤까지 그 뜻이 마음에 남고 소리가 끝난 뒤까지 생각이 길게 이어져서 읽는 사람 마음에 깊게 스며든다. 따라서 가리켜서 진술하거나 자세하게 설명하는 것보다 뛰어나다.

이런 이유로, 위로는 재주 있고 지혜로운 자의 뜻을 충분히 흥기하게

12 沈大允, 《詩經集傳辨正》〈序〉, "禮, 道之制中者也, 樂者, 詠歌禮之說以爲教者也."
13 沈大允, 《詩經集傳辨正》〈序〉, "民之無知而不可教者, 非樂則無以化之也."
14 沈大允, 《詩經集傳辨正》〈序〉, "化民, 專在於詩歌, 而聲律不妙, 則人亦不樂聽之矣."
15 沈大允, 《詩經集傳辨正》〈序〉, "詩之辭簡而諷, 旨微而隱. 託物以發其情, 深造而曲達, 一唱三歎, 不知手之舞之足之蹈之. 言盡而意餘, 聲短而思長, 其入人之深, 或過於指陳而詳說之也."

할 수 있고, 아래로는 어리석고 어린 자의 마음을 충분히 감발하게 할 수 있다는 것이다.[16] 사람들의 마음이 흥기하고 감발하게 하여 교화가 이루어질 수 있게 만드는 것이 시를 통해 가능하다고 보았다.

심대윤은 이런 시각에 따라 《시경집전》을 분석하고서 몇 가지 문제를 지적하였다.

> "《시경집전》에서 말한 대로라면, 《시경》의 내용은 남녀 간에 그리워하고 사모하는 마음과 음란(淫亂)하게 주고받은 말에 불과한 것이다. 그 외에도 모두 천박하고 의리 없는 것이어서, 어리숙한 사내와 아낙네가 평소에 내뱉고 아이들도 모두 아는 뻔한 이야기에 불과할 뿐이다. 이를 가지고 어떻게 교화를 할 수 있었겠으며, 경을 엮어 후세에 남길 수 있었겠는가?"[17]

《시경집전》에 대한 비판적 견해를 제시한 것이다. 《시경집전》의 주장에 따르면, 《시경》의 시가 남녀가 서로 그리워하는 정회와 음란하게 주고받은 말을 표현한 것으로 이해될 수밖에 없다. 그렇지 않은 것도 천박하고 의리에 맞지 않은 것이어서 어리숙한 사내와 아낙네들이 평소에 주고받는 이야기와 아이들도 아는 뻔한 이야기에 불과한 것이 될 수밖에 없다. 만약 그렇다면, 공자가 이런 시를 가지고서 교화에 활용하려 하였거나 후세에 전하려 하지는 않았을 것이라는 점을 지적하였다.

그렇다면 이런 잘못된 시 해석이 어떻게 나타난 것인가? 심대윤은

16 沈大允, 《詩經集傳辨正》〈序〉, "上足以興起才智之志, 下足以感發愚孺之心. 非達理君子, 其孰能與於此?"

17 沈大允, 《詩經集傳辨正》〈序〉, "如集傳所說, 則詩經不過男女懷思之情、淫亂之辭. 外此者, 又皆膚淺無義, 不過庸夫愚婦之常談, 兒童之所共知者. 此焉足以教化耶? 此焉足以著經而垂之後世耶?"

한나라 학자들이 《시경》 본의를 올바로 이해하지 못한 데서 시작되었다고 하였다. 이후 연달아 바르지 못한 주석이 축적되었다는 것이다.

> "대체로 한나라 유자들이 한두 가지라도 비슷하게 할 수 있는 것이 아니었다. 《시경집전》이 어긋나고 잘못되어 경의 뜻을 매몰시킨 것은 진실로 질책할 만한 것이 못 된다. 이에 《시경집전변정》을 지어서 오경의 뜻이 찬란하게 다시 세상에 밝혀지게 한다."[18]

한나라 학자들이 제시한 주석이 전혀 본의에 접근하지 못한 것이었기에, 이를 수용한 《시경집전》도 결국 그 오류에서 벗어나지 못하였다. 이것이 결국 성인이 남긴 경을 변질시켜 비패부랑(鄙悖浮浪)한 패류멸경(悖謬滅經)이 되게 만들고 말았다는 것이다.[19]

이런 문제의식 속에서 그릇된 주석을 바로잡을 필요가 제기된 것이다. 이에 이를 바로잡아 오경의 뜻을 세상에 찬란하게 밝힐 목적으로 《시경집전변정》을 집필하게 되었다는 말이 된다.

7.

심대윤은 국풍에 관한 기존의 정의를 부정하고 새로운 견해를 소개하였다. 《시경》의 체제와 성격을 이해하는 기본 관점의 차이에서 비롯된 것이기에, 개별 시를 이해하고 비평하는 데까지 영향을 끼칠 수밖에 없다.

18 沈大允, 《詩經集傳辨止》〈序〉, "類非漢儒之所能髣髴其一二也. 集傳之悖謬滅經, 固無足誅也. 輒爲辨正, 使五經之義, 炳然復明於世."

19 沈大允, 《詩經集傳辨止》〈序〉, "變聖經, 爲一部鄙悖浮浪之書, 故曰"悖謬滅經"也. 他經皆然, 非惟此經爲然, 而今於五經之卒業, 特擧正之耳."

《시경집전》에 따르면, 국풍의 시는 국가의 교화에 영향을 받은 백성들이 말로 표현해낸 것이다. 이 말이 다시 타인을 감동하게 한다. 마치 물건이 바람에 흔들려 소리를 내고 그 소리가 다시 다른 물건을 감동하게 하는 것 같다. 그래서 '풍'이라고 한다는 것이다.[20] 물건이 바람에 움직여 소리를 내듯이 윗사람의 교화를 받은 민간 남녀들이 각자의 정을 말로 노래하였기에 '풍'이라 한다는 말이다.[21]

윗사람의 교화가 미친 민간에 의해 만들어진 결과물이 시가 되었다고 본 이 관점은, 시를 통해 교화의 결과를 살피고 아울러 이로써 국정의 방향 결정에 중요한 시사점을 얻을 수 있다고 여기는 위정자의 시선에서 도출되었다.

이에 반해 심대윤은 《시경》 시의 창작 주체가 평범한 백성이 아니라, 이치에 통달한 군자라고 하였다.

> "《시경》 3백 편이 모두 이치를 통달한 군자가 지은 것이다. 예칙(禮則)에 부합하고 사정(事情)에 깊이가 있다. 이를 써서 백성을 교화하고 풍속을 이룰 수 있으며, 이를 전하여 후세에 교훈을 주고 모범을 보일 수 있다. 이 때문에 이를 엮어 경을 만들었다."[22]

국풍 시도 예외가 아니다. 백성을 교화하여 풍속을 변화시키고 후세에 전하여 교훈으로 삼게 할 의도로 군자가 창작한 것이다. '풍(風)'이

20 朱熹, 《詩經集傳》 國風, 〈小序〉, "風者, 民俗歌謠之詩也. 謂之風者, 以其被上之化以有言, 而其言又足以感人, 如物因風之動以有聲, 而其聲又足以動物也."

21 朱熹, 《詩經集傳》 〈序〉, "吾聞之 凡詩之所謂風者 多出於里巷歌謠之作 所謂男女相與詠歌 各言其情者也"

22 沈大允, 《詩經集傳辨正》 〈序〉, "詩三百篇, 皆達理君子之所作也. 合於禮則, 深於事情, 用之可以化民成俗, 垂之可以訓式後世, 故著之爲經."

라는 명칭도 교화를 형용한 말이 아니라, 풍자의 뜻을 담은 말로 보아 다음과 같이 말하였다.

> "풍(風)은 일에 의탁해서〔託事〕 뜻을 붙인 것〔寓意〕이다. 말한 내용은 여기에 있으나 생각한 내용은 저기에 있다.-간언하는 자가 은미하게 풍자함과 같다.- 마치 바람이 물건을 흔듦에 은미해서 흔적이 보이지 않음과 같다."[23]

전하려는 내용을 직설하지 않고 다른 일에 빗대어 은근히 풍자하여 표현하기를, 마치 자취가 보이지 않는 미세한 바람이 불어 물건을 흔들어놓듯이 하여 '풍'이라 한다. 감히 직언(直言)과 정론(正論)을 할 수 없을 때, 간언하는 사람이 넌지시 에둘러서 말하듯이 다른 일에 기대어 풍자하는 것이다. 이런 이유로 노(魯)와 송(宋)처럼 잘 다스려져 풍자할 일이 적은 나라에는 풍(風) 시가 드물거나 없고, 오히려 아(雅) 시가 많아진다.[24]

이런 주장은 풍과 아를 창작 주체와 내용에 따라 구분한 기존 논리에서 벗어나 '진의(陳義)'와 '풍자(諷刺)'라는 수사 방식을 기준으로 양분하는 논리에서 도출되었다.

> "아(雅)가 엄정한 말〔莊言〕로 뜻을 진술〔陳義〕한 것은 훈모(訓謨)가 곡진하고 상세하게 말한 것에는 미치지 못한다. 풍(風)이 물건에 의탁해서 은미하고 깊은 뜻을 드러낸 것은 간혹 지적하고 진술하여

23 沈大允, 《詩經集傳辨正》 國風, 〈小序〉, "風者, 託事以寓意, 所言則在此, 而所謂則在彼, 【如諫者之隱諷之也.】 如風之感物微而不見其迹也."

24 沈大允, 《詩經集傳辨正》 周南, "凡風, 多不敢直言正論, 故托事以諷之. 治平之國, 少風而多雅, 魯、宋之無風, 豈亦其俗尙然歟."

바르게 말한 것보다 나을 수 있다. 시는 풍(風 풍자)을 장점으로 삼는다. 하지만 완곡한 말은 수용하기 쉽고, 법대로 한 말은 따르기 쉽기에 하나라도 버릴 수 없다. 그래서 시에 풍(風)도 있고 아(雅)도 있는 것이다."[25]

엄정한 말로 뜻을 진술하는 것이 아(雅)이고, 다른 물건에 의탁하여 풍자해서 은미하고 깊은 뜻을 드러내는 것이 풍(風)이다. 완곡하게 풍자하는 풍은 시라는 형식에서 볼 때 장점이 많으나, 법대로 엄정하게 진술하여 뜻을 쉽게 이해하고 빨리 수용하게 만드는 아(雅)도 장점이 있다. 풍(風)과 아(雅)가 병립하는 이유가 여기에 있다. 다만 풍과 아가 언제나 분리할 수 있는 전혀 다른 것이 아니기에, 아 가운데 풍이 섞이고 마찬가지로 풍 가운데 아가 섞일 개연성이 충분하다는 것이다.[26]

이상의 주장은 《시경집전》의 논리에서 멀리 벗어나 있다. 국풍을 민간 가요로 규정한 바탕 위에서 성립한 기존의 채시관풍설(採詩觀風說)과 크게 다른 것이다. 물건이 바람에 흔들려 소리를 내고 그 소리가 다시 다른 물건을 충분히 감동하게 하는 듯하다는 《시경집전》의 주장은, 교화가 아래에 미치고 다시 평범한 백성의 입을 통해 가요로 발현되어 교화가 증폭된다는 것이다. 이렇게 창작된 가요의 시를 묶어 풍이 만들어졌다고 보았다.

그런데 창작 주체를 달리 설정한 심대윤은 국풍 시가 풍자 방식으로 창작되어 '풍'이 되었다고 한다. 《시경집전》의 논리는 풍에만 해당하는 것이 아니라 풍, 아, 송을 아우르는 모든 시의 음악적 효용에 해당하는

25 沈大允, 《詩經集傳辨正》 小雅, 都人士之什, "雅之莊言陳義, 未及於訓謨之委曲詳說也, 而風之托物以發其微旨、深趣, 或過於指陳而正言之也. 詩以風爲長, 而巽言之易入、法語之易從, 不可偏廢也, 故詩有風有雅耳."

26 沈大允, 《詩經集傳辨正》 小雅, 〈小序〉, "雅中亦有附風者, 猶風之有雅也."

것이라고 꼬집었다.[27]

8.

소아(小雅)와 대아(大雅)의 구분에 대해서도 기존의 견해와는 다른 독특한 주장을 제시하였다.

> "신하(臣下)에 속한 것이거나 편(篇)과 장(章)이 작고 짧은 것을 소아(小雅)라 하고, 군상(君上)에 속한 것이거나 편과 장이 크고 긴 것을 대아(大雅)라고 한다."[28]

소아와 대아가 군신(君臣) 간의 차이와 편장(篇章) 대소의 차이에 따라 구분되었는 것이다. 하지만 《시경집전》에서는 정(正)과 변(變)의 구별을 두면서, 정소아(正小雅)는 연향(燕饗) 때의 음악이고, 정대아(正大雅)는 조회(朝會) 때의 음악으로 음복하고 경계를 아뢰는 내용이라고 하였다. 연향(燕饗)과 조회(朝會)를 소아와 대아의 분류 기준으로 제시한 것이다.[29]

〈모시서(毛詩序)〉에서는, 천자의 정사에 작은 정사가 있고 큰 정사가 있기에 소아가 있고 대아가 있다고 하였다.[30] 공영달이 이에, 천자의

27 沈大允, 《詩經集傳辨正》 國風, 〈小序〉, "集傳曰 '風者, 如物因風之動而有聲, 其聲又足以動物也.' 此樂之謂也. 雅、頌皆然也, 非獨風然也, 是知集傳之說非矣."

28 沈大允, 《詩經集傳辨正》 小雅, 〈小序〉, "其在於臣下及篇章小而短者, 謂之小雅, 其在於君上及篇章大而長者, 謂之大雅."

29 朱熹, 《詩經集傳》 小雅, 〈小序〉, "正小雅, 燕饗之樂也. 正大雅, 會朝之樂, 受釐陳戒之辭也."

30 《毛詩序》, "政有小大, 故有小雅焉, 有大雅焉."

작은 정사는 빈객에게 음식을 대접하거나 신하들에게 상을 주고 위로하는 일 등이며, 큰 정사는 문왕이 주나라를 일으키거나 무왕이 은나라를 대신하거나 천자가 선왕의 복록을 이어받는 일 등이라고 풀이하였다.[31]

군간 간의 차이를 기준으로 삼은 부분은 유사한 점이 있으나, 심대윤은 동시에 편장 대소의 차이까지 기준으로 제시한 것이다.

심대윤은 시의 정(正)과 변(變)에 대해서도 독특한 주장을 하였다. 주자는 《시경집전》 서문에서, 문왕에게 교화를 받은 성정이 올바른 사람들에 의해 불린 주남과 소남은 정풍(正風)에 해당하고, 시대의 치란과 사람의 현부가 달라서 사정(邪正)과 시비(是非)가 일정하지 않은 패풍 이하는 변풍(變風)에 해당한다는 것이다.[32] 이런 논리를 확장하여 아와 송도 정과 변으로 구분된다고 하였다.

그런데 심대윤은 이에 대해 아래와 같은 견해를 제시하였다.

> "옛날에 주남과 소남의 시를 정풍이라 하고, 13개 열국의 시를 변풍이라 하였다. 소아와 대아에도 정이 있고 변이 있다고 하였다. 하지만 시에는 진의(陳義)와 풍자(諷刺) 두 가지가 있을 뿐이다. 그런데 진의를 정이라 하고 풍자를 변이라고 하기에는 시 안에 두 가지 일이 뒤섞여 있다. 또 치세의 시를 정이라 하고 난세의 시를 변이라 하기에도 그 시대를 고찰할 수가 없는 것이다."[33]

31 孔穎達, 《詩經正義》, "小雅所陳, 有飮食賓客、賞勞群臣、燕賜以懷諸侯、征伐以强中國、樂得賢者、養育人材, 於天子之政, 皆小事也. 大雅所陳, 受命作周、伐殷繼代、荷先王之福祿、尊祖考以配天、醉酒飽德、能官用士、澤被昆蟲、仁及草木, 於天子之政, 皆大事也."

32 朱熹, 《詩經集傳》 〈序〉, "惟周南召南, 親被文王之化以成德, 而人皆有以得其性情之正. 故其發於言者, 樂而不過於淫, 哀而不及於傷. 是以二篇獨爲風詩之正經, 自邶而下, 則其國之治亂不同, 人之賢否亦異, 其所感而發者, 有邪正是非之不齊, 而所謂先王之風者, 於此焉變矣."

시의 내용 성격을 진의(陳義)와 풍자(諷刺)로 구분할 수 있을 뿐이다. 정(正)과 변(變)의 구분은 적절하지 않다고 강조하였다. 진의와 풍자가 뒤섞여 있고 치세와 난세가 구별되지 않는데 정과 변을 일률 적용하여 양분할 수는 없다는 것이다.

9.

이상에서 보았듯이, 심대윤은 30대 후반 이후로 경전 연구에 침잠하였다. 이때 기존 학자들의 연구 성과를 그대로 수용하지 않고 비판적 시각을 가지고 철저하게 반성하고 재검토하고자 하였다. 이로써 기존 성과의 오류를 추적하고 시정했을 뿐만이 아니라, 이를 토대로 다시 경전 곳곳에 나아가 기성 인식에서 벗어난 전혀 새로운 분석을 시도하였다.

이는 기존 경전 연구의 주류 방식과 크게 다르다. 기존 연구가 대개 사승(師承)으로 이어지는 학맥의 계보 안에서 선배 학자의 학술 성과를 충실하게 계승하고 이를 바탕으로 그 논리를 보완하여 강화하는 것이었으나, 심대윤은 이런 틀에서 멀리 벗어나 있었다. 양명학 성향이 강하던 몰락한 가문의 자제로 태어나 주류 학맥에 딸려 있지 않았고, 내내 불우하고 곤궁한 삶을 지속하면서 자기 주도의 비판적 시각이 강화되었던 것으로 보인다.

앞에 소개한 심대윤의 몇 가지 견해는《시경》에 있어서 그가 제출한 많은 성과 중 일부일 뿐이다. 그의 나머지 풍성한 성취는, 연구 성과를

33 沈大允,《詩經集傳辨正》國風,〈小序〉, “舊以二南爲正風, 十三國爲變風, 小雅、大雅亦有正有變, 而詩有陳義、諷刺二事耳. 若以陳義爲正, 諷刺爲變, 則篇什之中, 二事相錯矣. 若以治世之詩爲正, 亂世之詩爲變, 則又不可考其時世矣.”

결산하여 만들어진 《시경집전변정》에서 확인할 수 있다.

《시경집전변정》은 심대윤 개인의 《시경》 이해를 기록으로 남겨 소개한 것이기에, 그 설이 세간 학자들에게 수용되지 못할 부분도 없지 않다. 그러나 이것이 우리에게 시를 이해하는 새롭고 독특한 한 시각을 제공해주고 있다는 사실만은 분명하다. 그의 소중한 고민의 흔적들이 우리가 시를 더욱 깊고 다채롭게 이해할 수 있도록 충분한 도움을 줄 수 있을 것으로 믿는다.

시경집전변정서 詩經集傳辨正序

예(禮)는 체(體)가 되고 악(樂)은 용(用)이 되어서[1]-예는 도(道)를 중(中)에 맞게 하는 것이고, 악은 예의 내용을 노래로 읊어 가르침을 하는 것이다.- 예를 가지고 선비를 가르치고 악을 가지고 백성을 교화하니,-백성이 지식이 없어서 가르칠 수 없는 자는 악이 아니면 교화할 수가 없다.- 악은 시가(詩歌)를 위주로 하고 성률(聲律)을 도움으로 삼는다.-백성을 교화함은 전적으로 시가에 달려 있으니, 성률이 묘하지 않으면 사람들 또한 즐겨 들으려 하지 않는다.- 옛날에 천자가 예를 제정하고 악을 만들고 방하(方夏)[2]의 시가를 진열하여-만이(蠻夷)에는 이렇게 하지 않는다.- 그 예칙(禮則)에 부합하고 사정에 깊은 것을 가려 뽑아서 태사(太師)[3]에 올리고-태사는 악관의 우두머리인 태사

1 예는……되어서 : 《논어(論語)》 〈학이(學而)〉에 유자(有子)가 "예(禮)의 용(用)은 화(和)가 귀함이 되니, 선왕의 도(道)가 이것을 아름답게 여겼다. 그리하여 작은 일과 큰 일에 모두 이것을 따른 것이다. 행하지 못할 것이 있으니, 화(和)를 알아서 화(和)만 하고, 예로써 절제하지 않는다면 이 또한 행할 수 없는 것이다.〔禮之用, 和爲貴. 先王之道, 斯爲美, 小大由之. 有所不行, 知和而和, 不以禮節之, 亦不可行也.〕"라고 하였다. 이에 대해서 범조우(范祖禹)는 《논어집주(論語集註)》 장하주(章下註)에 "모든 예(禮)의 체(體)는 경(敬)을 주장하고, 그 용(用)은 화(和)를 귀하게 여기니, 경(敬)은 예(禮)가 확립되는 것이요, 화(和)는 악(樂)이 말미암아 생겨나는 것이다. 유자(有子)로 말하면 예악(禮樂)의 근본을 통달했다고 이를 만하다.〔凡禮之體, 主於敬, 而其用則以和爲貴, 敬者禮之所以立也, 和者樂之所由生也. 若有子, 可謂達禮樂之本矣.〕"라고 하여, 예(禮)와 악(樂)을 각각 체(體)와 용(用)으로 보았다.

2 방하(方夏) : '화하(華夏 중국)'를 가리키는 바, 《서경(書經)》 〈주서(周書) 무성(武成)〉에 "크게 하늘의 명을 받아 방하를 어루만진다.〔誕膺天命, 以撫方夏.〕"라고 하였다.

· 소사(小師)의 관직이요, 삼공의 태사(太師)와 소사(小師)가 아니다.- 이것을 악부(樂府)에 편입하고는 음탕하고 바르지 못한 음악을 금하였다.-정(鄭) · 위(衛)의 음악은 바로 천자가 시를 관찰하지 못하여 시가 망한 뒤에 생긴 것이요, 《시경》 가운데에 있는 정풍(鄭風)과 위풍(衛風)이 아니다.[4]-

《시경》 삼백 편은 모두 이치를 통달한 군자가 지은 것이니, 예칙(禮則)에 부합하고 사정(事情)에 깊어서 이것을 사용하면 백성을 교화하고 훌륭한 풍속을 이룰 수 있고, 이것을 후세에 남기면 후세에 교훈이 되고 모범이 된다. 그러므로 이것을 지어 경서로 만들었는데, 단지 말만으로는 사람을 깨우칠 수가 없다. 그래서 혹은 상수(象數)로 밝히고 혹은 모모(謨謀 좋은 말)로 전하고 혹은 정사(政事)로 보여주고 혹은 의문(儀文)으로 강론하고-《논어》 또한 《예경(禮經)》 중 한 책이니, 이 때문에 글을 널리 배우고 예를 요약한다 한 것이다.[5]- 혹은 영가(詠歌)로써 감동시키니, 오경(五經)[6]의 뜻이 하나같이 모두 하늘과 사람의 도를 밝혀서 그

3 태사(太師) : 태사는 악관(樂官)의 우두머리를 가리킨다. 《예기집설대전(禮記集說大全)》 〈왕제(王制)〉에 "태사는 악관(樂官)의 우두머리이다. 시(詩)는 자신의 뜻을 말하는 것이니, 시를 채록하여 살펴 보면 풍속의 좋고 나쁨을 볼 수 있고, 정령(政令)의 잘잘못을 알 수 있다.〔大師, 樂官之長. 詩以言志, 采錄而觀覽之, 則風俗之美惡可見, 政令之得失可知矣.〕"라고 보인다.

4 정(鄭)……아니다 : 춘추 시대 정나라와 위나라의 음악은 음란하고 나라를 망치게 하는 노래라고 하여, 곧 난세(亂世)의 음악을 가리킨다. 《예기(禮記)》 〈악기(樂記)〉에는 "정나라와 위나라의 음악은 난세의 음악이다.〔鄭、衛之音, 亂世之音也.〕"라고 하였고, 《논어(論語)》 〈위령공(衛靈公)〉에는 "정나라의 음악을 추방하라.〔放鄭聲.〕"라고 하였고, 〈양화(陽貨)〉에는 공자는"정나라 음악이 아악(雅樂)을 어지럽히는 것을 미워한다.〔惡鄭聲之亂雅樂也.〕"라고 하였는데, 주자는 정나라와 위나라의 음악을 《시경(詩經)》의 정풍(鄭風)과 위풍(衛風)으로 보았기 때문에 이와 같이 비판한 것이다.

5 논어……것이다 : 《논어》 〈옹야(雍也)〉에 "공자가 말씀하였다. 군자가 글을 널리 배우고 예로 요약하면 또한 도리에 위배되지 않을 것이다.〔子曰: '君子博學於文, 約之以禮, 亦可以弗畔矣夫!'〕"라고 하였다.

6 오경(五經) : 유가에서 전해지는 다섯 가지 경서로서 《시경》, 《서경》, 《역경(易

화(禍)와 복이 초래되는 이유를 밝힌 것이다.

시는 글이 간략하면서도 풍자적이고 뜻이 은미하면서도 깊으며, 물건을 가탁(假託)하여 그 감정을 유발하며 깊이 나아가고 곡진히 통달하여 한 사람이 선창을 하면 세 사람이 감탄하여[7] 자신도 모르게 손으로 춤을 추고 발로 뛰며, 말이 다하여도 뜻이 남아 있고 소리가 짧으면서도 생각이 길어서 사람들에게 깊이 먹혀들어감이 혹 손가락으로 지적하여 보여주고 자세히 해설하는 것보다도 더하다. 그리하여 위로는 재주가 있고 지혜로운 자의 뜻을 충분히 흥기시키고, 아래로는 어리석고 어린이의 마음을 충분히 감발(感發)시킬 수 있으니, 이치를 통달한 군자가 아니면 그 누가 여기에 참여하겠는가. 이는 대체로 한(漢)나라 유자(儒者)들이 그 한두 가지라도 비슷할 수 있는 것이 아니니, 《집전(集傳)》에 어긋나고 잘못되어 경전의 뜻을 멸한 것은 진실로 굳이 책망할 것이 못된다.

이에 변정(辨正)을 지어 오경의 뜻으로 하여금 찬란하게 다시 세상에 밝게 하였으니, 세상에서는 아마도 거의 도에 가까울 것이다.-주자의 집전(集傳)》에서 말한 내용[8]과 같다면 《시경》은 남자와 여자가 서로 그리워하는 정과 음란한 가사(歌辭)에 불과하고, 이외에는 또 모두 천근하여 의리가 없어서 용렬한 남자

經)》, 《춘추경(春秋經)》, 《예경(禮經)》을 가리킨다.

7 한 사람이……감탄하여 : 《예기》 〈악기〉에 "청묘(淸廟)의 비파는 붉은 현에 소리가 느릿하여 한 명이 선창하면 세 사람이 화답하여 여음이 있다.〔淸廟之瑟, 朱絃而疏越, 壹倡而三嘆, 有遺音者矣.〕"라고 보인다.

8 주자의……내용 : 《시경집전(詩經集傳)》 서문(序文)에서 주자는 "무릇 시 중에 풍(風)이란 것은 여항(閭巷)의 가요의 작품에서 나온 것이 많으니, 이른바 남녀가 서로 읊고 노래하여 각각 그 성(情)을 발했다는 것이다. 오직 〈주남(周南)〉과 〈소남(召南)〉은 친히 문왕(文王)의 교화를 입어 덕을 이루어서 사람들이 모두 그 성정(性情)의 바름을 얻었다.〔凡詩之所謂風者, 多出於里巷歌謠之作, 所謂男女相與詠歌, 各言其情者也. 惟《周南》《召南》親被文王之化以成德, 而人皆有以得其性情之正.〕라고 하였다.

와 어리석은 여자의 일반적인 말과 아이들이 함께 아는 것에 불과하니, 이것을 가지고 어떻게 교화할 수 있겠으며, 이것을 가지고 어떻게 경서에 드러내어 후세에 남길 수 있겠는가. 성인의 경서를 변질시켜 이치에 어긋나고 부랑(浮浪)한 한 권의 글을 만들었다. 그러므로 내가 "도리에 어긋나고 잘못되어 경서의 뜻을 멸했다."라고 한 것이다. 다른 경서도 모두 그렇고, 오직 이 경서만 그런 것은 아니나 지금 오경의 작업을 마침에 특별히 들어서 바로잡는 것이다.-

논어설시 論語說詩

공자(孔子)께서 말씀하셨다. "내가 위(衛)나라에서 노(魯)나라로 돌아온 뒤에 아(雅)와 송(頌)이 각기 제자리를 얻게 되었다."[1]

선유(先儒)가 말하였다. "공자로부터 이미 《시경》이 삼백 편이라고 말씀하셨으니, 그렇다면 《시경》은 삼백 편이 된 것이 오래되었다. 《사기(史記)》에서 말한 것[2]처럼 천여 편을 공자가 삭제하여 삼백 편으로 만든 것이 아님이 분명하다. 그렇다면 《시경》과 《서경》을 산삭한 것은 조금만 삭제(刪削)한 것인 듯하다. 아(雅)와 송(頌)이 뒤섞여 함께 있었기 때문에 공자가 정리하여 바로잡으신 듯하다."

《시경》 3백 편을 외우더라도 정치를 맡겨줌에 제대로 해내지 못하고 사방에 사신감에 혼자서 처결하지 못한다면 비록 시를 많이 외운들

1 공자가……되었다 : 《논어》 〈자한(子罕)〉에 "내가 위나라에서 노나라로 돌아온 뒤에야 음악이 바르어져서 아(雅)와 송(頌)이 각각 제자리를 얻게 되었다.〔吾自衛反魯, 樂正, 雅頌各得其所.〕"라고 하였다.

2 사기(史記)에서 말한 것 : 《사기》 〈공자세가(孔子世家)〉에 "옛날에는 시가 3천여 편이었으나 공자에 이르러 중복된 것을 제거하고 예의에 시행할 수 있는 것만을 취하였으니, 위로는 설(契)과 후직(后稷)에 관한 것을 채록하고 중간에는 은(殷)・주(周)의 성대함을 기술하고 아래로는 유왕(幽王)과 여왕(厲王)의 잘못에까지 이르렀다.……삼백오편을 공자가 모두 현가(弦歌)하여 소(韶), 무(武), 아(雅), 송(頌)의 음악과 합하게 하셨으니, 예악이 이로부터 기술되어 왕도(王道)를 갖추고 육예(六藝)를 완성할 수 있게 되었다.〔古者詩三千餘篇, 及至孔子, 去其重, 取可施於禮義, 上采契、后稷, 中述殷周之盛, 至幽、厲之缺.……三百五篇, 孔子皆弦歌之, 以求合韶・武・雅・頌之音, 禮樂自此可得而述, 以備王道, 成六藝.〕"라고 하였다.

어디에 쓰겠는가.[3]

시는 진실로 사람의 정신과 지혜를 더하여 정사와 언어에 통달하게 하는 것이니, 비루하고 도리에 어긋나고 외설하여 받아 쓸 데가 없을 뿐인 집설(集說)의 내용과 같은 것이 아니다.

시에서 〈착한 것을 좋아하고 나쁜 것을 싫어하는 마음을〉 홍기시킨다.[4]

시를 배우지 않으면 말을 할 수 없다.[5]

시는 사람의 의지를 홍기시킬 수 있으며, 〈정치의 득실을〉 관찰할 수 있으며, 무리지을 수 있으며, 원망할 수 있으며, 가까이는 어버이를 섬기고 멀리는 임금을 섬길 수 있으며, 새와 짐승, 풀과 나무의 이름을 많이 알게 한다.[6]

3 시경……쓰겠는가 : 《논어》 〈자로(子路)〉에 "시 3백 편을 외우더라도 정치를 맡겨 줌에 제대로 해내지 못하고 사방에 사신감에 혼자서 처결하지 못한다면 비록 시를 많이 외운들 어디에 쓰겠는가.〔誦時三百, 授之與政不達, 使於四方不能專對, 雖多亦奚以爲?〕"라는 내용이 있다.

4 시에서 홍기시킨다 : 《논어》 〈태백(泰伯)〉에 "시에서 홍기하고 예에서 서며 음악에서 이룬다.〔興於詩, 立於禮, 成於樂.〕"라고 하였다.

5 시를……없다 : 《논어》 〈계씨(季氏)〉에 "공자께서 혼자 서 있었는데 아들인 이(鯉)가 뜰을 지나자 공자께서 물으셨다. '시를 배웠느냐?' 이가 대답하였다. '아직 배우지 않았습니다.' 공자께서 말씀하셨다. '시를 배우지 않으면 말을 할 수 없다.'〔子嘗獨立, 鯉趨而過庭, 曰'學詩乎?' 對曰'未也.' '不學詩, 無以言.'〕"라고 한 데서 나온 말이다.

6 시는……한다 : 공자가 제자들에게 시의 효용을 이야기하며 "그대들은 어째서 시를 배우지 않느냐. 시는 사람의 의지를 홍기시킬 수 있으며, 〈정치의 득실을〉 관찰할 수 있으며, 무리지을 수 있으며, 원망할 수 있으며, 가까이는 어버이를 섬기고 멀리는 임금을 섬길 수 있으며, 새와 짐승, 풀과 나무의 이름을 많이 알게 한다.〔小子何莫學夫詩? 詩, 可以興; 可以觀; 可以群; 可以怨, 邇之事父; 遠之事君, 多識於鳥獸草木之名.〕"라고 하였다. 이 내용은 《논어》 〈양화(陽貨)〉에 보인다.

지공(子貢)이 묻기를 "가난하면서도 아첨함이 없으며 부유하면서도 교만함이 없는 것이 어떻습니까?" 하자, 공자가 대답하셨다. "괜찮으나, 가난하면서도 즐거워하며 부유하면서도 예를 좋아하는 자만은 못하다." 자공이 말하였다. "≪시경≫에 '절단해 놓고 다시 그것을 간 듯하며, 쪼아놓고 다시 그것을 간 듯하다.' 하였으니, 이것을 말함일 것입니다." 공자가 말씀하셨다. "사(賜 자공)는 비로소 함께 시를 말할 만하구나. 지나간 것(이미 말해 준 것)을 말해주자 올 것(아직 말해주지 않은 것)을 아는구나."[7]

자하(子夏)가 물었다. "'예쁜 웃음에 보조개가 예쁘며 아름다운 눈에 눈동자가 선명함이여! 흰 비단으로 채색을 한다.' 하였으니, 무엇을 말한 것입니까?" 공자가 말씀하셨다. "그림 그리는 일은 흰 비단을 마련하는 것보다 뒤에 하는 것이다." 〈자하가〉 "예가 〈충신(忠信)보다〉 뒤이겠군요." 하고 말하자, 공자가 말씀하셨다. "나를 흥기시키는 자는 상(商 자하)이로구나! 비로소 함께 시를 말할 만하다."[8]

지난번에 만일 한나라 유자(儒者)들이 시를 설명했다면 '아름다운 여인과 아름다운 복식'이라고 말함에 불과했을 터인데[9], 공자가는 "그림 그리는 일은 흰 비단을 만드는 것보다 뒤에 한다."라고 하셨고, 자하는 말하기를 "예가 뒤이다."라고 하였으니, 그렇다면 시를 배우는 자는 다만 그 문사(文辭 문장의 내용)를 읽을 뿐이 아니요, 마땅히 말 밖에서 깊은 뜻을 찾아야 함을 알아야 한다.

7 자공……아는구나 : 《논어》 〈학이(學而)〉에 보인다.

8 자하……만하다 : 《논어》 〈팔일(八佾)〉에 보인다.

9 지난번에……터인데 : 위에서 자하가 말한 시는 일시(逸詩)이므로 이와 같이 말한 것이다.

국풍 國風

주례(周禮)에 태사(太師)가 여섯 가지 시를 가르치니, 풍(風)과 부(賦)와 비(比)와 흥(興)과 아(雅)와 송(頌)이니,[1] 이 여섯 가지는 시를 짓는 체제이다. 풍(風)은 일에 가탁하여 뜻을 붙인 것이니, 말한 내용은 여기에 있으나 생각하는 것은 저기에 있어서-간(諫)하는 자가 은미하게 풍자하는 것과 같은 것이다.- 바람이 물건을 감동시킴이 은미하여 그 자취를 보지 못하는 것과 같은 것이다.[2]-《집전》에 이르기를 "풍은 물건이 바람의 움직임을 인하여 소리가 있고 그 소리가 또 충분히 물건을 감동시킬 수 있는 것과 같다."[3]라고 하였으니, 이것은 (풍을 말한 것이 아니고) 음악을 말한 것이다. 아(雅)와 송(頌)이 모두 그러하고 유독 풍만 그런 것이 아니니, 여기에서 《집전》의 설이

1 주례(周禮)에……송(頌)이니 : 이 내용은 《모시(毛詩)》〈대서(大序)〉에 보인다.

2 풍(風)은……것이다 : 주자는 《시경집전(詩經集傳)》에서 "국(國)은 제후들을 봉(封)한 지역이요, 풍(風)은 민속의 가요의 시이다. 이것을 풍이라고 이르는 이유는 윗사람의 교화를 입어서 말이 있고, 그 말이 또 충분히 사람을 감동시키니, 마치 물건이 바람의 동(動)함으로 인하여 소리가 있고, 그 소리가 또 충분히 물건을 동하는 것과 같기 때문이다. 그러므로 제후(諸侯)가 이것을 채집하여 천자에게 바치면, 천자가 받아서 악관(樂官)에게 진열하게 하고, 그 풍속이 숭상하는 것의 좋고 나쁨을 상고하여 그 정치의 득실을 알았던 것이다.〔國者, 諸侯所封之域, 而風者, 民俗歌謠之詩也. 謂之風者, 以其被上之化以有言, 而其言, 又足以感人, 如物因風之動以有聲, 而其聲, 又足以動物也. 是以諸侯采之, 以貢以天子, 天子受之, 而列於樂官, 於以考其俗尙之美惡, 而知其政治之得失焉.〕"라고 설명하였다.

3 집전에……같다 : 주자는 《집전》에서 "풍이라고 하는 이유는 윗사람의 교화를 입어서 말이 있고 그 말이 또 충분히 사람을 감동시키니, 물건이 바람의 움직임을 인하여 소리가 있고 그 소리가 또 충분히 물건을 감동시킬 수 있는 것과 같기 때문이다.〔謂之風者, 以其被上之化以有言, 而其言又足以感人, 如物因風之動以有聲, 而其聲又足以動物也.〕"라고 설명하였다.

잘못임을 알 수 있다.- 흥(興)은 단조로운 말과 짧은 말로는 그 뜻을 밝힐 수 없으므로 물건 중에 비슷한 종류에 가탁하여 서로 비추어 말한 것이다.-구름이 용을 따르고 바람이 범을 따르니 성인이 나옴에 만물이 우러러 본다는 따위가 이것이다.[4]- 부(賦)는 곧바로 그 일을 말하여 물건에게 가탁하지 않는 것이요, 비(比)는 비유함이니 물건을 끌어다가 비유할 뿐이고 본래의 일을 가지고 비추어 말하지 않는 것이다. 아(雅)는 장엄한 말로 뜻을 진술해서 은미하게 풍자하지 않는 것이요, 송(頌)은 공덕을 칭송하여 제사에 사용하는 것이다. 이 여섯 가지는 시를 짓는 체제이니 풍·아·송은 편을 세우는 것이고, 부·비·흥은 글을 엮는 것이다.-글을 엮는 방법은 오직 부·흥·비와 증거 네 가지가 있을 뿐인데, 시장(詩章)은 물건을 끌어다가 증거하는 것이 없고 부·비·흥만 있다.- 그러므로 풍에도 또한 부·비·흥이 있고 아에도 또한 부·비·흥이 있는데, 오직 송은 부만 있고 비와 흥이 없다.

악장(樂章)을 편집하는 자가 각각 편으로 모으고 종류로 나누어 풍·아·송의 구별이 있게 되었다. 아는 장엄한 말로 뜻을 진술해서 토속(土俗)에 관계되지 않으므로 나라를 달지 않았고, 풍은 일에 가탁하여 뜻을 붙여서 인하여 그 정을 볼 수 있으므로 국토(國土)에 달아서 풍속과 정교(政敎)가 똑같지 않음을 드러내었으나, 그 방하(方夏 중국)에서 채집한 것은 똑같다. 송은 제사의 악가(樂歌)이니, 열국(列國)의 제사

4 구름이……이것이다 :《주역(周易)》〈건괘(乾卦) 문언전(文言傳)〉에 "구오(九五)에 이르기를 '「나는 용이 하늘에 있으니, 대인을 만나봄이 이롭다」는 것은 무슨 말인가?' 공자가 말씀하셨다. '같은 소리는 서로 응하고 같은 기운은 서로 구하여, 물은 습한 곳으로 흐르고 불은 건조한 곳으로 나아가며, 구름은 용을 따르고 바람은 범을 따른다. 그리하여 성인이 나옴에 만물이 우러러본다. 하늘에 근본한 것은 위를 친히 하고 땅에 근본한 것은 아래를 친히 하니, 각기 그 류(類)를 따르는 것이다.'〔九五曰「飛龍在天利見大人」何謂也? 子曰: '同聲相應, 同氣相求, 水流濕, 火就燥, 雲從龍, 風從虎. 聖人作而萬物覩, 本乎天者, 親上, 本乎地者, 親下, 則各從其類也.'〕"라고 보인다.

에도 각각 송이 있는데 노(魯)와 송(宋)은 송만 있고 풍이 없고, 다른 나라는 풍만 있고 송이 없으니, 이는 취할 만한 내용이 없기 때문에 취하지 않았을 뿐이다.-혹은 취할 만한 것이 있고 혹은 취할 만한 것이 없음은 바로 그 우연일 뿐이다. 패(邶)·용(鄘)·위(衛)는 모두 강숙(康叔)을 봉한 나라인데 그 풍이 유독 많은 것도 또한 우연일 뿐이다. 오직 아(雅)는 없는 나라가 없다.-

옛날에 풍·아에 대한 정(正)·변(變)의 설이 있었으나 지금 이것을 취하지 않는다.-옛날에는 〈주남(周南)〉과 〈소남(召南)〉의 이남(二南)을 정풍(正風)이라 하고 13열국(列國)을 변풍(變風)이라 하였으며,[5] 〈소아(小雅)〉와 〈대아(大雅)〉에도 또한 정이 있고 변이 있었으나[6] 시는 뜻을 진술함과 풍자하는 두 가지 일이 있을 뿐이다. 만약 의리를 진술한 것을 정이라고 하고 풍자한 것을 변이라고 한다면 편십(篇什) 가운데 두 가지 일이 서로 뒤섞여 있고, 만약 치세(治世)의 시를 정이라 하고 난세(亂世)의 시를 변이라 한다면 또 그 시대를 고찰할 수가 없다.-

5 옛날에는……하였으며 : 주자는 《집전》의 서문에서 "오직 〈주남〉과 〈소남〉은 문왕의 교화를 직접 받아 덕을 이루어서 사람들이 모두 그 성정(性情)의 올바름을 얻었다.……이 때문에 〈주남〉、〈소남〉 두 편은 유독 풍시(風詩)의 바른 법(정풍)이 되었고, 〈패풍〉으로부터 이하는 그 나라의 치란(治亂)이 똑같지 않고, 사람의 현부(賢否) 또한 달라서 감동하여 발한 것이 사정(邪正)과 시비(是非)의 똑같지 않음이 있었으니, 이른바 '선왕의 풍'이라는 것이 여기에서 변하여 변풍이 되었다.〔惟《周南》《召南》, 親被文王之化以成德, 而人皆有以得其性情之正……是以二篇獨爲風詩之正經, 自《邶》而下, 則其國之治亂不同, 人之賢否亦異, 其所感而發者, 有邪正是非之不齊, 而所謂先王之風者, 於此焉變矣.〕"라고 하여 풍에 정과 변이 있다고 하였다.

6 소아(小雅)와……있었으나 : 《시전대전(詩傳大全)》 〈강령(綱領)〉에 "〈소아〉는 〈녹명(鹿鳴)〉부터 〈청청자아(菁菁者莪)까지의 22편을 정소아(正小雅), 〈유월(六月)〉에서부터 〈하초불황(何草不黃)〉까지를 변소아(變小雅라 하고, 〈대아〉는 〈문왕(文王)〉에서부터 〈권아(卷阿)〉까지의 18편을 정대아(正大雅), 〈민로(民勞)〉에서부터 〈소민(小旻)〉까지의 13편을 변대아(變大雅)라고 한다.〔《鹿鳴》至《菁莪》二十二篇爲正小雅, 《文王》至《卷阿》十八篇爲正大雅, 皆文、武、成王時詩, 周公所定樂歌之詞. 《邶》至《豳》十三國爲變風, 《六月》至《何草不黃》五十八篇爲變小雅, 《民勞》至《召旻》十三篇爲變大雅.〕"라고 보인다.

주남 周南

〈주남(周南)〉의 '주'는 주공(周公)의 봉읍(封邑)이고, 〈소남(召南)〉의 '소'는 소공(召公)의 봉읍이다. 무왕(武王)이 이미 상(商)나라를 이겨 천자가 되자 악(樂)을 지어 방하(方夏)에서 시를 채택해서 악가(樂歌)로 만드셨으니, 이때에 주공을 왼쪽, 소공을 오른쪽으로 나누어서 하여금 직방(職方 동과 서 두 방면을 각각 주관하는 방백(方伯))을 삼아 제후를 주관하게 하였는데, 섬(陜) 이동은 주공이 주관하고 섬 이서는 소공이 주관하였다. 주나라는 북쪽으로 오랑캐인 융호(戎胡)와 접경이어서 제후의 나라가 모두 남방에 있었으니, -〈대무(大武)〉가 네 번 끝나면 남쪽으로 간 것이 이것이다.[1]- 시를 채집할 적에 주공이 주관하는 곳에서 얻은 것을 〈주남〉이라 하고, 소공이 주관하는 곳에서 얻은 것을 〈소

1 주공을……이것이다 : 《예기》 〈악기〉에 "또 대무을 연주할 적에 첫 번째 악곡은 (무왕이) 북쪽으로 정벌하러 나간 것을 상징하고, 두 번째 악곡은 (무왕이) 상나라를 멸한 것을 상징하고, 세 번째 악곡은 남쪽으로 돌아온 것을 상징하고, 네 번째 악곡은 끝날 때에 남쪽 나라를 강리(疆理 경계를 확정)한 것을 상징하고, 다섯 번째 악곡은 땅을 나누어서 주공은 왼쪽에 있고 소공은 오른쪽에 있던 일을 상징하고, 여섯 번째 악곡은 다시 남쪽 끝에 있는 처음 자리로 돌아와서, 이를 통해 천자를 높인 뜻을 나타낸 것이다.〔且夫武始而北出, 再成而滅商, 三成而南, 四成而南國是疆, 五成而分, 周公左, 召公右, 六成復綴以崇天子.〕"라고 하였는바, 진호(陳澔)는 《예기집설(禮記集說)》에서 "다섯 번째 악곡이 끝나면 춤을 추는 자들이 두 번째 자리로부터 세 번째 자리에 이르러서 마침내 나뉘어 좌우가 되니, 주공이 왼쪽 지역을 다스리고 소공이 오른쪽 지역을 다스린 것을 상징한 것이다.〔五成, 則舞者從第二位, 至第三位, 乃分爲左右, 象周公居左, 召公居右也.〕"라고 하였고, 또 "악(樂)이 여섯 번째 악곡에 이르면 다시 처음 자리로 돌아가니, 이는 무왕이 공을 이루고 호경(鎬京)으로 돌아와 천하 사람들이 모두 무왕을 높여 천자로 삼았음을 상징한 것이다.〔樂至六成而復初位, 象武功成而歸鎬京, 四海皆崇武王, 爲天子矣.〕"라고 하였다.

남〉이라 하였다.[2]

이때에 천하가 새로 평정되어서 얻은 풍시(風詩)가 문왕 때의 옛날에 지은 것이 많고 새로운 가사가 매우 적었다. 그러므로 인하여 왕기(王畿)의 〈왕풍(王風)〉과 합쳤으며, 소공이 직방을 맡은 것이 강왕(康王)의 초년에 있었으므로 또한 그 때의 풍을 가지고 뒤에 붙여서, 열국에 달지 않고 인하여 〈주남〉·〈소남〉이라고 이름을 붙인 것이다. 주공의 채읍(采邑)은 빈(豳) 땅에 있었기 때문에 주공의 시를 〈빈풍(豳風)〉이라 하였고, 소공의 읍은 옛 주석에 '부풍(扶風) 옹현(雍縣) 남쪽 소정(召亭)에 있다'라고 하였다.-모든 풍은 대부분 감히 곧바로 말하거나 논할 수 없으므로 일에 가탁하여 풍자하였다. 치평한 나라는 풍이 적고 아(雅)가 많으니, 노(魯)나라와 송(宋)나라에 풍이 없음은 아마도 또한 그 풍속의 숭상함이 그랬던가 보다.- ◯연릉(延陵) 계자(季子)가 이남(二南)을 듣고 말하기를 "아름답다! 처음 터전을 잡았으나 아직 높은 경지에는 이르지 못하였다. 그러나 백성들이 부지런하고 원망하지 않았다."라고 하였다.[3]

2 시를……하였다 : 《시경집전》에는 "국중(國中)에서 얻은 것은 남국(南國)의 시를 섞어 〈주남〉이라고 하였으니, 천자의 나라로부터 제후국에 입혀졌고, 단지 국중(國中)일 뿐만이 아님을 말한 것이다. 남국(南國)에서 얻은 것은 다만 〈소남〉이라고 하였으니, 방백(方伯)의 나라로부터 남방(南方)에 입혀져서 감히 천자국에 달 수 없었기 때문이었다.〔蓋其得之國中者, 雜以南國之詩, 而謂之周南, 言自天子之國而被於諸侯, 不但國中而已也. 其得之南國者, 則直謂之召南, 言自方伯之國, 被於南方, 而不敢以繫于天子也.〕라고 하였다.

3 연릉(延陵) 계자(季子)……하였다 : 연릉 계자는 춘추시대 오(吳)나라의 공자(公子)였던 계찰(季札)의 이칭으로 연릉은 그의 봉지(封地)이다. 《사기(史記)》〈오태백세가(吳太伯世家)〉에 "〈오(吳)왕 여제(餘祭)〉 4년에 오나라가 계찰을 노(魯)나라에 사신으로 보냈는데, 주나라의 음악을 보여줄 것을 청하였다. 악사가 그를 위하여 〈주남〉과 〈소남〉을 노래하자, 계찰이 다음과 같이 말하였다. '아름답다! 처음 터전을 잡았으나 아직 높은 경지에는 이르지 못하였다. 그러나 백성들이 부지런하고 원망하지 않았다'〔四年, 吳使季札聘於魯, 請觀周樂, 爲歌《周南》《召南》, 曰: '美哉! 始基之矣, 猶未也. 然勤而不怨.'〕"라고 하였다. 또, 《춘추좌전(春秋左傳)》 양공(襄公) 29년 조의 두예

관저 關雎

정답게 우는 저구(雎鳩)새	關關雎鳩
하수(河水)의 물가에 있도다	在河之洲
얌전한 숙녀(淑女)	窈窕淑女
군자(君子)의 좋은 짝이로다	君子好逑

《집전》에 말하였다.[4] 흥(興)이다.[5] 관관(關關)은 화(和)한 소리이다. 물 가운데의 땅(섬)을 주(洲)라 한다. 요조(窈窕)는 그윽하고 고요(얌전)한 뜻이다. 숙(淑)은 선(善 좋음)이요, 여(女)는 시집가지 않은 여자의 칭호이다. 구(逑)는 짝이다.

○저구(雎鳩)[6]는 물새이다. 《춘추좌전(春秋左傳)》에 담자(郯子)가

(杜預)의 주에 "백성들이 아직 편안하고 즐겁지 못하였으나, 그 음악에 원망하거나 노워여함이 없었다.〔未能安樂, 然其音不怨怒.〕"라고 하였다.

4 집전에 말하였다 : 《집전》은 바로 주자가 저술한 《시경집전》을 가리킨다. 심대윤은 《시경집전변정》에서 《집전》의 훈의(訓義) 중 상당부분을 따르는데, 《집전》을 그대로 채택하기도 하고, 일부만 채택하는 경우도 있으며, 단장취의(斷章取義)한 부분도 있다. 따라서 이 책에서는 심대윤이 《집전》의 훈의을 대체적으로 따른 것으로 판단하고, 별도의 인용부호〔" "〕를 표기하지 않는다.

5 흥(興)이다 : 《집전》의 장하주(章下註)에는 '흥은 먼저 다른 사물을 말하여 읊을 말을 일으키는 것〔興者, 先言他物, 以引起所詠之詞也.〕'라고 하였다. 한(漢)나라 광형(匡衡)은 이 시에 대해서 "'요조숙녀군자호구(窈窕淑女, 君子好逑)'라는 것은 그 정숙함을 지극히 하여 그 지조를 변치 않아서, 정욕(情欲)의 느낌이 용의(容儀)에 개입함이 없고, 연사(宴私)의 뜻이 동정(動靜)에 나타나지 않음을 말한 것이다. 그러한 뒤에야 군주에 짝하여 종묘의 주인이 될 수 있는 것이니, 이는 기강(紀綱)의 머리요, 왕교(王教)의 단서이다.〔窈窕淑女, 君子好逑, 言能致其貞淑, 不貳其操, 情欲之感, 無介乎容儀; 宴私之意, 不形乎動靜. 夫然後可以配至尊而爲宗廟主, 此綱紀之首, 王教之端也.〕"라고 해석하였다.

6 저구(雎鳩) : 《집전》에는 "저구는 물새이니, 일명은 왕저(王雎)이다. 모양이 부예

이르기를 "저구씨(雎鳩氏)를 사마(司馬)라고 한다.[7]"라고 하였으니, 저구새는 날아 다니고 앉을 적에 항렬이 있어 무리와 어지럽지 않으니, 장수가 군대를 규율로 통제하는 것과 같다. 그러므로 저구로 사마를 이름하였다.-두예(杜預)가 이르기를 "정(情)이 지극하면서도 분별이 있으므로 사마란 관직의 이름으로 삼아 법을 주관하게 하였다."라고 하였으니, 전혀 말이 되지 않는다.-

구설(舊說 옛 주석)[8]에 이르기를 "장강(長江)과 회수(淮水) 사이에 왕저(王雎)란 새가 있으니 정해진 짝이 있어서 어지럽지 않고, 정이 지극하면서도 분별이 있어서 일찍이 네 마리가 뒤섞여 거처하고 혼자 있는 것을 보지 못했다."라고 하였다. 그러나 지금 저구새가 하수의 물가(모래톱이나 작은 섬)에 있다면 이 새가 아닌 것이다. 여럿이 날며 화하게 울면서도 그 항렬을 어지럽히지 않는 저구새가 하수의 물가에 모여 있는 것을 가지고, 여러 현자(賢者)들이 화목하게 모여 있으면서 그 신분을 어지럽히지 않고 성주(聖主)의 조정에 있음을 흥(興)하여 말하기를 '오직 성주만이 현신이 있을 수 있다.'라고 한 것이다.

숙녀에 가탁하여 문왕의 군주와 신하가 서로 만나는 성대함을 말하였으므로 '풍'이라고 하였다. 문왕이 주나라를 천자국으로 만든 것은 오직 현인을 잘 등용해서였다. 그러므로 이 편을 맨 앞에 놓은 것이다. 그런데 한나라 유자로부터 '문왕이 태사(太姒)를 얻고는 이 시를 지었다.'라고 하였다. 남자가 어진 아내를 얻을 것을 생각함은 사람의 일반

(鳧鷖 물오리)와 비슷하니, 지금 강과 회수(淮水) 사이에 있다. 태어나면서부터 정해진 짝이 있어서 서로 난잡하지 않고, 짝이 항상 같이 놀되 서로 친압하지 않는다.〔雎鳩, 水鳥, 一名王雎. 狀類鳧鷖, 今江淮間有之. 生有定偶而不相亂, 偶常竝遊而不相狎.〕"라고 풀이하였다.

7 춘추좌전에……한다 : 이 내용은 《춘추좌전》 소공(昭公) 17년 조에 보이는 바, 담자(郯子)가 소자(昭子)의 물음에 대답한 것이다.

8 구설(舊說) : 위의 각주 6) 참고.

적인 심정이니, 어찌 홀로 문왕만 그러하겠는가. 이 어찌 문왕을 칭찬할 만한 것이 되겠는가. 문왕이 현자를 좋아했다고 말하지 않고, '요조숙녀를 구하여 자나 깨나 생각하여 전전반측(輾轉反側)에 이르렀다.'라고 말했다면, 비루한 지아비가 성인을 폄하하고 무함한 것이 아니겠는가. 아래 구의 '좌우채지(左右采之)'는 또 요조숙녀를 구하여 모두 취하여 만족함이 없단 말인가. 비록 심히 주색에 빠져 여색을 좋아하는 군주라도 또한 이 지경에는 이르지 않았을 것이다.[9]

들쭉날쭉한 마름 나물을 參差荇菜
좌우로 물길 따라 취하도다 左右流之
얌전한 숙녀(淑女)를 窈窕淑女
자나깨나 구하도다 寤寐求之
현자를 구하여도 얻지 못하는지라 求之不得
자나깨나 생각하고 마음에 간직하여 寤寐思服
아득하고 아득해라 悠哉悠哉
몸을 이리 뒤척 저리 뒤척하노라 輾轉反側

《집전》에 말하였다. 참치(參差)는 똑같지 않은 모양이다. 행(荇)은 접여(接余)이니, 뿌리는 물 밑에서 자라고, 줄기는 비녀다리와 같으며, 위는 푸르고 아래는 희며, 잎은 자주색이요, 둘레는 지름이 한 치 남짓한데, 수면(水面)에 떠있다. '좌우(左右)'는 일정한 방향이 없음을 말한 것이다. 유(流)는 물의 흐름을 순(順)히 하여 취하는 것이다. 전

9 그런데 한나라……것이다 : 심대윤은 한(漢)나라 때 발달한 경학(經學), 특히 훈고학(訓詁學)이나 고증(考證)에 치중한 학자들의 견해를 비판하였는데, 심대윤은 《집전》이나 한나라 때 학자인 광형(匡衡)등이 이 시를 문왕이 비인 태사(太姒)를 얻은 시라고 보고 해석한 것을 비판하였다.

(輾)・전(轉)・반(反)・측(側)은 모두 잠자리에 누워 있으나 자리를 편안히 여기지 못하는 뜻이다.

◯흥이고 부이다.[10]-'구지부득(求之不得)' 이하는 부이다.- 복(服)은 복응(服膺 가슴에 간직하다)의 복과 같으니, 가슴에 새겨두고 잊지 않음이 옷을 입고 벗지 않음과 같은 것이다. 윗 장은 총괄하여 말하였고, 2장과 3장은 현자를 구하고 현자를 등용하는 일을 말하였다. 성왕(聖王)이 인재를 등용할 적에 만약 반드시 구덕(九德)[11]을 완전히 갖춘 사람을 구한다면 많이 얻지 못한다. 작은 재주와 큰 재주를 갖고 있는 사람을 버리는 것이 없고, 등용을 그 재주에 합당하게 해서 천하의 선인(善人)을 모아 천하의 사업을 이루어야 한다. 《서경》〈홍범(洪範)〉에 말하기를 '사람 중에 재능이 있고 훌륭한 일을 할 수 있고 지킴(지조)이 있는 자는 비록 극(極 중(中))에 맞지 않더라도 임금이 받아들여 등용해야 하니, 〈임금의 극이 수립되면 백성들이〉 그 극에 모여 그 극에 돌아올 것이다.'[12]라고 하였다. 들쭉날쭉한 마름 나물을 좌우로 물길

10 흥이고 부이다 : 《집전》에는 흥으로 본 반면에, 심대윤은 이 장의 아래 2구는 현자를 구하는 마음을 직접 표현한 것으로 보았다. 《집전》의 장하주에는 "그 배필을 얻지 못했을 때를 근본하여 말한 것이니, 저 들쭉 날쭉한 마름 나물은 마땅히 좌우로 일정한 방향이 없이 채집할 것이요. 이 요조숙녀는 마땅히 자나깨나 잊지 않고 구해야 하는 것이다. 이 사람과 이 덕(德)은 세상에 항상 있는 것이 아니니, 구하여 얻지 못하면 군자(君子)의 배필이 되어 내치(內治)의 아름다움을 이룰 수 없다. 그러므로 그 근심하고 생각함이 깊어서 스스로 그치지 못함이 이와 같음에 이른 것이다.〔此章, 本其未得而言. 彼參差之荇菜, 則當左右無方以流之矣, 此窈窕之淑女, 則當寤寐不忘以求之矣. 蓋此人此德, 世不常有, 求之不得, 則無以配君子而成其內治之美, 故其憂思之深, 不能自已, 至於如此也.〕"라고 풀이하였다.

11 구덕(九德) : 《서경》〈고요모(皐陶謨)〉에 보이는 아홉 가지 덕으로, 너그러우면서도 장엄함〔寬而栗〕, 유순하면서도 꼿꼿함〔柔而立〕, 삼가면서도 공손함〔愿而恭〕, 다스리면서도 공경함〔亂而敬〕, 익숙하면서도 굳셈〔擾而毅〕, 곧으면서도 온화함〔直而溫〕, 간략하면서도 모남〔簡而廉〕, 굳세면서도 독실함〔剛而塞〕, 강하면서도 의를 좋아함〔彊而義〕을 가리킨다.

따라 취하는 것을 가지고, 작고 큰 재주를 가지고 있어 딱 맞지 않은 인재라도 버리는 바가 없음을 흥하여, 현자를 구하는 간절함이 이와 같이 지극하다고 한 것이다.

들쭉날쭉한 마름 나물을	參差荇菜
좌우로 취하여 가리도다	左右采之
얌전한 숙녀를	窈窕淑女
거문고와 비파로 친히 하도다	琴瑟友之
들쭉날쭉한 마름 나물을	參差荇菜
좌우로 삶아 올리도다	左右芼之
요조한 숙녀를	窈窕淑女
종과 북으로 즐겁게 하도다	鍾鼓樂之

《집전》에 말하였다. 흥이다.[13] 모(芼)는 삶는 것이다. 우(友)는 친애

12 서경……것이다 : 《서경》 〈홍범〉에 "무릇 서민들이 꾀함이 있고 일을 베풀어 이룸이 있고 지킴이 있는 것을 네가 생각하며, 극에 합하지 않더라도 허물에 걸리지 않거든 임금은 받아주어라. 얼굴빛을 편안히 하여 말하기를 '내가 좋아하는 바가 덕이다.'라고 하거든 네가 그에게 복을 주면 이 사람이 임금의 극에 맞게 할 것이다.〔凡厥庶民有猷, 有爲, 有守, 汝則念之, 不協于極, 不罹于咎, 皇則受之. 而康而色曰: '予攸好德', 汝則錫之福, 時人, 斯其惟皇之極.〕"라고 하였으며, "편당함이 없고 편벽됨이 없으면 왕의 도가 평평하며, 상도에 위배됨이 없고 기욺이 없으면 왕의 도가 정직할 것이니, 그 극에 모여 그 극에 돌아올 것이다.〔無黨無偏, 王道平平, 無反無側, 王道正直, 會其有極, 歸其有極.〕"라고 하였다. 극(極)에 대하여 심대윤의 《서경채전변정(書經蔡傳辨正)》에 "극은 중(中)의 자리이다. 추위와 더위가 지극한 때를 중이라 하는 것과 같고, 하늘의 북극이 가장 높은 곳이면서 중이고 남극이 가장 낮은 곳이면서 중인 것과 같다. 지극한 곳이 중의 자리이고 지극한 선(善)이 중의 덕이다.〔極, 中之位也, 如寒暑之極, 謂之中也, 如天之北極, 最高之中, 南極, 最低之中也. 極盡處爲中之位, 至善爲中之德也.〕"라고 풀이하였다.

13 흥이다 : 《집전》의 장하주에는 "이 장은 지금에 처음 배필을 얻었을 때를 근거하여

함이다.

○《서경》에 이르기를 "문왕이 능히 삼택(三宅)의 마음을 알고 삼준(三俊)의 마음을 분명히 보았다."[14]라고 하였으니, 현자를 구하여 이미 얻었으면 좌우에 등용해서 그 재주에 마땅하게 하고, 현자를 조정에 세움에 일정한 방소가 없어서 현자를 제자리에 있게 함에 달려 있을 뿐이다.[15] 사람을 등용할 줄 모르는 자는 바늘로 장작을 패고 도끼로 옷을 꿰매게 해서 그 장점을 버리고 단점을 요구하며, 인재의 재주와 기량을 망가뜨리고 자신의 공업을 실패하게 하니, 이와 같이 하면 천하에는 등용할 만한 사람이 없고 이룰만한 일이 없는 것이다. 관리 임용권을 잡고서 임하여 말하기를 '천하에 훌륭한 인재가 없다'라고 하니, 어찌 참으로 인재가 없는 것이겠는가.

아마도 참으로 인재가 있는데 그를 망가뜨려서 인재가 없게 한 것이 아니겠는가. 만약 그 우뚝하게 스스로 서고 꿋꿋하게 스스로 지켜서

말한 것이다. 저 들쭉날쭉한 마름 나물을 얻었으면 마땅히 가려서 삶아 올려야 할 것이요, 이 요조숙녀(窈窕淑女)를 이미 얻었으면 마땅히 친애하고 즐거워해야 할 것이다. 이 사람과 이 덕은 세상에 항상 있는 것이 아니니, 다행히 얻으면 군자를 짝하여 내치(內治)를 이룰 수 있다. 그러므로 그 기쁘고 즐거우며 높이고 받드는 뜻이 스스로 그치지 못함이 또 이와 같은 것이다.〔此章, 据今始得而言. 彼參差之荇菜, 既得之, 則當采擇而亨(烹)芼之矣, 此窈窕之淑女, 既得之, 則當親愛而娛樂之矣. 蓋此人此德, 世不常有, 幸而得之, 則有以配君子而成內治, 故其喜樂尊奉之意, 不能自已, 又如此云.〕"라고 하였다.

14 서경에……보았다 : 《서경》 〈주서(周書) 입정(立政)〉에 "또한 문왕과 무왕이 능히 삼택의 마음을 알고 삼준의 마음을 분명히 보시어, 공경히 상제를 섬기며 백성의 장과 백을 세우셨습니다〔亦越文王武王, 克知三有宅心, 灼見三有俊心, 以敬事上帝, 立民長伯.〕"라고 하였다. 삼택은 왕의 좌우에 있는 관직인 상백(常伯)·상임(常任)·준인(準人)을 이르고, 삼준은 삼택의 재주가 있는 자를 이른다. 상백은 백성을 기르는 장(長)이고, 상임은 일을 맡은 공경(公卿)이고, 준인(準人)은 법을 지키는 유사(有司)이다.

15 현자를……뿐이다 : 원문은 '立賢無方'으로 《맹자》 〈이루 하(離婁下)〉에 보이는데, 현자를 높은 지위에 세우되 그의 출신과 귀천 등의 부류를 따지지 않는다는 뜻이다.

망가뜨려도 무너지지 않고, 그 재주와 기량이 좌와 우로 둠에 향하는 곳마다 공이 있는 자는 천백 년에도 드물게 있는 것이니, 만약 반드시 이와 같은 사람을 찾아서 비로소 등용하려 한다면 천하에 등용할 만한 사람이 없는 것이다. 또 더구나 참소하는 말이 가로막아서 비록 이러한 사람이 있더라도 또한 혹 등용되지 못하는 경우가 있으니, 이와 같이 하는 바로써 인재를 구하여 등용해서 천하의 공을 이루고자 한다면 어려운 것이다.

군주는 하늘의 일을 대신하여 백성의 스승이 되어서 군주가 운명을 만들고 군주가 선비를 양성한다. 《주역》에 이르기를 '성인이 나옴에 만물(만인)이 우러러본다.'[16]라고 하였으니, 현명한 왕이 위에 있으면 어진 인재가 비로소 나온다. 인재를 구하여 등용하기를 들쭉날쭉한 마름 나물을 좌우로 채취하듯이 하면 등용함이 인재의 재주에 마땅하여 그의 재주와 기량을 망가뜨리는 경우가 없을 것이요, 등용함이 인재의 재주에 마땅하여 그 선(善 훌륭한 점)을 발양하고 그 악(惡 잘못하는 점)을 막고 끊으면-사람의 장점을 발양하여 끌어올리고, 사람의 단점을 막고 끊어 그치게 하면, 사람의 재주와 기량이 점점 이루어질 것이다.- 기량이 쓰이는 일에 숙련되고 재주가 일에 익숙해져 일취월장하여 위로 나아갈 것이다.

《서경》〈우서(虞書)〉에 이르기를 '〈뭇 현자를 치우침 없이 받아들이면〉 백관이 서로 스승으로 삼아 중정(中正)을 취하며 모든 공적이 견고하게 될 것입니다.'[17]라고 하였고, 《서경》〈홍범〉에 이르기를 '이 사람

16 성인이……우러러본다 : 위의 국풍(國風) 편 각주 4) 참조.

17 백관이……것입니다 : 이는 《서경》〈고요모〉의 경문을 심대윤의 설에 따라 해석한 것으로, 원문에 "뭇 현자를 치우침 없이 합하여 받아들여 정치에 펴서 베풀면 아홉 가지 덕이 일에 베풀어지는 것이 모두 중정에 맞아 준예(俊乂 재주와 덕이 뛰어난 자)가 관직에 있어서 백관이 서로 스승으로 삼아 중정을 취하며 백공(百工)이 새벽부터 밤중까지 이를 따라서 모든 공적이 견고하게 될 것입니다.〔翕受敷施, 九德咸事, 俊乂在官, 百僚師師, 百工惟時撫于五辰, 庶績其凝.〕"라고 하였다. 《서경채전변정》에 "군주가 뭇

이 이에 임금의 극(極 중(中))에 맞게 할 것이다.'[18]라고 하였으니, 현자를 구하여도 등용할 줄을 모르면 선하지 못한 것이요, 등용할 줄을 알면서도 익숙하게 하지 못하면 극진히 선하지 못한 것이다. 인재를 쓰기를 들쭉날쭉한 마름 나물을 좌우로 삶아 올리듯이 하면 재주와 기량이 익숙해질 것이다.

거문고와 비파와 종과 북의 소리가 서로 질서를 빼앗음이 없은 뒤에야 능히 하나로 화합할 수 있으니, 이것은 바로 정답게 우는 저구새가 화하게 모여 있으면서도 그 행렬을 어지럽히지 않는다는 뜻이다. 군주와 신하와 윗사람과 아랫사람이 각각 그 분수를 얻어서 재주가 그 임무에 편안하고, 행함에 그 지위에 걸맞아서 상대방의 직책을 침탈(侵奪)하고 건너뜀이 없은 뒤에야 화합하니, 이것은 바로 똑같지 않으면서 하나가 됨을 말한 것이다. 거문고와 비파는 악기 중의 작은 것이요, 종과 북은 악기 중의 큰 것이니, 사람을 등용할 줄 알면 조금 화(和)한 것이요, 능히 익숙히 등용하면 크게 화한 것이다.

무릇 언사(言辭)가 중복되어 반복하고 영탄(詠嘆)한 것은 모두 깊은 뜻이 그 가운데에 있는 것이니, 사람을 등용하는 도가 여기에 다하였다.

이상은 〈관저〉 3장이니, 한 장은 4구이고 두 장은 장마다 8구이다.

공자가 말씀하기를 "〈관저〉는 즐거워하면서도 음탕하지 않고 슬퍼하면서도 너무 감정을 상하지 않았다."[19]라고 하셨으니, 〈관저〉는

현자의 중(中)을 합하여 받아들여 정사에 펴서 베풀면 일마다 모두 중정하다.……윗사람이 신하의 중을 합하여 받아들이면 신하도 서로 본받아 중정을 취한다.……응(凝)은 견고함이다.〔人君合受衆賢之中, 而敷施于政事, 則亦可得事事皆中.……上能合受臣下之中, 則臣下亦相師而取中也.……凝, 堅凝也.〕"라고 하였다.

18 서경……것이다 : 위의 각주 12) 참조.

〈주남〉을 통틀어 말한 것이요 유독 한 편을 말한 것이 아니다.[20] -공자가 '관저의 난(亂 마지막 장)'이라고 하셨는데, 〈관저〉 한 편은 3장에 그치니, 한 마디 말에 어찌 난이 있을 수 있겠는가. 〈주남〉의 여러 편이 〈관저〉의 난이 됨을 알 수 있다.-

무릇 몸을 다스리고 집안을 다스리고 나라를 다스리고 천하를 다스림이 한결같이 인재를 얻어서 이루어지고 한결같이 사람을 잃어서 실패한다. 사람을 얻은 자는 하늘에서 얻은 것이요 사람을 잃은 자는 하늘에서 잃은 것이니, 하늘에서 얻은 자는 창성하고 하늘에서 잃은 자는 망한다. 이 때문에 〈관저〉의 악장을 집안사람에게 사용하고

19 공자가……않았다 : 이 내용은 《논어》 〈팔일(八佾)〉에 보인다. 주자는 이에 대해 《집전》에서 "내 생각건대, 이 말씀은 이 시를 지은 자가 성정(性情)의 바름과 성기(聲氣)의 화(和)함을 얻었음을 말씀한 것이라고 여겨진다. 덕(德)이 저구(雎鳩)새와 같아 정이 돈독하면서도 분별이 있다면 후비(后妃)의 성정의 올바름을 진실로 그 일단(一端)을 볼 수 있고, 오매반측(寤寐反側)하고 금슬종고(琴瑟鍾鼓)로 즐거워하여 그 슬픔과 즐거움을 지극히 하되 모두 그 법도에 지나치지 않게 한 것으로 말하면 시인의 성정의 올바름을 또 그 전체를 볼 수 있다. 다만 그 성기의 화함을 얻어 들을 수 없는 점이 비록 한스러울 듯하나, 배우는 자가 우선 그 가사(歌辭)에 나아가 그 이치를 관찰하여 마음을 기른다면 또한 시를 배우는 근본을 얻게 될 것이다.〔愚謂 此言, 爲此詩者, 得其性情之正, 聲氣之和也. 蓋德如雎鳩, 摯而有別, 則后妃性情之正, 固可以見其一端矣, 至於寤寐反側, 琴瑟鍾鼓, 極其哀樂而皆不過其則焉, 則詩人性情之正, 又可以見其全體也. 獨其聲氣之和, 有不可得而聞者, 雖若可恨, 然學者姑卽其詞, 而玩其理以養心焉, 則亦可以得學詩之本矣.〕"라고 하였다.

20 관저는……것이요 : 《모서(毛序)》에는 "〈관저(關雎)〉는 후비(后妃)의 덕을 읊은 것이요 풍화(風化)의 시초이니, 천하를 풍동(風動)하고 부부(夫婦)를 바로잡는 것이다. 그러므로 이 시를 향인(鄕人)들에게도 쓰고 방국(邦國)에도 쓴 것이다.……이 때문에 〈관저〉는 숙녀(淑女)를 얻어 군자에 짝함을 즐거워하고 현자를 등용함을 걱정하여 여색(女色)에 빠지지 아니하여 요조숙녀(窈窕淑女)를 서글퍼하고 어질고 재주있는 사람을 생각하여 선(善)을 상하려는 마음이 없으니, 이것이 〈관저〉의 의의이다.〔關雎, 后妃之德也, 風之始也, 所以風天下而正夫婦也, 故用之鄕人焉, 用之邦國焉……是以關雎, 樂得淑女以配君子, 憂在進賢, 不淫其色, 哀窈窕, 思賢才, 而無傷善之心焉, 是關雎之義也.〕"라고 설명하였다.

백성들에게 사용하고 왕(王)·후(侯)들에게 사용하여 마땅하지 않는 바가 없는 것이다. 그러므로 상하가 통용하는 악가가 된 것이니, 이는 주나라의 기업(基業)이 되고 천하 만세의 법칙이 되는 것이다.

집설에 근거한다면 남자가 여자를 구하고 남자가 여자를 좋아하는 범부(凡夫)의 정에 지나지 않아서 비루하고 속된 말인데, 도리어 극구 찬미해서 높이 하늘로 솟아나게 하였으니, 어찌 풍병(風病)을 앓아 헛소리를 하는 자가 아니겠는가. 어쩌면 이렇게 허망하여 실제가 없는가.-이남(二南)은 선비를 등용하고 버림을 말한 것이다.-

갈담 葛覃

칡덩굴이 뻗어감이여	葛之覃兮
골짜기 가운데에 굽이굽이 감돌아	施于中谷
잎이 무성도 하거늘	維葉萋萋
황조(黃鳥)가 날아	黃鳥于飛
관목(灌木)에 모여 앉아	集于灌木
꾀꼴꾀꼴 울도다	其鳴喈喈

《집전》에 말하였다. 담(覃)은 길게 뻗어남이다. 황조(黃鳥)는 꾀꼬리이다. 관은 총(叢 나무떨기)이다. 개개(喈喈)는 화(和)한 소리이다. ○비(比)이다.[21] 이(施)는 이(迤 굽이짐)이다.[22] 남쪽의 제후국이 문왕

21 비(比)이다 : 《집전》의 장하주에는 비(比)를 "저 물건을 가지고 이 물건을 비유하는 것이다.〔以彼物比此物也.〕"라고 설명하고, 이 시는 칡이 다 자라 이것으로 갈포를 만들어서 입음에 싫증냄이 없는 내용이라고 해석하였다. 《모시서》에는 "〈갈담〉은 후비(后妃)의 근본을 읊은 것이다. 후비가 부모의 집에 있을 적에 뜻이 여공(女功)의 일에

의 덕에 교화되어서 마음을 깨끗이 하여 스스로 닦아서 문왕의 마음을 순종하지 않는 이가 없었다. '칡덩굴이 뻗어가 골짜기 가운데에 굽이굽이 감돌음'은 문왕의 도가 길게 뻗어 나가고 심원하여 중덕(中德 치우침이 없는 중정(中正)한 덕)에 섬을 비유한 것이다. '잎이 무성도 하다.'는 것은 그늘이 두터워서 친히 따르는 자가 많고 성함을 말한 것이요, '황조가 날아 관목에 모여 앉아 울기를 개개히 함'은 여러 현자들이 조정에 모여서 화합함을 말한 것이다. 부인이 칡을 다스림에 가탁하여 뜻을 붙였기 때문에 풍이라 이른 것이다. 중덕이 천하에 굽이굽이 감돌아서 천하 사람들이 덕에 감복(感服)하여 교화된 것이다. 만약《집전》의 설명처럼 부인이 고운 갈포(葛布)와 굵은 갈포를 이루고 친정부모에게 돌아가 문안하는 것이라면, 이것은 바로 여항(閭巷)의 필부(匹婦)의 평상시 일이니 어찌 취할 것이 있겠으며, 칡덩굴이 뻗어감과 황조가 난다는 것은 말이 매우 쓸데없이 길고 번거롭고 중복되니, 어찌하여 문장이 비루하고 속됨이 이 지경에 이르겠는가.

모든 국풍의 여러 편을《집설》에서는 대부분 모두 부인이 지은 것이라 하였으니, 어쩌면 그리도 부인 중에 글을 잘하는 자가 많고, 남자 대장부는 적단 말인가.

칡덩굴이 뻗어감이여	葛之覃兮
골짜기 가운데에 굽이굽이 감돌아	施于中谷

있어서 몸소 검소하고 쓰기를 절약하며 빤 옷을 입고 사부를 존경하면 돌아가 친정부모에게 문안을 올려 부인의 도(道)로써 천하를 교화할 수 있는 것이다.〔葛覃, 后妃之本也. 后妃在父母家, 則志在於女功之事, 躬儉節用, 服澣濯之衣, 尊敬師傅, 則可以歸安父母, 化天下以婦道也.〕라고 하였다.

22 이(施)는 이(迤)이다 : 주자는 이(施)를 옮겨감〔移〕이라 하여, 칡덩굴이 골짜기 가운데로 뻗음으로 해석하였다. 반면에 심대윤은 칡이 굽이진 것으로 해석하여, 문왕의 치우침이 없는 덕을 비유한 것으로 보았다.

잎이 무성도 하거늘 維葉莫莫
이에 베며 이에 삶아서 是刈是濩
고운 갈포를 만들고 굵은 갈포를 만드니 爲絺爲綌
입음에 싫음이 없도다 服之無斁

《집전》에 말하였다. 막막(莫莫)은 무성하고 빽빽한 모양이다. 확(濩)은 삶는 것이다. 정(精)한 갈포를 치(絺)라 하고, 거친 갈포를 격(綌)이라 한다. 역(斁)은 싫어함이다.

○비이다.[23] 문왕에게서 법을 취하여 가슴속에 새겨두고 잊지 않음을 말하였다. '이에 베며 이에 삶음'은 배워서 익숙히 함을 말한 것이다.

사씨(師氏)에게 여쭈어 言告師氏
친정에 갈 것을 말하라고 했노라 言告言歸
잠깐 내 속옷을 빨며 薄汚我私
잠깐 내 겉옷을 빠니 薄澣我衣
어느 것은 빨고 어느 것은 빨지 않을까 害澣害否
내 돌아가 부모(문왕)에게 문안하리라 歸寧父母

《집전》에 말하였다. 언(言)은 어조사이다. 사(師)는 여스승이다. 박(薄)은 소(少 잠깐)와 같다. 오(汚)는 란(亂)이 '다스림'이 되는 것과 같으니, 한 글자에 두 뜻이 서로 반대인 것이다.[24] 할(害)은 '어찌'이다.

23 비이다 : 《집전》에는 윗 장은 갈포의 옷을 이루었고, 이 장은 후비(后妃)가 친정에 돌아가 문안하는 내용으로 보았다.

24 오(汚)는……것이다 : 오(汚)는 '더러움'과 '더러움을 씻어냄'의 상반된 뜻이 있는데, 이는 란(亂)에 혼란과 '혼란을 다스림'의 서로 반대되는 두 뜻이 있음과 같다는 것이다.

귀녕(歸寧)은 돌아가 부모에게 문안함을 이른다.

○비이다.[25] 사(私)는 속옷이고 의(衣)는 겉옷이다.[26] '친정에 갈 것을 말하라고 했음'은 자신이 귀향(歸向)할 바(문왕(文王))를 잃지 않음을 비유한 것이요, '잠깐 내 속옷을 빪'은 자신의 심술(心術)을 바로잡는 것이요, '잠깐 내 겉옷을 빪'은 자신의 위의(威儀)를 정돈하는 것이요, '어느 것은 빨고 어느 것은 빨지 않을까.'라는 것은 사(邪)를 막고 성(誠)을 보존하여 정일(精一 정(精)하게 하고 한결같이 함)에 나아간 것이요, '내 돌아가 부모에게 문안한다.'는 것은 이와 같이 한 뒤에야 백성의 부모인 문왕에게 미쳐서 함께 돌아갈 수 있음을 말한 것이다. 이 〈갈담〉은 스스로 격려하여 나아가기를 권면한 글이요, 〈권이(卷耳)〉는 연구하고 우러러 보아도 미칠 수가 없어서 물러나 스스로 수행한 말이니,[27] 두 가지는 모두 군자로서 행실이 돈독한 자이다.

이상은 〈갈담〉 3장이니, 장마다 6구이다.

25 비이다 : 《집전》의 장하주에는 "위 장에서는 이미 치격(絺綌)의 옷을 이루었고, 이 장에서는 마침내 사씨(師氏)에게 여쭈어 남편에게 장차 친정에 돌아가 문안할 뜻을 말하게 하였으며, 또 말하기를, '어찌 사복(私服)이 더러운 것을 다스리고 예복(禮服)의 옷은 빨지 않겠는가. 어느 것은 빨고 어느 것은 빨지 않을 수 있겠는가. 내 장차 이 옷을 입고 돌아가 부모에게 문안하겠다.'라고 한 것이다.〔上章, 既成絺綌之服矣, 此章, 遂告其師氏, 使告于君子以將歸寧之意, 且曰 盍治其私服之汚而澣其禮服之衣乎? 何者當澣而何者可以未澣乎? 我將服之, 以歸寧於父母矣.〕"라고 하였다.

26 사는……겉옷이다 : 주자는 "사(私)는 연복(燕服 평상복)이요, 의(衣)는 예복(禮服)이다."라고 하였다.

27 이 갈담은 ……말이니 : 《모시서》에는 〈갈담〉을 "후비(后妃)의 근본을 읊은 내용으로 해석하였고, 〈권이〉를 후비의 뜻을 읊은 시로 해석하였다.

권이 卷耳

권이(卷耳)를 뜯고 뜯되 采采卷耳
기운 광주리도 채우지 못하고서 不盈頃筐
아! 내 사람을 그리워하는지라 嗟我懷人
저 큰 길가에 두노라 置彼周行

《집전》에 말하였다. 권이(卷耳)는 시이(枲耳 도꼬마리)이니, 혹자는 '만생(蔓生)한다' 하고 《본초(本草)》[28]에 '바로 창이(蒼耳)이다.' 하였다. 경(頃)은 경(傾)과 통한다. 인(人)은 아마도 문왕을 가리킨 듯하다. ○비이다.[29] 주항(周行)은 여러 사람들이 함께 걸어가는 큰 길이다. 이 편은 바로 안자(顔子)가 말씀한 '공자(孔子)의 도가 우뚝 앞에 서 있어서 비록 따르고자 하나 말미암을 데가 없다.'는 뜻이다.[30] 권이를

28 본초(本草) : 이시진(李時珍)의 《본초강목(本草綱目)》을 가리킨다. 이시진은 중국 명대(明代)의 본초학자(本草學者)로 자는 동벽(東壁)이고, 호(號)는 빈호(瀕湖)이다. 27년간 약물을 연구하고 시험하여《본초강목》을 편찬하였는바, 이 책은 아시아 및 서구의 의사와 과학자들에게 상당한 영향을 끼쳤나.

29 비이다 : 《집전》에는 부로 보았으니, 이하의 장도 같다. 《집전》에는 후비가 남편인 문왕이 집이 있지 않아 그를 그리워한 내용으로 보았다. 《모시서》에는 "〈권이〉는 후비의 뜻을 읊은 것이다. 또 마땅히 군자를 보좌하여 현자를 찾고 관직을 살펴 신하들의 수고로움을 알아야 하니, 안에 현자를 등용하려는 마음이 있고, 험하고 편벽되며 사사로이 청탁하려는 마음이 없어, 아침저녁으로 사념(思念)해서 근심하고 수고로움에 이른 것이다.〔卷耳, 后妃之志也. 又當輔佐君子, 求賢審官, 知臣下之勤勞, 內有進賢之志, 而無險詖私謁之心, 朝夕思念, 至於憂勤也.〕"라고 하였다.

30 안자(顔子)가……뜻이다 : 이는 안자가 공자의 도를 배우면서, 성인의 경지가 역행(力行)으로 미치기 어렵다는 것을 말한 것으로, 《논어》〈자한(子罕)〉에 "안연이 크게 탄식하며 말하였다. '부자(夫子)의 도는 우러러볼수록 더욱 높고, 뚫을수록 더욱 견고하며, 바라봄에 앞에 있더니 갑자기 뒤에 있도다. 부자께서 차근차근 사람을 잘 이끄시어 문(文)으로써 나의 지식을 넓혀주시고 예로써 나의 행실을 요약하게 해주셨

뜯고 뜯어 그치지 않으나 끝내 기운 광주리도 채우지 못함은 이미 내 힘을 다하였으나 얻은 바가 만족하지 못함을 비유한 것이다. '아! 내 사람을 그리워하는지라 저 큰 길가에 둔다.'는 것은, 문왕과 함께 돌아가고자 해서 뜯고 뜯어 힘을 다한 것이 바로 천하의 공통된 도여서 모든 사람에게 모두 베풀 수 있음을 말한 것이다.

《집전》에는 이 글을 태사(太姒)가 문왕을 그리워한 것이라 하였으니[31], 부인이 남편이 집에 있지 아니하여 그리워하고 근심하여 자기가 일하는 것을 폐지한다면 과연 이것이 덕행이란 말인가. 후비(后妃)가 도로에서 친히 권이를 채취하면서 마부와 말로 산에 오르고 술잔에 술을 따름이 있음은 모두 우주(宇宙)에 일찍이 없는 일이다. 비록 가탁하여 말했다고 하나 어찌 조리가 없단 말인가.

저 높은 산에 오르려 하나	陟彼崔嵬
내 말이 병들었으니	我馬虺隤
내 우선 저 금 술잔에 술을 부어	我姑酌彼金罍
길이 그리워하지 않으리라	維以不永懷

비이다. 회퇴(虺隤)[32]는 말이 병든 것이다. '높은 산의 지극히 높은 곳에 오르고자 하나 내 말이 병듦'은 문왕의 지극한 덕을 바라지만 힘이

다. 공부를 그만두고자 해도 그만둘 수 없어 이미 나의 재주를 다하니, 부자의 도가 마치 내 앞에 우뚝 서있는 듯하다. 비록 이것을 따르고자 하나 말미암을 데가 없도다.'〔顔淵喟然歎曰: '仰之彌高, 鑽之彌堅, 瞻之在前, 忽焉在後.夫子循循然善誘人, 博我以文, 約我以禮. 欲罷不能, 旣竭吾才, 如有所立卓爾. 雖欲從之, 末由也已.'〕"라고 보인다.

31 집전에는……하였으니 :《집전》에는 "후비가 남편이 집에 있지 않아 그를 그리워하고 생각하였기 때문에 이 시를 읊은 것이다.〔后妃以君子不在而思念之.〕"라고 하였다.

32 회퇴(虺隤) :《집전》에는 '말이 피로하여 높은 곳에 올라가지 못하는 병〔馬罷不能升高之病.〕'이라고 풀이하였다.

미치지 못함을 비유한 것이요, '내 우선 저 금 술잔에 술을 부음'은 지극한 선(善)을 가려서 실행함을 말한 것이다. 천하의 실제가 음식보다 더한 것이 없다. 그러므로 무릇 음식을 말한 경우는 실행함을 비유한 것이다. '유이불영회(維以不永懷)'는 두 가지 뜻이 있으니, 덕을 사모함은 선을 가려 굳게 지킴에 달려 있으니, 실행하면 자연 점점 덕에 이를 수 있고, 건성으로 덕을 사모하여 그 자취만 답습해서는 안 된다는 것이다. 이는 배우는 자의 지극히 묘한 요결(要訣)이다.-건성으로 사모하지 않겠다는 것이 한 뜻이고, 실행하면 점점 덕에 이르러 길이 그리워함을 면할 수 있게 된다는 것이 한 뜻이다.[33] ○《집전》을 근거하면, 남편이 생각나서 일을 폐하고 그리워하다가 술을 따라 마시고서 남편을 생각하지 않으니, 이는 이리 보나 저리 보나 서로 어긋나서 모두 부인의 아름다운 일이 아니다.-

저 높은 산마루에 오르려 하나　　陟彼高岡
내 검은 말이 누렇게 되었으니　　我馬玄黃
내 우선 저 뿔잔에 술을 부어　　我姑酌彼兕觥
길이서글퍼하지 않으리라　　維以不永傷

《집전》에 말하였다 시(兕)는 들소이니, 뿔이 하나이고 청색이며, 무게가 천 근에 이른다.
○비이다. 현황(玄黃)은 말이 병들어서 털빛이 탁해져 거무스름하면서 누런 것이다. '서글퍼함〔傷〕'은 '그리워함〔懷〕'보다 중한 것이다. 실행을 돈독히 하지 않고 겉으로만 건성으로 사모하면 끝내 이를 수가

33 건성으로……뜻이다 : '건성으로 사모하지 않겠다.'는 뜻으로 보면 경문은 '술을 부어 길이 그리워하지 않으리라'로 해석되고, '실행하면 길이 그리워함을 면할 수 있게 된다.'는 뜻으로 보면 경문은 '술을 부으면 길이 그리워하지 않게 되리라'로 해석된다.

없어서 그리워하여 서글퍼함을 면하지 못할 것이다.

저 돌산에 오르려 하나 陟彼砠矣
내 말이 병들었으며 我馬瘏矣
내 마부가 병들었으니 我僕痡矣
어찌 나로 하여금 한숨짓게 하는가 云何吁矣

비이다. 도(瘏)와 부(痡)는 모두 병듦이다. '높은 산마루〔高岡〕'는 '높은 산〔崔嵬〕'보다 낮고, '돌산〔砠〕'은 또 높은 산마루보다 낮은 것이다. 예전에는 오직 말만 병들었는데 지금은 마부도 병들었다. 《장자(莊子)》에 이르기를 "시장 관리인이 돼지가 살쪘는지 알아보려고 돼지를 밟아 볼 적에, 밟는 곳이 엉덩이에서 다리 아래쪽으로 내려갈수록 살찐 정도를 알기 쉽다."[34]라고 하였다. 도를 아는 것이 정밀할수록 자신을 아는 것이 더욱 분명해지니, 이는 거의 도에 가까운 자이다. 천하의 불선(不善)은 자부(自負)하는데 근본하고, 천하의 선(善)은 자부하지 않는데 근본한다. 자부하지 않으면 공경할 수 있으니, 이는 거의 도에 가까운 자일 것이다.

사람이 하늘에서 부여받을 적에 해와 달처럼 크게 밝은 자가 있고, 등불과 촛불처럼 조금 밝은 자가 있고, 반딧불처럼 희미하게 밝은 자가 있으니, 반딧불은 등불과 촛불이 되고자 하나 될 수 없고, 등불과 촛불은 해와 달이 되고자 하나 될 수 없다. 각각 자기가 타고난 본성을 다하여 그릇을 이루면 천하에 쓰임이 되는 것이 똑같으니, 바늘이 도끼

34 시장……쉽다 : 이는 《장자》 〈지북유(知北遊)〉에 보이는데, 살찌기 어려운 다리 아래쪽을 밟아야 살찐 정도를 잘 알 수 있듯이 도가 낮고 천한 곳에도 있음을 알아야 도를 알 수 있다는 비유이다.

와 공을 다투는 것이 가능하고 술잔이 물동이와 재능을 다투는 것이 가능하다. 《중용》에 이르기를 "그 성공에 이르러서는 똑같다."[35]라고 하였고, 《주역》에 이르기를 "본래 이루어진 성(性)을 보존하고 보존함이 도의(道義)의 문이다."[36]라고 하였다. '어찌 나로 하여금 한숨짓게 하는가.'라는 것은 본성을 다하여 천명(天命)을 아는 자[37]의 말이다. 군자가 말하기를 "〈갈담〉의 힘써 나아감이 〈권이〉의 물러가 닦음만 못하니, 힘써 나아감은 용(勇)이요 물러가 닦음은 인(仁)이고 또 지(智)이다. 그러나 독실히 행하는 군자가 반드시 〈갈담〉에서 시작하여 〈권이〉에서 끝난다."라고 하였다.

35 그……똑같다 : 《중용》에 "어떤 사람은 태어나면서부터 알고 어떤 사람은 배워서 알고 어떤 사람을 애를 써서 아는데, 그 앎에 미쳐서는 똑같다. 어떤 사람은 편안히 이것을 행하고 어떤 사람은 이롭게 여겨 행하고 어떤 사람은 힘써서 이것을 행하는데 그 성공에 미쳐서는 똑같다.〔或生而知之, 或學而知之, 或困而知之, 及其知之, 一也. 或安而行之, 或利而行之, 或勉强而行之, 及其成功, 一也.〕"라고 하였다.

36 본래……문이다 : 《주역》 〈계사전 상(繫辭傳上)〉에 "천지가 자리를 베풀면 역(易)이 그 가운데에 행해지니, 이루어진 성을 보존하고 보존함이 도의의 문이다.〔天地設位, 而易, 行乎其中矣, 成性存存, 道義之門.〕"라고 하였다.

37 어찌……자 : 《주역》 〈설괘전(說卦傳)〉에 "窮理盡性, 以至於命."이라고 보인다. 이는 주자의 해석에 의하면 '인물(人物)의 성을 다 발휘하여 천도에 합함〔盡人物之性, 而合於天道.〕'의 뜻이지만, 심대윤은 '본성을 다하여 지극히 성실함에 이르러 천명을 앎'으로 해석하였다. 심대윤의 《주역상의점법(周易象義占法)》에 "진성(盡性)은 뜻을 성실히 함이 지극하여 성(誠)에 이른 것이다. 명(命)은 재주·지위·때에 일정한 수가 있는 것이니, 인위로 할 수 없는 것이기 때문에 '명에 이른다'고 한 것이다.〔盡性, 誠意之極而至誠也.……命, 才、位、時之有定數者也, 不可爲也, 故曰至.〕"라고 하였다. 또 《중용》의 "지성(至誠)의 도는 일이 닥쳐오기 전에 미리 알 수 있으니……화와 복이 장차 이를 적에 좋을 것을 반드시 먼저 알며 좋지 못할 것을 반드시 먼저 안다.〔至誠之道, 可以前知.……禍福將至, 善必先知之, 不善必先知之.〕"라고 한 것에 대하여, 심대윤의 《중용훈의(中庸訓義)》에 "이는 공자의 '지천명(知天命)'이 이것이고, 《주역》의 '궁리지명(窮理至命)'이 이것이다.〔此夫子'知天命'是也, 《易》'窮理至命'是也.〕"라고 하였다.

위에 인재를 재주에 맞게 등용하는 〈관저〉의 군주가 있으면 아래에 〈갈담〉과 〈권이〉의 선비가 있는 것이다.-우러러볼수록 더욱 높고 뚫을수록 더욱 견고하여 우뚝하여 섬이 있어서 점점 나아가도 더욱 미칠 수가 없는 것이다. 높은 산에 오르려 하다가 높은 산마루에 오르려 하고 또 돌산에 오르려 함은, 도가 점점 낮아짐을 보지만 더욱 나아가기 어려운 것이니, 거의 본성을 다하여 천명을 아는 자이다. 그의 지혜가 밝기 때문에 도가 높음을 보고, 그의 행실이 앞으로 나아가기 때문에 높이가 점점 낮아지는 것이다.-

이상은 〈권이〉 4장이니, 장마다 4구이다.

규목 樛木

남쪽에 규목(樛木)이 있으니	南有樛木
칡덩굴이 감겨 있도다	葛藟纍之
즐거운 군자여	樂只君子
복지(福祉)로 편안히 하도다	福履綏之

《집전》에 말하였다. 흥이다.[38] 나무가 아래로 굽어 있는 것을 규(樛)라 한다. 류(藟)[39]는 《본초》에 "덩굴이 나무 위로 뻗어가고 잎이 마치 포도와 같은데 더 작으며, 또 천세류(千歲藟)라고도 한다." 하였다. 류(纍)는 감김이다. 지(只)는 어조사이다. 수(綏)는 편안함이다.

38 흥이다 : 《집전》에는 "후비의 덕이 아랫사람에게까지 미쳐 질투하는 마음이 없었다. 그러므로 여러 첩들이 그 덕을 즐거워한 것이다."라고 하였다. 《모시서》에는 후비의 은덕이 아래에 미치고 질투하는 마음이 없는 내용이라고 해석하였다.

39 류(藟) : 《집전》에는 '칡의 종류〔葛類〕'으로 풀이하였다.

○복록의 터전을 지(祉)라고 하니, 리(履)는 지(祉)와 같다. 나무가 천 길 높이 우뚝 서서 곧바로 위로 올라간 줄기에는 다른 물건이 감길 수 없고, 그 가지가 굽어 아래로 드리운 곳에는 칡덩굴이 다투어 감겨 있다. 이로써 사람이 엄연(儼然)히 우뚝 서고 칼로 끊듯이 곧게 행하여, 가팔라 부여잡을 수가 없고 왈칵 성을 내서 가까이 할 수 없는 자는, 이는 자기 지조를 아끼는 방도이지 중화(中和)의 덕이 아님을 흥하였다. 공자(孔子)가 말씀하시기를 "지나침은 미치지 못함과 같다."라고 하셨으니, 자장(子張)이 당당하나 함께 인을 하기 어려움을 말한 것이다.[40] 이렇게 하면 사람들이 누구나 모두 겉으로는 공경하나 속으로는 두려워하고 꺼려서 친히 따르는 자가 있지 않으니, 그 자취는 매우 높으나 실제는 매우 외로워서 실로 천하 사람의 마음을 잃어서 신(神)에게 자주 미움을 받는다.

예로부터 지금에 이르기까지 고명(高明)한 자의 병폐는 여기에 있지 않은 적이 없었다. 오직 중화의 군자만이 즐겁고 화평함이 아랫사람에게까지 미쳐서, 구차히 어려운 것을 행하여 남의 더러움을 밝히지 않고 자기의 유여함을 거두어서 남의 부족함을 구제하니, 이는 마치 나무가 줄기는 곧고 가지는 굽어 아래로 늘어진 것과 같다. 이렇게 하면 사람들이 다투어 친히 따르고 신이 복을 내리니, 이는 겸손한 도이다. 《주역》에 이르기를 "사람의 도는 가득 찬 것을 싫어하고 겸손한 것을 좋아하며, 귀신은 가득 찬 것을 해치고 겸손한 것에 복을 준다."[41]라고 하였

40 공자가……것이다 : '지나침은 미치지 못함과 같다.〔過猶不及〕'는 것은 《논어》〈선진(先進)〉에 보이는데, 공자의 제자 중에 자장(子張)은 지나치고 자하(子夏)는 미치지 못하지만 자장이 자하보다 더 나은 것은 아니라고 한 것이다. 또 《논어》〈자장(子張)〉에 "당당하구나, 자장이여. 함께 인을 하기 어렵도다.〔堂堂乎! 張也. 難與竝爲仁矣.〕"라고 증자(曾子)의 말씀이 보이는데, 주자의 주에 '당당'은 용모가 훌륭한 것으로 외면만 힘쓰고 스스로 높은 체하는 것이라고 풀이하였다.

41 주역에……준다 : 《주역(周易)》〈겸괘(謙卦) 단사(彖辭)〉에 "하늘의 도는 가득

으니, 바로 이 편의 뜻이다. 의미가 깊고 멀므로 아래 장에서 반복하여 영탄한 것이다.

남쪽에 규목이 있으니　　南有樛木
칡덩굴이 가려져 있도다　　葛藟荒之
즐거운 군자여　　樂只君子
복지가 붙잡아 주도다　　福履將之

흥이다. 황(荒)[42]은 감기를 거듭한 것이다. 장(將)은 붙잡아 줌이다.

남쪽에 규목이 있으니　　南有樛木
칡덩굴이 둘러싸고 있도다　　葛藟縈之
즐거운 군자여　　樂只君子
복지가 이루어주도다　　福履成之

흥이다. 영(縈)은 둘러쌈이다.

이상은 〈규목〉 3장이니, 장마다 4구이다.

찬 것을 덜어주고 겸손한 것에 더해주며, 땅의 도는 가득 찬 것을 변화시키고 겸손한 것을 흘러주며, 귀신은 가득 찬 것을 해치고 겸손한 것에 복을 주며, 사람의 도는 가득 찬 것을 싫어하고 겸손한 것을 좋아한다.〔天道虧盈而益謙, 地道變盈而流謙, 鬼神害盈而福謙, 人道惡盈而好謙.〕"라고 하였다.

42 황(荒) : 《집전》에는 '가리움〔奄〕'으로 풀이하였다.

종사 螽斯

종사(螽斯)의 깃이 螽斯羽
화(和)하게 모였으니 詵詵兮
너의 자손이 宜爾子孫
번성함이 당연하도다 振振兮

《집전》에 말하였다. 종사(螽斯)는 바로 사종(斯螽 메뚜기)이다. 선선(詵詵)은 많고 화(和)하게 모여있는 모양이다. 진진(振振)은 성(盛)한 모양이다.

○부이다.[43] 메뚜기가 무리가 많으면서 화하게 모여 있으므로 그 새끼가 또한 많음을 곧바로 말해서 천하의 기뻐하는 마음을 얻은 자는 반드시 대를 이어가는 복이 있음을 풍하였다.[44] 지금 천하 사람들이 옛날 성현의 후손 아닌 이가 없으니, 그렇다면 시인의 말은 참으로 진실하여 징험이 있는 것이다. 덕이 백성들에게 가해지지 않고 행실이 여러 사람과 화합하지 못하고서 후손이 있는 자는 듣지 못하였다. 교목이 아래로 덩굴을 이루어줌과 메뚜기가 화하게 모여 있는 것처럼 하면 밖으로는 천하 사람들이 떠받들기를 원하고 안으로는 자손들이 번창할 것이니, 하늘과 사람의 화(禍)와 복(福), 이로움과 해로움의 도

43 부이다 : 《집전》에는 후비가 자손이 많아 여러 첩들이 한 곳에 살면서 화하게 모여 있는 것을 비유한 것이라고 하였다. 《집전》의 장하주에는 부(賦)를 "그 일을 그대로 펴서 곧바로 말하는 것이다.〔敷陳其事而直言之者也.〕"라고 하였다.

44 메뚜기가……풍하였다 : 《집전》에는 "후비가 질투하고 시기하지 않아서 자손이 많았다. 그러므로 여러 첩들이 종사(螽斯)가 한 곳에 떼지어 살면서 화(和)하게 모여 있어, 자손이 많은 것으로써 비유한 것이니, 이러한 덕(德)이 있으면 이러한 복(福)을 소유하는 것이 당연함을 말한 것이다.〔后妃不妬忌而子孫衆多, 故衆妾, 以螽斯之群處和集而子孫衆多比之, 言其有是德而宜有是福也.〕라고 하였다.

(道)가 일치하는 것이다.

종사의 깃이 　　　　螽斯羽
떼를 지어 날으니 　　　　薨薨兮
너의 자손이 　　　　宜爾子孫
계속됨이 당연하도다 　　　　繩繩兮

《집전》에 말하였다. 홍홍(薨薨)은 여럿이 떼를 지어 날아가는 소리요, 승승(繩繩)은 끊이지 않는 모양이다.
○부이다.[45]

종사의 깃이 　　　　螽斯羽
화하게 모였으니 　　　　揖揖兮
너의 자손이 　　　　宜爾子孫
번성함이 당연하도다 　　　　蟄蟄兮

부이다. 읍읍(揖揖)은 집집(戢戢)과 통하니, 화하게 모여있는 모양이다. 칩칩(蟄蟄)[46]은 모여 있는 모양이다.

이상은 〈종사〉 3장이니, 장마다 4구이다.

45 부이다 : 《집전》에는 비로 보았으니, 아래 장도 같다.

46 칩칩(蟄蟄) : 《집전》에는 '많다〔多〕'로 풀이하였다.

도요 桃夭

복숭아나무의 어여쁨이여 桃之夭夭
곱고 고운 그 꽃이로다 灼灼其華
이 아가씨의 시집감이여 之子于歸
그 실가(室家)를 화순하게 하리로다 宜其室家

《집전》에 말하였다. 흥이다.[47] 요요(夭夭)는 어리고 예쁜 모양이요, 작작(灼灼)은 꽃이 성한 모양이다. 지자(之子)는 이 사람이니, 시집가는 자를 가리킨 것이다. 부인(婦人)이 시집가는 것을 귀(歸)라고 한다. ◯예(禮)에 '농사일이 끝나고 여공(女工 겨울철에 여인들이 길쌈함)이 일어나면 시집가고 장가가는 것을 행하고, 농사일이 시작되고 여공이 그치면 시집가고 장가드는 것을 멈춘다.'라고 하였으니, 복숭아나무가 꽃과 잎이 피웠으면 혼인할 때가 아니니, 이는 가탁하여 말한 것이다. 남편이 비록 어지나 어진 아내를 얻지 못하면 훌륭한 집안을 만들 수 없고, 군주가 아무리 성스러우나 어진 신하를 얻지 못하면 나라를 다스릴 수가 없으니, 이는 여자가 혼인하고 시집가는 것을 가탁하여 말해서 어진 신하가 주나라에 돌아옴을 풍하였다. 백이(伯夷)와 태공(太公)이 동해와 북해로부터 주(周)나라에 돌아왔으니[48], 그렇다면

47 홍이다 : 《집전》에는 문화의 교화가 집안으로부터 나라에까지 미친 시로 보았다. 《집전》의 장하주에는 "문왕(文王)의 교화가 집안으로부터 나라에 미쳐서 남녀가 바르어지고 혼인을 제때에 하였다. 그러므로 시인이 자신이 본 것을 인하여 기흥(起興)해서 그 여자가 어질어 반드시 실가(室家)를 화하고 순하게 할 줄을 안다고 탄식한 것이다. 〔文王之化, 自家而國, 男女以正, 婚姻以時, 故詩人因所見以起興, 而歎其女子之賢, 知其必有以宜其室家也.〕"라고 하였다.

48 백이(伯夷)와……돌아왔으니 : 《맹자》 〈이루 상(離婁上)〉에 "백이가 주왕(紂王)을 피하여 북해의 물가에 살고 있었는데 문왕이 일어났다는 말을 듣고 흥기하여 말씀하기를 '내 어찌 그에게 돌아가지 않겠는가. 내 들으니, 서백(西伯)은 늙은 자를 잘 봉양한

당시 현인들이 주나라에 이른 자가 많은 것이다. 여러 현자들이 모두 모여서 주나라 왕업이 일어났으니, "제제(濟濟)한 많은 선비여! 문왕이 이 때문에 편안하다."[49]라는 것이 이것이요, "이곳에 왕래함이 없으면 문왕도 덕이 나라 사람들에게 내려질 수 없다."[50]라는 것이 이것이다.-이것은 《서경》〈군석(君奭)〉의 글이다.-

'곱고 고운 그 꽃'은 그 문덕이 성함을 말한 것이요, '많고 많은 그 열매'는 그 실제의 덕이 아름다움을 말한 것이요, '그 잎이 무성하고 무성함'은 그 그늘이 깊고 두터워서 덕을 좋아하는 바가 중함을 말한 것이다.-정사와 공업(功業)을 할 수 있는 것을 문덕(文德)이라 하고, 충서(忠恕)와 중용을 실덕(實德)이라 하고, 공을 세우고 사업을 이루어서 이익과 은택이 사람들에게 남아있는 것을 유호덕(攸好德)이라 한다.- 이와 같이 훌륭한 신하가 있으면 국가와 집안과 천하에 마땅하다. 구름은 용을 따르고 바람을 범을 따르니[51], 위에 〈관저〉의 군주가 있으면 〈도요〉의 선비가 찾아오는 것이다.-〈갈담〉과 〈권이〉는 선비를 만드는 것이고, 〈도요〉는 선비가 찾아오는 것이다.-

다 했다' 하였으며, 태공이 주왕을 피하여 동해의 물가에 살고 있었는데 문왕이 일어났다는 말을 듣고 홍기하여 말씀하기를 '내 어찌 그에게 돌아가지 않겠는가. 내 들으니, 서백은 늙은 자를 잘 봉양한다 했다.'〔伯夷避紂, 居北海之濱, 聞文王作, 興曰'盍歸乎來? 吾聞西伯, 善養老者'. 太公辟紂, 居東海之濱, 聞文王作, 興曰'盍歸乎來? 吾聞西伯, 善養老者'.〕"라고 하였다. 북해는 발해이며, 서백은 서쪽 지방의 제후 중 으뜸으로 문왕을 가리킨다.

49 제제(濟濟)한……편안하다 : 《시경》〈문왕〉에 "대대로 전함이 드러나지 않을까. 그 계책이 힘쓰고 공경하도다. 훌륭한 많은 선비들이 이 왕국에 태어났도다. 왕국에서 능히 길러내니 주나라의 정간(楨幹 줄기)이로다. 제제한 많은 선비여 문왕이 이 때문에 편안하도다〔世之不顯, 厥猶翼翼. 思皇多士, 生此王國. 王國克生, 維周之楨. 濟濟多士, 文王以寧.〕"라는 내용을 가리킨 것이다.

50 이곳에……없다 : 《서경》〈군석〉에 "이 다섯 신하가 이곳에 왕래하여 떳떳한 가르침을 인도함이 없었더라면 문왕도 덕이 사람들에게 내려짐이 없었을 것이다〔無能往來玆, 迪彝敎, 文王, 蔑德降于國人.〕"라는 내용이 보인다.

51 구름은……따르니 : 위의 국풍(國風) 편 각주 4) 참고.

복숭아나무의 어여쁨이여 桃之夭夭
많고 많은 그 열매로다 有蕡其實
이 아가씨의 시집감이여 之子于歸
그 가실을 화순하게 하리로다 宜其家室

《집전》에 말하였다. 흥이다. 분(蕡)은 성대한 모양이다.

복숭아나무의 어여쁨이여 桃之夭夭
그 잎이 무성하고 무성하도다 其葉蓁蓁
이 아가씨의 시집감이여 之子于歸
그 집안 사람들을 화순하게 하리로다 宜其家人

《집전》에 말하였다. 흥이다 진진(蓁蓁)은 잎이 무성한 모양이다.

이상은 〈도요〉 3장이니, 장마다 4구이다.

토저 兎罝

정돈된 토끼 그물이여 肅肅兎罝
말뚝을 땅땅 치도다 椓之丁丁
굳세고 굳센 무부(武夫)여 赳赳武夫
공후(公侯)의 간성(干城)이로다 公侯干城

《집전》에 말하였다. 흥이다.[52] 숙숙(肅肅)은 정돈된 모양이다. 저

(罝)는 그물이다. 정정(丁丁)은 〈그물을 치기 위해〉 말뚝을 치는 소리이다. 규규(赳赳)는 굳센 모양이다. 방패와 성(城)은 모두 몸과 나라를 막아 보호하는 것이다.

○선비는 신분의 귀천에 관계하지 아니하여 비록 미천하고 빈한한 지위에 있는 사람이라도 또한 혹 명문세가(名門世家)의 출신보다 나은 경우가 있으니, 순(舜)임금과 이윤(伊尹), 부열(傅說), 태공(太公)이 바로 이런 분들이다. 토끼는 짐승 중의 작은 것이다. 저(罝)는 그물 중에 작은 것이다. 이것을 잘 정돈하여 사용하면 또한 실제 소득이 있는 것이다. 굳세고 굳센 무부는 비록 빈한하고 미천한 사람이나 또한 국가의 간성(干城)이 될 수 있는 것이다. 혹자는 말하기를 '이는 문왕이 태공을 얻음을 가리킨 것이다.'라고 한다. 그러나 시를 설명하는 자는 다만 그 뜻을 밝힐 뿐이니, 굳이 아무 사람이 지은 것이고 아무 사람을 가리킨 것이라고 고집하여 한(漢)나라 유자(儒者)의 잘못된 습관[53]을 답습할 필요가 없다.

정돈된 토끼 그물이여	肅肅兎罝
길 가운데 쳤도다	施于中逵
굳세고 굳센 무부(武夫)여	赳赳武夫

52 홍이다 : 《집전》에는 후비의 교화를 읊은 시로 보았다. 《집전》의 장하주에는 "교화가 행해지고 풍속이 아름다워서, 어진 사람과 재주 있는 사람이 많아 비록 토끼 그물을 치는 야인(野人)이더라도 그 재주의 쓸 만함이 오히려 이와 같았다. 그러므로 시인)이 그 일삼는 바를 인하여 기흥(起興)하여 찬미하였으니, 문왕의 덕화(德化)의 성함을 인하여 볼 수 있다.〔化行俗美, 賢才衆多, 雖罝兎之野人, 而其才之可用, 猶如此, 故詩人, 因其所事以起興而美之, 而文王德化之盛, 因可見矣.〕라고 하였다.

53 한(漢)나라……습관 : 한(漢)나라 때에는 경학(經學)에 대한 학문이 활발하였다. 특히 경전에 나오는 사물의 명칭과 고증(考證) 등 훈고학(訓詁學)에 대한 학자들의 여러 견해가 다양하게 나왔은데, 심대윤은 훈고학에 치중한 한학(漢學)을 비판하였다.

공후(公侯)의 좋은 짝이로다　　公侯好仇

《집전》에 말하였다. 흥이다. 규(逵)[54]는 사방으로 통하는 길이다. 구(仇)는 구(逑 짝)와 같다.

정돈된 토끼 그물이여　　肅肅兎罝
숲 가운데 쳤도다　　施于中林
굳세고 굳센 무부(武夫)여　　赳赳武夫
공후(公侯)의 복심(腹心)이로다　　公侯腹心

《집전》에 말하였다. 흥이다.[55] 좋은 짝은 간성보다 더하고 복심(腹心)은 좋은 짝보다 더하다.

이상은 〈토저〉는 3장이니, 장마다 4구이다.

부이 芣苢

캐고 캐는 부이(芣苢)를　　采采芣苢
잠깐 뜯노라　　薄言采之
캐고 캐는 부이를　　采采芣苢

54 규(逵) : 《집전》에는 '아홉 군데로 통하는 길〔九達之道〕'로 풀이하였다.
55 홍이다 : 《모시서》에 "〈토저〉는 후비(后妃)의 교화를 읊은 것이니, 〈관저)〉의 교화가 행해지면 덕을 좋아하지 않는 이가 없어 현인이 많은 것이다.〔兎罝, 后妃之化也, 關雎之化行, 則莫不好德, 賢人衆多也.〕"라고 하였다. 《집전》의 장하주에는 교화가 행해지고 풍속이 아름다워 집안이 화평하니, 부인이 일이 없어 서로 부이를 뜯으면서 그 일을 읊어 서로 즐거워한 시라고 하였다.

잠깐 소유하노라 薄言有之

《집전》에 말하였다. 부이다.[56] 부이(芣苢)는 차전(車前 질경이)이니, 길가에 자라기를 좋아한다.

◯한편에 다만 한 구를 중복한 것이 특별히 심하니, 이는 깊은 뜻이 존재하는 것이다. 부이는 길가의 비천하고 범상한 자리에서 자라고 -남의 밟힘이 됨을 비천이라 하고, 여러 사람이 왕래하는 곳을 범상이라 한다.- 그 물건이 또 귀할만하지 못하다. 그러나 오히려 이것을 채취하고 채취하여 그치지 않으니, 선왕이 사람을 등용할 때에도 행여 천하의 인재를 잃을까 두려워해서 한 푼, 한 치의 작은 재능과 한 돈, 한 냥의 작은 선을 비천하고 범상하여 귀할 것이 못된다고 여겨서 버려두지 않는다. 작은 선(善)을 모아서 큰 선을 이루고, 작은 공(功)을 축적하여 대업을 성취하니, 작은 선이 모이지 않으면 큰 선이 이루어지지 못하고 작은 공이 쌓이지 않으면 대업이 성취되지 못한다. 《서경》에 이르기를 "합하여 받아들이고, 펴 베풀어서 구덕(九德)을 가진 자가 모두 일한다."라고 한 것이 이것이다.[57]

지금 한 몸을 가지고 비유하면 사체(四體)와 오관(五官),[58] 손톱과

56 부이다 : 《집전》에는 교화가 이루어지고 풍속이 아름다워 서로 부이를 뜯으면서 읊은 시라고 풀이하였다.

57 서경에……이것이다 : 《서경》 〈고요모(皐陶謨)〉에 "합하여 받아들이고, 펴 베풀어서 구덕(九德)을 가진 자가 모두 일을 하여 준걸들이 지위에 있다.〔翕受敷施, 九德咸事, 俊乂在位.〕"라고 보이는데, 구덕은 너그러우면서도 장엄하고〔寬而栗〕, 부드러우면서도 꼿꼿하고〔柔而立〕, 조심하면서도 공손하고〔愿而恭〕, 다스리면서도 공경하고〔亂而敬〕, 익숙하면서도 굳세고〔擾而毅〕, 정직하면서도 따뜻하고〔直而溫〕, 간략하면서도 모나고〔簡而廉〕, 굳세면서도 독실하고〔剛而塞〕, 강하면서도 의로운 것〔彊而義〕을 의미한다.

58 사체(四體)와 오관(五官) : 사체는 사람의 두 팔, 두 다리와 몸을 가리키고, 오관은 시각, 청각, 촉각, 후각, 미각의 감각기능을 의미한다.

이빨, 터럭과 머리털의 작은 것과 땀과 침과 똥과 오줌의 천한 것들이 모두 그 마땅함을 얻은 뒤에야 몸이 편안하여 사람이 있게 된다. 지금 한 집안을 가지고 비유하면 종자(宗子)와 서자(庶子), 집안과 하인, 사용하는 기물과 의복과 음식의 작은 것과, 소와 말과 닭과 개의 천한 것이 모두 그 분수를 얻은 뒤에야 사람들이 비로소 화합하여 집이 마침내 존재한다. 나라와 천하에 이르러서도 그 방도가 똑같다. 사람들은 큰 것이 큰 것이 되는 줄만 알고 작은 것이 큰 것이 되는 줄을 모르며, 높은 것이 높은 것이 되는 줄만 알고 낮은 것이 높은 것이 되는 줄을 모르니, 이러한 자는 그와 함께 높고 큼을 말할 수가 없는 것이다. 천하에는 본래부터 큰 것이 없어서 여러 작은 것이 모여서 큰 것이 되고, 천하에는 본래부터 높은 것이 없어서 여러 낮은 것이 쌓여서 높은 것이 되니, 모이고 쌓고 축적하기를 그치지 않으면 하늘과 땅과 참여하게 된다. 〈토저〉는 현인을 미천할 때에 일으키는 것이고 〈부이〉는 작은 재주를 범상한 사람에게 채취하는 것이다.

캐고 캐는 부이를　　采采芣苢
잠깐 줍노라　　薄言掇之
캐고 캐는 부이를　　采采芣苢
잠깐 훑노라　　薄言捋之

《집전》에 말하였다. 부(賦)이다.
○철(掇)은 땀이요, 랄(捋)[59]은 따서 취함이다.

캐고 캐는 부이를　　采采芣苢

59 랄(捋) : 《집전》에는 '그 씨를 취하는 것〔取其子〕'이라고 해석하였다.

잠깐 옷소매에 담노라 薄言袺之
캐고 캐는 부이를 采采芣苢
잠깐 옷깃에 넣노라 薄言襭之

《집전》에 말하였다. 부이다. 결(袺)은 옷소매에 넣고서 그 옷깃을 잡는 것이요, 힐(襭)은 옷소매에 넣고서 그 옷깃을 허리띠에 꽂는 것이다.

이상은 〈부이〉 3장이니, 장마다 4구이다.

한광 漢廣

남쪽에 교목(喬木)이 있으니 南有喬木
가서 쉴 수가 없도다 不可休息
한수(漢水)에 놀러나온 여자가 있으니 漢有游女
구할 수 없도다 不可求思
한수가 넓어 漢之廣矣
헤엄쳐 갈 수 없으며 不可泳思
강수(江水)가 길어 江之永矣
뗏목으로 갈 수 없도다 不可方思

《집전》에 말하였다. 식(息)은 마땅히 사(思)가 되어야 하니 어조사이다. 한수(漢水)는 흥원부(興元府) 파총산(嶓冢山)에서 발원(發源)하여 한양군(漢陽軍) 대별산(大別山)에 이르러 양자강(揚子江)으로 들어간다. 강수(江水)는 영강군(永康軍) 민산(岷山)에서 발원하여 동쪽으로 흘러 한수(漢水)와 합류하여 동북(東北)으로 바다에 들어간다. 방(方)은 뗏목이다.

○비이다.[60] 남쪽 나라의 제후가 문왕의 성덕(聖德)을 보고 그 미칠 수 없음을 감탄한 것이니, 교목은 그 높음을 말한 것이요 유녀(游女)는 그 곱고 아름다움을 말한 것이다. -완미(婉美)는 화순(和順)이 마음속에 쌓인 것이다.- 문왕이 남쪽 나라에 있고 한수에 있는 것은 아니나 내 마음이 그리워하여 보존하는 바는 멀리할 수가 없으니, 멀리할 수가 없기 때문에 "남쪽"이라고 하고 "한수"라고 한 것이다. 마치 강림하여 앞에 있는 듯하고 옆에서 굽어보는 듯해서 일찍이 잠시도 떠나지 아니하여 사모함이 깊고 친애함이 간절하나 끝내 함께 할 수가 없다. 그러므로 "쉴 수 없고, 구할 수 없다."라고 한 것이다. 이윽고 또 그 아득하여 끝을 볼 수 없어서 마침내 이를 수 없음을 감탄하여, 지극한 덕은 멀리할 수도 없고 또한 이를 수도 없음을 말하였다. 만약《집전》처럼 그 놀러나온 여자를 보고 그 구할 수 없음을 탄식하여 한수가 넓고 강물이 긴 것을 가지고 비유했다면,[61] 이 사람은 한 푼의 가치도 못되고 이 말은 거름흙과 같으니, 성인이 어찌 취하셨겠는가. 무릇 시에서 중복하여 읊고 감탄하면서 한 글자를 더하거나 줄이지 않은 것은 모두

60 비이다 : 《집전》에는 홍이고 비로 보았으니, 아래 장도 같다. 《집전》의 장하주에는 "문왕의 교화가 가까운 곳에서부터 먼 데까지 이르러 먼저 강한(江漢)의 사이에 미쳐서 그 음란한 풍속을 변하게 함이 있었다. 그러므로 그 놀러나온 여자들을 사람들이 바라보고는 단장(端莊)하고 정일(靜一)하여 다시 전날처럼 구할 수 있는 바가 아님을 알았다. 인하여 교목(喬木)으로써 기흥(起興)하고 강한으로 비유하여, 반복하여 영탄한 것이다.〔文王之化 自近而遠, 先及於江漢之間, 而有以變其淫亂之俗, 故其出游之女, 人望見之, 而知其端莊靜一, 非復前日之可求矣. 因以喬木起興, 江漢爲比, 而反復詠歎之也.〕"라고 하였다.

61 만약……비유했다면 : 정현(鄭玄)의 전(箋)에는 "어진 여인들이 비록 흐르는 물 위에 놀러 나왔지만, 사람들 중 누구도 예를 범하려고 하는 이가 없었다.〔賢女雖出游流水之上, 人無欲求犯禮者.〕"라고 풀이하였다.

그 깊은 뜻을 둔 부분이다.

쑥쑥 뻗은 잡목 속에　翹翹錯薪
회초리나무를 베리라　言刈其楚
이 아가씨가 시집감에　之子于歸
그 말에게 꼴을 먹이리라　言秣其馬
한수가 넓어　漢之廣矣
헤엄쳐 갈 수 없으며　不可泳思
강수가 길어　江之永矣
뗏목으로 갈 수 없도다　不可方思

《집전》에 말하였다. 교교(翹翹)는 빼어난 모양이다. 착(錯)은 섞임이다. 초(楚)는 형(荊 가시나무)의 등속이다.

○비이다.[62] 나무 섶이 섞여 있는데 그 가시나무를 벰은 선(善)을 가려서 행함을 말한 것이요, 아가씨가 시집감에 그 말에게 말먹이를 먹임은 그와 함께 돌아가서 그의 심부름꾼의 무리가 됨을 다행으로 여긴 것이다. 군자와 함께하기를 구하고자 한다면 다른 방법이 없고, 오직 그 선을 독실하게 행해야 비로소 가능한 것이다.

쑥쑥 뻗은 잡목 속에　翹翹錯薪
그 쑥대를 베리라　言刈其蔞
이 아가씨가 시집감에　之子于歸

62 비이다 : 《집전》의 장하주에는 "착신(錯薪)으로써 기흥(起興)하고 그 말을 먹이고자 하였으니, 기뻐함이 지극한 것이요, 강한(江漢)으로써 비유하고 끝내 구할 수 없음을 탄식하였으니, 공경함이 깊은 것이다.〔以錯薪起興而欲秣其馬, 則悅之至, 以江漢爲比而歎其終不可求, 則敬之深.〕"라고 하였다.

망아지에게 먹이를 먹이리라 言秣其駒
한수(漢水)가 넓어 漢之廣矣
헤엄쳐갈 수 없으며 不可泳思
강수(江水)가 길어 江之永矣
뗏목으로 갈 수 없도다 不可方思

비이다. 여(蔞)는 물쑥이다.

이상은 〈한광〉 3장이니, 장마다 8구이다.

여분 汝墳

저 여수(汝水)의 제방을 따라 遵彼汝墳
나뭇가지의 줄기를 베노라 伐其條枚
군자를 보지 못한지라 未見君子
허전하여 거듭 굶주린 듯하노라 惄如調飢

《집전》에 말하였다. 여수(汝水)는 여주(汝州)의 천식산(天息山)에서 발원하여 채주(蔡州)와 영주(潁州)를 지나 회수(淮水)로 들어간다. 분(墳)은 큰 제방이다. 조(調)는 일본(一本)에는 주(輖)로 되어 있으니, 거듭이다.
○흥이다.[63] 조매(條枚)는 큰 줄기는 마르고 가지가 옆에서 나온 것이

63 흥이다 : 《집전》에는 부로 보아, 부역을 간 남편을 그리워하여 지은 시로 보았다. 《집전》의 장하주에는 "여수(汝水) 곁의 나라 또한 문왕의 교화를 먼저 입은 곳이었다.

다. 역(惄)은 가슴이 아리고 간절한 것이다. 여수가의 군주인데 주왕(紂王)을 버리고 문왕에게 돌아온 자가, 큰 줄기가 마르고 그 옆에서 자란 가지를 가지고 은(殷)나라가 쇠하고 주(周)나라가 흥함을 흥하였다. 그러므로 은나라를 버리고 주나라로 돌아왔으니, 어둔 것을 등지고 밝은 것을 향하는 것은 신하의 의리이다.

저 여수(汝水)의 제방을 따라 遵彼汝墳
가지와 다시 자란 가지를 베노라 伐其條肄
이미 군자(君子)를 만나 보니 旣見君子
나를 멀리하여 버리지 않는도다 不我遐棄

《집전》에 말하였다. 나무의 줄기를 베어내고서 다시 싹이 나온 것을 이(肄)라 한다.
○흥이다.[64]

방어의 꼬리가 붉거늘 魴魚赬尾
왕실(王室)이 불타는 듯하도다 王室如燬
비록 불타는 듯하나 雖則如燬
부모(父母)가 매우 가까이 계시니라 父母孔邇

《집전》에 말하였다. 정(赬)은 붉음이니, 고기가 피로하면 꼬리가

그러므로 부인이 군자가 부역을 갔다가 돌아온 것을 기뻐하여, 인하여 남편이 돌아오기 전에 그리워하고 사모하는 정이 이와 같았음을 기억하여 추념하여 지은 것이다.〔汝旁之國, 亦先被文王之化者, 故婦人喜其君子行役而歸, 因記其未歸之時, 思望之情如此, 而追賦之也.〕"라고 하였다.

64 홍이다 : 《집전》에는 부로 보았다.

붉어진다. 방어의 꼬리는 본래 흰데, 이제 붉어졌으면 피로함이 심한 것이다. 왕실(王室)은 은(殷)나라이다. 부모(父母)는 문왕(文王)이다.

부이다.[65] 백성들이 피로한데 왕실이 불타는 듯하다. 그러나 부모가 매우 가까이 계심으로써 스스로 다행으로 여긴 것이다.

이상은 〈여분〉 3장이니, 장마다 8구이다.-〈한광〉과 〈여분〉은 제후 중의 어진 자가 주나라로 돌아간 것이다.[66]-

인지 麟趾

기린의 발이여 　麟之趾
성(盛)한 공자(公子)이니 　振振公子
아 이들이 기린이로다 　于嗟麟兮

65 부이다 : 《집전》에는 비로 보았다.

66 한광과……것이다 : 《모시서(毛詩序)》에는 〈한광〉과 〈여분〉은 모두 문왕의 덕과 교화가 멀리까지 미쳤음을 읊은 시라고 하였다. 《집전》의 장하주에는 "이 때에 문왕이 천하를 셋으로 나눔에 3분의 2를 소유하고도 상(商)나라의 배반한 제후국들을 거느리고 주왕(紂王)을 섬겼다. 그러므로 여분(汝墳)의 사람들이 아직도 문왕(文王)의 명(命)에 따라 주왕(紂王)의 역사(役事)에 일하였다.……이는 서(序)에 이른바 '부인이 그 군자를 격정하면서도 오히려 정도(正道)로써 권면하였다.'는 것이다. 이는 그 이별한 지가 오래되어 그리움이 깊으나, 서로 말해준 것은 오히려 군주를 높이고 윗사람을 친히 하는 뜻이 있고 정애(情愛)로 친압하는 사사로움이 없으니, 그렇다면 그 덕택의 깊음과 풍화(風化)의 아름다움을 모두 볼 수 있다.〔是時, 文王, 三分天下, 有其二, 而率商之叛國以事紂, 故汝墳之人, 猶以文王之命, 供紂之役.……此, 序所謂'婦人能閔其君子.', 猶勉之以正者. 蓋曰雖其別離之久, 思念之深, 而其所以相告語者, 猶有尊君親上之意, 而無情愛狎昵之私, 則其德澤之深, 風化之美, 皆可見矣.〕"라고 하였다.

《집전》에 말하였다. 린(麟)은 고라니의 몸에 소의 꼬리요 말의 발굽이다. 뿔이 하나인데, 뿔끝에 부드러운 살이 있어서 무비는 있지만 사람이나 물건을 떠받지는 않으며 살아있는 풀을 밟지 않고 살아있는 벌레를 밟지 않는다.

부이다.[67] 기린은 인자한 짐승이요, 진진(振振)은 성한 모양이니, 이 또한 〈종사〉 편의 뜻[68]이다. 기린의 인자함을 가지고 문왕의 덕을 풍하여 문왕이 인자한 덕이 있기 때문에 자손이 많음을 풍하였다. '우차린(于嗟麟)'은 거듭 말하여 그 인자함을 감탄한 것이다. 발과 이마와 뿔은 운에 맞음을 취한 것이요, 다른 뜻이 있는 것이 아니다.

기린의 이마여	麟之定
성한 공성(公姓)이니	振振公姓
아 이들이 기린이로다	于嗟麟兮

《집전》에 말하였다. 정(定)은 이마이다. 공성(公姓)은 공손(公孫)이니, 성(姓)이란 말은 낳는다는 뜻이다 .
○부이다.

기린의 뿔이여	麟之角
성한 공족(公族)이니	振振公族
아 이들이 기린이로다	于嗟麟兮

67 부이다 : 《집전》에는 홍이라고 하였으니, 아래 장도 같다. 《집전》의 장하주에는 문왕의 후비가 덕을 닦아 자손과 종족이 선(善)에 교화된 것을 가리킨 것이라고 하였다.
68 종사편의 뜻 : 심대윤은 "천하의 기뻐하는 마음을 얻은 자는 반드시 대를 이어가는 복이 있다.〔以風得天下之歡心者, 必有延世之福也.〕"라고 하였다. 위의 〈종사〉장 참조.

부이다. 공족(公族)은 조묘(祧廟)에서 아직 훼철(毁撤)하지 않은 친족이다.[69] -신주가 아직 조묘에 있어 훼철하지 않은 것이니, 천자는 8세 조를 함께하고 제후는 6세 조를 함께한다.-

이상은 〈인지지〉 3장이니, 장마다 3구이다.

〈주남〉 11편이다.

구설에는 대부분 모두 "후비의 덕을 칭송한 것이다."라고 하였다. 그러나 이제 문리를 가지고 살펴보면 여기에 비슷한 부분이 없다.[70]

69 공족(公族)은……친족이다 : 조묘는 선대 조상의 신주를 모시는 사당으로, 《한서(漢書)》〈왕망전(王莽傳)〉에 "교궁(郊宮)을 세워 조묘로 정하였다.〔建郊宮, 定祧廟.〕"라고 하였고, 한유(韓愈)의 〈체협의(禘祫議)〉에 "사당에서 훼철한 신주는 모두 조묘에 보관한다.〔其毁廟之主, 皆藏於祧廟.〕"라고 하였다.

70 구설에는……없다 : 《집전》에는 "이 편을 살펴보면 첫머리의 다섯 편의 시는 모두 후비(后妃)의 덕을 말했으니, 〈관저〉는 그 전체를 들어 말한 것이요, 〈갈담〉과 〈권이〉는 그 뜻과 행실이 자신에게 있음을 말한 것이요, 〈규목〉과 〈종사〉는 그 덕과 은혜가 남에게 미침을 찬미한 것이니, 모두 한 가지 일을 가리켜 말한 것이다. 그 내용은 비록 후비를 위주로 하였으나, 그 실제는 모두 문왕(文王)의 몸이 닦여지고 집안이 가지런해진 효험을 드러내어 밝힌 것이다. 〈도요〉·〈토저〉·〈부이〉에 이르러서는 집안이 가지런해져 나라가 다스려진 효험이요, 〈한광〉·〈여분〉은 남국(南國)의 시를 붙여, 천하가 이미 평(平)해질 수 있는 조짐이 있음을 나타낸 것이다. 〈인지지〉로 말하면 또 왕자의 상서이니, 인력(人力)으로 이르게 할 수 있는 바가 아니요, 저절로 이른 것이다. 그러므로 다시 이것으로써 끝을 맺었는데, 서(序)하는 자가 이르기를 '〈관저〉의 효응(效應)이다.'라고 하였다. 여기에 이르게 된 것은 후비의 덕이 진실로 도운 바가 없지 않으나, 아내의 도는 스스로 완성함이 없으니, 그렇다면 또한 어찌 후비가 독차지할 수 있겠는가. 지금 시를 말하는 자가 혹은 마침내 오로지 후비만을 찬미하고 문왕에게 근본하지 않았으니, 또한 잘못이다.〔按此篇首五詩, 皆言后妃之德, 關雎, 擧其全體而言也, 葛覃, 卷耳, 言其志行之在己, 樛木, 螽斯, 美其德惠之及人, 皆指其一事而言也. 其詞雖主於后妃, 然其實則皆所以著明文王身修家齊之效也. 至於桃夭, 兎罝, 芣苢, 則家齊而國治之

또 여자를 바로잡는 것은 남자에게 달려있으며, 몸을 닦고 집안을 가지런히 하고 나라를 다스리는 것은 부인의 일이 아니니, 남자를 버리고 부인을 칭송함은 아마도 하늘과 땅의 의리와 음양(陰陽)의 도를 알지 못해서인 듯하다. 남자가 없는 나라가 있으면 가능하고, 남편이 없는 나라가 있으면 가능하니, 이치를 거스리고 예를 무너뜨림이 이보다 더 심한 것이 없다. 부인의 행실은 규문(閨門)을 벗어나지 않으니, 어찌 규문을 칭송한 내용을 노래와 읊음에 올리겠는가. 그러므로 아(雅)와 송(頌)의 장에 오로지 부인의 덕을 칭송한 경우가 없으니,[71] 풍(風)을 지은 사람이 예를 알면서 홀로 아와 송에 미치지 않음은 어째서인가. 비루한 유자들이 천착하여 근거 없는 말을 한 것이 너무 심하지 않겠는가. 후비의 교화가 남쪽 나라에 미쳤다고 말한 것은 도리에 어긋나지 않겠는가.-나라에는 두 교화가 없으니, 교화의 주인에는 두 사람이 없다. 여자가 남자를 빼앗는 것은 음이 양과 대등해지는 것이다.-

效, 漢廣, 汝墳, 則以南國之詩附焉, 而見天下已有可平之漸矣. 若麟之趾, 則又王者之瑞, 有非人力所致而自至者, 故復以是終焉, 而序者以爲關雎之應也. 夫其所以至此, 后妃之德, 固不爲無所助矣. 然妻道無成, 則亦豈得而專之哉. 今言詩者或乃專美后妃, 而不本於文王, 其亦誤矣.〕"라고 하였다.

71 아(雅)와 송(頌)의……없으니 : 아는 《시경》의 〈대아〉와 〈소아〉를 가리키는 것으로 조정에서 사용하는 악곡이고, 송은 〈주송(周頌)〉, 〈노송(魯頌)〉, 〈상송(商頌)〉을 가리킨 것으로 종묘의 제사 때 사용하는 악곡이다. 이것들은 모두 주나라의 태평성대의 음악이다. 이와 관련해서는 위의 〈국풍서설(國風序說)〉 참조.

소남 召南

작소 鵲巢

까치가 둥지를 둠에　　維鵲有巢
비둘기가 살도다　　維鳩居之
새아씨가 시집옴에　　之子于歸
많은 수레로 맞이하도다　　百兩御之

《집전》에 말하였다. 흥이다.[1] 구(鳩)는 성질(재주)이 졸(拙)하여 둥지를 잘 만들지 못하고 간혹 까치의 둥지에 사는 경우가 있다. 한 대의 수레를 양(兩)이라고 이른다. 어(御)는 맞이함이다.
○이는 여자가 시집가는 것에 가탁하여 신하의 도를 말한 것이다. 아내는 남편의 집을 가지고 자기의 집으로 삼고, 신하는 임금의 나라를 가지고 자기의 나라로 삼아서 남편과 아내가 하나로 합하고 임금과 신하가 일체가 되니, 임금이 이로운데 신하가 해로우며 남편이 이로운데 아내가 해로운 경우는 없어서 선과 악이 일치되고 화와 복이 일치된

1 홍이다 : 《집전》에는 문왕의 교화를 입고, 여자들 또한 후비의 교화를 입어서 아름다운 덕이 있음을 찬미한 시라고 하였다. 《집전》의 장하주에는 "남국(南國)의 제후가 문왕의 교화를 입어서 마음을 바르고 몸을 닦아서 그 집안을 가지런히 하니, 그 여자 또한 후비(后妃)의 교화를 입어서 전정(專靜)하고 순일(純一)한 덕(德)이 있었다. ……이 시의 뜻은 주남에 〈관저〉가 있는 것과 같다.〔南國諸侯被文王之化, 能正心修身, 以齊其家, 其女子亦被后妃之化, 而有專靜純一之德, …… 此詩之意, 猶周南之有關雎也.〕"라고 하였다.

다. 아내가 자기 몸을 소유하는 마음을 품고, 신하가 자기 집안을 사사로이 하는 마음을 품으면 둘 다 패망하고 모두 상한다. 비둘기가 까치의 둥지에 사는 것으로써 아가씨가 시집가는 것을 흥하여 신하와 아내의 의리를 밝힌 것이다.

까치가 둥지를 둠에	維鵲有巢
비둘기가 차지하도다	維鳩方之
새아씨가 시집감에	之子于歸
많은 수레로 전송하도다	百兩將之

《집전》에 말하였다. 흥이다. 장(將)은 전송함이다.
○방(方)[2]은 나란히 거처하는 것이니, 수레가 방궤(方軌 굴대를 나란히 함)할 수 없다는 방이다.[3]

까치가 둥지를 둠에	維鵲有巢
비둘기가 가득히 살도다	維鳩盈之
새아씨가 시집옴에	之子于歸
많은 수레로 이루도다	百兩成之

《집전》에 말하였다. 흥이다.[4] 성(成)은 그 예(禮)를 이룸이다.

2 방(方) : 《집전》에는 《모전(毛傳)》의 "방은, 소유함이다.〔方, 有之也.〕"라고 풀이한 것을 그대로 따랐다.

3 수레가……방이다 : 《전국책(戰國策)》 〈제책(齊策)〉에 "수레는 두 대의 수레가 나란히 지나갈 수 없고, 말은 두 마리의 말이 나란히 갈 수 없다.〔車不得方軌, 馬不得並行.〕"라는 내용이 보인다.

4 흥이다 : 《모시서》에는 부인(夫人)의 덕(德)을 읊은 시라고 보았다.

◯영(盈)은 "훌륭한 선비가 많다는 뜻이다.[5]

이상은 〈작소〉 3장이니, 장마다 4구이다.

채번 采蘩

이에 새발쑥을 뜯기를 于以采蘩
못가에서 하고 물가에서 하도다 于沼于沚
이에 이것을 쓰기를 于以用之
공후(公侯)의 제사에 하도다 公侯之事

《집전》에 말하였다. 부이다.[6] 번(蘩)은 흰 쑥이다. 사(事)는 제사(祭事)이다.
◯못가와 물가에서 새발쑥을 채취하여 공후(公侯)의 제사에 사용함을 가탁해서 시골에서 선비를 취하여 낭묘(廊廟 조정)에서 등용함을 말하였다. 현자를 등용하기를 시골에서 근본하면 버리는 인재가 없고 지나친 선발이 없으니, 못가、물가、시내에서 하는 것은 새발쑥의 고장에서 채취하는 것이다.

이에 새발쑥을 뜯기를 于以采蘩
시내 가운데서 하도다 于澗之中

5 훌륭한……뜻이다 : "제제다사(濟濟多士)"는 〈대아 문왕(文王)〉에 보이는데, 심대윤은 이 시를 여러 현자들이 모여서 주나라 왕업이 일어난 내용으로 보았다. 위의 주남(周南) 편 주49) 참고.
6 부이다 : 《집전》에는 제후의 부인이 정성과 공경을 다해 제사를 받드는 시라고 하였다.

이에 이것을 쓰기를 于以用之
공후(公侯)의 사당에서 하도다 公侯之宮

부이다.

공경스런 머리 꾸밈이여 被之僮僮
이른 새벽부터 밤늦도록 공소(公所)에 있도다 夙夜在公
조용한 단정한 머리 꾸밈이여 被之祁祁
잠깐 돌아가도다 薄言還歸

《집전》에 말하였다. 부이다. 동동(僮僮)은 몸을 곧게 하여 공경함이다. 기기(祁祁)는 펴지고 느린 모양이다.

○피(被)[7]는 이불이니, 《한서》에 "이불을 가지고 들어가 숙직한다"[8]는 것이 이것이다. 동(僮)은 동(憧)과 같으니 동동(僮僮)은 왕래하는 모양이다.-《주역》에 이르기를 "자주 왕래한다[9]"라고 하였고, 《서경》에 이르기를 "왕래한다[10]"라고 하였으니, 여기서는 번갈아 물러가고 번갈아 나아가서 서로 군주를 보좌함

7 피(被) : 《집전》에는 '머리 꾸밈〔首飾〕'으로 풀이하였다.

8 한서에……숙직한다 : 이 내용은 《한서》가 아닌, 한유(韓愈)의 〈송은원외서(送殷員外序)〉에 보인다. "지금 세상 사람들은 수백 리를 가려 할 적에 문을 나서면 망연자실하여 이별의 가련한 기색이 있고, 이불을 가지고 삼성(三省)에 숙직하려 할 적에 여종을 돌아보고 자질구레한 당부를 그치지 않는다. 그런데 지금 그대는 만 리 밖의 외국으로 사신을 가면서도 유독 목소리와 낯빛에 조금도 기미를 드러내지 않으니, 어찌 참으로 경중을 아는 대장부가 아니겠는가.〔今人適數百里, 出門惘惘, 有離別可憐之色, 持被入直三省, 丁寧顧婢子語, 刺刺不能休, 今子使萬里外國, 獨無幾微出於言面, 豈不眞知輕重大丈夫哉?〕"라고 하였다.

9 주역에……왕래한다 : 《주역(周易)》 〈함괘(咸卦) 구사(九四)〉에 '왕래하기를 자주하면 벗만 네 생각을 따를 것이다.〔憧憧往來, 朋從爾思.〕"라고 하였다.

10 서경에……왕래한다 : 《서경(書經)》 〈군석(君奭)〉에 "(주공이) 말씀하셨다. '(여

을 말한 것이다.- 왕래하며 공소에 있고 천천히 돌아오는 것은 공적인 일을 먼저하고 급하게 여기고, 자신의 계책을 뒤에 하고 느슨히 한 것이다. 《국어》에 범무자(范武子)[11]의 덕을 말하기를 "그 군주를 이롭게 하되 자신의 몸을 잊지 않았다"[12]라고 하였다. 군주가 이로운데 신하가 해로운 경우는 있지 않고 신하가 해로운데 군주가 이로운 경우는 있지 않으니, 그 군주를 이롭게 함은 바로 자신의 몸을 잊지 않는 것이요, 자기 몸을 잊지 않음은 또한 그 군주를 이롭게 하는 것이다. 이와 같이 한 뒤에 명예와 이익이 두 가지가 모두 이루어지고 공(公)과 사

러 신하들이) 이 곳에 왕래하면서 떳떳한 가르침으로 인도하지 않았더라면 문왕도 그 덕이 나라 사람들에게 베풀어지는 일이 없었을 것이다.'〔又曰: '無能往來, 玆迪彝敎, 文王蔑德降于國人.'〕"라고 하였다.

11 범무자(范武子) : 춘추 시대 진(晉)나라 대부인 사회(士會)로 수(隨)에 봉해져서 수무자(隨武子)라 하였으며, 뒤에 범(范)에 봉해져 범무자라 하였다. 문공(文公), 양공(襄公), 영공(靈公), 성공(成公), 경공(景公) 등 다섯 명의 군주를 섬기면서 법제를 정비하는 등의 치적을 쌓았다.

12 국어에……않았다 : 이상은 《국어(國語)》 〈진어(晉語)〉와 《예기》 〈단궁(檀弓)〉 등에 보이는데 책마다 글자가 조금씩 다르다. 여기에서 심대윤이 말한 '利其君, 不忘其身'은 《예기》에 보이는바, 그 내용은 다음과 같다. "조문자(趙文子)가 숙예(叔譽)와 함께 공동묘지인 구원(九原)을 구경하였는데, 문자가 물었다. '죽은 사람을 만일 살릴 수 있다면 내 누구와 함께 돌아갈까?' 숙예가 대답하였다. '아마도 양처보(陽處父)일 것입니다.' 문자가 말하였다. '양처보는 행실이 진(晉)나라에서 일을 혼자 처리하고 너무 꼿꼿하여 자신의 몸을 명대로 마치지 못하였으니, 그의 지혜는 칭찬할 것이 못 된다.' 숙예가 말하였다. '그렇다면 구범(舅犯)일 것입니다. 문자가 말하기를 '이익을 보고 자신의 군주를 돌아보지 않았으니, 그의 인(仁)은 칭찬할 것이 못 된다. 나는 수무자(隨武子)를 따를 것이다. 자신의 군주를 이롭게 하면서도 자신의 몸을 잊지 않았으며, 자기 몸을 도모하면서도 자기 친구를 버리지 않았다.'라고 대답하니, 진나라 사람들이 문자가 사람을 잘 알아보는 자라고 하였다.〔趙文子與叔譽, 觀乎九原, 文子曰: '死者如可作也, 吾誰與歸?' 叔譽曰: '其陽處父乎!' 文子曰: '行幷植於晉國, 不沒其身, 其知不足稱也.' '其舅犯乎!' 文子曰: '見利不顧其君, 其仁不足稱也, 我則隨武子乎! 利其君, 不忘其身, 謀其身, 不遺其友.', 晉人謂文子知人.〕" 《예기정해(禮記正解)》 〈단궁(檀弓)〉

(私)가 모두 구제되니, 이는 충서(忠恕)로 중용(中庸)의 지극히 선한 도이다.[13] 〈작소〉는 한결같이 공(公 국가)에 마음을 두어 집을 사사로이 하는 마음이 없어서 군주와 신하가 나라를 함께 하는 것이요, 〈채번〉은 공을 먼저하고 급하게 하면서도 또한 자기 몸을 잊지 않는 것이니,[14] 자기 몸에 누를 끼치고 패하면서 군주를 잘 섬기는 자는 있지 않다. 〈작소〉와 〈채번〉 두 편이 서로 발명되어야 뜻이 비로소 원만해진다.

이상은 〈채번〉 3장이니, 장마다 4구이다.

초충 草蟲

찌르르 우는 풀벌레며	喓喓草蟲
펄쩍펄쩍 뛰는 메뚜기로다	趯趯阜螽
군자(君子)를 만나보지 못한지라	未見君子
근심하는 마음 두근거리노라	憂心忡忡

13 이는……도이다 : 심대윤의 《중용훈의(中庸訓義)》에 "성인의 학문은 요점은 이해(利害)와 화와 복의 원인을 밝혀서 취사하는데 달려 있을 뿐이니, 힘을 쓰기를 오래하여 신(神)과 통하면 사람의 이롭고 해로움과 하늘의 화와 복이 환하게 마음과 눈의 사이에 나타나게 된다.……하늘은 이치가 있고 때가 있으니, 이치는 떳떳함이요 때는 변함이다. 충서(忠恕)는 중용의 도이니, 진실로 복리(福利)의 지극히 선한 것인데, 때의 변함을 알지 못하면 또한 때에 맞지 못하다.〔聖人之學, 要在明乎利害禍福之故而取舍之而已, 用力之久而至於通神, 則人之利害、天之禍福, 了然形於心目之間矣.……天有理有時, 理者常也, 時者變也. 忠恕中庸之道, 固所以爲福利之至善者也, 而不知時變, 則亦不能時中矣.〕"라고 보인다.

14 채번은……것이니 : 《모시서》에는 부인이 직분을 잃지 않았음을 읊은 시라고 하였다.

또한 이미 그를 보며　　亦旣見止
또한 이미 만나면　　亦旣覯止
내 마음 가라앉으리로다　　我心則降

《집전》에 말하였다. 요요(喓喓)는 벌레 소리이다. 초충(草蟲)은 메뚜기와 비슷한데 색이 푸르다. 부종(阜螽)은 메뚜기이다. 적적(趯趯)은 뛰는 모양이다. 충충(忡忡)은 근심하는 모양이다. 지(止)는 어조사이다. 구(覯)는 만남이다. 강(降)은 내림이다.

○흥이고 부이다.[15] 인군(人君)이 사람을 취할 적에 부이와 마름과 새발쑥의 채소와 고인물과 길가의 장마 물을 버리는 것이 없어서 그릇에 맡기어 솥에 삶으면-이 내용이 《주역》 〈정괘(鼎卦)〉에 보인다.[16]- 왕공(王公)에 올릴 수 있고 신명(神明)에 올릴 수 있다. 그러나 반드시 전형(銓衡)할 수 있는 재주와 전범(典範)이 되는 솜씨로 이윤(伊尹)과 부열(傅說), 주공(周公)과 소공(召公) 같은 사람을 얻어서 백규(百揆)[17]

15 흥이고 부이다 : 《집전》에는 부라고 하였으니, 아래 장도 같다. 《집전》에는 제후의 대부가 부역을 가자 그 아내가 시물(時物)의 변화에 감동하여 읊은 시라고 하였다. 《집전》의 장하주에 "남국(南國)이 문왕의 교화를 입어 제후의 대부가 부역을 가서 밖에 있자, 그 아내가 홀로 거처하면 시물(時物)의 변화에 감동하여 그 남편을 생각하기를 이처럼 한 것이니, 또한 주남(周南)의 〈권이〉와 같은 것이다.〔南國, 被文王之化, 諸侯大夫行役在外, 其妻獨居, 感時物之變, 而思其君子如此, 亦若周南之卷耳也.〕"라고 하였다.

16 이 내용이……보인다 : 《주역》 〈정괘(鼎卦) 단사(彖辭)〉에 "나무로 불을 땜은 삶는 것이니, 성인이 여기에 삶아서 상제(上帝)에게 제향(祭享)하고, 또 크게 삶아서 성현을 기른다.〔以木巽火, 烹飪也, 聖人烹以享上帝, 而大烹以養聖賢.〕"라고 보이는데, 정이(程頤)의 《정전(程傳)》에 "나무로서 불을 때는 것은 나무가 불을 따르는 것이니, 삶는 것이다. 솥이란 기물은 살아있는 사람이 이용하는데 지극히 간절한 것이니, 그 쓰임의 큼을 지극히 하면 성인이 삶아서 상제에게 제향하고, 크게 삶아서 성현을 기른다.〔以木巽火, 以木從火, 所以亨飪也. 鼎之爲器, 生人所賴至切者也, 極其用之大, 則聖人亨, 以享上帝, 大亨以養聖賢.〕"라고 풀이하였다.

를 총괄하게 한 뒤에야 백규가 때로 펴져서 여러 공적이 모두 이루어지는 것이다. 하찮은 재주와 편벽된 쓰임은 의지하고 맡겨서 임무를 부탁할 수가 없으니, '찌르르 우는 풀벌레'는 함께 나라의 일을 계책할 수 없음을 말한 것이요, '펄쩍펄쩍 뛰는 메뚜기'는 함께 성공할 만한 행실이 없는 것이다. '또한 이미 만나본다'는 것은 그 말을 들으면 공적을 이룰 수 있는 것이요, '또한 이미 본다'는 것은 일에 시행하여 공효(功效)가 있는 것이다. '부이'와 '채번', '채빈'이 있고 또 '초충'이 있은 뒤에야 인재를 취하는 도가 완전해진다.[18]-《서경》에 이르기를 "누가 때를 순히 할 사람을 물어서 등용할까?[19]"라고 하였고, 또 말하기를 "능히 황제의 일을 밝힐 자가 있으면 하여금 백규 자리에 앉히겠다.[20]"라고 하였으니, 인군이 훌륭한 선비를 구하고자 한다면 먼저 인재를 아는 신하를 구해야 하고, 인재를 등용하고자 한다면

17 백규(百揆) : 중국 상고 시대의 서정(庶政)을 총괄하는 관직으로, 후대의 총재(冢宰)와 같은 직임을 말한다. 《서경》 〈순전(舜典)〉에 "(요임금이 순임으로 하여금) 오전(五典)을 삼가 아름답게 하라 하시니 오전이 능히 순하게 되었으며, 백규에 앉히시니 백규가 때로 펴졌으며, 사문(四門)에서 손님을 맞이하게 하시니 사문이 화목하며, 큰 산기슭에 들어가게 하시니 열풍(烈風)과 뇌우(雷雨)에 혼미하지 않으셨다.〔愼徽五典, 五典克從, 納于百揆, 百揆時敍, 賓于四門, 四門穆穆, 納于大麓, 烈風雷雨弗迷.〕"라는 내용이 보인다.

18 부이와……완전해진다 : 《주남》의 〈부이〉, 〈채번〉, 〈채빈〉, 〈초충〉장에 대해서 주자와 심대윤의 해석은 약간 차이가 있는바, 주자는 위의 시는 모두 문왕의 교화를 입은 시로 보았고, 심대윤은 어진이가 인재를 등용하는 시로 보았다.

19 서경에……등용할까 : 《서경》 〈요전(堯典)〉에 "요 임금이 다음과 같이 물으셨다. '누가 때를 순히 할 사람을 물어서 등용할 수 있는가?' 방제(放齊)가 대답하였다. '맏아들인 단주가 계명(啓明)합니다.' 요 임금이 말씀하셨다. '아, 너의 말이 옳지 않다. 단주는 어리석고 다투니, 가하겠는가.'〔帝曰: '疇咨若時, 登庸?' 放齊曰: '胤子朱, 啓明' 帝曰: '吁! 嚚訟, 可乎?'〕"라고 보인다.

20 능히……하겠다 : 《서경》 〈순전(舜典)〉에 "순 임금이 말씀하셨다. '아, 사악(四岳)아. 사공(事功)을 일으켜 요 임금의 일을 넓힐 자가 있으면 백규에 앉혀서 여러 일을 밝혀 무리를 순히 다스리겠다.'〔舜曰: '咨四岳, 有能奮庸, 熙帝之載, 使宅百揆, 亮采惠疇.'〕"라고 보인다.

먼저 무리를 어거하는 재주를 구하여야 하니. 이것을 일러 '근본을 안다'라고 하는 것이다. 공자가 말씀하시기를 "공인(工人)이 그 일을 잘하고자 하려면 먼저 그 기구를 이롭게 해야 한다.[21]"라고 하셨다.-

저 남산(南山)에 올라가 陟彼南山
고사리를 뜯노라 言采其蕨
군자(君子)를 만나보지 못한지라 未見君子
근심하는 마음이 간절하노라 憂心惙惙
또한 이미 그를 보며 亦旣見止
또한 이미 만나면 亦旣覯止
내 마음 기쁘리로다 我心則說

《집전》에 말하였다. 궐(蕨)은 고사리이니, 처음 나서 잎이 없을 때에 먹을 수 있다. 철철(惙惙)은 근심하는 모양이다.
○흥이고 부이다. 미(薇 고비)와 궐(蕨 고사리)은 산나물 중의 아름다운 것이니, 큰 산과 깊은 골짜기에 있어서 채취하기가 매우 어려워 길가에 자라는 부이와 시냇물과 물가에 있는 마름과 새밭쑥과 똑같지 않다.

저 남산(南山)에 올라가서 陟彼南山
고사리를 뜯노라 言采其薇
군자(君子)를 만나보지 못한지라 未見君子

21 공자가……해야한다 : 이는 《논어》〈위령공(衛靈公)〉에 자공(子貢)이 인(仁)을 행하는 방법을 묻자, 공자가 대답한 말씀이다. "공인이 그 일을 잘하려고 하면 반드시 먼저 그 기구를 예리하게 해야 하니, 이 고을에 살면서 대부 중 어진 자를 섬기고 선비 중 인(仁)한 자를 벗 삼아야 한다.〔子貢問爲仁, 子曰: 工欲善其事, 必先利其器. 居是邦也, 事其大夫之賢者, 友其士之仁者.〕"

내 마음 슬프노라 我心傷悲
또한 이미 그를 보며 亦既見止
또한 이미 만나면 亦既覯止
내 마음 화평(和平)해지리로다 我心則夷

《집전》에 말하였다. 미(薇)는 궐(蕨)과 비슷한데 조금 크고 가시가 있으며 맛이 쓰다.-일명은 미궐(迷蕨)[22]이라 하고 또 다른 이름은 미양(迷陽)이라 한다.-

○흥이고 부이다.[23] 얻기 전에는 구하기를 저처럼 간절히 하고, 이미 얻은 뒤에는 맡김에 이처럼 두 마음을 품지 않는 것이다.

이상은 〈초충〉 3장이니, 장마다 7구이다.

채빈 采蘋

이에 마름을 뜯기를 于以采蘋
남간(南澗)의 물가에서 하도다 南澗之濱
이에 마름을 뜯기를 于以采藻

22 미궐(迷蕨) : 《본초강목》에 "일종의 붉은 풀로, 고사리처럼 생겼는데 꽃이 있고 맛이 쓰니, 이것을 미궐이라고 한다. 처음 나오는 것은 먹을 수 있으니, 《이아(爾雅)》에서는 월이(月爾)라고 부르고 《삼창(三蒼)》에서는 자궐(紫蕨)이라고 부른다.〔一種紫萁, 似蕨有花而味苦, 謂之迷蕨. 初生亦可食, 《爾雅》謂之月爾, 《三蒼》謂之紫蕨.〕"라고 보인다.

23 홍이고 부이다 : 《모시서》에는 대부의 아내가 예로써 스스로 단속하였음을 읊은 시라고 하였다.

저 흐르는 물에서 하도다 于彼行潦

《집전》에 말하였다. 부이다.[24] 빈(蘋)은 대평(大苹)이니-《본초》에 이르기를 "큰 것을 '빈(蘋)'이라 하고 중간 것을 '행(荇)'이라 하고 작은 것을 '평(苹)'이라 한다."라고 하였다.- 강동(江東) 사람들은 표(薸)라고 이른다. 조(藻)는 취조(聚藻 마름)이다. 항료(行潦)는 흐르는 물이다.
○마름에 가탁하여 선비를 취하기를 혹은 깨끗한 부류에서 취하고, 혹은 혼탁한 무리에서 취함을 말하였다.

이에 담기를 于以盛之
네모진 광주리와 둥근 광주리에 하도다 維筐及筥
이에 삶기를 于以湘之
세 발 가마솥과 가마솥에 하도다 維錡及釜

《집전》에 말하였다. 부이다. 광주리 중에 네모진 것을 광(筐)이라 하고, 둥근 것을 거(筥)라 한다. 상(湘)은 삶음이다. 솥에 발이 있는 것을 기(錡)라 하고, 발이 없는 것을 부(釜)라 한다.
○담기를 둥근 광주리와 네모진 광주리에 하는 것은 거처하기를 각각 그 재주에 합당하게 한 것이요, 삶기를 세 발 가마솥과 발 없는 가마솥에 하는 것은 익혀서 각각 그 공을 이루는 것이다.

이에 올리기를 于以奠之
종실(宗室)의 창문 아래에 하도다 宗室牖下

24 부이다 : 《집전》에는 문왕의 교화를 입어 대부의 아내가 제사를 잘 받드는 내용으로 보았다.

누가 이것을 주장하는고	誰其尸之
공경하는 계녀(季女)로다	有齊季女

《집전》에 말하였다. 부이다. 종실(宗室)은 대종(大宗)의 사당이다. 시(尸)는 주장함이다. 제(齊)는 공경하고 삼가함이요, 계(季)는 어림이다.

◯왕후(王侯)의 사당은 남향을 하고 대부 이하는 동향을 하니, 동향을 하면 북쪽 창문 아래에 올린다. 종실에 올리는 것은 모두 낭묘(廊廟 조정)의 쓰임이 됨을 말한 것이다. 제사를 주관하는 자는 종부(宗婦)이고 제찬(祭饌)을 주장하는 자는 어린 딸이다.-《내칙》에 "예로 도와 제수를 올린다"는 것이 이것이다.[25]- 종묘사직을 주관하는 자는 군주이고 백관을 통솔하여 인재를 나아가게 하고 물러가게 하는 자는 정승이다. 여기의 계녀(季女)는 바로 〈초충〉장의 군자이다.[26]

이상은 〈채빈〉 3장이니, 장마다 4구이다.

25 내칙에……이것이다 : 《예기》 〈내칙(內則)〉에 "여자가 열 살이 되면 밖에 나가지 않으며……제사를 살펴보아 술과 장과 변두(籩豆 제기)와 김치와 젓갈을 올려서 예(禮)를 도와 제수(祭需)를 올린다.〔女子十年不出,……納酒漿籩豆菹醢, 禮相助奠.〕"라고 보인다.

26 여기의……군자이다 : 심대윤은 위의 〈초충〉장에서 군자는 전형(銓衡)할 수 있는 재주와 전범(典範)이 되는 사람으로 보고, 군주는 이러한 인재를 얻어서 모든 일을 총괄하게 해야만 공적이 펼쳐질 수 있다고 해석하였다.

감당 甘棠

무성한 감당(甘棠)나무를 　　蔽芾甘棠
자르지 말고 베지 말라 　　勿翦勿伐
소백(召伯)이 초막으로 삼으셨던 곳이니라 　　召伯所茇

《집전》에 말하였다. 부이다.[27] 폐패(蔽芾)는 성한 모양이다. 감당(甘棠)은 두리(杜梨)이니, 흰 것을 당(棠)이라 하고, 붉은 것을 두(杜)라 한다. 전(翦)은 가지와 잎을 잘라내는 것이요, 벌(伐)은 가지와 줄기를 치는 것이다. 발(茇)은 초사(草舍 초막)이다. 소백(召伯)[28]이 남쪽 나라를 순행(巡行)하면서 우연히 감당나무 아래에 머물렀었는데, 후인(後人)이 그의 덕(德)을 그리워하였다. 그러므로 그 나무를 아껴 차마 손상하지 못한 것이다.

무성한 감당나무를 　　蔽芾甘棠
자르지 말고 꺾지 말라 　　勿翦勿敗
소백이 쉬어가신 곳이니라 　　召伯所憩

부이다. 게(憩)는 쉼이다.

27 부이다 : 《집전》의 장하주에는 "소백(召伯)이 남쪽 나라를 순행(巡行)하면서 문왕의 정사를 펼 적에 혹 감당나무 아래에 머물렀었는데, 그 뒤에 백성들이 그의 덕(德)을 그리워하였다. 그러므로 그 나무를 아껴 차마 손상하지 못한 것이다.〔召伯, 循行南國, 以布文王之政, 或舍甘棠之下, 其後, 人思其德, 故愛其樹而不忍傷也.〕"라고 하였다.

28 소백(召伯) : 주나라 문왕의 아들인 소공(召公) 석(奭)을 가리킨다. 성왕(成王) 때에 삼공(三公)의 자리에 올라 태보(太保)의 직책을 맡으며 백성들에게 선정을 베풀었다.

무성한 감당나무를 蔽芾甘棠
자르지 말고 휘지 말라 勿翦勿拜
소백이 머무셨던 곳이니라 召伯所說

《집전》에 말하였다. 부이다. 배(拜)는 굽힘이다. 세(說)는 세(稅)[29]와 통한다. 꺾지 말라 하였으면 베지 말라 할 뿐만이 아니요, 휘지 말라 하였으면 꺾지 말라 할 뿐만이 아니니, 아끼기를 오래할수록 더욱 깊어지는 것이다.

○이 편은 감당나무에 가탁하여 소백의 덕을 말하였으므로 또한 풍이라 한 것이다.[30] 주나라에는 이백(二伯)[31]이 지방을 주관함이 있었으니, 소공은 백이 된지가 가장 오래되어서 그 덕이 제후에게 흡족하므로 제후들이 노래하고 읊어서 잊지 않은 것이다. 안으로 백규의 자리를 맡길만한 신하가 있으면-택(宅)은 주장함이니, 여러 집사들로 하여금 각각 나누어진 직분을 얻어서 한 사람에게 통일되어 문란하지 않게 하는 것을 "전주지(奠主之)" 라고 이른다.- 나라가 다스려지고, 밖에 먼 나라를 회유하고 가까운 나라를 길들이며, 작고 큰 여러 나라를 편안히 하고 권면하는 백이 있으면 천하가 복종한다. 주나라가 성할 때에 주공이 총재(冢宰)[32]가

29 세(稅) : 《집전》에는 '머무름〔舍〕'이라 하였다.

30 이 편은……것이다 : 《집전》에는 소백이 감당나무 아래에 머물렀던 것을 백성들이 그리워하여 지은 시로 보았다.

31 이백(二伯) : 주공(周公)과 소공을 가리킨다. 《춘추 공양전(春秋公羊傳)》은공(隱公) 5년 조에 "삼공(三公)이란 무엇인가? 천자의 상(相 정승)이다. 섬(陝)으로부터 이동(以東)은 주공(周公)이 주관하고, 섬으로부터 이서(以西)는 소공(召公)이 주관하고, 한 명의 상(相)은 내조(內朝)에 거처하였다.〔三公者何? 天子之相也. 自陝而東者, 周公主之; 自陝而西者, 召公主之, 一相處乎內.〕"라는 내용이 보인다.

32 총재(冢宰) : 주나라 때 육경(六卿)의 우두머리로, 천관 총재(天官冢宰)라 칭하였다. 총재는 나라의 정치를 관장하고〔掌邦治〕 백관을 통솔하며〔統百官〕, 온 지역을 고르게 다스리는〔均四海〕 등 국정 전반을 총괄하였다. 《周禮 天官冢宰》

되고 소공이 백이 되었는데, 그 뒤에는 대부분 총재로서 백을 겸하였으니, 이는 그 임무가 커서 그 사람을 쉽게 얻을 수 없기 때문이었다. 〈채빈〉은 안에서 일어나고 〈감당〉은 밖에서 지어졌으니, 아 거룩하다, 〈관저〉의 호응이다.[33]

이상은 〈감당〉 3장이니, 장마다 3구이다.

항로 行露

함초롬히 이슬젖은 길에 厭浥行露
어찌 아침저녁에 다니고 싶지 않으리오마는 豈不夙夜
길에 이슬이 많아서 못하느니라 謂行多露

《집전》에 말하였다. 부이다. 염읍(厭浥)은 젖었다는 뜻이다. 항(行)은 길이다.

○비이다.[34] 제후 중에 주왕(紂王)을 버리고 주(周)나라로 돌아간 자

33 채빈은……호응이다 : 심대윤은 위에서〈관저〉장은 "군주가 신하를 이루어주는 방도를 말한 시〔人君作成臣下之道.〕"로 풀이하였는바, 〈채빈〉과 〈감당〉은 인재를 등용하는 방법과 그 효용을 논한 시로 보았다.

34 비이다 : 《집전》에는 부로 보았다. 《집전》에는 여자가 예로 자신을 지켜 포악한 자에게 더럽힘을 당하지 않는 뜻을 기술한 시로 보았다. 《집전》의 장하주에는 "남국(南國)의 사람들이 소백(召伯)의 가르침을 따르고 문왕의 교화에 복종하여, 옛날의 음란한 풍속을 변혁함이 있었다. 그러므로 여자가 예로써 스스로 자신을 지켜서 강하고 포악한 자에게 더럽힘을 당하지 않은 자가 스스로 자기의 뜻을 기술하여 이 시를 지어 그 사람을 거절한 것이다. 길 사이의 이슬이 한창 축축하니, 내 어찌 이른 새벽과 늦은 밤에 다니고자 하지 않으리오마는 이슬이 많아 옷이 젖을까 두려워 감히 그렇게 하지 못한다고

가 있었는데, 주왕의 견책과 노여움을 만났으나 자기 뜻을 바꾸지 않고 여자가 스스로 정조를 지킴에 가탁하여 풍자한 것이다. 길가의 이슬이 옷을 적시고 더럽힘을 가지고 비유하여 주왕을 섬겨 충성을 바치기를 원하지 않는 것은 아니나, 자신의 몸과 명예에 누를 끼치고 패하여 함께 화와 악에 돌아갈까 두려웠다. 그러므로 "어찌 아침저녁에 다니고 싶지 않으리오마는, 길에 이슬이 많아서 못한다"라고 말했으니, 이는 주왕을 따르지 않는 파제(破題 요지)이다.

누가 참새가 뿔이 없으리오 誰謂雀無角
어떻게 내 지붕을 뚫었겠는가 라고 하며 何以穿我屋
누가 네가 실가(室家)의 예(禮)가 없으리오 誰謂女無家
어찌 나를 옥사(獄事)에 불러들였겠는가 하건만 何以速我獄
비록 나를 옥사에 불러들였으나 雖速我獄
실가의 예는 부족하니라 室家不足

흥이고 부이다.[35] -'수속아옥(雖速我獄)' 이하는 부이다.- 속(速)은 부름이

한 것이다. 여자가 이른 새벽과 밤늦게 홀로 다니면 혹 강하고 포악한 자에게 침탈을 당하고 능욕을 당할 걱정이 있다. 그러므로 길에 이슬이 많아서 옷을 적실까 두렵다고 칭탁한 것이다.〔南國之人, 遵召伯之敎, 服文王之化, 有以革其前日淫亂之俗, 故女子有能以禮自守, 而不爲强暴所汚者 自述己志, 作此詩以絶其人. 言道間之露方濕, 我豈不欲早夜而行乎, 畏多露之沾濡而不敢爾. 蓋以女子早夜獨行, 或有强暴侵陵之患, 故託以行多露而農其沾濡也.〕"라고 하였다.

35 흥이고 비이다 : 《집전》에는 여자가 자신의 지조를 지켰으나 송사를 당하여 스스로 하소연한 시라고 하였다. 반면에 심대윤은 신하와 임금〔주왕〕이 도가 맞지 않아 군신의 도를 다할 수 없는 것으로 보았다. 《집전》의 장하주에는 "정녀(貞女)가 스스로 자신을 지킴이 이와 같았으나 오히려 혹 송사를 당하여 옥(獄)에 불려가자, 인하여 스스로 하소연하기를 사람들이 모두 '참새가 뿔이 있다. 그러므로 나의 지붕을 뚫는 것이다.'라고 말하니, 이것을 가지고 사람들이 모두 '네가 나에게 일찍이 실가(室家)의

다 너는 참새를 이르니, 뿔이 없으면 어떻게 내 지붕을 뚫겠느냐는 것을 가지고 '네가 나의 세신(世臣)이 되었으니 어찌 지금에 신하노릇을 하지 않는가? 네 일찍이 나에게 신하노릇하지 않았다면 내가 어찌 너를 책망하겠는가'를 홍한 것이다. 그러나 참새는 일찍이 뿔이 있지 않고, 나는 일찍이 너에게 신하된 적이 없다. 임금과 신하는 의리로써 합한 자이니, 도가 합하면 군주와 신하이고, 도가 합하지 않으면 길을 가는 남남의 관계이다. 나는 은나라의 대대로 제후 노릇을 하는 사람의 자식이 되었으나, 도가 주왕에게 부합하지 않으면 주왕의 신하가 아니니, 비록 견책하는 말이 있어 군주와 신하라고 말하나 군주와 신하가 될 수 없는 것이다. 가(家)는 나라를 주어 신하로 삼음을 이르니, 이는 신하가 군주를 선택하는 의리이다.

누가 쥐가 어금니가 없으리오	誰謂鼠無牙
어떻게 내 담을 뚫었겠는가 라고 하며	何以穿我墉
누가 네가 실가의 예가 없으리오	誰謂女無家
어찌 나를 송사(訟事)에 불러들였겠는가 하건만	何以速我訟
비록 나를 송사에 불러들였으나	雖速我訟
또한 나는 너를 따르지 않으리라	亦不女從

○홍이고 부이다.[36] 〈감당〉은 제후가 품어주는 것이요, 〈항로〉는 제후

예를 구한 적이 있었다. 그러므로 나를 옥사에 불러들인다.'라고 말한 것을 홍(興)한 것이다. 그러나 네가 비록 나를 옥사(獄事)에 불러들였으나, 실가를 구한 예가 애당초 일찍이 갖추어지지 않았으니, 참새가 비록 지붕을 뚫었으나 실제로 뿔이 있지 않은 것과 같음을 모르는 것이다.〔貞女之自守如此, 然猶或見訟而召致於獄, 因自訴而言, 人皆謂雀有角, 故能穿我屋, 以興人皆謂汝於我嘗有求爲室家之禮, 故能致我於獄. 然不知汝雖能致我於獄, 而求爲室家之禮, 初未嘗備, 如雀雖能穿屋, 而實未嘗有角也.〕"라고 하였다.

가 피하는 것이다.[37]

이상은 〈항로〉 3장이니, 한 장은 3구이고 두 장은 장마다 6구이다.

고양羔羊

고양(羔羊)의 가죽이여　羔羊之皮
흰 실로 다섯 곳을 궤맸도다　素絲五紽
물러와서 먹기를 공소(公所)로부터 하니　退食自公
의젓하고 의젓하도다　委蛇委蛇

《집전》에 말하였다. 작은 것을 고(羔)라 하고, 큰 것을 양(羊)이라 한다. 타(紽)[38]는 실로써 갖옷을 꾸미는 것이다. 위사(委蛇)는 자득(自得)한 모양이다.

○흥이다.[39] 퇴식(退食)은 파식(罷食 음식을 다 먹고 감)이라는 것과 같으

36 흥이고 비이다 : 《집전》에는 여자가 남자로부터 송사에 휘말렸으나 실가(室家)를 구하는 예가 부족하여 끝내 따르지 않는 시로 보았다.

37 감당은……것이다 : 《모시서》에는 〈감당〉은 소백을 찬미한 시〔美召伯〕로, 〈항로〉는 소백이 송사를 다스림을 읊은 시〔召伯聽訟〕라고 하였다.

38 타(紽) : 《집전》에는 "상세하지 않으니, 실로 갖옷을 꾸미는 것의 이름일 것이다.〔未詳, 蓋以絲飾裘之名也.〕"라고 하였다.

39 흥이다 : 《집전》에는 문왕의 정사에 교화되어 지위에 있는 자들이 모두 검소하고 정직함을 시인이 찬미한 시라고 보았다. 《집전》에는 부로 보았으니, 이하의 장도 같다. 한편, 《모시서》에는 〈작소〉의 공효로 이룬 시로 보고, 소남의 나라들이 문왕의 정사에 교화되어 지위에 있는 자들이 모두 검소하고 정직하여 덕이 고양(羔羊)과 같다는 내용으로 풀이하였다.

니 공소(公所)로부터 물러나와 먹었다는 것은 공소에서 먹고서 물러나온 것이다.[40] 염소와 양의 가죽은 질박하고 문채가 없으며, 또 흰 실로 꾸몄다. 그러나 그 다섯 곳의 꾸밈을 이루었으면 문채가 또한 충분하다. 군자는 그 질박하고 소박함을 숭상하고 문채와 화려함을 꾸미지 않는다. 그러나 질이 아름다우면 문채가 저절로 충족하고, 소인은 밖으로 문채와 화려함을 꾸며서 사람들에게 빛나나 질박함과 실제는 날로 상실되어서 그 문채가 잠시 반짝하고 윤택하지 못하다. 《주역》에 이르기를 "꾸밈이 희다[41]"라고 하였는데, 끝에 '꾸밈을 희게 한다'라고 말하면 쇠락(衰落)이 이른다.[42] 퇴식자공(退食自公)은 성실함으로써 공무를 행하기 때문에 물러나옴에 부끄러움과 후회가 없어서 위사(委蛇 순히 따름)하여 자득한 것이다. 무릇 음식을 말한 것은 실제를

40 퇴식은……것이다 : 정현의 전(箋)에는 "퇴식은 감선(減膳 음식 수를 줄임)을 이른다. 자(自)는 부터이니, 공소로부터 나왔다는 것은 정직하여 일에 순종함을 이른다.〔退食, 謂減膳也. 自, 從也, 從於公, 謂正直順於事也.〕"라고 하였고, 주자의 《집전》에는 "퇴식은 조정에서 물러나와 집에서 먹는 것이다. 자공(自公)은 공문(公門)으로부터 나오는 것이다."라고 하였다.〔退食, 退朝而食於家也. 自公, 從公門而出也.〕"라고 하였다.

41 주역에……희다 : 《주역》 〈비괘(賁卦) 육사(六四)〉에 "꾸밈이 희며, 백마가 나는 듯 달려가니, 도둑이 아니면 혼인할 짝이리라.〔賁如皤如, 白馬翰如, 匪寇婚媾.〕"라고 하였다.

42 끝에……이른다 : 《주역》 〈비괘(賁卦) 상구(上九)〉에 "꾸밈을 희게 하면 허물이 없으리라.〔白賁无咎.〕"라고 하였는데, 정이(程頤)의 전(傳)에 "백(白)은 흼이니, 질소(質素)를 숭상하면 그 본질을 잃지 않는다. 이른바 '질소를 숭상한다.'라고 한 것은 꾸밈이 없는 것이 아니고, 화려함이 실질을 없애지 않게 할 뿐이다.〔白, 素也. 尙質素, 則不失其本眞. 所謂尙質素者, 非无飾也, 不使華沒實耳.〕"라고 하였다. 반면에 심대윤은 "상구는 문식을 너무 심하게 하여 그 질(質)을 변하였다. 이 때문에 변한 것〔白〕을 취하여 상대한 것이다. 문식하기를 지나치게 하여 그 질을 이기면 끝내는 반드시 깍아지고 어두워지게 된다. 이 때문에 '허물이 없을 것이다'라고 말하고, '길하다'라고 말하지 않은 것이다.〔上九, 文飾之極變其質, 故取變對也. 文華之勝其質, 終必剝落塵晦, 故曰'无咎'而不曰'吉也.'〕라고 하여 정이의 해석과 차이가 있다.

비유한 것이다.

고양의 가죽이여 羔羊之革
흰 실로 다섯 곳을 꿰맸도다 素絲五緎
의젓하고 의젓하니 委蛇委蛇
공소로부터 물러와 먹도다 自公退食

《집전》에 말하였다. 역(緎)은 꿰맨 솔기의 꾸밈이다. ○흥이다.

고양의 꿰맨 솔기여 羔羊之縫
흰 실로 머리에 다섯 곳을 묶었도다 素絲五總
의젓하고 의젓하니 委蛇委蛇
물러와서 먹기를 공소로부터 하도다 退食自公

흥이다. 총(總)은 또한 실타래의 꾸밈이다.[43]

이상은 〈고양〉 3장이니, 장마다 4구이다.

43 총(總)은……꾸밈이다 :《집전》에는 "총(總)은 자세하지 않다.〔總亦未詳.〕"라고 하였고,《모전》에는 "총은 수이다.〔總, 數也.〕"라고 하였는데, 청(淸)대의 학자 왕인지(王引之)는《경의술문(經義述聞)》에서 총은 80개의 실이다.〔"總者八十絲也.〕"라고 풀이하였다.《의례》〈상복(喪服)〉에 "시집가지 않은 딸이 아버지를 위하여 입는데, 베로 만든 머리끈을 하고(마포로 머리를 묶고) 가는 대나무 비녀를 꽂고 좌(髽)를 하고 참최를 입되 3년을 입는다.〔女子子在室爲父, 布總, 箭笄, 髽, 衰, 三年.〕"라고 하였는데, 정현은 주에서 "총은 머리를 묶는 것이니, 이것을 총이라고 하는 것은 이미 그 머리의 처음과 끝을 묶기 때문이다.〔總, 束髮, 謂之總者, 旣束其本, 又總其末.〕"라는 내용이 보인다.

은기뢰 殷其靁

은은(殷殷)히 울리는 우레는 殷其靁
남산(南山)의 남쪽에 있거늘 在南山之陽
어찌하여 이 분은 이 곳을 떠나 何斯違斯
감히 겨를이 없단 말인가 莫敢或遑
재예(才藝)가 많은 군자는 振振君子
돌아오실진저 돌아오실진저 歸哉歸哉

흥이고 부이다.[44] 은(殷)은 소리가 성대한 것이다. 하사위사(何斯違斯)는 어찌 하여 이 사람이 이곳을 떠났느냐는 것이다. 진진(振振)[45]은 성한 모양이니, 그 재예(才藝)가 성함을 말한 것이다. 재예(才藝)가 있는 선비가 나가 놀아서 명예를 구하다가 돌아옴에 이 시를 지어서 비유하였다. 은은히 울리는 우레가 남쪽의 남산에 있는 것은 그 처소를 떠나지 않아도 명성이 자연히 멀리 진동하는 것이다. 《주역》에 이르기를 "군자가 자기 방에 거처함에 그 말을 하는 것이 선(善)하면 천 리 밖에서 호응하나니, 말과 행실은 군자가 하늘과 땅을 감동시키는 것이다"라고 하였다.[46] 만약 그 실제가 충족되면 하늘과 땅도 감동할 수

44 홍이고 부이다 : 《집전》에는 홍으로 보았으니, 이하의 장도 같다. 《집전》에는 부인이 부역 간 남자를 그리워한 시라고 하였다.

45 진진(振振) : 《집전》에는 '성실하고 후함〔信厚〕'으로 풀이하였다.

46 주역에……하였다 : 이 내용은 《주역》 〈계사전 상(繫辭傳上)〉공자의 말씀이다. "군자가 집에 있으면서 말하는 것이 선하면 천 리의 밖에서도 호응하니, 하물며 가까운 자에 있어서이겠는가. 집에 있으면서 말하는 것이 선하지 못하면 천 리의 밖에서도 떠나가니, 하물며 가까운 자에 있어서이겠는가. 말은 몸에서 나와 백성에게 가해지며, 행실은 가까운 것에서 발하여 먼 곳에 나타나니, 말과 행실은 군자의 추기(樞機)이니, 추기의 발함이 영화와 욕의 주체이다. 말과 행실은 군자가 천지를 감동시키는 것이니,

있는데, 하물며 사람이겠는가. 사람은 명예를 구하지 않을 수가 없으나, 명예를 구하는 것은 실제를 힘쓰는데 달려있다. 공자가 말씀하시기를 "남이 자기를 알아주지 않음을 근심하지 말고, 내가 알려질 만하게 되기를 구하라.[47]"라고 하셨으니, 나가 놀면서 명예를 구하며, 감히 혹시라도 겨를이 없어서 오직 미치지 못할까 두려워하는 것은 명예를 구하는 올바른 방도가 아니다. 그대의 성대한 재예로 돌아가 행실을 닦으면 명예가 이루어질 수 있을 것이다.-이 시가 어찌하여 명예를 구하는 줄을 아는가. '은은히 울리는 우레'를 가지고 홍을 삼았다면 그 명예를 구함이 됨을 아는 것이다.-

은은히 울리는 우레는	殷其靁
남산의 곁에 있거늘	在南山之側
어찌하여 이 분은 이 곳을 떠나	何斯違斯
감히 쉴 겨를이 없단 말인가	莫敢遑息
재예가 많은 군자는	振振君子
돌아오실진저 돌아오실진저	歸哉歸哉

흥이고 부이다.

삼가지 않을수 있겠는가.〔君子居其室, 出其言善, 則千里之外應之, 況其邇者乎? 居其室, 出其言不善, 則千里之外違之, 況其邇者乎? 言出乎身, 加乎民, 行發乎邇, 見乎遠, 言行, 君子之樞機, 樞機之發, 榮辱之主也. 言行, 君子之所以動天地也, 可不愼乎?〕"

47 공자가……구하라 : 《논어》 여러 편에 보인다. 〈학이(學而)〉에는 "남이 자신을 알아주지 않음을 근심하지 말고 내가 남을 알지 못함을 근심해야 한다.〔不患人之不己知, 患不知人也.〕"라고 하였고, 〈이인(里仁)〉에는 "자신을 알아주는 이가 없음을 걱정하지 말고 알려질 만하게 되기를 구해야 한다.〔不患莫己知, 求爲可知也.〕"라고 하였고, 〈헌문(憲問)〉에는 "남이 자신을 알아주지 않음을 근심하지 말고 자신이 능하지 못함을 근심해야 한다.〔不患人之不己知, 患其不能也.〕"라고 하였다.

은은히 울리는 우레는　　殷其靁
남산의 아래에 있거늘　　在南山之下
어찌하여 이 분은 이 곳을 떠나　　何斯違斯
혹시라도 편안할 겨를이 없단 말인가　　莫或遑處
재예가 많은 군자는　　振振君子
돌아오실진저 돌아오실진저　　歸哉歸哉

흥이고 부이다.[48] 〈고양(羔羊)〉은 질박함을 숭상하면 문채가 저절로 충족되고, 〈은기뢰〉는 실제를 힘쓰면 이름이 저절로 알려지는 것이니, 모두 독실이 행하는 군자이다. 사람을 취하기를 문채와 화려함으로 하고 명예로 하면 실수하지 않는 자가 드물다.

이상은 〈은기뢰〉 3장이니, 장마다 6구이다.-〈고양〉과 〈은뢰〉 두 편은 인재를 등용하는 자가 더욱 마땅히 마음을 삼가야 할 부분이다. 예로부터 인재를 잃는 자는 일찍이 여기에서 연유하지 않은 적이 없었다.-

표유매 摽有梅

떨어지는 매실(梅實)이여　　摽有梅
그 열매가 일곱이로다　　其實七兮
나를 찾는 서사(庶士)들은　　求我庶士

48 홍이고 부이다 : 《모시서》에는 의로움으로 권면한 시라고 보아, 소남의 대부가 멀리 길을 떠나 정사에 종사하여 편안히 거처할 겨를이 없으니, 그 아내가 그의 수고로움을 민망히 여기면서 의로움으로 권면한 시라고 하였다.

그 길일(吉日)에 미칠진저 迨其吉兮

《집전》에 말하였다. 부이다.[49] 표(摽)는 떨어짐이다. 태(迨)는 미침이다. 길(吉)은 길일(吉日)이다.

○남쪽 나라의 군자 중에 늙도록 선발되지 못한 자가 있자, 여자의 말을 가탁하여 한 것이다. 매실은 솥의 음식을 조리할 수가 있는데 장차 다 없어져서 나무에 남아있는 것이 몇 개가 안 된다. 군주와 신하가 서로 구함은 하늘과 땅의 큰 의리이니, 단지 군주만 신하를 구하고 신하는 군주를 구하지 않는 것이 아니다. 공자가 말씀하시기를 "팔아야지 팔아야지. 그러나 나는 좋은 값을 기다리는 자이다.[50]"라고 하셨으니, 값을 기다려도 값이 오지 않으면 보화를 내놓고 팔리기를 구해서 값을 기다리지 않고 헐값에 스스로 파는 것은 지혜가 아니요, 팔리기를 구하지 않고 보화를 버리는 것은 인(仁)하지 못한 것이다. 구멍을 뚫고 담을 넘어가는 것[51]도 불가하고, 보물을 품고 나라를 혼미하게

49 부이다 : 《집전》의 장하주에 "남국(南國)이 문왕의 교화를 입어 여자가 정조와 신의로써 자신의 지조를 지킬 줄을 알았으니, 시집가는 것이 제 때에 미치지 못하여 강하고 포악한 자에게 능욕을 당할까 두려워하였다. 그러므로 매실이 떨어져 나무에 달려있는 것이 적은 것을 말하여, 때가 지나 너무 늦었음을 나타낸 것이다. 나를 찾는 여러 선비들은 반드시 그 길일(吉日)에 미칠진저.〔南國, 被文王之化, 女子知以貞信自守, 懼其嫁不及時, 而有强暴之辱也, 故言梅落而在樹者少, 以見時過而太晚矣. 求我之衆士, 其必有及此吉日而來者乎.〕"라고 하였다. 그리고 《모시서》에는 소남의 나라가 문왕의 교화를 입어 남녀가 제때에 혼인함을 읊은 시라고 하였다.

50 공자가……자이다 : 《논어》 〈자한(子罕)〉에 "자공이 물었다. '여기에 아름다운 옥이 있으니, 이것을 상자에 넣어 감추어 두시겠습니까, 아니면 좋은 값을 구하여 파시겠습니까?' 공자가 대답하셨다. '팔아야지, 팔아야지. 그러나 나는 좋은 값을 기다리는 자이다.'〔子貢曰: '有美玉於斯. 韞匵而藏諸 求善賈而沽諸?' 子曰: '沽之哉沽之哉, 我待賈者也.'〕" 라는 내용이 보인다.

51 구멍을……것 : 젊은 남녀가 부모와 중매쟁이를 통하여 예절에 맞게 혼인하지 않고 서로 좋아하여 구멍을 뚫어 엿보고 담장을 뛰어넘어 서로 만나는 것으로, 선비가 예절을

하는 것[52]도 불가하니, 특별히 이 편을 남겨두어서 단지 군주만이 선비를 구하는 것이 아니고, 선비 또한 군주를 구하는 것임을 밝혔다.-이남(二南)에는 군주가 선비를 구하는 것을 많이 말했으니, 이 한편이 없을 수 없다.-

떨어지는 매실이여 摽有梅
그 열매가 셋이로다 其實三兮
나를 찾는 서사들은 求我庶士
그 오늘에 미칠진저 迨其今兮

부이다.

떨어지는 매실이여 摽有梅
광주리를 기울여 모두 담도다 頃筐塈之
나를 찾는 서사들은 求我庶士

지키지 않고 구차하게 출사(出仕)하는 것을 비유한다. 《맹자》〈등문공 하(滕文公下)〉에 "남자 아이가 태어나면 그 아이를 위하여 아내가 있기를 바라며, 여자 아이가 태어나면 그 아이를 위하여 좋은 배필의 집이 있기를 바라는 것은 부모의 마음에 모두 가지고 있지만 부모의 명령과 중매쟁이의 말을 기다리지 않고 구멍을 뚫고 서로 엿보며, 담장을 뛰어넘어 서로 따라다닌다면 부모와 나라의 사람들이 모두 천하게 여긴다. 이와 마찬가지로 옛 사람이 일찍이 벼슬하려고 하지 않는 것은 아니지만 또한 그 도리를 따르지 않는 것을 미워하였으니, 그 도를 따르지 않고 벼슬하러 가는 자는 남녀가 구멍을 뚫어 서로 엿보는 것과 같은 것이다.〔丈夫生而願爲之有室, 女子生而願爲之有家, 父母之心, 人皆有之, 不待父母之命、媒妁之言, 鑽穴隙相窺, 踰牆相從, 則父母國人, 皆賤之. 古之人, 未嘗不欲仕也, 又惡不由其道, 不由其道而往者, 與鑽穴隙之類也.〕"라는 내용이 보인다.

52 보물을……것 : 훌륭한 재주를 가지고 있음에도 벼슬하지 않는다는 뜻으로, 노(魯)나 대부 양화(陽貨)가 공자에게 "훌륭한 보배를 품고서 나라를 어지럽게 하는 것을 인(仁)이라고 할 수 있겠습니까?〔懷其寶而迷其邦, 可謂仁乎?〕"라는 말이 나온다. 《論語 陽貨》

그 말함에 미칠진저 迨其謂之

부이다. 내가 스스로 말할 때에 미쳐서 등용하는 것이다. 기(塈)는 《집전》에 "취함이다"라고 하였다.

이상은 〈표유매〉 3장이니, 장마다 4구이다.

소성 小星

반짝이는 저 작은 별이여 嘒彼小星
세 개와 다섯 개가 동쪽에 있도다 三五在東
조심히 밤길을 감이여 肅肅宵征
이른 새벽부터 밤늦도록 공소(公所)에 있으니 夙夜在公
이는 운명이 똑같지 않기 때문이다 寔命不同

《집전》에 말하였다. 흥이다.[53] 숙숙(肅肅)은 공경하는 모양이다. 소

53 흥이다 : 《집전》에는 "남국(南國)의 부인이 후비(后妃)의 교화를 받아, 질투하거나 시기하지 않아서 그 아랫사람들에게 은혜를 입혔다. 그러므로 그 여러 첩들이 찬미하기를 이와 같이 한 것이다. 여러 첩들이 나아가 군주를 모실 적에 감히 저녁을 당하지 못하여, 새벽에 별을 보고 갔다가 밤에 별을 보고 돌아온다. 그러므로 본 것를 인하여 기흥(起興)하였으니, 뜻에는 취한 바가 없고, 다만 재동(在東)·재공(在公) 두 글자가 서로 응함을 취했을 뿐이다. 마침내 말하기를 이처럼 한 까닭은 부여받은 바의 분수가 귀한 자와 같지 않기 때문이다. 그러므로 군주를 모시는 것을 깊이 부인의 은혜로 여겨, 감히 왕래의 수고로움을 원망하지 못한 것이다.〔南國夫人, 承后妃之化, 能不妬忌, 以惠其下, 故其衆妾, 美之如此. 蓋衆妾進御於君, 不敢當夕, 見星而往, 見星而還, 故,因所見以起興, 其於義, 無所取, 特取在東在公兩字之相應耳. 遂言其所以如此者, 由其所賦之

정(宵征)은 밤에 길을 감이다. 식(寔)은 실(實)과 같다.

○작은(낮은) 신하가 근로함에 가탁해서 사람의 재분(才分)이 그릇의 용량에 한계가 있어서 크고 작은 것이 똑같지 않아 통용할 수가 없는 것과 같으니, 사람을 등용하는 자가 사사로운 마음으로 억제하고 드날려서도 안 되고, 사람에게 등용되는 자가 분수가 아니게 함부로 구해서도 안 되는 뜻을 밝혔다. 그러므로 또한 풍이라 한 것이다.-새벽부터 밤늦도록 공소에 있으면서 이불과 홑이불을 안고 있다면 총애를 독점한 것인데 도리어 탄식하였으니, 《집전》처럼 여러 첩이 지은 것이 아님이 분명하다.[54]- 〈표매〉에서 군주를 구하고 〈소성〉을 뒤에 단 것은 분수가 아니게 함부로 구하는 것이 아님을 밝힌 것이다. 혜(嘒)는 약간 밝은 모양이다. 삼오(三五)는 이름이 없는 작은 별이고, 삼성(參星)과 묘성(昴星)은 이름이 있는 작은 별이다.-삼성과 묘성은 작은 별이 아닌데 작은 별이라고 말한 것은 이것을 해와 달에 견주면 작은 것이다.- 별이 작게 밝아서 빛나게 비추지 못하니, 세 개와 다섯 개가 동쪽에 있는 것은 믿고 따르는 자가 적고 또 좁아서 그 제자리에 그치는 것이다. 이는 사람이 믿고 따르는 자의 많고 적음과 넓고 좁음과 멀고 가까움을 가지고 덕의 낮고 높음을 증험하는 것이니, 밝음이 충분히 빛나게 비추지 못하여 믿고 따르는 자가 적고 좁으면 재주가 작은 자이다.

군자는 마음을 수고롭게 하고 소인은 힘을 수고롭게 하니[55], 재주가

分, 不同於貴者. 是以深以得御於君, 爲夫人之惠, 而不敢致怨於往來之勤也.〕"라고 하였다. 그리고 《모시서》에는 "부인이 투기(妬忌)하는 행실이 없어 은혜가 천한 첩에게 미치니, 나아가 군주를 모실 적에 그 명에 귀천이 있음을 알아서 그 마음을 다한 것이다.〔小星, 惠及下也. 夫人無妬忌之行, 惠及賤妾, 進御於君, 知其命有貴賤, 能盡其心矣.〕"라고 하였다.

54 집전처럼……분명하다 : 위의 각주 53) 참고. 한편 여조겸(呂祖謙)은 이 시를 부인이 투기하는 행실이 없어, 천첩(賤妾)들이 그 운명을 편안히 여긴 시라고 하였다.

55 군자는……하니 : 《춘추좌전》 양공(襄公) 9년 조에 "군자는 마음을 수고롭게 하

작은 자는 힘을 수고롭게 하지 않을 수 없다. 이 때문에 지위가 높은 자는 지위가 더욱 높을수록 힘은 더욱 편안하나 마음은 더욱 수고롭고, 지위가 낮은 자는 지위가 더욱 낮을수록 마음은 더욱 편안하나 힘은 더욱 수고로운 것이다. 위로 왕공(王公)은 마음을 수고롭게 함에 오로지 하고, 아래로 농인(農人)과 공인(工人)은 힘을 수고롭게 함에 전일해서 각각 자기 분수를 편안히 하여 분수 안에서 부지런히 하는 것을 '복'이라고 하고, 자기 분수를 지키지 않고 분수 밖에서 치달리는 것을 '화'라고 한다. 공경하고 조심하여 밤중에 길을 가서 밤낮을 그치지 않음은 부지런함과 수고로움이 또한 지극한 것이요, 이른 새벽부터 밤늦도록 공소에 있어서 감히 잠시도 쉬지 못함은 수고로움이 또한 지극한 것이니, 이는 재주가 작은데서 연유하여 분수에 당연한 것이다. 그러므로 "진실로 운명이 똑같지 않다."라고 말한 것이다. 재주와 때와 지위를 명(命)이라고 하니, 명은 분수라는 말과 같다.

반짝이는 저 작은 별이여	嘒彼小星
참성(參星)과 묘성(昴星)이로다	維參與昴
조심히 밤길을 감이여	肅肅宵征
이불과 홑이불을 안고 가니	抱衾與裯
이는 운명이 똑같지 않기 때문이니라	寔命不猶

흥이다. 유(猶)도 또한 같음이다. 삼성은 묘성과 서로 가까운 것이니,

고, 소인은 몸을 수고롭게 하니, 이는 선왕이 마련한 제도이다.〔君子勞心, 小人勞力, 先王之制也.〕"라고 하였다. 그리고 《맹자》의 〈등문공 상(滕文公上)〉에 "어떤 사람은 마음을 수고롭게 하고 어떤 사람은 힘을 수고롭게 하는데, 마음을 수고롭게 하는 자는 남을 다스리고 힘을 수고롭게 하는 자는 남에게 다스려진다.〔或勞心, 或勞力, 勞心者治人, 勞力者治於人.〕"라고 하였다.

그 믿고 따르는 자가 같은 당(黨)에 그칠 뿐임을 말한 것이다.

이상은 〈소성〉 2장이니, 장마다 5구이다.

강유사 江有汜

강에 갈라진 물줄기가 있거늘 江有汜
지자(之子)가 시집갈 적에 之子歸
나를 데리고 가지 않았도다 不我以
나를 데리고 가지 않았으나 不我以
그 뒤에는 뉘우쳤도다 其後也悔

《집전》에 말하였다. 물줄기가 갈라졌다가 다시 들어감을 사(汜)라 한다. 지자(之子)는 잉첩(媵妾)이 적처(嫡妻)를 가리켜 말한 것이다. 잉첩이 본국(本國)에서 나이가 차기를 기다리는 자가 있었는데, 적처가 함께 데리고 가지 않다가 오랜 뒤에 그를 맞이해 왔다.

○흥이고 부이다.[56] 잉첩이 나이가 차기를 기다린 뒤에 시집가는 것에 가탁하여 선비의 등용되고 버려짐이 때가 있으니, 조급하게 나가서

56 홍이고 부이다 : 《집전》에는 흥으로 보았으니, 이하의 장도 같다. 《집전》에는 잉첩이 나이가 차기를 기다리고 있었는데, 적처가 함께 데리고 가지 않다가 후비의 교화를 입어 스스로 뉘우친 내용으로 보았다. 《모시서》에는 "〈강유사(江有汜)〉는 잉첩을 찬미한 시이니, 수고롭되 원망하지 않아서 적처(嫡妻)가 잘못을 뉘우치게 한 것이다. 문왕의 때에 강타(江沱)의 사이에 잉첩의 수(數)를 갖추지 않은 적처가 있었는데, 잉첩이 수고로움을 만나면서도 원망하지 않자, 적처 또한 스스로 잘못을 뉘우친 것이다.〔江有汜, 美媵也, 勤而無怨, 嫡能悔過也. 文王之時, 江沱之間, 有嫡不以其媵備數, 媵遇勞而無怨, 嫡亦自悔也.〕"라고 하였다.

급하게 등용되기를 구해서는 안됨을 밝힌 것이다. 군자는 평탄함에 거하여 천명을 기다리고 소인은 험함을 행하면서 요행을 바라니, 평탄함에 거하여 천명을 기다리는 자는 실제를 쌓으면 반드시 등용 된다. 그러나 때로 통하고 막힘이 있음을 알기 때문에 안으로 돈독히 행실을 닦아서 때를 순히 하여 기다리는 것이요, 험함을 행하면서 요행을 바라는 자는 실제를 쌓으면 반드시 등용이 된다. 그러나 때에 통하고 막힘이 되는 것을 알지 못하기 때문에 독실하게 수행하는 것을 힘쓰지 않고 때에 거슬려 밖에서 구하는 것이다.-실제를 쌓음이 충족되면 하늘과 땅과 사람과 귀신이 호응하게 된다. 비록 불행하게 혼란한 시대를 만나서 지위를 얻지 못하나 그러나 천작(天爵)[57]이 저절로 높아져서 당세에 영화롭고 후대에 베풀어지게 된다.- 안으로 행실을 닦는 자는 끝내 복을 얻고 밖에서 구하는 자는 끝내 화를 부르니, 이는 하늘과 땅의 이치로 필연적인 것이다. 훌륭한 농사꾼은 부지런히 밭을 갈고 가을을 기다리며, 훌륭한 장사꾼은 화물을 쌓아놓고 때를 기다리며, 군자는 힘써 행하고 천명을 순히 하니, 할 수 없는 것은 하늘의 시운이요, 하늘의 시운을 순히 받아들이는 것은 사람의 도리이다.

〈강유사〉는 현자가 스스로 보필을 구하기를 마치 적처가 스스로 잉첩을 가리는 것과 같음을 말하였다.[58] 선비가 쓸 만하여 나라에 이로운

57 천작(天爵) : 하늘이 내린 벼슬이란 뜻으로, 인의(仁義)의 덕성을 행하여 자연적으로 신분이 높아지는 것을 가리킨다. 맹자가 "천작(天爵)이 있고 인작(人爵)이 있다. 인의와 충신을 행하고, 선을 즐거워하며 게을리 하지 않는 것이 천작이고, 공경과 대부는 인작이다.〔有天爵者, 有人爵者, 仁義忠信, 樂善不倦, 此天爵也, 公卿大夫, 此人爵也.〕"라고 하였다. 《孟子 告子上》

58 강유사는…말하였다 : 《집전》에는 진씨(陳氏)의 말을 인용하여 "〈소성〉의 부인은 은혜가 잉첩(媵妾)에게 미쳐서 잉첩이 그 마음을 다하였고, 〈강타)〉의 적처(嫡妻)는 은혜가 잉첩에 미치지 않았는데, 잉첩이 원망하지 않았으니, 아버지가 비록 사랑하지 않으나, 자식은 효도를 하지 않을 수 없는 것이니, 각각 그 도리를 다할 뿐이다.〔小星之

자가 있으면 위에서 스스로 구하는 것이요, 깊은 산과 궁벽한 바다의 물건이 사람에게 유익함이 있으면 취하지 않음이 없는 것이니, 선비는 자기가 충분히 쓰여지지 못함을 근심하고 윗사람이 써주지 않는 것을 근심하지 않는다.-만약 충분히 쓸 만한데도 혼란한 때를 만난 자는 더욱 마땅히 은거하여 때를 기다려야 할 것이요, 위태로운 나라에 들어가서 서로 함께 빠져 패해서는 안 된다. 《주역》에 이르기를 "군자가 가면 흉(凶)하다.[59]"라고 하였다.- '그 뒤에는 후회한다'는 것은 끝내 반드시 후회하고 깨달아서 나를 구함을 아는 것이니, 윗 사람이 한 때의 살피지 못함이 있으나 끝내는 반드시 후회하고 고칠 것이요, 하늘이 한 때의 비색(否塞)함이 있으나 끝내는 반드시 화를 뉘우칠 것이다.

강에 작은 모래섬이 있거늘	江有渚
지자가 시집갈 적에	之子歸
나를 데리고 가지 않았도다	不我與
나를 데리고 가지 않았으나	不我與
그 뒤에는 편안히 처하도다	其後也處

흥이고 부이다. 《집전》에 말하였다. 물의 줄기가 갈라져 모래섬을 이룬 것이다.

夫人, 惠及媵妾, 而媵妾盡其心, 江沱之嫡, 惠不及媵妾, 而媵妾不怨, 蓋父雖不慈, 子不可以不孝, 各盡其道而已矣.]"라고 하였다.

59 주역에……흉(凶)하다 : 《주역》 〈소축괘(小畜卦) 상구(上九)〉에 "이미 비가 오고 이미 그친 것은 덕을 숭상하여 쌓여 가득한 것이니, 부인이 견고하게 이것을 지키면 위태로울 것이다. 달이 거의 보름이 되었으니 군자가 가면 흉하리라.[旣雨旣處, 尙德載, 婦貞, 厲. 月幾望, 君子征, 凶.]"라고 하였는데, 그 〈상전(象傳)〉에 "이미 비가 오고 이미 그친 것은 덕이 쌓여 가득한 것이요, 군자가 가면 흉하다고 한 것은 의심하는 바가 있는 것이다.[旣雨旣處, 德積載也, 君子征凶, 有所疑也.]"라고 하였다.

강에 갈라진 물줄기가 있거늘 江有沱
지자가 시집갈 적에 之子歸
나를 방문하지 않았도다 不我過
나를 방문하지 않았으나 不我過
휘파람 불다가 즐거워 노래부르도다 其嘯也歌

흥이고 부이다. 《집전》에 말하였다. 타(沱)는 강줄기가 갈라져 나온 것이다. 소(嘯)는 입을 오므려 소리를 내서 분만(憤懣 울분)의 기운을 펴는 것이다.-선비가 분수를 지키지 않고 함부로 구하며 때를 기다리지 않고 조급하게 나가는 자는, 사람을 등용하는 자가 마땅히 살펴야 할 바이다.-

이상은 〈강유사〉 3장이니, 장마다 5구이다.

야유사균 野有死麕

들에 죽은 노루가 있거늘 野有死麕
흰 띠풀로 싸도다 白茅包之
아가씨가 봄을 그리워하거늘 有女懷春
길사(吉士)가 유인하도다 吉士誘之

《집전》에 말하였다. 흥이다.[60] 균(麕)은 노루이니, 사슴의 등속이니, 뿔이 없다. 봄철에는 만물이 새끼를 치고 나온다. 그러므로 여자 중에

60 홍이다 : 《집전》에는 여자가 정조를 지키고 몸을 깨끗이 하여, 포악한 자에게 더럽힘을 당하지 않은 자를 보고 찬미한 시라고 풀이하였다.

혼인하고 시집갈 것을 생각하는 자를 일러 회춘(懷春)이라고 한다.[61] ◯죽은 노루는 먹을 수 있는 물건인데 흰 띠풀로 싸고, 어진 선비는 쓸 수 있는 실제가 있는데 예로써 손님으로 대접한다. 봄을 그리워하는 여자를 길사(吉士)가 유혹함은 어진 선비와 현명한 군주가 서로 구함을 말한 것이다.

숲에 떡갈나무가 있으며	林有樸樕
들에 죽은 사슴이 있거늘	野有死鹿
흰 띠풀로 묶으니	白茅純束
여자가 옥(玉)처럼 아름답도다	有女如玉

흥이다. 박(樸)은 큰 나무에 그 가지와 잎을 제거한 것이요,-《서경》에 이르기를 "비유하면 재재(梓材)를 만들 적에 이미 부지런히 큰 나무의 가지와 잎을 깎아낸다."[62]라고 하였다.- 속(樕)은 작은 재목을 거두어 묶는 것이니,[63] 그 재주가 크고 작음에 쓸 만함을 말한 것이다. 박과 속과 사슴을 모두 흰 띠풀로 묶는 것이니, 이는 여자의 덕행이 마치 옥처럼 따뜻한 자를 예로써 맞이하는 것이다.

61 여자 중에……한다 : 《집전》에는 "회춘(懷春)은 봄을 당하여 그리움이 있는 것이다.〔懷春, 當春而有懷也.〕"라고 하였다.

62 서경에……깎아낸다 : 《서경》 〈재재(梓材)〉에 "밭을 다스림에 이미 부지런히 널리 잡초를 제거했으면 펴서 닦아 밭두둑과 물길을 냄과 같으며, 집을 지음에 이미 부지런히 담을 쌓았으면 진흙을 바르고 지붕을 해 이는 것과 같으며, 재재를 만듦에 이미 부지런히 나무를 다스리고 깎았으면 단청(丹靑)을 칠함과 같다.〔若稽田, 旣勤敷菑, 惟其陳修, 爲厥疆畎, 若作室家, 旣勤垣墉, 惟其塗塈茨, 若作梓材, 旣勤樸斲, 惟其塗丹雘.〕"라고 하였다.

63 박(樸)은……것이니 : 《집전》에는 "박과 속은 작은 나무이다.〔樸樕, 小木也.〕"라고 풀이하였다.

가만가만 서서(徐徐)히 와서　　舒而脫脫兮
내 수건을 움직이게 하지 말며　　無感我帨兮
삽살개가 짖게 하지 말라　　無使尨也吠

《집전》에 말하였다. 서(舒)는 느리게 하여 급하지 않은 것이다. 태태(脫脫)는 느리고 서서히 하는 모습이다. 감(感)은 감(撼 흔듦)과 통한다. ○내 수건을 흔드는 것은 예로써 나를 대하지 않는 것이요, 삽살개가 짖는 것은 남에게 경멸을 당하는 것이다. 신하가 예로써 군주와 친하기를 바라서 스스로 지키는 바가 있어 점점 그 믿고 중하게 여김을 받는다. 그러므로 능히 오래되어도 싫어하지 않아서 종(終 끝)과 시작을 보전하여 그 공업을 이루는 것이다.[64] 만약 아첨하여 붙고 잘 보여 기쁘게 해서 갑자기 친애와 은총을 구하여 인군이 친압하고 공경하지 않으며, 함부로 대하고 중하게 여기지 않으면 그 종말을 온전히 보전하는 자가 있지 않다. 《주역》에 이르기를 "왕의 신하가 충성을 다하는 것은 자신의 몸을 위해서가 아니다."[65]라고 하였다. 건건(蹇蹇)은 가기 어려운 뜻이니, 왕의 신하가 머뭇거리며 나아가기 어려움은 스스로 자기 몸을 아껴서 쓰임이 되는 것을 아끼는 것이 아니다. 회오리바람이 부는 비는 하루를 마치지 못하고 달기가 단술과 같은 사귐은 1년을 넘기지 못하니, 신하가 예로 처신하지 못하면 군주 또한 예로 신하를 대접하지 못한다. 예는 절도가 있는 것이고, 예는 점진적으로 하는

64 신하가……것이다 : 《집전》의 장하주에는 이 장을 "마침내 여자가 거절하는 말을 기술한 것이다. 우선 서서히 와서 내 수건을 움직이지 말며, 내 삽살개를 놀라게 하지 말라고 하였으니, 서로 미칠 수 없음을 심하게 말한 것이다. 그 늠연(凜然)하여 범할 수 없는 뜻을 알 수 있다.〔乃述女子拒之之辭. 言姑徐徐而來, 毋動我之帨, 毋驚我之犬, 以甚言其不能相及也. 其凜然不可犯之意, 蓋可見矣.〕라고 하였다.

65 주역에……아니다 : 《주역》〈건괘(蹇卦) 육이(六二)〉에 "왕의 신하가 충성을 다하는 것은 자신의 몸을 위해서가 아니다.〔王臣蹇蹇, 匪躬之故.〕"라고 하였다.

것이니, 급박하여 절도가 없음은 예가 아니다. 〈소성〉이 분수를 편안히 하는 것과 〈강유사〉가 때를 기다리는 것과 〈야유사균〉이 예로써 나아가고 물러남은 모두 군자가 세상을 대처하여 살아가는 의이다.- 《논어》에 이르기를 "아직 자신할 수 없다."[66]라고 하였으니, 재주와 기국(器局)이 아직 미숙하고 사람들의 인망이 흡족하지 못한데 갑자기 나오면 일을 함에 생소하고 남들에게 놀람과 괴이함을 당하니, 이것은 인재를 성취하는 방도가 아니다.-

이상은 〈야유사균〉 3장이니, 두 장은 장마다 4구이고, 한 장은 3구이다.

하피농의 何彼襛矣

어찌면 저리도 성한가	何彼襛矣
당체(唐棣)의 꽃이로다	唐棣之華
어찌 엄숙하고 화하지 않으리오	曷不肅雝
왕희(王姬)의 수레로다	王姬之車

《집전》에 말하였다. 흥이다.[67] 농(襛)은 성함이다. 당체(唐棣)는 산

66 논어에……없다 : 이는 《논어》 〈공야장(公冶長)〉에 보이는바, "공자가 칠조개(漆雕開)에게 벼슬을 하도록 권하자 칠조개가 대답하기를, '저는 벼슬하는 것에 대해 아직 자신할 수 없습니다.'라고 하였으니, 공자가 기뻐하셨다.〔子使漆雕開仕, 對曰: '吾斯之未能信.' 子說.〕"라고 하였다.

67 흥이다 : 《집전》에는 왕희(王姬)가 제후에게 시집감에 수레와 의복이 성하였으나, 남편의 집안에 교만히 하지 못함을 찬미한 시라고 보았다. 《모시서》에는 왕희(王姬)를 찬미한 시로 보아, 제후에게 시집을 가서 수레와 복장을 남편의 신분에 관계치 않고 왕후(王后)보다 한 등급 낮춰 부도(婦道)를 잡아서 엄숙하고 화한 덕을 이룩한 내용으

배나무이니, 백양(白楊)과 같다. 왕희(王姬)는 주왕(周王)의 딸이다. 왕희가 제후(諸侯)에게 하가(下嫁)함에 감히 귀함을 믿고서 남편의 집안에 교만히 하지 못하였다.

○당체(唐棣)의 꽃은 작은 꼭지가 모여 있어 하나의 큰 꼭지에 합병된다. 그러므로 이로써 형제를 비유하니, 남편과 부인이 적우(敵耦 대등)하여 형제의 의리가 있다. 숙옹(肅雝)은 공경하고 또 온화하여 자신의 신분이 귀함과 천함을 가지고 서로 알력(軋轢)하지 않는 것이다. 그러므로 "왕희(王姬)의 수레이다"라고 한 것이다. 왕희가 바깥 신하에게 하가(下嫁)할 적에 공경히 부인의 예를 지켜서 신분이 대등한 자가 혼인하는 것과 다름이 없으니, 혼인하는 방도는 문지(門地 문벌)의 귀천을 가지고 고하(高下)의 구별이 있지 않다. 그러므로 당체의 꽃의 꼭지가 나란히 있어서 차등이 없는 것을 가지고 흥하여 선비가 교제할 적에 문품(門品 문벌)의 높고 낮음을 가지고 차등을 하지 않고, 오직 덕이 같으면 서로 벗하고 도가 같으면 서로 모일뿐임을 가탁하여 말하였다. 위에서 사람을 쓰는 것은 유명한 집안과 빈한한 가문을 구애하여 억제하고 드날리는 바가 있지 않고, 오직 어진 사람을 들어 쓰고 오직 능한 사람을 부릴 뿐이다. 천하의 큰 도는 어진 이를 높이고 불초한 이를 천하게 여김에 있어서 세류(世類 대대로 내려온 문벌)에 관계하지 않는다. 이는 서캐와 이가 화려한 집에서 태어났으나 귀하게 여길 것이 못되고, 뿔 없는 용과 용이 깊은 못에서 일어났으나 천하게 여길 수는 없는 것이다. 그 사람을 따지지 않고 그 문벌을 따진다면 장차 어디에 쓰겠는가.-구설에 이르기를 "왕희가 제후(齊侯)에게 하가할 적에 수레와 의복이 그 남편에게 달려있지 않다"[68]라고 하였으니, 이는 첩이다. 예에 아내는 남편의

로 보았다.

68 구설에……않다 : 《모시서》에 "〈하피농의〉는 왕희(王姬)를 찬미한 시이다. 비록 왕희이지만 또한 제후에게 하가(下嫁)하여 수레와 복장을 그 남편의 신분에 관계치

작위를 따라서 수레와 의복이 남편의 명수(命數)와 같으니, 어찌 남편에게 달려있지 않겠는가? 어찌 엄숙하고 온화하지 않겠는가? 왕희의 수레라는 것은 수레와 의복이 남편보다 더하지 않음이 분명한 것이다.-

어쩌면 저리도 성한가	何彼穠矣
꽃이 도리(桃李)와 같도다	華如桃李
평왕(平王)의 손녀와	平王之孫
제후(齊侯)의 아들이로다	齊侯之子

흥이다. 복숭아 꽃과 오얏 꽃은 홍색과 백색이 서로 비슷하여 또한 차등이 없는 것이다. 평왕(平王)은 무왕이니, 천하를 평정하였기 때문에 평왕이라 한 것인데 《서경》에 "영왕(寧王)"이라고 말한 것과 같다.[69] 이는 성왕(成王)[70]의 딸이 제후의 아들에게 시집간 것이다.

낚시는 무엇으로 하는가	其釣惟何
실로 낚싯줄을 만들도다	維絲伊緡

않고 왕후보다 한 등급을 낮게 하여 오히려 부인의 도를 지켜서 엄숙하고 온화한 덕을 이룬 것이다.〔何彼穠矣, 美王姬也. 雖則王姬, 亦下嫁於諸侯, 車服不繫其夫, 下王后一等, 猶執婦道, 以成肅雝之德也.〕"라고 하였다.

69 서경에……같다 : 《서경》 〈대고(大誥)〉에 "영왕이 나에게 큰 보배인 거북을 주신 것은 하늘의 밝은 명(命)을 이어주신 것이다.〔寧王遺我大寶龜, 紹天明.〕"라고 하였는데, 채침(蔡沈)은 《집전(集傳)》에서 "영왕은 무왕이니, 하문(下文)에는 또 영고(寧考)이다.〔寧王, 武王也, 下文又曰寧考.〕"라고 하였고, 소동파(蘇東坡)는 "당시에 무왕을 영왕이라 하였으니, 이는 은나라를 이기고 천하를 편안히 하였기 때문이다.〔當時謂武王爲寧王, 以其克殷寧天下也.〕"라고 주하였다.

70 성왕(成王) : 이름은 송(誦)이며, 무왕의 아들이다. 무왕이 죽고 그의 아우 주공 단(周公旦)이 섭정하였는데, 뒤에 주공 단과 소공 석(召公奭)의 보좌를 받아 태평성대를 실현하였다고 한다.

제후의 아들과　　　　　　齊侯之子
평왕의 손녀로다　　　　　平王之孫

홍이다. 이(伊)는 어조사이다. 민(緡)은 낚시 줄이니, 실을 합친 것을 민이라 한다. 실에 크고 작은 차이가 있으면 낚시 줄을 이루지 못하니, 실에 크고 작은 차별이 없은 뒤에야 낚시 줄이 마침내 이루어진다.[71] 제후의 아들과 평왕의 손녀를 반복해서 서로 말한 것은 차별이 없음을 말한 것이다. 혹자는 "남편과 부인이 이와 같이 동등한가?"라고 묻기에 내가 대답하였다. "그렇지 않다. 하늘이 높고 땅이 낮음은 남편과 부인의 도요, 사람에 귀천이 없음은 문벌을 말한 것이다. 부자와 형제는 신분의 귀천은 없으나 높고 낮음이 있으니, 오륜(五倫)이 모두 다 그러하다. 위(魏)나라와 진(晉)나라 이래로 오로지 문벌을 숭상하여 어진 자가 귀하지 않고 불초한 자가 천하지 않아서, 귀천이 그 실제를 잃어버려 어진 자와 불초한 자가 그 지위가 뒤바뀌니, 천하의 혼란을 다스릴 수 없게 되었다. 훌륭한 임금이 만약 나온다면 반드시 이것을 고칠 방법을 생각할 것이니, 그런 뒤에야 비로소 다스려짐을 바랄 수 있을 것이다."

이상은 〈하피농의〉 3장이니, 장마다 4구이다.

71 실에……이루어진다 : 주자는 《집전》에서 "실을 합쳐서 낚시 줄을 만드는 것은 남녀가 합하여 혼인을 하는 것과 같다.〔絲之合而爲綸, 猶男女之合而爲昏也.〕"라고 풀이하였다.

추우 騶虞

저 무성한 갈대에 彼茁者葭
한 번 화살을 쏘아 다섯 암퇘지(멧돼지)를 잡노니 壹發五豝
아 이것이 추우(騶虞)로다 于嗟乎騶虞

《집전》에 말하였다. 부이다.[72] 줄(茁)은 출생(出生)하기를 성하게 하는 것이다. 가(葭)는 갈대의 등속이다. 파(豝)는 암퇘지이니, '일발오파(壹發五豝)'는 많이 잡음을 말한 것이다.

○가의(賈誼)가 말하였다. "추(騶)는 문왕의 동산 이름이요, 우(虞)는 우인(虞人 사냥꾼)이다."[73] 짐승을 잡은 것이 많음을 가탁하여 말해서 추우가 새와 짐승을 기른 것을 감탄하고 찬미하여, 인재가 많아 집집마다 봉(封)할 수 있는 것[74]이 문왕의 군주와 신하가 백성들의 사표(師表)가 되어서 사람들을 유도하여 교화함에 연유하였음을 풍(風)한 것이다. 문벌을 숭상하면 빈한하고 미천한 자가 자포자기해서 행실을

72 부이다 : 《집전》은 남국의 제후가 문왕의 교화를 받아 몸을 닦고, 집안을 가지런히 하여 나라를 다스리고, 백성을 사랑한 남은 은혜가 만물에게 미친 시로 해석하였다.

73 가의(賈誼)가……우인(虞人)이다 : 이 내용은 가의의 《신서(新書)》에 보인다. 가의는 전한(前漢) 시대 학자이자 사상가로, 진나라 때부터 내려온 율령, 예약, 관제 등의 제도를 개정하였을 뿐만 아니라 시문과 제자백가의 사상에 대해서도 뛰어났다고 한다. 후에 좌천되자 자신의 불우한 운명을 굴원에 비유해 〈조굴원부(弔屈原賦)〉를 지었다.

74 집집마다……것 : 원문의 '비옥가봉(比屋可封)'은 집집마다 다 봉(封)해도 될 만큼 덕행이 뛰어난 인물이 많음을 뜻하는 말이다. 《한서(漢書)》 〈왕망전(王莽傳)〉에 "요·순의 시대에는 집집마다 모두 봉해도 되었다.〔堯舜之世, 比屋可封〕"라고 하였고, 왕충(王充)의 《논형(論衡)》에 "요·순의 백성들은 집집마다 모두 봉해도 되었고, 걸·주의 백성은 집집마다 다 죽여도 되었다.〔堯舜之民, 可比屋而封, 桀紂之民, 可比屋而誅.〕"라는 내용이 보인다.

닦지 않을 것이요, 문벌을 숭상하지 않고 오직 인재를 등용하면 빈한하고 미천한 자가 더욱 스스로 진작하고 분발해서 어진 신하와 어진 보필이 구름처럼 많아질 것이니, 이것이 〈추우〉가 〈하피농의〉의 다음 편이 된 이유이다. 〈종사〉는 화하게 모여 있는 복에 자손이 많음을 이룸을 말하였고, 〈인지〉는 인덕(仁德)이 교화한 바에 자손과 종족이 성하지 않음이 없음을 말하였고, 〈추우〉는 유도하여 교화함이 미치는 바에 인재의 성함이 이와 같음을 말하였다.

저 무성한 쑥대에 彼茁者蓬
한 번 발사하여 다섯 햇돼지를 잡노니 壹發五豵
아 이것이 추우로다 于嗟乎騶虞

《집전》에 말하였다. 부이다. 1년 된 돼지를 종(豵)이라 한다.

이상은 〈추우〉 2장이니, 장마다 3구이다.
이상은 《소남》 14편이다.

공자가 말씀하셨다. "사람으로서 〈주남〉과 〈소남〉을 배우지〔爲〕 않으면 그 바로 얼굴을 담장에 대고 서있는 것과 같을 것이다."[75]-맹자가 말씀하시기를 "고수(高叟)가 시를 해석함〔爲〕이여"[76]라고 하셨으니, 다른 책을 배울 때에는 "위(爲)"자를 말한 경우가 없고, 유독 시에서 "위" 자를 말한 것은 시를 읽은

75 공자가……것이다 : 이 내용은 《논어》 〈양화(陽貨)〉에 보이는바, 공자가 아들 백어(伯魚)에게 하신 말씀이다.

76 맹자가……해석함이여 : 고자(告子)가 〈소반(小弁)〉시가 아버지를 원망하는 내용을 담고 있어서 소인의 시라고 평하였는데, 공손추(公孫丑)를 통해 이 말을 들은 맹자가 하신 말씀이다. 《孟子 告子下》

자는 다른 책처럼 곧바로 그 본문을 해석할 뿐만이 아니요, 은미한 뜻을 문사(文辭)의 밖에서 많이 찾아야 한다. 그러므로 "위"라고 한 것이다.- 이것을 가지고 말하면 그 반드시 묘한 방도로 사람을 유익하게 함이 있을 것이다. 만약 《집전》에서 설명한 것[77]과 같다면 〈관저〉는 남자가 여자를 구하고 여자를 좋아하는 뜻이요, 〈갈담〉은 부인이 고운 갈포와 굵은 갈포를 이루고서 친정에 돌아가 문안하는 뜻이요, 〈권이〉와 〈초충〉은 부인이 나물을 채취하면서 그 남편을 그리워하고 남편이 돌아옴을 기뻐하는 뜻이요, 〈여분〉도 또한 그러하다. 〈은기뢰〉는 남편이 돌아오기를 바라는 뜻이요, 〈부이〉는 부인이 나물을 뜯는 뜻이요, 〈채번〉과 〈채빈〉은 부인이 나물을 채취하여 제사하는 뜻이요, 〈규목〉과 〈종사〉는 여러 첩이 후비를 송축하는 뜻이요, 〈도요〉와 〈작소〉는 여자가 시집가는 뜻이요, 〈토저〉는 야인(野人)이 재능이 있는 뜻이요, 〈한광〉은 놀러 나온 여자를 구할 수 없음을 감탄한 뜻이요, 〈항로〉와 〈야유사균〉은 여자가 강포한 자를 거절하는 뜻이요, -여자만

77 집전에서 설명한 것 : 《집전》에는 "문왕의 교화가 〈관저〉에서 시작하여 〈인지(麟趾)〉에 이르면 그 교화가 사람에게 들어간 것이 깊은 것이요, 〈작소〉에 나타나서 〈추우〉에 미치면 그 은택이 사물에 미침이 넓은 것이다. 뜻이 성실하고 마음이 바른 공부를 쉬지 않고 오랫동안 하면 훈증(熏蒸)하고 투철(透徹)하고 융액(融液)하고 두루미쳐 자연히 그만둘 수 없는 것이 있으니, 지혜와 힘으로 미칠 수 있는 바가 아니다.〔文王之化始於關雎, 而至於麟趾, 則其化之入人者深矣, 形於鵲巢, 而及於騶虞, 則其澤之及物者廣矣. 蓋意誠心正之功, 不息而久, 則其熏蒸透徹, 融液周徧, 自有不能已者, 非智力之私所能及也.〕"라고 하였고, 또 "〈작소〉로부터 〈채빈〉까지는 부인과 대부의 아내를 말하여 당시의 나라의 임금과 대부가 문왕의 교화를 입어 몸을 닦아 그 집안을 바로잡았음을 나타낸 것이요, 〈감당〉 이하는 또 방백(方伯)이 문왕의 교화를 펴서 나라의 임금이 집안을 닦아 나라에 미침을 나타낸 것이다. 그 말은 비록 문왕을 언급한 것이 없으나, 문왕이 덕(德)을 밝히고 백성을 새롭게 한 공이 여기에 이르러 그 베풂이 넓은 것이다.〔鵲巢至采蘋, 言夫人大夫妻, 以見當時國君大夫被文王之化, 而能修身以正其家也, 甘棠以下, 又見由方伯能布文王之化, 而國君能修之家以及其國也. 其詞雖無及於文王者, 然文王明德新民之功, 至是而其所施者溥矣.〕"라고 하였다.

유독 문왕의 덕에 교화되고 남자는 교화되지 않은 것이다.- 〈인지〉는 송축하는 뜻이요, 〈감당〉은 소공을 그리워하는 뜻이요, 〈고양〉은 대부의 검소함을 찬미한 뜻이요, 〈표유매〉는 처녀가 남자를 구한 뜻이요,-여자가 스스로 자랑하여 노래하고 읊음에서 나왔다고 말한 것이다.- 〈소성〉은 후비가 투기하지 않음을 찬미한 뜻이요,-구름과 비가 고루 적셔주는 것을 장부가 자유롭게 하지 못하고, 또한 부인의 질투하고 질투하지 않음에 달려있는 것이다.- 〈강유사〉는 잉첩이 나이가 차기를 기다린 뒤에 돌아간 뜻이요, 〈하피농의〉는 왕희가 하가하면서 교만하지 않은 뜻이요, 〈추우〉는 짐승이 많은 뜻이다.

그 높은 것은 비속한 일상적인 말에 지나지 않고, 그 낮은 것은 충분히 풍속을 무너뜨리고 교화를 손상할 수 있으니, 그렇다면 성인이 어찌 이것을 취하셨겠는가. 비록 가령 종신토록 이것을 외우더라도 나는 그 사람의 심령(心靈)을 혼미하게 하고 덕행을 파괴할까 두려우니, 어찌 한 푼과 한 털끝만한 유익함이 있겠는가.-교화를 행하는 자도 후비이고, 악가(樂歌)를 지은 자도 부인이다. 천하에 가득한 자가 오직 부인이니, 이는 남자가 없는 나라이고 남편이 없는 나라이다. 이것은 후세의 부인들이 천하에 서로 정사하는 것을 보고는 태연하게 여겨서 당연하게 여긴 것이니, 선왕의 예로 말하면 절대로 그렇지 않다.-

패 邶

《집전》에 말하였다. 패(邶)、용(鄘)、위(衛)는 세 나라의 이름이니, 〈우공〉의 기주(冀州)에 있었다. 서쪽으로는 태항산(太行山)이 막혀 있고, 북쪽으로는 위장(衡漳)을 넘고, 동남으로는 황하를 차지하여 연주(兗州)의 상토(桑土)의 들에까지 미쳤었다. 조가(朝歌)로부터 나누어 조가 이북을 패라 하고, 이남을 용이라 하고, 동쪽을 위라 하였으니, 위는 무왕의 아우인 강숙(康叔)을 봉한 나라이다. 패와 용이 위나라에 편입된 것은 어느 시대인지 알 수 없다.-유씨(劉氏)가 말하였다. "패와 용의 지역이 어쩌면 무경(武庚)과 삼숙(三叔)을 봉한 나라가 되었었는데 성왕(成王)이 네 나라를 멸망함에 이르러 위나라에 병입(幷入)한 것이 아니겠는가?[1]- 지금 회주(懷州), 상주(相州), 전주(澶州), 위주(衛州), 활주(滑州), 복주(濮州) 등과 개봉부(開封府)와 대명부(大名府)의 경계가 모두 위나라의 국경이다.

◯연릉 계자(延陵季子)가 〈패풍(邶風)〉과 〈용풍(鄘風)〉, 〈위풍(衛風)〉을 듣고 말하였다. "아름답고 깊다. 근심하면서도 곤궁하는 자이다. 내가 들으니, '위나라 강숙과 무공(武公)의 덕이 이와 같다'라고 하였으니, 이것이 바로 위풍일 것이다."[2]

1 유씨(劉氏)가……아니겠는가 : 원(元)나라 학자인 유근(劉瑾)으로, 자는 공근(公瑾)이며 호는 안성(安成)이다. 평생 은거하며 학문을 연구했는데 경사(經史)에 능통했다. 저서에 《시전통석(詩傳通釋)》과 《악려성서(樂呂成書)》등이 있다. 위의 내용은 《시전대전(詩傳大全)》의 소주(小註)에 보인다.

2 연릉 계자(延陵季子)가……것이다 : 연릉 계자는 춘추 시대 오왕(吳王) 수몽(壽夢)의 넷째 아들인 계찰(季札)을 가리킨다. 위의 내용은 《춘추좌전》 양공(襄公) 29년

이 세 시는 위나라 시인데 삼국(三國)으로 나누어 달아놓은 것은 위나라에서 시를 수합할 적에 삼국의 땅을 각각 한 관원으로 하여금 주관하게 하고, 편질(篇帙)이 무겁고 많아서 합칠 수가 없었기 때문에 그 지명을 가지고 나누어 단 것이다. 〈패풍〉 이하 열세 편의 국풍(國風)은 풍(風)에 간혹 아(雅)가 섞여있으니, 열국(列國)의 아는 뜻은 취할 만하나 주(周)나라의 〈대아〉와 〈소아〉에 편입하여 악장(樂章)으로 삼을 수가 없는 것은 그대로 그 나라의 풍에 붙이고, 그 시가 많은 것을 따라 풍이라고 한 것이다.

백주 柏舟

두둥실 떠있는 저 잣나무배여	汎彼柏舟
또한 흐르는 물에 떠있도다	亦汎其流
말똥말똥 잠을 이루지 못하여	耿耿不寐
애통하고 근심이 있는 듯하노라	如有隱憂
내가 술이 없어	微我無酒
즐기고 놀 수 없는 것은 아니니라	以敖以遊

《집전》에 말하였다. 비이다.[3] 미(微)는 비(非)와 같다.
○범(汎)은 뜸이다. 경경(耿耿)은 조금 밝은 모양이니, 근심스러운 마음이 밝고 밝아서 잠을 자지 못하는 것이다.-당시(唐詩)에 이르기를 "밝고 밝은 수많은 생각에 깸이 다시 새롭네."라고 하였다.[4]- 은(隱)은 아픔을 참는 것

조에 보인다.

3 비이다 : 《집전》에는 남편에게 사랑을 받지 못한 장강(莊姜)이 읊은 시라고 보았다.

이다. 측백나무 배는 단단하고 치밀해서 사람을 태우거나 짐을 실을 수 있고 또한 흐르는 물에 띄울 수 있으니, 흐름에는 평탄하고 험한 곳이 있다. 이로써 그 재주가 충분히 중임(重任)을 맡을 수 있고 그 도가 충분히 평탄한 때와 험할 때에 행할 수 있어서, 나라에 도가 있으면 녹을 먹고 나라에 도가 없으면 그 의리를 온전히 함을 비유하였다.[5] '내 술이 없지 않다'는 것은 나의 재주가 실용이 없지 않아서 세상을 두루 다니며 천하의 군주를 구할 수 있음을 말한 것이다.

군주에게 신임을 얻지 못한 군자가 뜻을 겸손히 하고 몸가짐을 조심하여 군주가 깨달음이 있을 바랐다. 그러므로 이 시를 지어서 풍한 것이다.

내 마음 거울이 아니니	我心匪鑑
헤아릴 수 없으며	不可以茹
또한 형제(兄弟)가 있으나	亦有兄弟
의거(依據)할 수가 없으니	不可以據
잠깐 가서 하소연하다가	薄言往愬
저의 노여움만 만났노라	逢彼之怒

부이다.[6] 여(茹)는 헤아림이다. 사람의 마음이 거울처럼 밝아 그 곱

4 당시(唐詩)에……하였다 : 한유(韓愈)의 〈감춘(感春)〉이란 시에 "몇 잔의 술로 창자를 적셔 비록 잠깐 취하였지만, 밝고 많은 생각에 깸이 다시 새롭네.〔數杯澆腸雖暫醉, 皎皎萬慮醒還新.〕"라고 보인다.

5 나라에……비유하였다 : 공자가 위(衛)나라 대부인 거백옥(蘧伯玉)을 평하시면서 "군자이구나, 거백옥이여. 나라에 도가 있으면 벼슬하고, 나라에 도가 없으면 거두어 숨길 수 있구나.〔君子哉, 蘧伯玉. 邦有道則仕, 邦無道則可卷而懷之.〕"라고 하였다. 《論語 衛靈公》

6 부이다 : 《집전》에는 "내 마음이 이미 거울이 아니어서 남을 헤아릴 수 없고, 비록

고 추함을 비출 수 있는 것이 아니여서 군주를 끝내 인도하고 타일러 도에 합당하게 할 수 없음을 헤아려서 그 거취를 결정 할 수가 없다. 인신(人臣)이 군주를 섬길 적에 자신의 능하지 못함을 속이지 않고 유도하여 범(犯)해서-그 악을 막고 몰아서 군주로 하여금 선에 들어가게 하는 것을 '범(犯)'이라고 한다.[7]- 군주를 도에 이르게 해야 하니, 《주역》에 이르기를 "기(杞)나무 잎으로 오이를 쌌다."[8]라는 것이 이를 말한 것이다. 그 군주를 점점 훌륭한 군주로 만들지 못하고 가볍게 거취를 결정하는 자는 군주를 해치는 것이며, 신하 노릇하지 않는 것이다.

형제는 조정의 동료 중에 뜻이 같은 자이다. 비록 동료 중에 어진 자가 마음을 함께하여 군주를 바로잡더라도 사람은 각각 스스로 자기 의리를 다할 뿐이니, 군주를 남에게 맡기고 자기는 스스로 그 몸을 편하게 할 수 없다. 그러므로 나아가서 규간(規諫 간언)을 올리다가 군주의 노여움을 만나는 것이다. 내가 보니 세상에 공교롭고 약삭빠른 자들이 그 군주를 섬길 적에 항상 어려운 일은 남에게 맡기고 자신은 편리한 곳으로 나아가니, 이는 소인의 충성스럽지 못한 행위요, 군자의 성실함이 아니다.

형제가 있으나 또 의지하여 중함을 삼을 수 없다. 그러므로 가서 하소연하였다가 도리어 그 노여움을 만났다고 말한 것이다.〔言我心旣匪鑒而不能度物, 雖有兄弟, 而又不可依以爲重, 故往告之而反遭其怒也.〕"라고 하였다.

7 그 악을……한다 : 《논어》 〈헌문(憲問)〉에 "자로(子路)가 임금을 섬기는 도리에 대해 묻자 공자가 속이지 말고 얼굴을 마주 대하며 간쟁해야 한다.〔勿欺也, 而犯之.〕"라고 대답한 내용이 보이는데, 주자는 《집전》에서 "범(犯)은 얼굴을 마주 대하고 간쟁함을 이른다.〔犯, 謂犯顔諫爭.〕라고 하여 심대윤과 주자의 해석상에 약간의 차이가 있다.

8 주역에……쌌다 : 《주역》 〈구괘(姤卦) 구오(九五)〉에 "기(杞)나무 잎으로 오이를 싸는 것이니, 아름다움을 머금고 있으면 하늘에서 떨어짐이 있을 것이다.〔以杞包瓜, 含章, 有隕自天.〕"라고 하였는데, 이는 임금이 성심을 다하여 현인을 구하면 얻게 된다는 뜻이다.

내 마음 돌이 아니니 我心匪石
굴릴 수 없으며 不可轉也
내 마음 자리가 아니니 我心匪席
말아둘 수도 없도다 不可卷也
위의(威儀)가 익숙하니 威儀棣棣
가릴 것이 없도다 不可選也

부이다.[9] 체체(棣棣)는 익숙한 모양이다. 뜻을 지킴이 견고하고 마음을 씀이 바르므로 외면에 나타나는 위의(威儀)가 선하지 않음이 없는 것이니, 무릇 보고 듣고 말하고 행동하는 것으로서 외면에 나타나는 것을 모두 '위의'라고 한다. 이는 내가 마음속에 보존한 것이 이와 같아서 충분히 군주를 인도하여 도에 맞게 해서 그 나쁜 마음을 바로잡을 수 있음을 말한 것이다.

마음에 근심하기를 심히 하거늘 憂心悄悄
여러 소인(小人)들에게 노여움을 받노라 慍于群小
폐해를 당한 것이 이미 많거늘 覯閔既多
수모(受侮)를 받은 것도 적지 않노라 受侮不少
고요히 이를 생각하고 靜言思之
잠을 깨어 가슴을 치노라 寤辟有摽

부이다. 초초(悄悄)는 기뻐하지 않는 모양이다. '온우군소(慍于群

9 부이다 : 《집전》의 장하주에는 돌은 굴릴 수 있지만 내 마음은 굴릴 수 없으며, 자리는 말 수 있지만 내 마음을 말 수가 없으며, 위의가 한 가지도 불선한 것이 없어서 또 선택하고 취사할 것이 없다고 말하였으니, 이는 모두 스스로 돌이켜 봄에 잘못이 없다는 뜻으로 해석하였다.

小)'의 온(慍)은 분하고 화남이니, 여러 소인들이[10] 큰 도(道)와 먼 계책을 알지 못하여 평상시에 군주를 그르치고 은미한 가운데서 일을 망친다. 그리하여 지적을 하려고 해도 흔적이 없고 말을 하려고 해도 근거할 만한 것이 없어서, 군주의 마음이 날로 불선(不善)한데로 들어가지만 군주가 스스로 깨닫지 못하고 신하가 제대로 간하지 못하니, 범중엄(范仲淹)[11]의 이른바 '괴이한 귀신의 무리가 일을 망친다'[12]라는 것이다.-시세(時勢)와 사정(事情)의 깊은 기미를 알지 못하고, 문장으로 의론을 좋아하는 자가 이들이다.- 이는 정사를 좀먹고 바른 사람을 모함하는 사람일 뿐만 아니라, 그 군주를 그르침은 정사를 좀먹고 바른 사람을 모함하는 것보다 더 심하니, 이는 군자가 가장 분노하는 일이여도 어찌할 수 없는 것이다. 정사를 좀먹고 올바른 사람을 무함하는 사람은 때로 한두 명이 있으나 매우 어둡고 어리석은 군주가 아니라면 굳이 두려울 것이 없다. 하지만 괴이한 귀신의 무리는 군주가 기미를 잘 아는 밝은 지식과 깊은 식견을 가진 군자가 아니라면 도도(滔滔)한 신하들이 모두 이들이다. 그러므로 여러 소인이라고 하였으니 여러 소인의 병폐는 비록 훌륭한 군주라도 또한 면치 못하니, 이는 군자가 가장 분노하는 일이여도 어찌할 수가 없는 것이다. 비단 신하가 군주를 섬길 적에 이러한 근심이 있을 뿐만 아니라 모든 일에 남과 함께할 적에 근심하지

10 여러 소인들 : 《집전》에는 '여러 첩〔衆妾〕'으로 풀이하였다.

11 범중엄(范仲淹) : 북송(北宋) 때 정치가이자 학자로, 자는 희문(希文)이고, 시호는 문정(文正)이다. 인종(仁宗)의 부름을 받고 간관(諫官)이 되었으나, 곽황후(郭皇后)의 폐립문제를 놓고 찬성파와 대립하여 지방으로 쫓겨났다. 후에 추밀부사(樞密副使), 참지정사(參知政事) 등에 올라 내정개혁에 힘쓰다가 병사(病死)하였다.

12 괴이한……것이다 : 송(宋)나라 때 석개(石介)라는 사람이 〈경력성덕시(慶曆聖德詩)〉를 지어 범중엄(范仲淹), 부필(富弼) 등을 칭찬하고 하송(夏竦)을 간사한 사람으로 지적하니, 범중엄이 이 말을 듣고 "괴이한 귀신의 무리가 일을 망친다.〔怪鬼輩壞了.〕"라고 하였다. 《宋史 石介列傳》

않을 수가 없는 것이다.

'폐해를 당한 것이 많다'는 것은 마음속이 답답해도 감히 발언하지 못하는 것이요, '모욕을 받음이 적지 않다'는 것은 여러 소인들이 나의 아름다움을 숨기는 것을 보고는-《주역》에 "기(杞)나무 잎으로 오이를 싸는 것이니, 아름다움을 머금었다"라고 하였다.[13]- 도리어 무지(無知)하다고 하는 것이다.-이 도는 《원위침폄(原委鍼砭)》 육불경(六不敬)의 조목에 자세히 보인다.[14]-

13 주역에……하였다 : 위의 주8) 참고.

14 이 도는……보인다 : 《원위침폄》은 고려대학교에 소장된 《원위침폄(源委鍼砭)》(육당A9-A6-1, 3)과 같은 책으로 보이는데, 《맹자》를 비판하는 내용이다. 책 이름은 《맹자》의 병통을 치료한다는 의미이며, 저자는 미상이나 내용으로 보아 심대윤의 저서로 추정된다. 육불경의 조목은 《맹자》 〈공손추 하(公孫丑下)〉에 맹자가 왕을 공경하는 것을 보지 못했다는 말을 듣고서 "나는 요순의 도가 아니면 감히 왕의 앞에서 말씀드리지 않노니, 그러므로 제나라 사람들은 내가 왕을 공경하는 것처럼 하는 이가 없는 것이다.〔我非堯舜之道, 不敢以陳於王前, 故齊人莫如我敬王也.〕"라고 한 것에 대하여 《원위침폄》에 "우리 군주는 훌륭한 군주가 될 수 없다고 생각하여 말하지 않는 것을 일러 '군주를 속임〔欺君〕'이라 하니 군주를 속임이 불경이요, 군주에게 삼가지 않아서 가벼이 마음을 놓는 것을 일러 '군주에게 태만함〔慢君〕'이라 하니 군주에게 태만함이 불경이요, 간곡히 말하여 군주를 인도하여 도에 들어가게 하지 못하고서 갑자기 어려운 일을 군주에게 요구하는 것을 '군주를 해침〔賊君〕'이라 하니 군주를 해침이 불경이요, 군주에게 불선이 있을 적에 군주가 밝게 아는 것을 인하여 깨우치고 완곡한 표현과 비유로 서서히 깨우칠 것을 생각하지 않고 발끈하여 군주를 범하여 티격태격하는 것을 '군주를 그르침〔誤君〕'이라 하니 군주를 그르침이 불경이요, 여유와 너그러움으로 군주가 능하지 못함을 용서하며 할 수 있는 바를 미루어 나아가게 하지 못하고, 각박하고 엄하고 급하게 하여 군주가 감당하지 못하게 하는 것을 '군주를 위협함〔劫君〕'이라 하니 군주를 위협함이 불경이요, 기회를 틈타 때에 알맞게 하여 군주의 마음의 향배를 살펴서 때에 맞게 은미한 계책을 올리지 못하고, 군주의 기색을 살피지 않고 시끄럽고 번거롭게 자주 간하여 군주가 싫어하게 하는 것을 '군주를 떠남〔離君〕'이라 하니 군주를 떠남이 불경이다.〔吾君不能, 是謂欺君, 欺君, 不敬也. 不愼乎君, 輕失其心, 是謂慢君, 慢君, 不敬也. 不能委曲引誘以入道, 驟而責難, 謂是賊君, 賊君, 不敬也. 君有不善, 不思因其所明而牖之, 諷譬以徐喩, 勃然觸之而層激, 是謂誤君, 誤君, 不敬也. 不能優游寬假, 恕其不能而推其所及, 操切嚴急, 使君不堪, 是謂劫君, 劫君, 不敬也. 不能因幾適時, 察志向背而時薦微計, 聒躁煩數, 使君厭苦, 是謂離君, 離君, 不敬也.〕"라고 보인다.

벽(辟)[15]은 벽(擗))과 통하니 가슴을 치는 것이요, 표(摽)[16]는 가슴을 치는 모양이다. 훌륭한 군주를 만드는 것이 이와 같이 어려운데 정성이 더욱 더 간절하고 지극한 것은 《주역》에서 말한 "마음이 천명을 버리지 않았다."[17]라는 것이다.

해와 달이여 日居月諸
어찌 뒤바뀌어 이지러지는가 胡迭而微
마음의 근심함이여 心之憂矣
빨지 않은 옷을 입은 듯하노라 如匪澣衣
고요히 이를 생각하고 靜言思之
떨치고 일어나 날아가지 못함을 한하노라 不能奮飛

비이고 부이다.[18] 거(居)와 저(諸)는 어조사이다. 미(微)는 이지러져 먹힘이다. 해와 달이 번갈아 서로 이지러져 먹히는 것을 가지고,

15 벽(辟) : 《집전》에는 '가슴을 어루만지는 것〔拊心〕'으로 풀이하였다.
16 표(摽) : 《집전》에는 '가슴을 어루만지는 모양〔拊心貌〕'으로 해석하였다.
17 주역에서……않았다 : 《주역》 〈구괘(姤卦) 구오(九五)〉에 "기(杞)나무 잎으로 오이를 싸는 것이니, 아름다움을 머금고 있으면 하늘에서 떨어짐이 있을 것이다.〔以杞包瓜, 含章, 有隕自天.〕"라고 하였는데, 그 상(象)에 "구오의 함장(含章)은 중정해서이고, 하늘에서 떨어짐이 있는 것은 마음이 천명을 버리지 않았기 때문이다.〔九五含章, 中正也, 有隕自天, 志不舍命.〕"라고 하였다.
18 비이고 부이다 : 《집전》에는 해와 달이 뒤바뀌어 이지러지는 것을 여러 첩이 정적(正嫡)을 이기는 것으로 보았다. 《집전》의 장하주에 "해는 마땅히 항상 밝고, 달은 때로 이지러짐이 있으니, 정적(正嫡)은 마땅히 높아야 하고, 여러 첩은 마땅히 낮아야 하는데, 이제 여러 첩이 도리어 정적을 이기니, 이는 해와 달이 뒤바뀌어 이지러지는 것이다. 이 때문에 근심하여 번민하고 원통하며 심란함에 이르러 빨지 않은 옷을 입은 듯한데도 떨치고 일어나 날아가지 못함을 한한다고 말한 것이다.〔言日當常常明, 月則有時而虧, 猶正嫡常尊, 衆妾當卑, 今衆妾, 反勝正嫡, 是日月更迭而虧. 是以憂之, 至於煩寃憒眊, 如衣不澣之衣, 恨不能奮起而飛去也.〕"라고 하였다.

음과 양이 서로 이기며 일의 득실(得失)과 사람의 사정(邪正)이 서로 나아가고 물러나, 순일(純一)하여 정함이 있지 못함을 비유하였다. '여비한의(如匪澣衣)'는 더러운 옷을 입은 것과 같아서 일찍이 잠시도 빠는 것을 잊지 않는 것이다. 옷이 더러워지면 빨 것을 생각해야 하고 곧 옷을 벗어서 찢어서는 안 되며, 군주가 잘못을 저지르면 구원할 것을 생각해야 하고 곧장 버려서 끊어서는 안 된다. 그러므로 이처럼 그 어려워하면서 떨치고 날아가지 못하는 것이다. 현자를 귀하게 여기는 것은 불선(不善)을 변화하여 선으로 만들기 때문이다. 재주 있는 사람이 재주 없는 사람을 버리고, 중도에 맞는 사람이 중도에 맞지 않는 사람을 버리면 어진 자와 불초한 자의 간격이 한 치도 못되는데,[19] 하물며 신하와 군주에 있어서이겠는가. 만약 반드시 요(堯)·순(舜)의 군주를 기다려서 섬기려 한다면 큰 윤리가 멸망하게 된다. 아, 〈백주〉시를 보면 신하의 도의 지극함을 보고, 군자의 어려움을 볼 수 있다.-해와 달이 번갈아 작아짐은 범(犯)하여 선을 할 수 있지만, 만약 전혀 밝음이 없는 자는 교화할 수 없다.-

이상은 〈백주〉 5장이니, 장마다 6구이다.

〈관저〉는 〈주남〉과 〈소남〉의 첫 번째가 되니, 인군이 신하를 양성(養成)하는 방도를 말하였고, 〈백주〉는 국풍의 첫 번째가 되니 인신

19 재주 있는 사람이……못되는데 : 《맹자》〈이루 하(離婁下)〉에 "중도에 맞는 사람이 중도에 맞지 않는 사람을 길러주고, 재주 있는 사람이 재주 없는 사람을 길러준다. 이 때문에 사람들은 어진 부형이 있음을 즐거워하는 것이다. 만일 중도에 맞는 사람이 중도에 맞지 않는 사람을 버리고, 재주 있는 사람이 재주 없는 사람을 버린다면 어진 자와 불초한 자의 거리가 간격이 한 치도 못 될 것이다.〔中也養不中, 才也養不才, 故人樂有賢父兄也. 如中也棄不中, 才也棄不才, 則賢不肖之相去, 其間不能以寸.〕"라고 보인다.

(人臣)이 군주를 이끌어 훌륭하게 만드는 의리를 말해서 서로 상대가 된다.-〈백주〉의 도는 오직 군주를 섬기는 것만 그러한 것이 아니요, 무릇 오륜(五倫)이 서로 함께함에 이러한 일이 있지 않음이 없는 것이다.-

녹의 綠衣

녹색 옷이여 綠兮衣兮
녹색이 웃옷이요 황색이 속옷이로다 綠衣黃裏
마음의 근심함이여 心之憂矣
언제나 그칠런고 曷維其已

《집전》에 말하였다. 녹(綠)은 푸른색이 황색을 이긴 중간색이요, 황(黃)은 중앙토(中央土)[20]의 정색(正色)이다.
○비이고 부이다.[21] 녹색으로 편벽되고 치우쳐서 중(中)이 적은 사람을 비유하고, 황색으로 중덕(中德)의 선비를 비유하였다. 녹색 옷에 황색 속옷은 중(中)과 중하지 못한 자가 뒤섞여서 함께 나아가 귀(貴)와 천(賤)이 제자리를 바꾼 것이니, 군주가 중(中)에 맞으면 천하의 중에 맞는 자들이 등용되고 중에 맞지 않는 자들이 멀어질 것이요,-중에 맞지 않는 것이 변하여 중이 되어서 멀리 사라지는 것과 같은 것이다.- 군주가

20 중앙토(中央土) : 봄은 동방 목(東方木)인 청색, 여름은 남방 화(南方火)인 적색, 가을은 서방 금(西方金)인 백색, 겨울은 북방 수(北方水)인 흑색이며, 여기에 중앙토(中央土)의 황색을 더하면 오방(五方)의 색깔이 되는데, 이 다섯 가지 색깔을 정색(正色)이라 하여 소중히 여긴다.
21 비이고 부이다 : 《집전》에는 "장공(莊公)이 사랑하는 첩에게 혹하여, 부인 장강(莊姜)이 어질었는데도 지위를 잃었다. 그러므로 이 시를 지은 것이다."라고 하였다.

중에 맞지 못하면 천하에 중에 맞지 못한 자들이 등용되고, 중에 맞는 자들이 뒤섞여 분별되지 못하여 제자리를 잃게 된다.

녹색 옷이여 綠兮衣兮
녹색이 웃옷이요 황색이 치마로다 綠衣黃裳
마음의 근심함이여 心之憂矣
언제나 잊을런가 曷維其亡

비이고 부이다. 녹색 옷에 황색치마는 귀한 것이 도리어 천한 사람보다 낮아지고 함께 뒤섞여서 제자리를 바꿀 뿐만이 아니다. 무(亡)는 없음이다.[22]

녹색 실이여 綠兮絲兮
네가 다스리는 바로다 女所治兮
내 고인(古人)을 생각하여 我思古人
허물이 없게 하노라 俾無訧兮

비이고 부이다.[23] 푸른 실은 여자[24]가 다스리는 것이니, 옛날에는 천하게 여겼으나 지금에는 귀하게 여겨서 옛날과 지금의 숭상하는 바

22 무(亡)는 없음이다 : 《집전》에는 "망이란 말은 잊다의 뜻이다.〔亡之爲言, 忘也.〕"라고 하였고, 정현의 전(箋)에도 "망이란 말은 잊는다는 뜻이다.〔亡之言, 忘也.〕"라고 하였다.

23 비이고 부이다 : 《집전》의 장하주에는 "녹색으로 막 실을 물들였는데 네가 또 이것을 다스린다고 말하여, 첩은 이제 어려 예쁜데 네가 또 그를 총애함을 비유한 것이다. 그렇다면 내 장차 어떻게 하겠는가. 또한 옛 사람중에 일찍이 이러한 경우를 만나고도 잘 대처한 자가 있음을 생각하여, 스스로 힘써서 잘못이 있음에 이르지 않게 할 뿐이라고 말한 것이다.〔言綠方爲絲, 而女又治之, 以比妾方少艾, 而女又嬖之也. 然則我將如之何哉? 亦思古人有嘗遭此而善處之者, 以自勵焉, 使不至於有過而已.〕"라고 하였다.

24 여자 : 《집전》에는 녀(女)를 군자를 가리킨 것으로 보았다.

가 똑같지 않은 것이다. 우(訧)는 허물이니, 내가 고인의 의리를 생각하여 허물이 없게 한다는 것은 꿋꿋하게 스스로 지켜서 세속에서 숭상하는 것에 따라 지조를 변치 않는 것이다. 한번 천하를 살펴봄에 유속(流俗)에서 옮겨가지 않는 자가 혹 적으니, 〈녹의〉의 도는 어렵다고 이를 만하다.

가는 갈포(葛布)와 굵은 갈포여 絺兮綌兮
쌀쌀한 바람 불어오도다 凄其以風
내 고인을 생각하니 我思古人
실로 내 마음을 아셨도다 實獲我心

비이고 부이다.[25] 고운 갈포와 굵은 갈포에 쌀쌀한 바람이 불어온다는 것은 더울 때에는 귀하게 여기나 추울 때는 천하게 여기는 것이니, 추울 때와 더울 때의 쓰임이 똑같지 않은 것이다. 내가 고인의 의리를 지켜서 허물이 없는 것은 실로 내 마음의 편안한 바를 얻어서 부끄럽고 후회하는 바가 없는 것이다. 군자가 말하기를 "〈녹의〉의 변치 않음은 세상을 좋게 하는 〈백주〉 시의 다음이 된다."라고 하였다.[26]

이상은 〈녹의〉 4장이니, 장마다 4구이다.

25 비이고 부이다 : 《집전》에는 "치격(絺綌)이 찬 바람을 만난 것은 자신이 때가 지나 버림을 받음과 같다. 그러므로 옛 사람 중에 이런 경우에 잘 대처한 자를 생각해보니, 진실로 내 마음의 구하는 바를 먼저 안 것이다.〔絺綌而遇寒風, 猶己之過時而見棄也, 故思古人之善處此者, 眞能先得我心之所求也.〕"라고 하였다.

26 녹의의……하였다 : 《모시서》에는 〈백주〉는 위나라 경공(頃公) 때 어진 사람이 불우함을 읊은 시로, 〈녹의〉는 위나라 장강이 첩이 참람하여 자신을 서글퍼한 시라고 보았다. 반면에 심대윤은 신하가 임금을 이끄는 도리와 처신하는 방법을 각각 읊은 시라고 보았다.

연연 燕燕

제비와 제비의 날음이여	燕燕于飛
가지런하지 않은 그 깃이로다	差池其羽
그대가 돌아감에	之子于歸
멀리 들에서 전송하노라	遠送于野
멀리 바라보아도 미치지 못하여	瞻望不及
눈물 흘리기를 비오듯이 하노라	泣涕如雨

흥이다.[27] 치지(差池)는 가지런히 하여도 가지런해지지 않는 것이다.[28] 연(燕)은 제비이다. 옛날 제후국에 보통사람보다 크게 출중하여 세상에 드러나는 신하가 있으면 제후가 감히 스스로 기르지 못하여 천자에게 바치니, 천자에게 바치지 않으면 견책(譴責)이 있고, 천자의 조정에 등용되어 공이 있으면 제후에게 상(賞)이 있었다. 군주가 그 떠나감을 전송하면서 시를 읊을 적에 제비를 거듭 말하면서 '그 깃이 가지런하지 않다.'라고 한 것은 그가 왕(천자)을 섬기는 나머지에 옛 군주를 잊지 않아서 왕에게 충성하면서도 나를 은혜롭게 돌아보아 두 가지 모두 폐하지 않기를 바란 것이다. 신하가 군주에게 나아감은 여자

27 홍이다 : 《집전》에는 "장강(莊姜)이 아들이 없어서 진(陳)나라에서 시집을 온 대규(戴嬀)의 아들 완(完)을 자기의 아들로 삼았는데 장공(莊公)이 죽고 완이 즉위하자, 폐인(嬖人)의 아들인 주우(州吁)가 시해하였다. 그러므로 대규가 진나라에 영영 돌아감에 장강이 그를 전송하면서 이 시를 지은 것이다.〔莊姜無子, 以陳女戴嬀之子完, 爲己子, 莊公卒, 完卽位, 嬖人之子州吁弑之. 故戴嬀大歸于陳, 而莊姜送之, 作此詩也.〕"라고 하였다.

28 치지(差池)는……것이다 : 치지는 《집전》에 '가지런하지 않는 모양〔不齊之貌〕'이라 하였고, 《춘추좌전》의 두예(杜預) 주에도 "치지는 가지런하지 않은 것이다.〔差池, 不齊一.〕"라고 하였다.

가 남편을 따르는 것과 같기 때문에 또한 귀(歸)[29]라고 하는 것이다. '그대가 돌아감에 멀리 들에서 전송한다'는 것은 그가 나를 돌아보고 생각하기를 바라는 것이요, '멀리 바라보아도 미치지 못하여 눈물을 흘리기를 비 오듯이 한다'라는 것은 감히 그가 자신을 왕(천자)과 함께 하기를 바라지 못하는 것이다.

이 시를 지은 자는 아마도 충신(忠信)하면서 예를 알았을 것이다. 윗사람을 섬김을 잊지 않음은 충(忠)이요, 현자를 대하기를 정성으로서 함은 신(信)이요, 공(公)을 먼저하고 사(私)를 뒤로 하면서도 두 가지를 모두 폐하지 않음은 예(禮)이다.

제비와 제비의 날음이여	燕燕于飛
오르내리도다	頡之頏之
그대가 돌아감에	之子于歸
멀리 전송하노라	遠于將之
멀리 바라보아도 미치지 못하여	瞻望不及
우두커니 서서 눈물만 흘리노라	佇立以泣

흥이다. 날아오르는 것을 '힐(頡)'이라 하고, 날아 내려오는 것을 '항(頏)'이라 한다. '저립(佇立)'은 오랫동안 서있는 것이다. '치지(差池)'라고 하고 '힐항(頡頏)'이라고 하고 '상하(下上)'라고 한 것은 모두 제비를 거듭 말한 뜻이다.

제비와 제비의 날음이여	燕燕于飛
오르내리는 그 소리로다	下上其音
그대가 돌아감에	之子于歸

29 귀(歸) : 《집전》에는 '크게 돌아감〔大歸〕'이라고 하였다.

멀리 남쪽에서 전송하노라 遠送于南
멀리 바라보아도 미칠 수 없으니 瞻望不及
실로 내 마음 괴롭게 하도다 實勞我心

흥이다. 낙양은 위(衛)나라의 남쪽에 있다.-위나라 신하가 천자국(天子國)에 들어가 동도(東都)[30]의 신하가 된 것이다. 주나라는 동도를 만들고 백관을 설치하기를 명(明)나라의 남경(南京)[31]과 같이 하였다.-

중씨(仲氏)가 남의 일을 같으니 仲氏任只
그 마음 독실하고 깊도다 其心塞淵
끝내 온화하고 또 은혜로워 終溫且惠
그 몸을 잘 삼갔고 淑愼其身
선군(先君)을 생각하라는 말로써 先君之思
과인(寡人)을 권면하도다 以勖寡人

부이다.[32] 임(任)[33]은 힘을 내어 남의 일을 맡는 것이다. 색(塞)은

30 동도(東都) : 낙읍(洛邑 현재의 낙양)을 가리키는바, 동도는 주 평왕(周平王)이 도읍을 낙읍으로 옮긴 이후의 명칭이다.

31 남경(南京) : 명(明)나라 초기의 수도로, 후에 영락제(永樂帝)가 북경(北京)으로 도읍을 옮기고 남경을 제2의 수도로 옮겼다.

32 부이다 : 《집전》의 장하주에는 "대규(戴嬀)의 어짊이 이와 같고, 또 선군(先君)을 생각하라는 말로써 나를 권면하여, 나로 하여금 항상 생각하여 그 지킴을 잃지 않게 하였다고 말한 것이다.〔言戴嬀之賢如此, 又以先君之思勉我, 使我常念之而不失其守也.〕"라고 하고, 또 양시((楊時)의 말을 인용하여 "주우(州吁)의 포악함과 환공(桓公)의 죽음과 대규가 떠나간 것은 모두 부인이 지위를 잃어 선군(先君)에게 보답을 받지 못한 소치(所致)인데도 대규는 오히려 선군(先君)을 생각하라는 말로써 부인을 권면하였으니, 참으로 온순하고 또 순하다고 이를 만하다.〔州吁之暴, 桓公之死, 戴嬀之去, 皆夫人失位, 不見答於先君所致也, 而戴嬀猶以先君之思, 勉其夫人, 眞可謂溫且惠矣.〕"

독실함이요. 연(淵)은 깊고 넓음이니, 남을 위하여 도모함에 충성함을 말한 것이다. 온화함으로 왕을 섬기고 은혜로써 나를 돌아보니, '그 몸을 잘 삼감'은 온화함으로써 왕을 섬기는 것이요, 선군(先君)을 생각하라는 말로써 과인을 권면함'은 은혜로써 나를 돌아보는 것이다. -예에 부인은 남을 전송하고 맞이할 적에 문을 나가지 않으니 멀리 들에서 전송하는 것은 예가 아니며, 부인은 자기를 과인(寡人)이라고 칭하는 예가 없으니, 《집전》처럼 장강(莊姜)의 시가 아님이 분명하다.[34]-

예(禮)에 제후국의 신하가 왕의 조정으로 올라가면 옛 군주를 위하여 자최(齊衰) 삼개월 복을 되려 입어주니,[35] 이로써 옛 나라에 일이 있으면 또한 옛 나라를 위하여 힘을 내어 주선함을 알 수 있는 것이다.

이상은 〈연연〉4장이니, 장마다 6구이다.

라고 풀이하였다.

33 임(任) : 《집전》에는 '은혜로써 서로 믿는 것〔以恩相信 〕'으로 풀이하였다.

34 집전처럼……분명하다 : 위의 주27) 참고. 《모시서》에는 〈연연〉을 위나라 장강이 친정으로 돌아가는 첩을 전송한 시라고 해석하였다.

35 예에……입어주니 : 《의례(儀禮)》〈상복(喪服)〉에 "벼슬에서 물러난 옛 군주와 옛 군주의 어머니, 옛 군주의 처를 위하여 자최 삼개월 복을 입는다.〔爲舊君、君之母、妻.〕"라고 하였는데, 전(傳)에 "옛 군주를 위하여 복을 입는 사람은 누구를 말하는가? 벼슬하다가 그만둔 사람이다. 어찌하여 자최 삼개월 복을 입는가? 백성들과 똑같게 복을 입음을 말한 것이다. 군주의 어머니와 군주의 처는 소군(小君)이기 때문이다.〔爲舊君者, 孰謂也? 仕焉而已者也. 何以服齊衰三月也? 言與民同也. 君之母、妻, 則小君也.〕"라고 보인다.

일월 日月

해와 달이	日居月諸
하토(下土)를 굽어 살피시니	照臨下土
이와 같은 사람이여	乃如之人兮
옛 처소에 처하지 않는구나	逝不古處
어찌 정함이 있으리오마는	胡能有定
어찌하여 나를 돌아보지 않는고	寧不我顧

비이고 부이다.[36] 서(逝)[37]는 어조사이다. 고처(古處)[38]는 옛날의 처소이니, 예전의 일이라는 말과 같다. 위(衛)나라 군주가 왕실에 훈로(勳勞)가 있어서 왕이 일찍이 높여 하사하고 공경히 대하였는데, 뒤에 다시 예우를 받지 못하였다. 그러므로 이 시를 지어서 풍자한 것이다. 해와 달의 밝음이 하토(下土)를 조림(照臨 비추어 드리움)하는 것으로 천자의 광채가 마땅히 이와 같아야 함을 비유하였는데, 마침내 이러한 사람은 전후(前後)가 서로 뒤집어짐이 이와 같으니, 어찌 능히 안정됨

36 비이고 부이다 : 《집전》에는 부라고 하였으니, 아래 장도 같다. 《집전》의 장하주에 "장강(莊姜)이 장공(莊公)에게 보답을 받지 못하였다. 그러므로 해와 달을 부르고 하소연하기를 '해와 달이 하토(下土)를 굽어본지 오래되었는데, 이제 이와 같은 사람이 옛 도리로써 서로 처하지 않는다. 그의 심지(心志)가 간사하고 의혹이 있으니 또한 어찌 정함이 있으리오마는, 어찌하여 홀로 나를 돌아보지 않는가.'라고 하였다. 버림을 받은 것이이 이와 같은데도 오히려 그에게 기대하는 뜻이 있으니, 이것이 시의 후(厚)함이 되는 것이다.〔莊姜, 不見答於莊公, 故呼日月而訴之, 言日月之照臨下土久矣, 今乃有如是之人, 而不以古道相處. 是其心志回惑, 亦何能有定哉, 而何爲其獨不我顧也. 見棄如此, 而猶有望之之意焉, 此詩之所以爲厚也.〕라고 하였다.

37 서(逝) : 《집전》에는 발어사(發語辭)로 풀이하였다.

38 고처(古處) : 《집전》에는 "옛 도리로써 서로 대처하는 것이다.〔以古道相處也 .〕" 라고 풀이하였다.

이 있어서 남에게 믿음을 받겠는가. '어찌하여 나를 돌아보지 않는고.' 라고 한 것은 나의 충성을 어찌 돌아보지 않는가라고 말한 것이다.-해와 달이 하토(下土)를 비추어 드리운다고 말했으면 왕을 위하여 말한 것임을 명백히 알 수 있으니, 하토를 비추어 드리우는 것이 천자가 아니고 누구이겠는가.- 해와 달을 가지고 비유하였으면, 이는 왕이 밝지 못하고 살피지 못해서 서로 미워하는 것이다.

해와 달이	日居月諸
하토를 덮어주시니	下土是冒
이와 같은 사람이여	乃如之人兮
서로 좋아하지 않는구나	逝不相好
어찌 정함이 있으리오마는	胡能有定
어찌하여 나에게 보답하지 않는고	寧不我報

비이고 부이다. 모(冒)는 덮음이다. '어찌 나에게 보답하지 않는가.' 라고 한 것은 나의 훈로를 어찌하여 보답하지 않느냐고 말한 것이다. -보답을 바란 것이 아니요, 버리고 기록하지 않아서는 안됨을 말한 것이다.-

해와 달이	日居月諸
동방(東方)에서 나오도다	出自東方
이와 같은 사람이여	乃如之人兮
덕음(德音)이 좋지 못하도다	德音無良
어찌 정함이 있으리오마는	胡能有定
어찌하여 나를 잊어도 된다고 여기는가	俾也可忘

비이고 부이다. '동방에서 나온다.'라는 것은 밝게 천하를 비춤이

천자로부터 나옴을 말한 것이다.[39] '덕음이 좋지 못하다.'는 것은 단지 서로 좋아하지 않을 뿐만 아니요, 다시 견책하고 노여워하는 나쁜 말이 있는 것이다. 남에게 베푸는 것을 덕이라 하니, 덕음(德音)은 좋은 말을 남에게 가하는 것이다.[40] '비야가망(俾也可忘)'은 나와 같은 자로 하여금 잊을 수 있겠냐고 말한 것이다.

해와 달이 日居月諸
동방에서 나오도다 東方自出
아버지와 어머니가 父兮母兮
나를 길러주심을 마치지 못하셨도다 畜我不卒
어찌 정함이 있으리오마는 胡能有定
나에게 보답함이 이어지지 않도다 報我不述

비이고 부이다. '부혜모혜(父兮母兮)'는 천자는 천하의 부모가 되는데 나를 기르기를 끝까지 못함은 어째서이냐고 말한 것이다.-글의 문리상 앞 장의 '이와 같은 사람[乃如之人]'을 부모로 삼은 것이다.- '나에게 보답하기를 도리로 하지 않도다.'라는 것은 나에게 보답하는 것이 전일(前日)의 덕을 이어가지 못하고 도리어 악(惡)으로써 서로 보답함을 말한 것이다. 제후가 천자에게 총애를 잃었으나 조금도 시기하고 의심하여 밖으로 떠나는 뜻이 없고, 오직 해와 달의 밝음으로써 왕에게 바라고 부모의 친함으로써 왕을 대하였다. 왕의 안정됨이 있지 못함을 근심해서

39 동방에서……것이다 : 주자는 《집전》에서 "해는 아침이면 반드시 동방에서 나오고, 달은 보름이면 또한 동방에서 나온다.[日必出東方, 月望亦出東方.]"라고 해석하여 심대윤의 견해와는 약간 차이가 있다.

40 덕음은……것이다 : 《집전》에는 "덕음은 그 말을 아름답게 여긴 것이요, 무량은 그 실제를 추하게 여긴 것이다.[德音, 美其辭, 無良, 醜其實也.]라고 해석하였다.

군주에게 높이고 친애함을 다하여 충성으로 깊이 계책을 세웠으니, 지극한 덕의 다음이다. -문왕이 천하를 셋으로 나눔에 그 둘을 소유하시고도 은(殷)나라를 복종하여 섬기셨으니, 지극한 덕이라고 이를만하다.[41]- 이는 제후의 세법(世法 대대로 본받음)이 될 만하다.

이상은 〈일월〉4장이니, 장마다 6구이다.

종풍 終風

하루내내 바람불고 또 빠르나	終風且暴
나를 돌아보면 웃기도 하나니	顧我則笑
해학하며 웃고 즐거워하는지라	謔浪笑敖
중심(中心)에 이 슬퍼하노라	中心是悼

비이고 부이다.[42] 종(終)은 그칠 때가 없음을 말한 것이다. 풍(風)은

41 문왕이……이를만하다 : 이는 공자가 순(舜)임금과 무왕(武王), 문왕(文王)을 두고 평하신 내용이다. "순(舜) 임금이 어진 신하 다섯 사람을 두심에 천하가 다스려졌다. 무왕(武王)이 말씀하였다. '나는 다스리는 신하 열 사람을 두었노라.' 공자가 말씀하셨다. '인재 얻기가 어렵다' 한 말이 맞는 말이 아니겠는가. 당우(唐虞)의 즈음만이 주(周)나라보다 인물이 성하였다. 그런데도 열 사람 중에 부인이 들어 있으니, 남자는 아홉 사람일 뿐이다. 문왕(文王)은 천하를 셋으로 나누어 그 둘을 소유하시고도 은(殷)나라를 복종하여 섬겼으니, 주나라 문왕의 덕은 지극한 덕이라 이를 만하다."〔舜有臣五人而天下治. 武王曰: '予有亂臣十人.' 孔子曰: '才難, 不其然乎? 唐虞之際, 於斯爲盛. 有婦人焉, 九人而已. 三分天下, 有其二, 以服事殷, 周之德, 其可謂至德也已矣.〕"《論語 泰伯》

42 비이고 부이다 :《집전》에는 부라고 하였으니, 아래 장도 같다.《집전》의 장하주에는 "장공(莊公)의 사람됨이 방탕하고 포악하였는데, 장강(莊姜)이 차마 지척(指斥)하여 말할 수 없었다. 그러므로 다만 종풍차포(終風且暴)로써 비유하여 '비록 그 광포

그 어지러움을 말한 것이니 바람이 불면 물건이 어지럽게 된다. 차포(且暴)는 어지럽고 또 포악한 것이다.[43] '나를 돌아보면 웃는다.'라는 것은 친압(親狎)하고 업신여겨 믿지 않는 것이다. 학(謔)은 농담하는 것이요, 랑(浪)은 부질없이 장난하는 것이니, '학랑소오(謔浪笑敖)'는 나를 돌아보면서 웃기를 이와 같이 함을 다시 말한 것이다.

하루내내 바람불고 또 흙비가 내리나	終風且霾
은혜롭게 여겨 기꺼이 오기도 하건마는	惠然肯來
가지도 않고 오지도 않는지라	莫往莫來
아득하고 아득한 내 그리움이로다	悠悠我思

비이고 부이다. 매(霾)는 흙비이니, 어지럽고 또 어둔 것이다. 혜(惠)[44]는 은혜롭게 돌아봄이니, 은혜롭게 기꺼이 오겠는가? 내가 가지 못하고 네가 즐겨 오지 않음을 말한 것이니, 왕래는 몸소 와서 얼굴을 봄을 말한 것이 아니요, 정과 뜻이 서로 접함을 말한 것이다.-그 사람을 염려하는 것은 바로 친압하고 업신여겨 믿지 않아서 진실한 정이 서로 통하지 않는 것이요, 그 얼굴을 보지 못함을 근심하지 않는 것이니, 지금 다만 얼굴을 보기를 원했다

(狂暴)함이 이와 같으나, 또한 나를 돌아보면 웃을 때도 있다. 다만 이것이 모두 희만(戲慢)의 뜻에서 나오고 애경(愛敬)의 정성이 없으니, 또 나로 하여금 감히 이것을 말하지 못하고 마음에 홀로 서글퍼 할 뿐이다.'라고한 것이다. 장공이 포만(暴慢)하여 떳떳함이 없었는데, 장강은 올바름과 고요함으로 스스로 지켰으니, 이 때문에 그 뜻을 거슬려 보답을 받지 못한 것이다.〔莊公之爲人, 狂蕩暴疾, 莊姜蓋不忍斥言之, 故但以終風且暴爲比, 言雖其狂暴如此, 然亦有顧我則笑之時, 但皆出於戲慢之意, 而無愛敬之誠, 則又使我不敢言而心獨傷之耳. 蓋莊公暴慢無常, 而莊姜正靜自守, 所以忤其意而不見答也.〕"라고 하였다.

43 종(終)은……것이다 : 《집전》에는 종풍(終風)은 하루 종일 바람이 부는 것이고, 포(暴)는 빠름으로 풀이하였다.

44 혜(惠) : 《집전》에는 '순함〔順〕'이라 하였다.

고 한다면 말이 되지 않는다.- '가지도 않고 오지도 않는다.'라는 것은 정과 뜻이 막혀서 통하지 않는 것이다. 정과 뜻이 통하지 않는 것은 친압하고 업신여겨 믿지 않은데서 연유한 것이니, 친압하고 업신여겨 믿지 않아서 정과 뜻이 통하지 않으면 충성스러운 말과 좋은 계책을 올리고자 하나 그 도(道)가 방법이 없다. 시의 뜻에 그 믿지 않고 통하지 않음을 한(恨)한 것은 충성스러운 말을 올려서 그 화와 패망을 구원함을 잊지 않은 것이다.-'혜연긍래(惠然肯來)'는 바람이 깊은 것이다.-

하루내내 바람불고 또 음산하고는 終風且曀
하루가 못되어 또다시 음산하도다 不日有曀
잠깨어 잠 못이루며 寤言不寐
이것을 바라면 눈물콧물이 나오노라 願言則嚏

비이고 부이다. 에(曀)는 구름의 그늘이 가리고 막은 것이니, 어둠이 심한 것이다. '하루도 못되어 음산하다.'라는 것은 단 하루만 있는 것이 아님을 말한 것이다. 원(願)[45]은 바람이다. 체(嚏)는 《집전》에 "코가 막히고 재채기하는 것이다."라고 하였으니, 코에 자극을 받아 소리를 내는 것이니, 숨이 막히면 재채기가 난다. '원언즉체(願言則嚏)'는 그대를 바라면 사람으로 하여금 숨이 막히게 한다는 뜻이다.

침침하게 그 음산함이며 曀曀其陰
우르르 그 우레소리로다 虺虺其雷
잠깨어 잠 못이루며 寤言不寐
이것을 생각하면 그리워지노라 願言則懷

45 원(願) : 《집전》에는 '생각함〔思〕'이라 하였다.

비이고 부이다. '침침하게 음산하다.'라는 것은 어두워 깨닫지 못하는 것이다. '훼훼기뇌(虺虺其雷)'는 《집전》에 이르기를 "우뢰가 장차 터지려하나 아직 터지지 않은 소리이다."라고 하였다. 우뢰는 진동하여 사람을 놀라고 두렵게 하니, 장차 진동하여 놀라고 두렵게 하는 어려움이 있으나, 깨닫지 못함을 말한 것이다. '원언즉회(願言則懷)'는 그대를 바라면 그리움이 나는 것이다.

이 편은 다만 문리(文理)에 근거하여 이와 같이 해석했을 뿐이니, 가리킨 자가 누구인지는 자세하지 않다. 구설에 "장공(莊公)이 총애하는 첩에게 혹하여 부인 장강(莊姜)이 어질었는데도 직위를 잃었으므로 이 시를 지었다."[46]라고 하였다. 그러나 지금 《시경》의 내용을 살펴보면 그 장강이 됨을 발견할 수 없고, 또 장공의 악이 이와 같이 심하다는 말을 듣지 못했으며, 부인의 도리는 유순하고 공손히 하여 받들어 순종하고 원망하지 않는 것인데 시를 읊어 풍자함은 단정하고 장엄하고 얌전한 덕이 아니다. 아내가 되어서 남편을 잘 섬기지 못하였는데, 기꺼이 조금도 스스로 자신을 책망하지 못하고, 멋대로 남편을 원망함은 부인의 도를 잃은 것이다. 구설은 아마도 장공과 장강을 모함한 것에 가까울 것이다.

이 시는 신하와 자식과 아내에게 적용시켜보면 해당되는 것이 없고, 오직 제후국의 의리는 천자국의 국내에 있는 신하와 달라 국내의 일에 책임이 없어서 오로지 왕에게 바라더라도 허물이 자기에게 있지 않을 수 있으니, 이는 제후의 시가 됨이 의심할 것이 없다. 위나라 임금이 여왕(厲王)을 풍자한 것이니, 여왕의 악이 이와 같았으나 위나라 임금

46 구설에……지었다 : 구설의 내용은 《집전》의 〈녹의(綠衣)〉장 주에 보이는데, 《집전》에서는 〈녹의〉와 〈종풍〉 모두 장강(莊姜)이 자신을 서글퍼한 시라고 보았기 때문에 이 장에서 인용한 것으로 보인다.

이 조금도 두 마음을 품은 뜻이 없고, 그 정과 뜻이 통하지 못해서 충언을 올리지 못함을 한(恨)하였다. 그리하여 난(難)에 미칠 것을 깊이 염려해서 서글피 생각하고 그리워하고 원하기를 마지않았으니, 충성이 또한 지극하다. 〈연연〉과 〈일월〉과 〈종풍〉은 제후가 군주를 섬기는 의리이다.[47]

이상은 〈종풍〉 4장이니, 장마다 4구이다.

격고 擊鼓

북을 치기를 둥둥 하거늘	擊鼓其鏜
앉았다 일어났다 병기를 쓰노라	踊躍用兵
서울에서 흙일 하고 조읍(漕邑)에서 축성(築城) 하거늘	土國城漕
나만이 홀로 남쪽으로 길을 떠나노라	我獨南行

부이다.[48] 《집전》에 말하였다. 당(鏜)은 북을 치는 소리이다. 용약

47 연연과……의리이다 : 《모시서》에는 〈녹의〉, 〈연연〉, 〈일월〉, 〈종풍〉 이 시를 모두 위나라 장강이 읊은 시로 보았다. 반면에 심대윤은 위나라 시는 여왕(厲王)을 풍자한 시라고 보고, 〈연연〉, 〈일월〉, 〈종풍〉 세 편은 모두 아랫사람이 윗사람을 섬기는 방법과 도리에 대해서 읊은 시라고 해석하였다.

48 부이다 : 《집전》에는 "위(衛)나라 사람으로서 종군(從軍)하는 자가 스스로 자기가 하는 바를 말하고, 인하여 '위나라 백성들이 혹은 서울에서 토공(土功)을 하고 혹은 조읍(漕邑)에서 축성도 하는데, 나만이 홀로 남쪽으로 출정가서 봉적(鋒鏑)과 사망의 근심이 있어 위험과 고생이 더욱 심하다.'라고 말한 것이다.〔衛人從軍者自言其所爲, 因言衛國之民, 或役土功於國, 或築城於漕, 而我獨南行, 有鋒鏑死亡之憂, 危苦尤甚也.〕"라고 하였다.

(踊躍)은 앉고 일어나며 적을 치고 찌르는 모양이다. 병(兵)은 오병(五兵 창, 갈라진 창, 방패, 활, 칼)이다. 토(土)는 토목 공사이다. 조(漕)는 위(衛)나라의 읍이다.

○나라에 토목의 일을 하고 조읍(漕邑)에 축성을 하고 남쪽으로 가서 전투할 적에 나만 홀로 하였으니, 이는 차례로 노역을 하여 그치지 않음을 말한 것이다. 이 편은 인군이 장군을 통제하고 용병(用兵)하는 방법이다.

손자중(孫子仲)을 따라	從孫子仲
진(陳)과 송(宋)을 화평(和平)하게 하였노라	平陳與宋
나를 데리고 가지 않는지라	不我以歸
마음에 근심하기를 서글피 하노라	憂心有忡

부이다. 손자중(孫子仲)[49]은 군대의 장수이다. '불아이귀(不我以歸)'는 군주가 나의 돌아감을 허락하지 않음을 원망한 것이다.-무엇으로써 군주를 원망함을 아는가. 자중 또한 어찌 오랫동안 부역하여 피곤하고 병들면서 돌아가고 싶지 않겠는가. 그러므로 돌아가고자 하여도 얻지 못함을 안 것이다.- 군주가 장군을 통제하지 않아서 군대의 나아가고 물러감이 장수에게 달려 있는데, 마침내 군주가 중앙에서 장군을 통솔하여 그 돌아감을 허락하지 않았다. 옛날에 부역은 한 철을 지체하지 않았는데 지금 오랫동안 부역하고 그치지 않았다. 이로써 마음에 근심하여 서글퍼한 것이다. 손자중을 따랐다고 먼저 말하고, 나를 돌아가게 하지 않았다고 한 것은 그

49 손자중(孫子仲) : 위(衛)나라 장수인 공손문중(公孫文仲)을 가리키는데, 자세한 내용은 미상이다. 다만, 《집전》에는 구설을 인용하여 《춘추좌전》은공(隱公) 4년에 주우(州吁)가 스스로 즉위했을 때에 송(宋)·위(衛)·진(陳)·채(蔡)가 정(鄭)을 친 일이라고 보았다.

군주를 드러내어 배척하고자 하지 않아서 마치 자중이 이렇게 한 것처럼 한 것이다.

이곳에 거(居)하며 이곳에 처(處)하여	爰居爰處
이에 그 말을 잃고	爰喪其馬
이에 찾기를	于以求之
숲 아래에서 하노라	于林之下

비이다.[50] 원(爰)은 이에란 뜻이니, '이곳에 거하며 이곳에 처하여 이에 그 말을 잃었다.'는 것은 백성을 피폐하게 하고 나라를 약하게 하여 그 강장(强壯)함을 안에서 상실함을 말한 것이요, '이에 찾기를 숲 아래에서 한다.'는 것은 먼 곳에서 수고롭게 하여 공을 힘써서 밖에서 헛된 소원을 구함을 말한 것이다. 속담에 이르기를 "집안의 소를 잃고 산의 돼지를 찾는다."라고 하였으니, 이는 자기의 소유를 잃고 헛된 일에 구함을 말한 것이다. 삼대(三代) 이후로 지금까지 수천 년 동안 나라를 소유한 자가 이 의리를 아는 자가 없었으니, 비록 제갈무후(諸葛武侯)[51]라도 또한 이를 면치 못하였고, 오직 당(唐)나라 태종(太宗)[52]은 중국이 이미 다스려짐에 사방 오랑캐가 저절로 복종하였고, 왕맹(王猛)[53]은 진(秦)나라를 잘 다스려 나라가 부유하고 강하게 되자

50 비이다 : 《집전》에는 부라고 하였다.

51 제갈무후(諸葛武侯) : 삼국 시대 촉한(蜀漢)의 승상 제갈량(諸葛亮)을 가리킨다. 자는 공명(孔明)이며, 시호는 무후이다. 유비(劉備)를 도와 제위(帝位)에 오르게 하고, 위군(魏軍)을 격파하였다. 위(魏)나라를 정벌하기에 앞서 후주(後主)인 유선((劉禪)에게 올린 〈출사표(出師表)〉 등이 전해진다.

52 당(唐)나라 태종(太宗) : 당나라의 2대 황제인 이세민(李世民)을 가리킨다. 부친인 고조(高祖) 이연(李淵)을 도와 중국을 통일하였다. 그의 치세는 정관의 정치〔貞觀之治〕라 칭송받아 후대의 제왕의 모범이 되었다.

군사들이 행군을 범추지 않은 것이 여기에 가깝다. 선왕이 몸을 닦음에 천하가 고르게 다스려지고, 나라를 다스림에 적이 복종하였다.

죽든 살든 합하든 떠나든 死生契闊
그대와의 약속 이루자고 하였노라 與子成說
그대의 손잡고 執子之手
그대와 백년해로(百年偕老)하자고 하였노라 與子偕老

부이다. 계(契)는 합함이요 활(闊)은 떠남이니, '계활(契闊)'[54]은 이합(離合)이라는 말과 같다. '성설(成說)'은 그 약속하고 맹세한 말을 이루는 것이다. 남녀 간의 말에 가탁하여 말하기를 군주와 장수는 한마음이 되어서 죽고 살고 떠나고 합하는 환난(患難)의 즈음에 그 생존과 사망을 함께 하는 자인데, 어찌 나의 수고로움을 돌아보아 나의 돌아감을 허락하지 않느냐고 한 것이다.

아 멀리 떨어져 있음이여 于嗟濶兮
우리 함께 살지 못하리로다 不我活兮
아 약속함이여 于嗟洵兮
우리 이 약속 펴지 못하리로다 不我信兮

《집전》에 말하였다. 부이다.[55] 순(洵)[56]은 마땅히 순(恂)이 되어야

53 왕맹(王猛) : 5호 16국 시대 전진(前秦) 사람으로 자는 경략(景略)이다. 부견(苻堅)을 도와 부국강병을 이루고 재상을 지냈다.

54 계활(契闊) : 《집전》에는 '멀리 떨어짐〔隔遠〕', 《모전(毛傳)》에는 '부지런히 힘씀〔勤苦〕'으로 풀이하였다.

55 부이다 : 《집전》은 "옛날에 계활(契闊)의 약속이 이와 같았는데도 지금 살 수가

하니, 약속이다. 신(信)은 신(申)과 같다.

○활(濶)은 멀리 떠남이다. 군주와 장수가 서로 필요로 하는 것이 저처럼 심한데, 어찌하여 나의 수고로움을 덜어주고 나의 돌아감을 허락하지 않아 나로 하여금 멀리 떨어져 살지 못하고, 성신(誠信)이 있어도 펴지 못하게 하는가라고 한 것이다.-우선 구설을 따라 순(洵)을 신(信)으로 해석하였으나, 문리(文理)가 끝내 온당치 못하니, 오자(誤字)가 있는 듯하다. ○만약《집전》처럼 3장을 말을 잃고 숲 아래에서 찾는 것으로 해석하면 이것은 무슨 말이 되며, 4장과 5장을 바로 남녀 간의 약속하고 맹세하면서 그 서로 막히고 멀리 떨어져 있음을 슬퍼한 것으로 해석하였으니, 이는 말에 조리가 없어서 뜻을 취할 것이 못되니, 이렇게 하면 비루한 사람의 외설의 말에 불과 할 뿐이다.[57]-

이상은 〈격고〉 5장이니, 장마다 4구이다.

세상이 편안하면 문(文)을 높이고 무(武)를 천시하고, 세상이 혼란하면 무를 숭상하고 문을 폐하니, 춘추 시대 이후로 그러하였다. 그러나 〈토저〉와 〈격고〉를 보면 무신 또한 소중하니, 문신과 무신을 어느 한 쪽을 경시하고 어느 한 쪽을 중시할 수 없음이 똑같다. 이

없고, 백년해로의 약속이 이와 같았는데도 지금 펼 수가 없으니, 생각컨대 반드시 죽어서 실가(室家)와 함께 옛날에 약속한 말을 이룰 수 없을 것이라고 말한 것이다.〔言昔者, 契闊之約如此, 而今不得活, 偕老之信如此, 而今不得伸, 意必死亡, 不復得與其室家遂前約之信也.〕"라고 하였다.

56 순(洵) : 《모전(毛傳)》에는 '멂〔遠〕'이라 하였다.

57 만약……뿐이다 : 《모시서》에는 "위(衛)나라 주우(州吁)가 군사를 이용하여 난을 일으켜 공손문중(公孫文仲)을 장수로 삼아 진(陳)나라와 송(宋)나라를 화평하게 하니, 나라 사람들이 용맹하기만 하고 무례함을 원망한 것이다.〔衛州吁用兵暴亂, 使公孫文仲, 將而平陳與宋, 國人怨其勇而無禮也.〕"라고 하고, 〈격고〉는 주우를 원망한 시라고 하였다.

때문에 선왕의 세대에 문과 무를 일찍이 나누지 않았는데, 후세에는 나누어 둘로 만들어서 문사(文士)들은 우활(迂闊)하고 진부하며 겉치레만 잘하고, 무인(武人)들은 사납고 나무처럼 뻣뻣하고 고루하여 온전한 재주가 없게 되었다.

개풍 凱風

개풍(凱風)이 남쪽으로부터	凱風自南
저 어린 가시나무에 불어오도다	吹彼棘心
어린 가시나무가 여리고 여리거늘	棘心夭夭
어머니 매우 수고하셨도다	母氏劬勞

《집전》에 말하였다. 비이다.[58] 남풍(南風)을 개풍(凱風)이라 하니, 만물을 자라게 하고 기르게 하는 것이다. 가시나무는 총생(叢生)하고 가시가 많으니, 재목이 못되는 나무이다. 요요(夭夭)는 어린 모양이다. '개풍'으로 어머니를 비유하고 '어린 가시나무'로 자식을 비유하여 어머니가 이 재주 없는 자식을 기름에 그 구로(劬勞 고생)가 심함을 말한 것이니, 구(劬)는 수고로움이다.

58 비이다 : 《집전》의 장하주에는 "위(衛)나라에 음풍(淫風)이 유행하여 비록 일곱 아들을 둔 어머니라도 오히려 그 집안을 편안히 여기지 못하였다. 그러므로 그 아들들이 이 시를 지어 개풍(凱風)으로써 어머니를 비(比)하고, 극심(棘心)으로써 아들의 어린 때를 비(比)한 것이다. 이는 어머니가 여러아들을 낳아 어린 것들을 기르느라 그 수고로움이 심하였음을 말한 것이다. 이는 그 처음을 근본하여 말하여 자책하는 단서를 일으킨 것이다.〔衛之淫風流行, 雖有七子之母, 猶不能安其室, 故其子作此詩, 以風比母, 棘心比子之幼時. 蓋曰母生衆子, 幼而育之, 其劬勞甚矣, 本其始而言, 以起自責之端也.〕"라고 하였다.

개풍이 남쪽으로부터 凱風自南
저 다 자란 가시나무에에 불어오도다 吹彼棘薪
모씨(母氏)가 성(聖)스럽고 선(善)하시거늘 母氏聖善
우리들은 훌륭한 사람 없도다 我無令人

비이다. 가시나무가 자라기 어려운데도 길러서 섶을 이루었다면 어머니의 고생이 더욱 심한 것이다.

이에 차가운 샘물이 爰有寒泉
준읍(浚邑)의 아래에 있도다 在浚之下
아들 일곱 명이 있으나 有子七人
어머니를 고생시킨단 말인가 母氏勞苦

흥이다. 준(浚)은 위(衛)나라 읍이다. 한천(寒泉)은 샘물 중에 근원이 있는 것인데, 읍의 아래에 있으면 관개(灌漑 물을 댐)하여 쓰임이 되지 못한다. 7명의 아들을 두었는데도 어머니가 고생을 면치 못한다면 자식이 필요 없는 것이다. 구설에 "그 어머니가 남에게 개가하였으므로 '노고(勞苦)'라고 한 것이다."라고 하였다.

곱고 고운 황조(黃鳥)여 睍睆黃鳥
그 소리를 아름답게도 하도다 載好其音
아들 일곱 명이 있으되 有子七人
어머니 마음 위안하지 못하는가 莫慰母心

흥이다. 현환(睍睆)은 화려하고 고움이다. 황조(黃鳥)도 오히려 그 소리를 아름답게 하여 사람의 마음을 기쁘게 함을 말한 것이다.
○과부가 개가하는 것은 떳떳한 일이다. 정이(程頤)가 말하기를 "절개

를 잃은 여인을 취하여 아내로 맞아들이면 자신도 이미 절개를 잃은 것이다."[59]라고 하였으니, 이는 군자의 말이 아니다. 이렇게 되면 천하의 과부 중 개가하는 자가 없어서 원망하는 여자가 사해(四海)에 가득할 것이다. 의(義)는 사람을 이롭게 하는 것이요, 예(禮)는 사람을 편하게 하는 것이니, 원망과 독이 사해에 가득하고서 예의를 하는 자는 있지 않다. 정씨(程氏)가 말한 예의라는 것이 이상하다. 한마디 말로 원한과 독이 사해에 가득하게 되었다.

《주역》에 이르기를 "부인은 한 남편을 따르고 마친다."[60]라고 하였고, 《예기》에 이르기를 "한 번 더불어 혼례를 지내면 종신토록 고치지 않는다."[61]라고 하였으니, 이는 남편의 몸을 마치도록 개가하지 않음을 말한 것이다. 《의례》〈상복 전(喪服傳)〉에 이르기를 "계모가 아버지가 죽었는데 개가한 자는 복을 입기를 어머니처럼 하니, 끝마침을 귀하게 여긴 것이다."[62]라고 하였으니, 남편의 몸을 마치는 것을 종(終)[63]이라 한다.

59 절개를……것이다 : 이 내용은 《근사록(近思錄)》〈가도(家道)〉에 보인다.

60 주역에……마친다 : 《주역》〈항괘(恒卦) 상전(象傳)〉에 "부인은 정하고 길하니 한 남편을 따라 생을 마친다.〔婦人貞吉, 從一而終也.〕"라고 하였다.

61 예기에……않는다 : 《예기》〈교특생(郊特牲)〉에 "천지가 합한 뒤에 만물이 일어나니, 혼례는 만대의 시초이다. 이성(異姓)에게 장가가는 것은 혐의를 멀리하는 의(義)에 의탁하고 분별을 후하게 하는 것이고, 폐백을 반드시 정성스럽게 마련하며 치사하는 말에는 '좋지 못하다〔不腆〕'라는 말이 없으니, 이는 정직과 성신(誠信)으로 고하려고 하는 것이다. 성신은 사람을 섬기는 도를 다할 수 있으며 성신은 부인(婦人)의 덕을 갖출 수 있다. 한 번 남편과 함께 뇌(牢)를 먹으면 종신토록 고치지 않는다. 이 때문에 남편이 죽어도 재가하지 않는 것이다.〔天地合而后萬物興焉. 夫昏禮, 萬世之始也. 取於異姓, 所以附遠厚別也. 幣必誠, 辭無不腆, 告之以直信. 信事人也, 信婦德也. 壹與之齊, 終身不改, 故夫死不嫁.〕"라고 하였다.

62 상복전에……것이다 : 《의례》〈상복(喪服)〉에 "아버지가 돌아가시고 계모가 개가할 적에 자신이 따라간 경우에는 계모를 위하여 복을 입는데 보복(報服)으로 입는 것이다.〔父卒, 繼母嫁, 從, 爲之服. 報.〕"라고 하였는데, 자하(子夏)의 〈전(傳)〉에 "어찌하

그러므로 비록 개가하였더라도 종이라 하는 것이다.

부인은 세 가지 따르는 도가 있어서 음(陰)은 반드시 양(陽)을 따라 하늘의 이치를 보존한다. 남편이 죽고 자식이 없어서 따를 만한 사람이 없으면 시집 갈 수 있고, 남편이 죽고 자기 나이가 젊고 자식이 어려서 따를 수 없으면 시집 갈 수 있고, 남편과 헤어지거나 쫓겨나 따를 만한 남편이 없으면 시집 갈 수 있으니, 이 세 가지는 예에서 개가를 인정하는 것이다. 만약 정씨처럼 한결같이 개가하는 것을 절개를 잃었다고 한다면 망한 나라의 신하와 백성은 죽지 않은 자가 없을 것이요, 남편이 없는 여자는 과부가 되지 않은 자가 없을 것이니, 이는 인류를 끊고 사람의 목숨을 멸하는 것이다.

이렇게 될 경우 천하에 예의가 있으면 사람이 없고 사람이 있으면 예의가 없을 것이니, 사람과 예의가 병존(竝存)할 수가 없는 것이다. 어찌 이와 같이 하고서 크게 도리에 어긋나지 않는 자가 있겠는가. 정씨가 말한 예의라는 것이 이상하다. 한마디 말에 천하에 인류(人類)가 없게 되었다.

〈개풍〉의 어머니는 백발이 된 늙은 부인으로 일곱 아들을 두고서 다른 곳으로 시집갔으니, 이는 예에 개가를 허용하는 부분이 아니니, 추잡하여 말할 수조차 없다. 어버이의 허물이 큰데도 후회하지 않았으니, 〈개풍〉은 자식이 통한(痛恨)하고 자책해서 감히 어머니를 원망하지 못하고 감히 무관심하지 못한 것이니, 효자가 어머니를 사모하는 지극한 마음을 볼 수 있어서 군자의 예에 부합한다.[64]

여 기년복을 입는가? 그 끝마침을 귀하게 여기기 때문이다.〔何以期也? 貴終也.〕"라고 하였다.

63 종(終) : 사람의 죽음을 의미한다.《예기(禮記)》〈문왕세자(文王世子)〉에 "문왕이 구십칠세에 별세하였다.〔文王, 九十七乃終.〕"라고 보인다.

64 개풍의……부합한다 :《모시서》에는 이 시를 효자를 찬미한 시로 보고, 위(衛)나

혹자는 말하기를 "마음속에 어머니의 불선(不善)을 알면서도 '어머니가 성스럽고 선하다.'라고 하였으니, 이는 실정이 아니지 않은가?"라고 묻기에 내가 다음과 같이 말하였다. "마음속에 어머니의 선하지 않음을 알면서도 오직 어머니에게 탓하지 않고, 자식이 어머니 마음을 편안히 하고 기쁘게 하지 못한 것에서 연유하였다. 그러므로 '본래 성스럽고 선한 어머니께서 어찌 이에 이르렀는가. 여기에 이른 것은 우리들이 훌륭한 사람들이 없어서 어머니 마음을 편안히 하고 기쁘게 해드리지 못하고, 나쁜 기미를 막지 못해서이다.'라고 말하였으니, 이는 인정의 지극함이다. 그러나 대순(大舜)이 어버이 마음을 기쁘게 한 것에는 부족하다."[65]

이상은 〈개풍〉 4장이니, 장마다 4구이다.

웅치 雄雉

숫꿩의 날음이여	雄雉于飛
느릿느릿한 그 날개로다	泄泄其羽

라에 음풍(淫風)이 유행하여 일곱 명의 아들을 둔 어머니였으나 오히려 집을 편안히 여기지 못하여 일곱 아들들이 효도를 다하여 어머니의 마음을 위안한 내용이라고 해석하였다.

65 대순(大舜)의……부족하다 : 원문의 지예(底豫)는 자식이 지극한 효성으로 어버이를 감동시켜 기쁘게 함을 이른다. 《맹자》〈이루 상(離婁上)〉에 "순임금이 어버이 섬기는 도리를 다하자 고수(瞽瞍)가 기쁨을 이루었으니, 고수가 기뻐함에 천하가 교화되었으며, 고수가 기뻐함에 천하의 부자간이 된 자들이 안정되었으니, 이것을 일러 큰 효도라 한다.〔舜盡事親之道而瞽瞍底豫, 瞽瞍底豫而天下化, 瞽瞍底豫而天下之爲父子者定, 此之謂大孝.〕"라고 보인다.

나의 그리워함이여 我之懷矣
스스로 멀리 떨어져 통하지 못함을 끼치도다 自詒伊阻

《집전》에 말하였다. "예예(泄泄)는 날기를 느리게 하는 것이다. ○비이고 부이다.[66] 수꿩의 문채가 화려한 것을 가지고 군자의 문덕(文德)을 비유하였다. '느릿느릿한 그 날개로다.'라는 것은 문덕을 가진 군자가 사람을 가르침에 순서가 있어서 차근차근 점점 유도하여 급박하게 하거나 건너뛰고 싹을 뽑지 않음을 말한 것이요,[67] '자이이조(自詒伊阻)'는 힘을 다하여 따르려하나 따를 수가 없음을 말한 것이다.

숫꿩의 날음이여 雄雉于飛
오르내리는 그 소리로다 下上其音
진실로 군자여 展矣君子
실로 내 마음을 수고롭게 하도다 實勞我心

비이고 부이다. '하상기음(下上其音)[68]'은 것은 사람의 재주와 지혜

66 비이고 부이다 : 《집전》에는 부인이 외지로 부역을 나간 남편을 그리워한 시라고 하였다.

67 문덕을 가진 군자가……것이요 : 《논어》 〈자장(子張)〉에 "군자의 도가 무엇을 먼저라 하여 전수하며, 무엇을 뒤라 하여 게을리 하겠는가?〔君子之道, 孰先傳焉, 孰後倦焉?〕라고 하였는데, 주자의 집주(集註)에 정명도(程明道)가 "군자가 사람을 가르침에 순서가 있어서 먼저 작은 것과 가까운 것을 전한 뒤에 큰 것과 먼 것을 가르치니, 이는 가깝고 작은 것을 전수한 뒤에 먼 것과 큰 것을 가르치지 않는 것은 아니다.〔君子敎人有序, 先傳以小者近者而後, 敎以大者遠者, 非是先傳以近小而後, 不敎以遠大也.〕"라고 말한 내용이 보인다.

68 하상기음(下上其音) : 《집전》에는 '날고 울기를 자득한 것〔飛鳴自得〕'으로 풀이하였다.

의 높고 낮음에 따라서 가르쳐 성취하는 것이다. 전(展)은 《집전》에 "진실로이다."라고 하였다. '실로아심(實勞我心)'은 독실히 배우고 신중히 생각하는 것이다.

저 해와 달을 보니 瞻彼日月
아득하고 아득한 내 그리움이로다 悠悠我思
길이 멀기도 하니 道之云遠
언제나 오실까 曷云能來

부이다. '저 해와 달을 본다.'라는 것은 학문할 날이 얼마 남지 않아서 한 치의 그늘을 아껴야 하는 것이요, '아득하고 아득한 내 그리움이도다'라는 것은 내가 기약한 바가 아득히 멀고 광대한 것이다.[69] '길은 멀기도 하니 언제나 오실까〔道之云遠 曷云能來〕'의 래(來)는 이름이니, 바로 〈면만(綿蠻)〉의 "길이 머니 내 수고로움이 어떠한가."[70]라는 뜻이다.

여러 군자들이 百爾君子
덕행(德行)을 모르실까 不知德行
시기하지 않고 탐하지 않는다면 不忮不求
어찌 선(善)하지 않으리오[71] 何用不臧

69 저 해와……것이다 : 《집전》에는 해와 달이 왕래하는 것을 보고 군자가 부역을 나간지 오래 되었음을 생각한 것이라고 하였다.

70 면만(綿蠻)의……어떠한가 : 《시경》 〈소아(小雅)〉의 편명으로, "꾀꼴꾀꼴 우는 황조(黃鳥)가 언덕에 앉아 있도다. 길이 머니 내 수고로움이 어떠한가.〔綿蠻黃鳥, 止于丘阿, 道之云遠, 我勞如何?〕"라고 보인다.

71 시기하지……않으리오 : 이 구절은 공자가 제자인 자로(子路)를 두고 칭찬하면서 인용되었다. "헤진 솜옷을 입고 여우나 담비 가죽옷을 입자 자와 함께 서있으면서도

부이다.[72] 백(百)은 범(凡)과 같으니, "여러 군자들이 덕행을 모르실까."라고 한 것은 이는 스스로 경계하고 남을 권면한 것이다. 기(忮)는 시기하고 질투하는 것이다. 공자가 말씀하시기를 "군자는 밥 먹을 적에 배부름을 구하지 않으며, 거처할 적에 편안함을 구하지 않으며, 일을 민첩히 하고 말을 삼가고, 도가 있는 자에게 나아가서 바로잡으면 배움을 좋아한다고 할 만하다.[73] 선비가 도에 뜻하고서 나쁜 옷을 입고 나쁜 음식을 먹는 것을 부끄러워하는 자와는 함께 의논할 수 없다."[74]라고 하셨다. 남의 부귀를 보고서 시기하고 질투하는 마음이 없는 자는 분수 밖에 구하고 바라는 뜻이 없기 때문이다. 부귀를 보기를 뜬 구름처럼 하니[75] 어찌 구함이 있으며, 구하지 않으니 어찌 시기하고 질투함이 있겠는가. 이 때문에 자신의 빈천(貧賤)을 부끄러워하지 않는 것이니, 이와 같이 한 뒤에야 능히 성립할 바가 있는 것이다.

부귀를 구하면 시기가 없지 못하고 시기하면 부끄러움이 없지 못하다. 굶주림의 시름과 추움의 번뇌, 외물의 사모와 헛된 바람을 면치

부끄러워하지 않는 자는 바로 자로일 것이다. 남을 해치지 않으며 남의 것을 탐하지 않는다면 어찌 선하지 않겠는가.〔衣敝緼袍, 與衣狐貉者, 立而不恥者, 其由也與. 不忮不求, 何用不臧?〕"《論語 子罕》

72 부이다 : 《집전》의 장하주에는 "모든 군자들이 어찌 덕행을 알지 못하겠는가. 만일 남을 해치지도 않고 탐하지도 않는다면 무엇을 함에 선하지 않겠는가라고 말한 것이다. 이는 멀리 길을 떠남에 환난을 범할까 근심하여 이에 잘 대처하여 온전함을 얻기를 바란 것이다.〔言凡爾君子, 豈不知德行乎? 若能不忮害, 又不貪求, 則何所爲而不善哉, 憂其遠行之犯患, 冀其善處而得全也.〕"라고 하였다.

73 군자는……만하다 : 이 내용은 《논어》 〈학이(學而)〉에 보인다.

74 선비가……없다 : 이 내용은 《논어》 〈이인(里仁)〉에 보인다.

75 부귀를……하니 : 가난함을 편안히 여김을 의미한다. 《논어》 〈술이(述而)〉에 "거친 밥을 먹고 물을 마시고 팔을 베고 눕더라도 즐거움이 이 안에 있으니, 의롭지 못한 부귀는 나에게 있어서 뜬 구름과 같다.〔飯疏食飮水, 曲肱而枕之, 樂亦在其中矣, 不義而富且貴, 於我如浮雲.〕"라고 하였다.

못하여 비바람에 흔들리고 명예의 고삐와 족쇄에 끌려가게 되면 여우에게 혹한 것처럼 안정되지 못하고 제대로 서 있지 못할 것이니, 또 어찌 오로지 정신을 집중해서 일취월장하는 효험을 바랄 수 있겠는가. 시기하지 않고 구하지 않은 뒤에야 비로소 학문을 잘 할 수 있으니, 이는 바로 학문의 터전이다. 이 시를 지은 자는 학문을 좋아한다고 말할 만하고 근본을 안다고 말할 만하다.[76]

이상은 〈웅치〉 4장이니, 장마다 4구이다.

포유고엽 匏有苦葉

박에는 쓴 잎이 있는데	匏有苦葉
건너는 곳에는 깊은 물턱이 있도다	濟有深涉
깊으면 옷을 벗어 가지고 건너고	深則厲
얕으면 옷을 걷고 건너야 한다	淺則揭

비이다.[77] 박에 쓴 잎이 있으면 먹을 수가 없는 것이다. 사람이 비록 실제 재주가 있더라도 또한 두루 통용할 수는 없어서 능함이 있고 능하

76 이 시를……만하다 : 《모시서》에는 위나라 선공(宣公)을 풍자한 시로 보아 대부들이 오랫동안 부역하여 나라 사람들이 이를 걱정하여 지은 시로 풀이하였다.

77 비이다 : 《집전》에는 "이는 음란함을 풍자한 시이다. 박을 아직 쓸 수 없는데 물을 건널 곳은 막 깊으니, 길을 가는 자가 마땅히 물의 얕고 깊음을 헤아린 뒤에 건너야 함을 말하여, 남녀의 즈음에도 또한 예의를 헤아린 뒤에 행해야 함을 비유한 것이다.〔此刺淫亂之詩. 言匏未可用, 而渡處方深, 行者 當量其淺深而後可渡, 以比男女之際, 亦當量度禮義而行也.〕"라고 하였다.

지 못함이 있으니, 중점은 자기 재주를 헤아려서 할 만하면 하고 할 만하지 않으면 하지 않는 것에 있다. 박이 먹을 수 있는 것만 알고 쓴 잎은 먹을 수 없는 것을 모른다면 이는 스스로 헤아릴 줄을 알지 못한 것이다. '건너는 물에 깊은 물턱이 있다.'라는 것은 천하의 평탄함과 험난함이 곳에 따라 다르니, 비록 성인이 있더라도 또한 건너 갈 수 없는 나루와 힘으로 할 수 없는 일이 있는 것이다. 재주에 능하지 못한 바가 있고 때에 불가한 바가 있으며, -지위에 따라 때가 달라지니 때 또한 지위이다.- 그 할 수 있고 할 만한 것을 또 마땅히 그 어려움과 쉬움을 헤아려 참작해서 해야 한다. 그러므로 '깊으면 옷을 벗고 건너고 얕으면 옷을 걷고 건너야 한다.'라고 한 것이다. 려(厲)는 나(躶 발가벗음)와 같고 게(揭)[78]는 옷을 들어 올리는 것이니, 이 편은 군자가 세상을 살아감을 말한 것이다.

건너는 곳에 물이 가득하거늘 有瀰濟盈
암꿩이 울도다 有鷕雉鳴
물이 가득하되 수레바퀴 자국을 적시지 않으며 濟盈不濡軌
꿩이 울면서 숫짐승을 찾도다 雉鳴求其牡

《집전》에 말하였다. 비이다. 미(瀰)는 물이 가득한 모양이다. 요(鷕)는 암꿩이 우는 소리이다. 궤(軌)는 수레바퀴 자국이다. 날짐승을 자웅(雌雄)이라 하고, 길짐승을 빈모(牝牡)라고 한다.

○사람이 스스로 헤아리지 못하는 자가 "건너는 곳에 물이 가득하여도 수레바퀴 자국이 젖지 않는다."라고 하여 스스로 조심하고 두려워하지 않는다. 그러므로 끝내 물에 빠짐이 있는 것이니, 군자는 그렇지 않

78 게(揭) : 《집전》에는 '옷을 걷고 건너감[褰衣而涉]'이라 풀이하였다.

다.-소인은 맛이 쓴 박을 먹을 수 없고 건너는 물에 깊은 물이 있음을 알지 못한다. 그러므로 갑자기 나아가 실패를 당하는 것이다.- '꿩이 울면서 수놈을 찾음'은 도가 합하지 않고 뜻이 같지 않은데 그와 더불어 친하기를 구함이 마치 꿩이 자기의 짝이 아닌 놈을 불러서 그 치이고 물림과 같은 것이니, 군자는 그렇지 않다.

유자(有子)가 말하기를 "주인을 정할 때에 그 친할 만한 사람을 잃지 않으면 또한 오랫동안 그를 높일 수 있다."[79]라고 하였다. 일 중에 할 수 있는 것과 할 수 없는 것, 사람을 주인 삼을 수 있음과 삼을 수 없음을 알지 못하면 세상을 제대로 살아 갈 수 없는 것이다.

화(和)하게 우는 기러기는 　雝雝鳴雁
해가 떠올라 아침이 될 제 우느니라 　旭日始旦
남자가 만일 아내를 데려오려면 　士如歸妻
얼음이 풀리기 전에 해야 하느리라 　迨氷未泮

《집전》에 말하였다. 옹옹(雝雝)은 우는 소리가 화(和)한 것이다. 욱(旭)은 해가 처음 나오는 것이다.
◯흥이다. 얼음이 녹으면 농사일이 시작되어서 혼인하고 장가가는 것이 멈춰진다. 기러기는 가을에는 남쪽에 있고 봄에는 북쪽에 있으며, 해는 저물면 들어가고 아침에는 나와서 오직 그 때를 잃지 않는다. 선비가 아내를 들여옴을 가탁하여 말해서 군자가 세상에 나가 군주를

79 유자(有子)가……있다 : 《논어》〈학이(學而)〉에 "유자가 말하였다. '약속을 의리에 가깝게 하면 그 약속한 말을 실천할 수 있으며, 공손함이 예에 가깝게 하면 치욕을 멀리할 수 있으며, 주인을 정할 때에 그 친할 만한 사람을 잃지 않으면 또한 그 사람을 종주(宗主)로 삼을 수 있다.'〔有子曰: '信近於義, 言可復也, 恭近於禮, 遠恥辱也, 因不失其親, 亦可宗也.'〕"라고 하였다.

섬김에 때가 있음을 밝혔으니, 때가 아닌데 나가면 한갓 몸과 이름에 누를 끼쳐 이룸이 없을 것이다.

손짓하여 부르는 뱃사공에　招招舟子
남은 건너도 나는 건너지 않노라　人涉卬否
남은 건너도 나는 건너지 않음은　人涉卬否
나는 내 짝을 기다려서이니라　卬須我友

부이다. 앙(卬)은 나이다. 어둡고 어리석은 군주가 위에 있으면 현자가 물러나 은둔하여 조정에 훌륭한 사람이 없으니, 비록 성인이 있더라도 고립되어 무슨 일을 할 수가 없고, 반드시 도가 같은 친구가 함께 서로 주선하여 당겨주고 밀어주고, 손잡아 주고 이끌어 주는 것이 있어야 하니, 그런 뒤에야 일이 비로소 이루어진다. 속담에 이르기를 "한 손바닥으로는 쳐도 소리가 나지 않는다."라고 하였다.-자기 재주를 헤아리고, 평탄함과 험함을 살피고, 때의 가부(可否)에 맞게 하고, 뜻이 맞는 자가 서로 구제해야 하니, 이 네 가지는 군자가 세상을 살아가는 큰 강령(綱領)이다.-

이상은 〈포유고엽〉 4장이니, 장마다 4구이다.

곡풍 谷風

온화한 곡풍(谷風)에　習習谷風
날씨가 흐려지며 비가 내리나니　以陰以雨
힘쓰고 힘써 마음을 함께 할지언정　黽勉同心
노함을 두어서는 안되느니라　不宜有怒

순무를 캐고 순무를 뜯음은 采葑采菲
뿌리 때문이 아니니 無以下體
덕음(德音)이 어긋남이 없을진댄 德音莫違
그대와 죽을 때까지 함께 할지니라 及爾同死

홍이고 비이고 부이다.[80] 습습(習習)[81]은 깨끗하고 또 온화한 것이다. 봉(葑)과 비(菲)는 모두 순무의 종류이니, 잎을 먹고 뿌리를 먹지 않는 것이다. 하체(下體)는 뿌리이다. 덕음(德音)은 사람에 베풀고 일에 베풀 수 있는 것이다. 나그네가 되어 우거(寓居)하는 신하로 위(衛) 나라에서 벼슬을 한 자가 처음 공덕을 세웠으나 끝내는 소원해지고 박대를 당하였으므로 떠나가면서 이 시를 지은 것이다. 산골짜기의 바람이 깨끗하고 또 온화하기 때문에 그늘이 되고 비가 되며, 군주와 신하가 예가 있어서 화합하면 이룸이 있는 것이다. '순무를 캐고 순무를 뜯음은 뿌리 때문이 아니다'는 것으로 사람이 굳이 그 나라에 토착할 필요가 없음을 비유한 것이다. 대대로 벼슬하는 신하가 반드시 어진

80 홍이고 비이고 부이다 : 《집전》에는 비로 보았다. 《집전》에는 "부인이 남편에게 버림을 받았다. 그러므로 이 시를 지어서 슬프고 원망스러운 심정을 서술한 것이다. 말하기를, '음양(陰陽)이 화한 뒤에 비가이 내리니, 부부가 화한 뒤에 가도(家道)가 이루어지는 것과 같다. 그러므로 부부가 된 자는 마땅히 힘쓰고 힘써 마음을 함께 할지언정 노여운 마음을 둠에 이르러서는 안된다.'라고 하였고, 또 말하기를 '봉비(葑菲)를 캐는 자는 그 뿌리가 나쁘다 하여 줄기의 아름다움을 버리지 말아야 하니, 이는 부부가 된 자가 안색이 쇠했다 하여 덕음(德音)의 좋음을 버려서는 안됨과 같은 것이다. 다만 덕음이 어긋남이 없으면 그대와 함께 죽을 때까지 같이 할 수 있다.'라고 한 것이다.〔婦人爲夫所棄, 故作此詩, 以敍其悲怨之情. 言陰陽和而後雨澤降, 如夫婦和而後家道成, 故爲夫婦者 當黽勉以同心, 而不宜至於有怒, 又言采葑菲者不可以其根之惡而棄其莖之美, 如爲夫婦者 不可以其顔色之衰而棄其德音之善, 但德音之不違, 則可以與爾同死矣.〕"라고 하였다.

81 습습(習習) : 《집전》에는 '화하고 펴짐〔和舒〕'으로 풀이하였다.

것이 아니요 나그네로 우거하는 신하가 반드시 불충한 것이 아니니, 중점은 말을 일에 베푸는 것이 잘못되는 바가 없음에 있으니, 이렇게 하면 함께 마지막을 도모할 수 있는 것이다. '막위(莫違)'는 무량(無良불선)의 반대이다.-《집전》에는 하체를 부인의 안색으로 비유했으니, 안색을 하체라고 한다면 발과 정강이를 상체라고 한단 말인가.-

길 가기를 더디고 더디하여 行道遲遲
중심(中心)에 어김이 있거늘 中心有違
멀리 전송하지 않고 가까이서 하여 不遠伊邇
잠깐 나를 문 안에서 전송하누나 薄送我畿
누가 씀바귀가 쓰다 하는가 誰謂荼苦
그 달기가 냉이와 같도다 其甘如薺
그대는 신혼(新婚)과 즐겨서 宴爾新昏
형 같고 아우 같구나 如兄如弟

부이다.[82] 기(畿)는 문(門)의 한계이다. 공자가 물에 담갔던 쌀을

82 부이다 : 《집전》에는 부이고 비로 보았다. 《집전》의 장하주에는 "내가 버림을 받아 길을 감에 더디고 더뎌 나아가지 못하니, 발은 앞으로 가고자 하나 마음에 차마 하지 못하는 바가 있어 마치 마음과 발이 서로 위배되는 듯한 것이다. 그런데도 옛 남편이 나를 전송함에 마침내 멀리 나오지 않고 매우 가까이에서 하여 또한 그 문 안에 이르러 그칠 뿐이라고 말하였다. 또 '씀바귀가 비록 매우 쓰나 도리어 달기가 냉이와 같다.'라고 말하여, 이것으로써 자기가 버림을 받음은 그 고통이 씀바귀보다도 더 쓴데 남편은 지금 막 그 신혼과 즐겨서 형제처럼 다정하게 지내어 자기는 걱정해줌을 받지 못함을 비유한 것이다. 부인은 한 남편을 좇아 마쳐야 하니 지금 비록 버림을 받았으나 아직도 남편을 바라는 정이 있으니, 이는 후(厚)함이 지극한 것이다.〔言我之被棄, 行於道路, 遲遲不進, 蓋其足欲前而心有所不忍, 如相背然, 而故夫之送我, 乃不遠而甚邇, 亦至其門內而止耳. 又言荼雖甚苦, 反甘如薺, 以比己之見棄, 其苦有甚於荼, 而其夫方且宴樂其新昏, 如兄如弟而不見恤. 蓋婦人, 從一而終, 今雖見棄, 猶有望夫之情, 厚之至也.〕"

건져가지고 떠나가신 것[83]은 등용되기를 바랐으나 등용되지 않음을 알았으면 하루도 공(功)이 없이 밥을 먹을 수가 없는 것이요, 〈곡풍〉은 등용되어 공이 있었으나 그 부득이하여 떠나갈 적에 오히려 군주가 행여 깨닫기를 바랐으니, 일은 다르지만 뜻은 똑같다. 씀바귀가 쓴데도 도리어 달기가 냉이와 같다고 한 것은 자신의 씀이 씀바귀보다 심하여, 씀바귀를 가지고 자신과 비교하면 씀바귀가 달다고 말한 것이다. 신하는 군주를 버리는 의(義)가 없고 아내는 남편을 버리는 예(禮)가 없으니, 군주가 군주 노릇을 하지 못하고 남편이 남편 노릇을 하지 못한 뒤에야 떠나 갈 수 있는 것이다. 씀바귀가 달기가 냉이와 같다면 그 부득이함을 알 수 있다. 후세에 군주를 버리기를 가볍게 여기는 자는 어찌 이것을 거울로 삼지 않는가. '그대는 신혼과 즐긴다.'라는 것은 군주가 또 다른 나라의 신하를 얻고 기뻐하는 것이다. 연(宴)은 즐거워함이다.

경수(涇水)가 위수(渭水) 때문에 흐려보이나　　涇以渭濁
그 물가는 맑고 맑으니라　　湜湜其沚
그대는 신혼과 즐겨　　宴爾新昏
나를 깨끗하다고 여기지 않누나　　不我屑以
나의 어량(魚梁)에 가지 말아서　　毋逝我梁
나의 통발 꺼내지 말았으면 좋겠지만　　毋發我笱

라고 하였다.

83 공자가……것 : 공자가 제(齊)나라를 떠나실 적에 밥을 지으려 담근 쌀을 건지고 즉시 떠난 것을 말한다. "공자가 제나라를 떠날 적에 물에 담갔던 쌀을 건져가지고 곧바로 떠나셨고, 노나라를 떠날 적에 말씀하시를 '더디고 더디구나. 내 발걸음이여.'라고 하였으니, 이는 부모의 나라를 떠나가는 도(道)이다.〔孔子之去齊, 接淅而行, 去魯, 曰: '遲遲吾行也.', 去父母國之道也.〕"《孟子 萬章下》

내 몸도 살피지 못하는데 我躬不閱
하물며 내가 떠난 뒤를 걱정하랴 遑恤我後

비이고 부이다.[84] 《집전》에 말하였다. 경수(涇水)는 지금의 원주(原州) 백천현(百泉縣) 계두산(笄頭山)에서 발원하여 동남쪽으로 위수(渭水)로 들어가고, 위수는 위주(渭州) 위원현(渭原縣) 조서산(鳥鼠山)에서 발원하여 동주(同州) 풍익현(馮翊縣)에 이르러 황하로 들어간다. 식식(湜湜)은 맑은 모양이다. 지(沚)는 물가이다. 설(屑)은 깨끗함이다. 양(梁)은 돌을 쌓아 물을 막고 그 가운데를 비워 놓아서 어로(魚路)의 목구멍으로 삼는 것이다. 구(笱)는 대나무로 기구를 만들어 어량의 빈 곳에 잇대어서 물고기를 잡는 것이다.
○경수(涇水)는 탁하고 위수(渭水)는 맑은데, 두 물이 이미 합쳐져서 맑고 탁한 것이 뒤섞여 구분되지 않으면, 경수가 도리어 위수를 혼탁

84 비이고 부이다 : 《집전》에는 비로 보았다. 《집전》의 장하주에는 "경수(涇水)는 흐리고 위수(渭水)는 맑으나, 경수가 위수에 속하지 않았을 때에는 비록 흐리더라도 흐린 것이 심히 나타나지 않았었는데, 두 물이 이미 합침으로 말미암아 청탁(淸濁)이 더욱 구별되었다. 그러나 그 따로 나온 물가에 혹 물의 흐름이 다소 늦으면 그래도 맑은 곳이 있다. 부인이 이것으로써 그 용모의 쇠함이 오래되었고, 또 신혼으로써 대비해 보면 더욱 초췌함을 볼 수 있으나 그 마음만은 진실로 취할 만한 것이 있음을 비(比)한 것이다. 다만 옛 남편이 신혼에 편안하기 때문에 나를 깨끗이 여겨 상대하려 하지 않을 뿐이다. 또 내 어량(魚梁)에 가지 말아서 내 통발을 꺼내지 말았으면 함을 말하여, 신혼에게 경계하여 내가 거처하던 곳에 거처하지 말아 나의 일을 행하지 말기를 바람을 비유하고, 또 스스로 생각하기를 '내 몸도 오히려 용납을 받지 못하는데, 어느 겨를에 내가 떠나간 뒤를 걱정하겠는가.'라고 하였으니, 금지하지 못할 줄을 알고서 마음에 단념하는 말이다.〔涇濁渭淸, 然涇未屬渭之時, 雖濁而未甚見, 由二水旣合, 而淸濁益分. 然其別出之渚, 流或稍緩, 則猶有淸處, 婦人以自比其容貌之衰久矣, 又以新昏形之, 益見憔悴. 然其心則固猶有可取者. 但以故夫之安於新昏, 故不以我爲潔而與之耳. 又言毋逝我之梁, 毋發我之笱, 以比欲戒新昏, 毋居我之處, 毋行我之事, 而又自思, 我身且不見容, 何暇恤我已去之後哉, 知不能禁而絶意之辭也.〕"라고 하였다.

하다고 한다. 그러나 그 양쪽 가의 물가를 보면 알 수 있다. 경수의 물가는 흐리고 위수의 물가는 맑고 맑다.-물이 비록 뒤섞여 합류하나, 그 한쪽에는 여전히 깨끗한 본성이 남아있다. 《집전》에 이르기를 "자신을 경수에 비유하고 신혼을 위수에 비유했다."라고 하였으니, 이 말은 이미 전도(顚倒)되었고, 경수의 흘러 나오는 곳을 도리어 맑다고 하였으니, 전혀 명백하지 못한 것이다.[85]- 소인이 군자에게 의지하여 그 뿌리를 심지 않은 자가 있지 않으니, 경수가 위수를 얻어서 그 혼탁함이 가려져 분별되지 않음과 같다. 그런데 군주가 어두워서 이것을 분별하지 못하면 소인이 도리어 군자를 악하다고 하니, 경수가 도리어 위수를 혼탁하다고 하는 것과 같은 것이다. 오직 그 마음이 머무는 바를 살펴보면 그 본성을 알 수 있다.

'불아설이(不我屑以)'는 나를 깨끗하다고 여겨서 등용하지 않는 것이다. 열(閱)은 낱낱이 살핌이다. 새로 혼인한 자에게 경계하여 나의 거처에 살면서 나의 일을 행하지 말라고 말하고자 한 것은 군주의 허물을 곧바로 지적하고자 하지 않았으므로 새로 혼인한 자를 가지고 말하였으나, 실제는 군주에게 경계하여 소인으로 하여금 군자의 거처에 거하여 군자의 행함을 하지 말게 하고자 한 것이니, 이렇게 하면 그가 반드시 군주의 일을 폐할까 두려워 한 것이다. 그러나 내 몸도 또한 스스로 살피지 못하여 하직하고 떠남에 이르니, 그렇다면 어느 겨를에 내가 이미 떠난 뒤를 돌아보겠는가. 비록 지극히 충후(忠厚)한 마음이 있으나, 베풀 곳이 없는 것이다.

85 집전에……것이다 : 《집전》에는 "경수는 흐리고 위수는 맑으나, 경수가 위수가 속하지 않았을 때에는 비록 흐리더라도 흐린 부분이 심하게 나타나지 않았었는데, 두 물이 이미 합쳐짐으로 말미암아 청탁(淸濁)의 구분이 있는 것이다. 그러나 그 따로 나온 물가에 혹 물의 흐름이 다소 늦으면 맑은 곳이 있다.〔涇濁渭淸, 然涇未屬渭之時, 雖濁而未甚見, 由二水旣合, 而淸濁益分. 然其別出之渚, 流或稍緩, 則猶有淸處.〕"라고 하였다.

깊은 곳에 나아갈 때는 就其深矣
뗏목을 타고 배를 타며 方之舟之
얕은 곳에 나아갈 때는 就其淺矣
수영을 하고 헤엄을 쳤노라 泳之游之
무엇은 있고 무엇을 없는고 하여 何有何亡
부지런히 구하였으며 黽勉求之
모든 사람이 상사(喪事)가 있을 적에는 凡民有喪
포복(匍匐)하여 달려가 구원하였노라 匍匐救之

부이다.[86] 《집전》에 말하였다. 물속에 잠겨가는 것을 영(泳)이라 하고, 물위에 떠가는 것을 유(游)라고 한다. 포복(匍匐)은 손과 발을 함께 행동하는 것이니, 급작스럽게 함이 심한 것이다.

○그 깊고 얕음에 나아가서 각각 그 마땅함을 얻음은 변화에 대응하는 것이요, '무엇은 있고 무엇은 없는가 하여, 부지런히 구한다.'는 것은 미리 대비함이요, '모든 사람이 상(喪)이 있을 적에 포복(匍匐)하여 달려가 구원한다.'는 것은 백성을 가엾게 여기는 것이니, 능히 변화에 대응하고 미리 준비하되 중점을 백성을 가엾게 여김에 돌렸으니, 이는 나라를 다스림을 아는 자이다.-만약《집전》처럼 곧바로 부인의 일이라고 하면 부인의 도는 권도(權道)가 없는데 이제 권도를 행하고, 부인의 가르침과 명령은 규문(閨門)을 벗어나지 않는데 이제 모든 사람에게 미치니, 모든 사람은 다만 이웃과 마을을

86 부이다 : 《집전》에는 흥으로 보았다. 《집전》에는 "부인이 스스로 집안을 다스릴 적에 근로한 일을 진술한 것이다. 내가 일에 따라 그 마음과 힘을 다하여, 깊으면 뗏목을 타고 배를 타며, 얕으면 수영을 하고 헤엄을 쳐서 집안의 유무를 따지지 않고 힘써 구했으며, 또 그 인리(隣里)와 향당(鄕黨)을 구휼해주고 화목하게 하여 도리를 다하지 않음이 없었다고 말한 것이다.〔婦人自陳其治家勤勞之事. 言我隨事盡其心力而爲之, 深則方舟, 淺則泳游, 不計其有與亡, 而勉强以求之, 又周睦其隣里鄕黨, 莫不盡其道也.〕"라고 하였다.

칭한 것이 아니니 집안의 부인이 어떻게 모든 사람에게까지 미치겠는가. 이는 여자가 남자의 일을 행하여 그 도를 잃은 것이니, 집안의 부인이 임금의 은혜를 참람하여 그 분수를 범(犯)한 것이다.-

나를 잘 길러주지 못하고　不我能慉
도리어 나를 원수로 여기는구나　反以我爲讎
이미 내 덕(德)을 막으니　既阻我德
장사꾼의 물건이 팔리지 않노라　賈用不售
옛날 길러줄 때에 생활이 곤궁하여　昔育恐育鞠
그대와 함께 전복(顚覆)할까 두려웠었는데　及爾顚覆
이미 살게 되고 이미 생육하게 되자　既生既育
나를 해독(害毒)에 비하단 말인가　比予于毒

《집전》에 말하였다. 부이다. 휵(慉)은 기름이요, 국(鞠)은 곤궁함이다.

○저(阻)[87]는 진흙이 있어서 막힌 것이다. 일에 베푸는 것을 덕이라 하니, 나의 베푸는 덕을 막아서 행하지 못하는 것이 장사꾼이 그 화물을 팔지 못하는 것과 같은 것이다. 신하가 말하고자 하여도 말할 수가 없고 행하고자 하여도 베풀 수가 없어서, 무슨 일을 하지 못하면서 다만 영화와 녹을 누리면 이는 도둑질하여 먹는 것이니,-시위소찬(尸位素餐)[88]이 이것이다.- 그 의리가 떠나갈 만하다. 육(育)은 산업이니, 길러서

87 저(阻) : 《집전》에는 '물리침〔却〕'으로 풀이하였다.

88 시위소찬(尸位素餐) : 벼슬자리에 있으면서 아무런 직무도 수행하지 않고 녹만 받는 것을 뜻한다. 《한서(漢書)》 〈주운전(朱雲傳)〉에 "지금의 조정 대신들은 위로는 임금을 바로잡지 못하고 아래로는 백성을 이롭게 함이 없으니, 모두 자리만 차지하고 공밥만 먹는 것이다.〔今朝廷大臣, 上不能匡主, 下亡以益民, 皆尸位素餐.〕"라는 내용이

살게 함을 이른다.

내가 맛있는 채소를 저장해 둠은 我有旨蓄
또한 겨울을 대비하기 위해서이니라 亦以御冬
그대 신혼을 즐김이여 宴爾新昏
나를 궁할 때에 이용하였구려 以我御窮
성을 내며 노기를 띠어 有洸有潰
이미 나에게 수고로움을 주니 旣詒我肄
그 옛날에 내가 왔던 때를 不念昔者
생각하지 않는도다 伊余來塈

홍이고 부이다.[89] 지(旨)는 아름다운 맛이요, 축(蓄)은 모음이다. 어(御)는 어(禦)와 같으니, 내가 맛있는 채소를 저장해 두는 것은 겨울철에 채소가 없을 때를 대비한 것이니, 봄과 여름에 이르면 새 채소를 먹는다. 나로써 곤궁함을 막아내다가 이미 편안하면 너의 새 혼인과 즐거워한다. 광(洸)은 《집전》에 "굳센 모양이다."라고 하였다. 궤(潰)는 노한 모양이요, 이(肄)는 수고로움이니, 나에게 수고로운 근심과 수고로움을 남겨주는 것이다.-《집전》에 "나에게 수고로운 일을 끼쳐준다"라고 말했으니, 잘못이다. 신하와 첩이 그 수고로움을 꺼려하여 떠나가는 것은 도리에 어긋난 행실이다.- 기(塈)[90]는 기(暨)와 통하니, 이르는 것이다.-'내가 왔던 때'라고 말했으니, 그렇다면 나그네로 우거하는 신하가 됨을 알 수 있다.《춘추좌전》에는 기(旣)가 기(蔇)로 되어있다.[91]- 군자는 절교할 적에 상대방의 나쁜 소문을

보인다.

89 홍이고 부이다 : 《집전》에는 홍으로 보았다. 《집전》에는 처음 군자를 만났을 때에 접대하고 예우의 후함을 말하여 원망이 깊다고 하였다.

90 기(塈) : 《집전》에는 '쉼〔息〕'으로 풀이하였다.

내지 않고, 충신은 나라를 떠나갈 적에 자신의 이름을 깨끗이 하지 않는다. 그러므로 남편을 떠나가는 부인에 가탁하여 풍한 것이다. 〈곡풍〉은 완곡(婉曲)하면서도 감정을 상하지 않고, 원망하면서도 잊지 않아서 취할만한 점이 있다.

이상은 〈곡풍〉 6장이니, 장마다 8구이다.

식미 式微

쇠미하고 쇠미한데 式微式微
어이하여 돌아가지 않는가 胡不歸
군주의 연고가 아니라면 微君之故
어이하여 이슬 가운데 있으리오 胡爲乎中露

부이다.[92] 식(式)은 어조사요, 미(微)는 쇠미(衰微)함이다. 중로(中露)는 젖어 더럽고 누가 되어 패하는 근심이 있음을 말한 것이다.

91 춘추좌전에는……되어있다 : 《춘추좌전》 은공(隱公) 6년 조에 주환공(周桓公)이 환왕(桓王)에게 "우리 주(周)나라가 동천(東遷)할 때에 진(晉)나라와 정(鄭)나라에 의지하였으니, 정나라를 잘 대우해서 제후들을 권장하더라도 오히려 오지 않을까 두려운데, 더구나 예우하지 않음에 있어서이겠습니까?〔我周之東遷, 晉鄭焉依, 善鄭以勸來者, 猶懼不蔇, 況不禮焉?〕"라고 말한 내용이 보이는데, 두예(杜預)의 주에 "기는 이르는 것이다.〔蔇, 至也.〕"라고 하였다.

92 부이다 : 《집전》에는 여후(黎侯)가 나라를 잃고 위(衛)나라에 우거(寓居)하자 그 신하들이 권면한 시라고 하였다. 《모시서》에는 여(黎)나라 임금이 위(衛)나라에 붙어 있으니, 그 신하들이 돌아갈 것을 권한 시라고 해석하였다.

쇠미하고 쇠미한데 式微式微
어이하여 돌아가지 않는가 胡不歸
군주의 몸이 아니라면 微君之躬
어이하여 진흙 속에 있으리오 胡爲乎泥中

부이다. 니중(泥中)은 젖어 더럽고 빠지는 화가 있음을 말한 것이다. 구설에 이르기를 "여후(黎侯)가 나라를 잃고 위(衛)나라에 우거하니, 그 신하가 돌아갈 것을 권했다."라고 하였다. 그러나 나라가 망하여 돌아갈 곳이 없으면 또 어디로 돌아가겠는가. 위나라가 언제 쇠미한 적이 있으며, 객(客)이 어찌 젖고 더럽히고 빠짐이 있었겠는가. 구설을 믿을 수 없음이 분명하다. 이는 위후(衛侯)가 주(周)나라에 들어가 왕의 경사(卿士)가 되어서 유왕(幽王)과 여왕(厲王)의 때를 당하여 돌아갈 줄을 알지 못하니, 그 신하 중에 기미를 본 자가 풍하여 이르기를 "왕실이 쇠미하고 또 쇠미하니, 떠나가지 않으면 작게는 몸과 명예를 더럽히고 누를 끼칠 것이요, 크게는 사망에 빠진다."라고 한 것이다. 이는 위태로운 나라에 들어가지 않고 혼란한 나라에 거(居)하지 않는 뜻이다.[93]

이상은 〈식미〉 2장이니, 장마다 4구이다.

93 이는……뜻이다 : 《논어》 〈태백(泰伯)〉에 "위태로운 나라에는 들어가지 말고, 어지러운 나라에는 살지 말아야 한다. 천하에 도가 있으면 자신을 드러내고, 도가 없으면 숨어야 한다.〔危邦不入, 亂邦不居, 天下有道則見, 無道則隱.〕"라고 하였는데, 주자의 《집주》에 "군자가 위태로움을 보면 목숨을 바치는 것이니, 그렇다면 위태로운 나라에서 벼슬하는 자는 떠날 수 있는 의가 없지만 밖에 있을 경우에는 들어가지 않는 것이 옳다. 어지러운 나라는 위태롭진 않아도 형정과 기강이 문란하다. 그러므로 그 몸을 깨끗이 하고 떠나는 것이다.〔君子見危授命, 則仕危邦者, 無可去之義, 在外則不入可也. 亂邦未危而刑政紀綱紊矣. 故潔其身而去之.〕"라고 하였다.

모구 旄丘

모구(旄丘)의 칡이 旄丘之葛兮
어쩌면 이리도 마디가 넓은고 何誕之節兮
숙(叔)이여 백(伯)이여 叔兮伯兮
어찌 이리도 여러 날이 걸리는고 何多日也

부이다.[94] 모구(旄丘)는 언덕의 이름이다. 탄(誕)은 넓음이니, 시물(時物)이 변화하는 것을 보고 우거(寓居)한 날짜가 많음을 안 것이다. 구설에 이르기를 "이 또한 여(黎)나라 신하의 말이다." 하였으니, 지금 우선 이를 따른다. 여나라의 군주와 신하가 나라를 잃고 위나라에 우거하면서 위나라의 힘을 빌려 나라를 회복하는 것을 도모하려 하였으나, 시인(詩人)은 위나라에 끝내 힘을 얻을 수 없음을 헤아리고 위나라를 떠나 다른 나라에 가서 도모하고자 하였다. 그러나 여나라의 도모하는

94 부이다 : 《집전》에는 흥으로 보았다. 《집전》에는 구설을 인용하여 "여(黎)나라의 신하가 스스로 말하기를 '오랫동안 위나라에 붙어 살아, 시물(時物)이 변하였다. 그러므로 모구(旄丘)의 위에 올라가 그 칡이 커서 마디가 성글고 넓은 것을 보고, 인하여 이에 가탁하여 기흥(起興)하기를, 모구(旄丘)의 칡이여, 어찌 그리도 마디가 넓은가. 위나라의 여러 신하들은 어찌하여 그리도 여러 날이 지났는데도 구원을 받지 못하는가 라고 한 것이다.' 이 시는 본래 위(衛)나라의 군주를 꾸짖은 것인데 다만 그 신하만을 지척(指斥)하였으니, 우유(優柔)하여 박절하지 않음을 볼 수 있다.〔黎之臣子自言, 久寓於衛, 時物變矣, 故登旄丘之上, 見其葛長大而節疎闊, 因託以起興曰 旄丘之葛, 何其節之闊也. 衛之諸臣, 何其多日而不見救也. 此詩, 本責衛君, 而但斥其臣, 可見其優柔而不迫矣.〕"라고 하였다. 한편 모시서에는 "〈모구〉는 위나라 임금을 꾸짖은 시이다. 오랑캐 사람들이 여후(黎侯)를 축출하여 여후가 위나라에 붙여 있으니, 위나라가 방백(方伯)·연수(連帥)의 직책을 닦지 못하였다. 이에 여나라의 신하들이 위나라를 꾸짖은 것이다.〔旄丘, 責衛伯也. 狄人, 迫逐黎侯, 黎侯寓于衛, 衛不能修方伯連師之職, 黎之臣子以責於衛也.〕"라고 해석하였다.

신하들이 그 계책을 듣지 않으므로 이 시를 읊어 풍한 것이다. 숙(叔)·백(伯)은 여나라의 도모하는 신하를 이른다.

어쩌면 그리도 편안히 있는가 何其處也
반드시 여국(與國)이 있기 때문이리라 必有與也
어쩌면 그리도 오래 걸리는가 何其久也
반드시 이유가 있으리로다 必有以也

부이다. 필유여(必有與)와 필유이(必有以)는 뒤집어 말해서 반드시 여국(與國)이 없고 반드시 이유가 없음을 나타낸 것이니, 글이 완곡하면서도 뜻이 간절하다.

여우 갖옷이 해졌으니 狐裘蒙戎
수레가 동쪽으로 가지 않은 것이 아니라 匪車不東
숙이여 백이여 叔兮伯兮
더불어 마음이 같지 않아서로다 靡所與同

부이다. 몽융(蒙戎)은 몽용(蒙茸 어지러움)과 같으니, 털이 어지러운 것이니, 나그네가 된지가 오래되어 갖옷이 해짐을 말한 것이다. '수레가 동쪽으로 가지 않는 것이 아니다.'라는 것은 시인의 뜻이 아마도 동쪽 나라에 가서 도모하고자 하였으므로 '내가 동쪽으로 가지 않는 것이 아니나, 숙·백이 나와 함께 하는 이가 없다.'라고 한 것이다.-여나라는 위나라의 서쪽에 있는데 나라가 이미 망하였다. 그런데도 《집전》에는 "위나라에 있는 신하들이 여나라로 돌아가지 않고 오지 않으니, 이는 내가 동쪽으로 가서 위나라에서 고(告)하지 않은 것이 아니다."라고 말했으니, 이는 참으로 잠꼬대하는 말이다.-

자잘하며 자잘한　　瑣兮尾兮
이 유리(流離)하는 사람이도다　　流離之子
숙이여 백이여　　叔兮伯兮
유연(褎然)히 귀를 막은 듯하도다　　褎如充耳

부이다. 크게 계책하고 멀리 도모하지 못해서 자잘함에 그치면 망한 나라의 유리(流離)하는 사람이 됨을 면치 못한다. 유(褎)는 《집전》에 "웃음이 많은 모습이니, 귀가 먹은 사람은 웃음이 많다."라고 하였으니, 숙·백이 웃고 듣지 않으니 귀 먹은 사람과 같은 것이다. 자잘한 자가 유리(流離)를 면치 못함을 범연(汎然)히 말하고 뒤이어 숙·백이 귀를 막음을 말하였으니, 글이 완곡하면서도 뜻이 간절하다. 위나라가 반드시 함께하지 못함과 동쪽 나라가 도모할 만함과 자잘한 자가 이루지 못함을 말하였으나 뜻이 모두 은미한 사이에 있으니, 군자의 말이다. 그때 만일 그 계책을 따랐다면 어찌 그 나라를 회복하지 못할 줄을 알겠는가.

이상은 〈모구〉 4장이니, 장마다 4구이다.

간혜 簡兮

간략하고 간략하여　　簡兮簡兮
막 만(萬)으로 춤을 추노라　　方將萬舞
해가 막 중천에 떠 있거늘　　日之方中
앞의 상처(上處)에 있노라　　在前上處

《집전》에 말하였다. 부이다.[95] 간(簡)은 간이(簡易 소탈)하여 공손하지 않은 뜻이다. 만(萬)은 춤의 총칭이니, 무무(武舞)는 방패와 도끼를 사용하고 문무(文舞)는 깃과 피리를 사용한다.[96] '일지방중 재전상처(日之方中 在前上處)'는 밝게 드러나는 곳에 있음을 말한 것이다.
◯세상이 혼란하여 참소하는 자가 우세하니, 현자가 자신의 재주가 난을 구제할 수 없음을 스스로 헤아리고 그 화를 면치 못함을 두려워하였다. 그러므로 영관(伶官 음악을 관장하는 벼슬)에 벼슬하여 그 자취를 숨겼으니, 그 스스로 칭찬함은 스스로 감추기 위한 것이다. 군자가 그 뜻〔志〕을 슬퍼하고 그 뜻〔義〕을 취한 것이다.-사람이 비록 실제 재주가 있더라도 크게 스스로 칭찬하면 듣는 자들이 마음에 경시하여 믿지 않는다. 이 때문에 스스로 자기 몸을 숨기고자 하는 자는 스스로 자기를 칭찬하는 것보다 더 좋은 것이 없다. 세상에 남에게 인정을 바라고자 하면서 스스로 칭찬하는 자는 그 방도를 뒤집어 하는 것이다.-

석인(碩人)이 크기도 하니 　　碩人俁俁
공정(公庭)에서 만(萬)으로 춤을 추도다 　　公庭萬舞
힘이 범과 같으며 　　有力如虎

95 부이다 : 《집전》의 장하주에는 "현자(賢者)가 뜻을 얻지 못하여 영관(伶官)으로 벼슬함에 세상을 가볍게 여기고 뜻을 방자하게 하는 마음이 있었다. 그러므로 그 말이 이와 같았으니, 스스로 칭찬한 듯하나 실제는 스스로 조소(嘲笑)한 것이다.〔賢者不得志而仕於伶官, 有輕世肆志之心焉, 故其言如此, 若自譽而實自嘲也.〕"라고 하였다.
96 만(萬)은……사용한다 : 만(萬)은 춤의 이름인데, 《춘추좌전》 장공(莊公) 28년 조에 "초(楚)나라의 영윤(令尹)인 자원(子元)이 문(文)부인을 유혹하고자 하여 궁궐 곁에 관사를 짓고 만무(萬舞)를 추었다.〔楚令尹子元欲蠱文夫人, 爲館於其宮側而振萬焉.〕"라는 내용이 보인다. 무무(武舞)는 간무(干舞)라고 부르는데, 무(武)를 상징하는 복색과 방패〔干〕와 도끼〔戚〕를 사용하여 춤을 추고, 문무(文舞)는 약무(籥舞)라고 부르는데, 문(文)을 상징하는 복색과 피리〔籥〕와 꿩 깃〔翟羽〕을 사용하여 춤을 춘다. 보통 이 두 가지 춤은 종묘와 산천에 제사지낼 때 사용되었다.

고삐를 잡기를 실끈처럼 하도다 執轡如組

《집전》에 말하였다. 부이다. 석(碩)은 큼이다. 오오(俁俁)는 큰 모양이다. 실끈처럼 한다는 것은 그 부드러움을 말한 것이다.

왼손에는 피리를 잡고 左手執籥
오른손에는 꿩 깃을 잡았노라 右手秉翟
얼굴빛이 깊이 물든 적색과 같거늘 赫如渥赭
공(公)께서 술을 주시도다 公言錫爵

《집전》에 말하였다. 부이다. 약(籥)은 피리와 같은데 구멍이 여섯 개이다. 적(翟)은 꿩 깃이다. 혁(赫)은 밝게 빛남이다. 악(渥)은 흠뻑 젖음이요, -《주역》에 이르기를 "바닥이 흠뻑 젖음이다."라고 한 것이 이것이다.[97]- 자(赭)는 적색이니, 적색이 물에 흠뻑 젖어있으면 더욱 빛이 난다. 석작(錫爵)은 술을 주는 것이다.

산에는 개암나무가 있으며 山有榛
습지에는 감초가 있도다 隰有苓
누구를 그리워하는고 云誰之思
서방(西方)의 미인이로다 西方美人
저 미인이여 彼美人兮
서방의 사람이도다 西方之人兮

97 주역에……이것이다 : 《주역》 〈정괘(鼎卦) 구사효(九四)〉에 "솥이 발이 부러져 임금께 바칠 음식을 엎어서 바닥이 흠뻑 젖음이니, 흉하도다.〔鼎折足, 覆公餗, 其形, 渥, 凶.〕"라고 보인다. 심대윤은 《주역상의점법(周易象義占法)》에서 "如鼎之焦煎, 沸湧而上溢, 鼎實流出而委地."라고 하고 渥은 '흠뻑 젖음〔淋漓〕'과 같다고 하였다.

《집전》에 말하였다. 흥이다. 령(苓)은 감초이다.
○물건이 각각 있어야 할 처소가 있으니, 그 처소를 바꾸면 서지 못한다. 현자가 난세(亂世)에 거하여 하국(下國)에 처했으면, 어떻게 스스로 설 수 있겠는가. 만약 좋은 때를 만났으면 바로 자신이 거처할 수 있는 곳이다. '서방의 미인'은 주(周)나라의 훌륭한 왕이니, '서방의 사람'은 그 멀어서 만나지 못함을 탄식한 것이다.

이상은 〈간혜〉 4장이니, 세 장은 장마다 4구이고, 한 장은 6구이다.

천수 泉水

졸졸 흐르는 저 천수(泉水)도	毖彼泉水
기수(淇水)로 흐르도다	亦流于淇
위(衛)나라에 그리움이 있어	有懷于衛
날마다 생각하지 않음이 없노라	靡日不思
예쁜 저 여러 희(姬)들과	孌彼諸姬
에오라지 상의하노라	聊與之謀

《집전》에 말하였다. 천수(泉水)는 바로 지금의 위주(衛州) 공성(共城)의 백천(百泉)이다. 기수(淇水)는 상주(相州) 임려현(林慮縣)에서 발원하여 동쪽으로 흐르니, 천수가 서북쪽에서 흘러와 기수(淇水)로 들어간다. 연(孌)은 아름답고 예쁜 모양이다. 제희(諸姬)는 조카와 여동생을 이른다.
○흥이고 부이다.[98] 비(毖)는 샘물이 처음 나올 때에 조심스러워서

갑자기 나아가지 않는 모양이니, 이것으로 자기가 위(衛)나라를 그리워하고 있으나, 감히 멋대로 가지 못함을 흥(興)하였다. 제희(諸姬)와 함께 도모했다는 것은 그 불가함을 알고서 감히 곧바로 행하지 못하는 것이다.

제(泲)땅에 나가 유숙하고 出宿于泲
예(禰)땅에서 전별주를 마시니 飮餞于禰
여자가 시집감은 女子有行
부모와 형제를 멀리하는지라 遠父母兄弟
내 여러 고모들에게 묻고 問我諸姑
마침내 백자(伯姊)에게 미치노라 遂及伯姊

《집전》에 말하였다. 부이다. 자(泲)와 예(禰)는 모두 지명이다. ○무릇 일에 가탁하여 풍(風)하는 것은 모두 다만 이 일을 위한 것이 아님을 알 수 있으니, 이는 듣는 자로 하여금 단지 이 일을 위한 것이 아님을 알게 해서 일에 가탁하여 풍한 것이다.-예컨대 한유(韓愈)의 글인 《모영전(毛穎傳)》에 "남쪽으로 초(楚)나라를 공격할 적에 중산(中山)에 머물렀다."[99]

98 흥이고 비이다 : 《집전》에는 "위(衛)나라 딸이 제후에게 시집을 갔는데 부모가 별세함에 친정에 돌아가 문안할 것을 생각하였으나 할 수가 없었다. 그러므로 이 시를 지은 것이다. 말하기를 '졸졸 흐르는 천수(泉水)도 또한 기수(淇水)로 흐른다. 내 위나라에 그리움이 있어 또한 날마다 생각하지 않음이 없다. 이 때문에 제희(諸姬)들에게 찾아가 함께 상의하여 위나라로 돌아갈 계책을 한다.'라고 하였으니, 아래 두 장에서 말한 것과 같다.〔衛女嫁於諸侯, 父母終, 思歸寧而不得, 故作此詩. 言毖然之泉水, 亦流於淇矣. 我之有懷於衛, 則亦無日而不思矣. 是以卽諸姬而與之謀, 爲歸衛之計, 如下兩章之云也.〕"라고 하였다. 《모시서》에는 이 시를 위나라로 시집온 여인이 친정으로 돌아갈 것을 생각한 내용으로 해석하였다.

99 한유(韓愈)의……머물렀다 : 《고문진보후집(古文眞寶後集)》 〈모영전(毛穎傳)〉에 "장군 몽염(蒙恬)이 남쪽으로 초(楚)나라를 공격하였는데, 중산(中山)에 머물면서

라고 한 것이 이러한 경우이다.- 예컨대 〈도요(桃夭)〉와 〈표유매(摽有梅)〉는 혼인할 때가 아니요,-얼음이 풀릴 때에 시집을 가고 장가를 가는 것을 금하는 까닭은 농사일에 방해가 되기 때문이다. 3월에 복숭아가 꽃이 피고 열매가 맺고, 5월에 매실이 떨어지는 것은 그 마땅한 때가 아니다.-[100] 〈야유사균(野有死麕)의 길(吉)한 선비는 여인을 유혹하는 사람이 아니요, 〈곡풍(谷風)〉의 하체(下體)는 부인을 비유하는 것이 아니니,[101] -여러 편에 각각 주석이 있으니, 이 책을 읽는 자가 스스로 알 수 있다. 그러므로 이제 간략히 들고 다 말하지 않았다.- 이것을 알지 못하면 일에 가탁하여 풍한 것임을 알 수가 없다.

예(禮)에 길을 떠나는 자는 사당에 고유(告由)하고 사당문 밖에 있는 행신(行神 행로신)에게 기도하며, 길을 떠나는 자를 전송하는 사람은 모두 술과 음식을 가지고 그를 전별(餞別)하니, 이것을 일러 조도(祖道)라고 한다.[102] 남자가 이미 길을 나서 도중(道中)에 있을 적에 전송

장차 큰 사냥을 하여 초나라를 두렵게 하려 하였다.〔蒙將軍恬, 南伐楚, 次中山, 將大獵以懼楚.〕"라고 하였는데 주(註)에 "중산(中山)은 진(秦)나라 동북쪽에 있으니 초(楚)나라를 공격할 적에 마땅한 머물러야 할 곳이 아니니, 이 내용은 진실로 우언(寓言)이다.〔中山, 在秦東北, 非伐楚所當次也, 此固寓言.〕"라는 내용이 보인다.

100 얼음이……아니다 : 심대윤은 앞에서 〈도요〉는 복숭아나무에 꽃과 잎이 핀 것은 농사가 시작되는 즈음이라 혼인할 때가 아니라고 하였고, 〈표유매〉는 훌륭한 군주를 만나지 못한 군자가 좋은 때를 기다림을 비유한 것이라고 하였다.

101 곡풍의……아니니 : 심대윤은 〈야유사균(野有死麕)〉의 길사(吉士)는 현명한 군주를 기다리는 어진 선비로 풀이하였고, 〈곡풍(谷風)〉은 나그네가 되어 우거(寓居)하는 신하가 군주에게 끝내 소원해지자 읊은 시로 보았다. 〈곡풍〉의 '순무를 캐고 순무를 뜯음은 뿌리 때문이 아니다.〔采葑采菲, 無以下體.〕'라는 구절은 군이 그 나라에 토착할 필요가 없음을 비유한 것으로 해석하였다.

102 예(禮)에……한다 : 《예기》〈대전(大傳)〉 공영달(孔穎達)의 소(疏)에 "장차 발제(軷祭)를 지내고자 하면 술을 따라서 시동의 마부에게 준다.〔將欲祭軷, 酌酒與尸之僕.〕"라고 하였는데, 발제는 조도(祖道), 조제(祖祭)와 같은 뜻이다. 조도(祖道)는 길을 떠날 때에 행로신(行路神)에게 제사 지내는 것을 가리키는바, 고대 황제(黃帝)의 아들 누조(累祖)가 여행하기를 좋아하였는데 길을 가던 도중 죽었다. 그 후에 사람들이

하는 자가 있으면 그 거리의 멀고 가까움에 따라 전별을 한다. 그러나 부인은 길을 나서는 자를 전송할 적에 문 밖을 나가지 않아서 오직 조도만 있고 문 밖의 전별이 없으니, 이제 나가서 유숙하고 뒤에 전별주를 마셨다고 말했으면 부인이 아님이 분명하다.

예에 여자가 친정부모가 살아계시면 돌아가서 문안을 드리고 친정부모가 별세하면 하지 않는데,[103] -정씨(鄭氏)가 말하였다. "국군(國君)의 부인이 부모가 살아계시면 돌아가 문안을 드리고, 친정부모가 별세하면 사람을 시켜서 형제간에 문안한다."- 지금 나가서 자고 전별주를 마시면서 말하기를 "여자가 길을 떠남은 부모와 형제를 멀리한다."라고 하였다. 그러므로 고모와 여동생에게 문안 갈 것을 도모했다고 했으면 이는 부모가 살아계시므로 친정에 가서 문안하고자 하는 말이다. 부모가 생존하여 문안을 드리는 것은 떳떳한 예이니, 어찌 도모하고 묻기를 번거롭게 하여 감히 곧바로 가지 못한단 말인가. 그렇다면 이는 부인이 친정에 돌아가 문안하는 것이 아님이 분명하다.-《집전》에서도 말이 되지 않음을 알았다. 그러므로 "이는 그 시집올 때의 말이다."라고 한 것이다. 제(泲)에서 유숙하고 예(禰)에서 전별함은 아래의 간(干)에서 유숙하고 언(言)에서 전별했다〔宿干餞言〕는 말과 똑같다. 그러나 똑같은 말인데 한쪽에서는 "처음 시집올 때의 말이다."라고 하고, 한쪽에서는 "지금 길을 떠나면서 하는 말이다."라고 하였으니, 과연 무엇을 근거한 것인가. 시를 짓기를 이처럼 한다면 어떻게 사람들로 하여금 알게 한단 말인가. 시인이 어찌 전혀 문리를 모르는 자이겠는가. 제(泲)에서 유숙하고 예(禰)에서 전별하면서 "부모와 형제를 멀리한다."라고 말한 것이 만약 처음 시집올 때의 말이요, 지금 길을 떠나면서 하는 말이 아니라고 한다면 나의 고모와 누이에게 묻는다고 뒤를 잇는 것이 과연 말이 되는가.

그를 위하여 제사를 지내고 행로신으로 모셨다고 한다.

103 예에……않는데 : 〈주남 갈담(葛覃)〉에 "무엇을 빨고 무엇을 빨지 않으리오. 부모에게 귀녕(歸寧)하리라.〔害澣害否? 歸寧父母.〕"라고 하였는데, 귀녕은 시집간 여자가 친정에 가서 부모를 뵙는 것을 가리킨다.

어찌 이처럼 문리가 없단 말인가. 《집전》에도 또한 말이 되지 않음을 스스로 알았다. 그러므로 '운이(云耳)'라고 끝마쳤으니, 그 억지로 설명한 것임을 알 수 있다.[104] 〈죽간(竹竿)〉에 이르기를 "천원(泉源)은 왼쪽에 있고 기수(淇水)는 오른쪽에 있도다. 여자가 시집감이여, 부모와 형제를 멀리 하였다."[105]라고 한 것을 갑자기 처음 시집올 때의 말로 본다면 사람들이 어떻게 그것을 알겠는가.- 부인이 남편의 나라에 있으면서 어찌 친정의 부모와 누이를 얻을 수 있겠는가. 그 가탁한 것임을 앎이 분명하다.

위(衛)나라 사람으로서 타국에서 벼슬하는 자가 말에 가탁하여 풍(風)하였다. 그러므로 이처럼 글을 써서 사람들로 하여금 부인이 돌아가 문안하는 일이 아님을 알게 해서 자기의 본래 뜻을 통달하게 하였다. 그러나 다른 나라에서 벼슬한 자가 부모가 생존하여 본국에 있으면 해마다 한 번 돌아가 문안하고, 종묘(宗廟)가 본국에 있으면 해마다 한번 돌아가 사당을 배알하고, 본국의 군주가 죽으면 그를 위하여 자최(齊衰) 삼월복을 입는다.[106] 신하가 감히 국경 밖으로 길을 나서지 못함

104 집전에도……있다 : 《집전》에 "처음 시집올 때에 진실로 이미 그 부모와 형제를 멀리하였다. 더구나 지금 부모가 모두 돌아가셨으니, 다시 어떻게 돌아갈 수 있겠는가. 이 때문에 여러 고모들과 백자(伯姊)에게 물어 그 가부(可否)를 도모한다고 말한 것이다. 〔言始嫁來時, 則固已遠其父母兄弟矣. 況今父母旣終, 而復可歸哉? 是以問於諸姑伯姊, 而謀其可否云耳.〕"라고 하였다. 심대윤은 《집전》처럼 풀이할 경우 '유숙하고 전별하는 일'은 과거의 일로, 고모들과 백자(伯姊)에 묻는 일은 '현재의 일'이 되어 그 시점이 일치하지 않음을 지적하고, 이 두 가지는 서로 말에 가탁하여 풍(風)을 한 것으로 보았다.

105 죽간(竹竿)에……하였다 : 이 내용은 〈위풍(衛風) 죽간(竹竿)〉 제2장에 보이는 바, 《집전》에는 〈죽간〉은 위(衛)나라 여인이 친정으로 돌아갈 것을 생각한 시라고 하였다.

106 본국의……입는다 : 《의례》 〈상복(喪服)〉 '자최삼월(齊衰三月)' 조에 "옛 군주와 군주의 어머니와 처를 위하여 입는다.〔爲舊君、君之母、妻.〕"라고 하였는데, 그 〈전(傳)〉에 "옛 군주를 위한다는 것은 누구를 말하는가? 벼슬하다가 그만둔 자이다. 어째서 자최 삼월복을 입는가? 그 나라 백성과 똑같음을 말한 것이다.〔爲舊君者, 孰謂也? 仕焉而已者也. 何以服齊衰三月也? 言與民同也.〕"라고 보인다.

은 예이나, 부모와 종묘가 본국에 있으면 또한 사사로운 의(義)를 폐하지 않는 것이다.

오직 부모와 종묘가 없는 자는 감히 돌아가지 못하는데, 지금 부모가 있는데도 감히 돌아가지 못함은 어째서인가. 예에 군주에게 죄를 얻고 도망하여 달아난 자는 감히 옛 군주의 경내에 들어가지 못하고, 비록 부모와 종묘가 있더라도 가지 못한다.-그 부모가 사사로이 국경에서 만나는 것은 괜찮다.- 비록 남의 참소와 이간질로 인하여 자기의 죄가 아니더라도 감히 스스로 죄가 없다고 여기지 못한다. 만약 군주가 뉘우치고 깨달아서 사람을 시켜 사과한 뒤에야 비로소 감히 그 국경에 들어간다. -이처럼 해야 자식이 된 자가 모두 군주를 섬기는 것을 신중히 하고, 죄를 범하는 것을 어렵게 여겨서 감히 죄를 범하고 도망쳐 달아나는 것을 가볍게 여기지 않는 것이다.-

이것을 가지고 말하면 〈천수(泉水)〉와 〈죽간(竹竿)〉은 그 죄를 얻고 도망쳐 달아난 자의 시일 것이다. 그가 옛 나라를 그리워하고 생각함이 저처럼 간절하고 지극하다면 그가 군주의 포악함과 신하의 참소함으로 인하였고, 그의 죄가 아님을 알 수 있다.

무릇 풍(風)에 가탁하는 자들이 대부분 남녀를 들어서 말하는 것은 어째서인가. 그 사정에 딱 들어맞고 사람이 깊이 깨닫는 것이 남녀보다 더 한 것이 없다. 그러므로 이렇게 하는 것이다.-남녀의 정은 사람이 배우지 않고도 아는 것이다. 그러므로 남녀 간에 가탁하면 사람들이 쉽게 깨닫는다.-

간(干)땅에 나가 유숙하고	出宿于干
언(言)땅에서 전별주를 마시고는	飮餞于言
수레에 기름치고 수레에 걸쇠를 걸어	載脂載舝
수레를 돌려 돌아가면	還車言邁
대번에 위나라에 이르련만	遄臻于衛
이러면 해로움이 있지 않을까	不瑕有害

《집전》에 말하였다. 부이다. 간(干)과 언(言)은 모두 지명이다. 선(還)은 되돌림〔旋〕이다. 천(遄)은 빠름이요, 진(臻)은 이름이다. 하(瑕)는 하(何)와 통한다.

◯지(脂)[107]는 수레바퀴를 꿰고 있는 곳인 수레 축에 기름을 바르는 것이니, 매끄럽게 하여 수레가 잘 돌아가게 하는 것이다. 할(舝)은 축(軸)의 머리 나무이니, 수레바퀴를 유지해서 벗겨지지 않게 하는 것이다.

내 비천(肥泉)을 생각하여	我思肥泉
이에 길이 탄식하노라	茲之永歎
수읍(須邑)과 조읍(漕邑)을 생각하니	思須與漕
내 마음 아득하고 아득하도다	我心悠悠
말에 멍에하고 나가 놀아	駕言出遊
근심을 쏟아볼까	以寫我憂

《집전》에 말하였다. 부이다. 비천(肥泉)은 위(衛)나라 물이다. 수(須)와 조(漕)는 위(衛)나라 읍이다.

◯사(寫)는 사(瀉)와 통하니, 쏟아 제거함이다. 가고자 하여도 갈 수가 없어서 번뇌하고 답답하여 편안히 거처할 수가 없다. 그러므로 놀러 나가서 근심을 쏟아내는 것이니, 이는 정(情)이 지극한 것이다.

이상은 〈泉水〉 4장이니, 장마다 6구이다.

107 지(脂) : 《집전》에는 "기름을 수레 결쇠에 발라서 미끄럽고 윤택하게 하는 것이다.〔以脂膏塗其舝, 使滑澤也.〕"라고 하였고, 고형(高亨)의 주(注)에는 "수레바퀴 위에 기름을 바르는 것이다.〔脂, 抹油於車輪上.〕"라고 하였다.

북문 北門

북문(北門)으로부터 나가며	出自北門
마음에 근심하기를 많이 하노라	憂心殷殷
끝내 어렵고 또 가난하거늘	終窶且貧
나의 어려움 알아주는 이 없구나	莫知我艱
어쩔 수 없다	已焉哉
하늘이 실로 이렇게 만드셨으니	天實爲之
말한들 무엇하리오	謂之何哉

부이다.[108] '북문(北門)에서 나왔다.'라고 한 것은 가탁하여 말해서 그 어둡고 음침한 곳에서 거처함을 나타낸 것이다. 은은(殷殷)[109]은 성한 모양이다. '끝내 어렵고 또 가난하다.'라는 것은 가난하고 또 가난한 것이다. 현자가 등용되지 못하여 낮은 벼슬에서 녹사(祿仕)[110]를

108 부이다 : 《집전》에는 비라고 하였다. 《집전》의 장하주에는 "위나라의 어진 자가 난세에 처하고 암군(暗君)을 섬겨 그 뜻을 얻지 못하였다. 그러므로 인하여 북문(北門)으로 나가서 시를 지어 스스로를 비유하고, 또 몹시 가난한데도 남들이 알아주는 이가 없음을 탄식하여 하늘에 죄를 돌린 것이다.〔衛之賢者 處亂世, 事暗君, 不得其志, 故因出北門而賦以自比, 又歎其貧窶, 人莫知之, 而歸之於天也.〕"라고 하였다.

109 은은(殷殷) : 《집전》에는 '근심〔憂〕'으로 풀이하였다.

110 녹사(祿仕) : 집이 가난하여 부모를 봉양하고 처자를 기르기 위해 하는 벼슬을 이른다. 《맹자》 〈만장 하(萬章下)〉에 "벼슬은 가난을 해결하기 위해 하는 것이 아니나 때로는 가난을 해결하기 위해 하는 경우가 있으며, 아내를 취함은 자신의 봉양을 위해서가 아니나 때로는 자신의 봉양을 위해서 하는 경우가 있다.〔仕非爲貧也, 而有時乎爲貧; 娶妻非爲養也, 而有時乎爲養.〕"라고 보이는데, 주자의 《집전》에 "벼슬은 본래 도(道)를 행하기 위해 하는 것이나, 또한 집이 가난하고 어버이가 늙어 혹 도가 때와 맞지 않아서 녹사를 하는 자가 있으니, 이는 아내를 취함이 본래 자식을 낳아 후사를 잇기 위해 하는 것이나, 또한 자신이 직접 우물에서 물을 길어오고 절구질을 할 수가 없어서 그 공양을 도움 받고자 하는 것과 같은 것이다.〔仕本爲行道, 而亦有家貧親老, 或道與時

하여 가난하고 피폐함과 노고를 견디지 못하였다. 그런데도 '어쩔 수가 없으니 근심할 필요가 없다. 시운(時運)이 이와 같으니 말한들 무엇 하겠는가?'라고 하였으니, 이는 분수를 편안히 여기는 군자이다.

국사(國事)가 나에게 몰려들거늘 王事適我
정사가 한결같이 나에게 가해지도다 政事一埤益我
내 밖으로부터 들어오니 我入自外
집안 사람들은 돌아가며 나를 꾸짖는구나 室人交徧讁我
어쩔 수 없다 已焉哉
하늘이 실로 이렇게 만드셨으니 天實爲之
말한들 무엇하리오 謂之何哉

부이다. 왕사(王事)[111]는 왕의 일에 봉사하는 것이다. 정사(政事)는 그 나라의 일이다. 《집전》에 말하였다. 적(適)은 감이요, 일(一)은 일체(一切)요, 비(埤)는 두터움이다.

왕사가 나에게 쌓여지거늘 王事敦我
정사는 더더욱 나에게 맡겨지도다 政事一埤遺我
내 밖으로부터 들어오니 我入自外
집안사람들은 돌아가며 나를 꺾는구나 室人交徧摧我
어쩔 수 없다 已焉哉
하늘이 실로 이렇게 만드셨으니 天實爲之

違, 而但爲祿仕者, 如娶妻本爲繼嗣, 而亦有爲不能親操井臼, 而欲資其饋養者.〕라고 풀이하였다.

111 왕사(王事) : 《집전》에는 "왕명(王命)으로 시키는 일이다.〔王命使爲之事也.〕"라고 하였다.

말한들 무엇하리오　　謂之何哉

부이다. 퇴(敦)[112]는 쌓임이다. 유(遺)[113]는 맡김이다.

이상은 〈북문〉 3장이니, 장마다 3구이다.

북풍 北風

북풍(北風)이 차갑게 불어오며　　北風其涼
함박눈이 펑펑 내리도다　　雨雪其雱
사랑하여 나를 좋아하는 이와　　惠而好我
손잡고 함께 길을 가리라　　携手同行
진실이 아니며 느리게 할 수 있으랴　　其虛其邪
이미 급박하게 되었도다　　旣亟只且

비이고 부이다.[114] 방(雱)은 함박눈이 떨어지는 모습이다. 허(虛)[115]

112 퇴(敦) :《집전》에는 '던짐〔投擲〕'이라 하였다.

113 유(遺) :《집전》에는 '가함〔加〕'이라 하였다.

114 비이고 부이다 :《집전》에는 비라고 하였으니, 아래 장도 같다.《집전》의 장하주에는 "북풍우설(北風雨雪)을 말하여 국가의 위란(危亂)이 장차 이르러 기상(氣象)이 서글프고 참혹함을 비유하였다. 그러므로 서로 좋아하는 사람과 더불어 떠나가서 난리를 피하고자 하였고, 또 말하기를, '이 오히려 여유있고 서서히 할 수 있겠는가. 저 화란(禍亂)의 닥침이 이미 심하여 떠나기를, 속히 하지 않으면 안된다.'라고 한 것이다.〔言北風雨雪, 以比國家危亂將至, 而氣象愁慘也, 故欲與其相好之人, 去而避之, 且曰: '是尙可以寬徐乎? 彼其禍亂之迫已甚, 而去不可不速矣.'〕"라고 하였다.

115 허(虛) :《집전》에는 '너그러움〔寬〕'이라 하였다.

는 진실하지 않음이다. 사(邪)는 《집전》에 마땅히 서(徐 느림)가 되어야 한다고 하였다. 극(亟)은 급함이요, 지저(只且)는 어사(語辭)이다. 북풍이 차가우면 함박눈이 펄펄 내리니, 이로써 나라의 정사가 혼란하여 화와 난이 장차 닥칠 것임을 비유하였다. '기허기서(其虛其徐)'는 진실하지 않은 것이 아니요, 늦출 수 있는 것이 아님을 말한 것이다. '기극지저(旣亟只且)'는 이미 급하게 되었으니, 난이 반드시 닥쳐오고 시기가 또 임박했음을 말한 것이다. 《주역》에 "기미를 보고 일어나서 하루를 마치기를 기다리지 않는다."[116]라고 하였으니, 〈북풍〉이 이러한 뜻을 가지고 있다.

북풍이 세차게 불어오며 北風其喈
함박눈이 흩어져 내리도다 雨雪其霏
사랑하여 나를 좋아하는 이와 惠而好我
손잡고 함께 돌아가리라 携手同歸
여유 있으며 느리게 할 수 있으랴 其虛其邪
이미 급박하게 되었도다 旣亟只且

비이고 부이다. 《집전》에 말하였다. 개(喈)는 빠른 소리이다. 비(霏)는 함박눈이 분산되는 모습이다.

붉지 않다고 여우가 아니며 莫赤匪狐
검지 않다고 까마귀가 아니랴 莫黑匪烏

116 주역에……않는다 : 《주역》 〈계사전 하(繫辭傳下)〉에 "군자는 기미를 보고 일어나서 하루를 마치기를 기다리지 않는다.〔君子見幾而作, 不俟終日.〕"라고 하였는데, 현명한 사람은 위험의 기미를 미리 보면 하루를 마치기를 기다리지 않고 당장 떠나간다는 뜻이다.

사랑하여 나를 좋아하는 이와　　惠而好我
손잡고 한 수레 타고 가리라　　携手同車
진실이 아니며 느리게 할 수 있으랴　　其虛其邪
이미 급박하게 되었도다　　旣亟只且

비이고 부이다. 여우와 까마귀는 모두 상서롭지 못한 짐승이니, 이것으로써 정사를 어지럽히는 자가 요망한 재앙이 되어서 위난(危難)이 장차 닥쳐올 것임을 비유하였다.

이상은 〈북풍〉 3장이니, 장마다 6구이다.

정녀 靜女

얌전한 아가씨 예쁘기도 한데　　靜女其姝
나를 성 모퉁이에서 기다리더니　　俟我於城隅
사랑하되 만나지 못하여　　愛而不見
머리 긁으며 머뭇거리노라　　搔首踟躕

《집전》에 말하였다. 부이다. 정(靜)은 얌전하고 단아한 뜻이다. 주(姝)는 아름다운 모양이다. 지주(踟躕)는 방황과 같다.
◯《집전》에 "음분(淫奔)한 자가 만나기로 약속한 시이다."라고 하였으나, 얌전하고 단아한 여자가 어찌 음분을 하겠는가. 이미 만나기로 약속했으면 어찌하여 만나지 못한단 말인가. 성인이 어찌하여 음란한 말을 취하여 경(經)에 드러내어 사람들을 가르쳤겠는가. 이것을 금하

지 않고 도리어 가르쳤단 말인가. 간음하는 사람들은 남몰래 서로 유인하고 불러서 행여 남이 알까 두려워하는데 어떻게 시가(詩歌)를 지어서 국사(國史)에 넣을 수 있겠는가.-국사에 넣으면 장차 간음의 형벌을 받게 된다.- 이는 또 이치상 반드시 옳지 않은 것이다. 아, 그 심하다. 경서를 더럽히고 성인을 모함하고 욕되게 해서 시인을 망측(罔測)한 자리에 빠뜨리고, 자신의 비루하고 도리에 어긋난 정을 발로(發露)하였으니, 이는 또한 홀로 무슨 마음인가. 이런 사람과는 함께 말하기 어렵다고 할 것이다. 그 도를 상실하고 백성을 혼미하게 해서 천하에 해독(害毒)을 끼쳐서 지금 육칠백여 년 동안에 풍속이 날로 더욱 무너지고 세상이 날로 더욱 혼란하니, 아, 서글프다! 아, 서글프다!

이 시는 아마도 다른 나라의 군주가 위(衛)나라를 지나가다가 위나라의 처사(處士) 중에 어진 덕을 소유한 자가 있다는 말을 듣고 그를 찾아가 보고자 하였으나, 처사가 예로써 거절하여 감히 만나보지 못하고 이 시를 지어서 그 뜻을 말한 것이다.[117]-만약 위나라 임금이 그를 만나보고자 했다면 들어 관직을 제수해서 처사가 사양할 수가 없었을 것이다. 그러므로 이것이 다른 나라의 군주가 됨을 아는 것이다. 성 모퉁이에서 기다리는 것과 교외로부터 삘기를 선물하는 것은 본국(本國) 안의 말이 아니요, 바로 본국 밖에서 오는 말이다.- 현자를 듣고 사모하여 그를 만나보고자 하였으니, 선비를 좋아하는 훌륭한 군주이다. 마음에 그를 기뻐하고 사랑하였으나, 그가 예를 지켜서 감히 어진 선비를 만나보지 못한 것이다.

얌전한 아가씨 예쁘기도 한데	靜女其孌
나에게 붉은 대통을 선물하도다	貽我彤管

117 이 시는……것이다 :《모시서》에는 "시대를 풍자한 시이니, 위나라 군주는 무도(無道)하고 부인은 덕이 없었다.〔刺時也, 衛君無道, 夫人無德.〕" 라고 하였다.

붉은 대통 붉기도 하니 彤管有煒
너의 아름다움 좋아하노라 說懌女美

《집전》에 말하였다. 부이다. 연(孌)은 아름다운 모양이다.
○휘(煒)는 빛남이다. 만나보고 싶어도 만나보지 못하고 물건을 주고자 하여도 받지 않는다. 그러므로 동관(彤管)의 하찮은 물건을 주어서 그 사랑하고 사모하는 자신의 뜻을 표현한 것이다. '붉은 대통이 밝게 빛나니 너의 아름다움을 좋아한다.'라고 한 것은 그 사람을 사랑함에 물건 또한 귀중함을 말한 것이다.

교외로부터 삘기를 선물하니 自牧歸荑
진실로 아름다고 또 특이하도다 洵美且異
네가 아름다워서가 아니라 匪女之美
미인(美人)이 선물해서이니라 美人之貽

《집전》에 말하였다. 부이다. 목(牧)은 바깥 들이다. 제(荑)는 띠풀이 처음 나온 것(삘기)이다. 순(洵)은 진실로이다. 여(女)는 여(汝 너)와 통한다.
○띠는 속이 단단하면서도 겉이 부드럽고, 깨끗하고 수려하여 사람들을 덮어주어-지붕에 이엉을 이어서 비바람을 막아주고, 도롱이 옷을 만들어서 비에 젖는 것을 막아준다.- 군자의 덕과 유사함이 있다. 그러므로 이것을 제사에 사용하는 것이다. 《주역》에 이르기를 "바닥에 깔되 흰 띠를 사용한다."라고 하였으니,[118] 삘기를 주는 것은 그 공경을 지극히 하는 것이

118 주역에……하였으니 : 《주역》 〈대과괘(大過卦) 초육(初六)〉에 "초육은 깔되 흰 띠를 사용함이니, 허물이 없다.〔初六, 藉用白茅, 无咎.〕"라고 하였다.

요, 삘기가 아름다워서가 아니라 미인이 선물했기 때문이라는 것은 그 뜻에 답한 것이다.

이상은 〈정녀〉 3장이니, 장마다 4구이다.

신대 新臺

신대(新臺)가 습하니 新臺有泚
하수(河水)가 넘실넘실 흐르도다 河水瀰瀰
편안하고 순함을 구했는데 燕婉之求
새가슴이 풀리지 않도다 籧篨不鮮

《집전》에 말하였다. 연(燕)은 편안함이요, 완(婉)은 순함이다. 거저(籧篨)는 구부리지 못하니, 병 중에 추악한 것이다. 거저(籧篨)는 본래 대자리의 이름인데, 사람들이 혹 엮어서 곳집을 만드니, 그 모양이 마치 사람이 병이 들어서 구부리지 못하는 것과 같다. 그러므로 이 병(새가슴)을 이름한 것이다.
○흥이다.[119] 자(泚)는 습기가 많은 모양이요, 미미(瀰瀰)는 물이 가득히 넘치는 것이다. 신대(新臺)가 아름다운데도 황하에 가깝기 때문에 습기가 많은 근심이 있는 것이다. 선(鮮)은 해(解)자의 오자이니, 불탈(不脫 풀리지 못함)이라는 말이다.

119 홍이다 : 《집전》에는 부로 보았다. 《집전》에는 위(衛)나라 선공(宣公)이 제(齊)나라 여자와 결혼한 것을 나라 사람들이 풍자한 시라고 하였다.

신대가 추우니 新臺有洒
하수가 탁하도다 河水浼浼
편안하고 순함을 구했는데 燕婉之求
새가슴이 끊이지 않도다 籧篨不殄

흥이다. 쇄(洒)[120]는 물기운이 차가운 것이다.-쇄는 쇄석(洒淅 차가움)의 뜻이다.- 매매(浼浼)[121]는 더러운 모양이다. 불진(不殄)은 끊이지 않는 것이다.

물고기 그물을 설치했는데 魚網之設
기러기가 걸렸도다 鴻則離之
편안하고 순함을 구했는데 燕婉之求
이 곱사등이를 얻었도다 得此戚施

흥이다. 물고기 그물에 기러기가 걸리면 그물이 찢겨져서 물고기가 흩어지니, 차갑고 습함에 그칠 뿐이 아니다. 이(離)는 걸림이다. 척이(戚施)는 하늘을 우러러보지 못하는 추악한 병이다.

구설에 이르기를 "위나라 선공(宣公)이 그 아들 급(伋)을 위하여 제나라에 장가들게 하였는데, 그녀가 미녀라는 말을 듣고는 하수(河水) 가에 신대를 짓고서 그녀를 맞이하여 마침내 스스로 장가드니, 국인(國人)이 미워하여 이 시를 지었다."[122]라고 하였다. 예에 군주와 어버이를 위하여 숨겨주니,[123] 신하로서 군주를 풍자하여 새가슴〔籧

120 쇄(洒) : 《집전》에는 '높음〔高峻〕'으로 풀이하였다.
121 매매(浼浼) : 《집전》에는 '평평함〔平〕'으로 풀이하였다.
122 구설에……지었다 : 위의 각주 119) 참고.
123 예에……숨겨주니 : 《예기》 〈왕제(王制)〉에 "무릇 다섯 가지 형벌의 송사를 다스

篨]과 곱사등이[戚施]를 가지고 입을 놀려 함부로 욕하였다면 이는 바로 하늘을 욕하고 땅을 꾸짖는 자이니, 이 사람은 군주 없는 나라에서 태어난 자일 것이다. 성인이 결코 이것을 취하여 만세(萬世)의 떳떳한 강상(綱常)을 파괴하지 않았을 것이다.

이는 아마도 시인이 현자가 선하지 못한 사람과 친구가 된 것을 보았다. 이 때문에 그 편안하고 순함을 구하였으나 그 새가슴을 얻었다는 것으로 풍하여, 신대가 황하에 가까워서 춥고 습한 누가 있고, 물고기 그물에 기러기가 걸려서 그물이 찢어지는 근심이 있는 것을 가지고 흥한 것이다. '풀리지 않음[不解]'과 '끊이지 않음[不殄]'을 말한 것은 그와 더불어 하나가 되어서 분리되지 못하는 것이다.

공자가 말씀하시기를 "단사(丹砂)를 지니면 붉어지고 검은 옻을 지니면 검어지니, 불선(不善)한 사람과 같이 있으면 생선 가게에 들어간 것과 같아서 오래되면 그 악취를 맡지 못하나 또한 그 냄새와 더불어 동화되는 것이다."[124]라고 하셨으니, 이는 교제를 신중히 하지 않으면

리되, 반드시 부자의 친함을 근원하고 군신의 의리를 세워서 저울질한다.[凡聽五刑之訟, 必原父子之親, 立君臣之義, 以權之.]"라는 내용이 보이는데, 공영달의 소(疏)에 "무릇 죄를 범한 사람을 혹 자식이 아버지를 위하여 숨겨주거나 신하가 나라를 위하여 숨겨 준다면, 비록 형벌과 금령(禁令)을 범했더라도 그 본래 악한 것이 아니기 때문에 송사를 다스리는 자는 반드시 그 옛 정을 근본으로 삼고, 그 은혜와 의를 세워서 공평하게 헤아려 용서해서 방면하는 것이다.[凡犯罪之人, 或子爲父隱, 臣爲國諱, 雖觸刑禁, 而非其本惡, 故聽訟者必本其宿情, 立其恩義, 爲平量之恕而免放.]"라고 하였다.

124 공자가……것이다 : 《공자가어(孔子家語)》 〈육본(六本)〉에 "선한 사람과 같이 있으면 지초와 난초가 있는 방안에 들어간 것과 같아서 오래되면 그 향내음을 맡지 못하나 곧 그 향기와 더불어 동화가 되고, 불선한 사람과 같이 있으면 생선 가게에 들어간 것과 같아서 오래되면 그 악취를 맡지 못하나 또한 그 냄새와 더불어 동화가 되니, 단사(丹砂)를 지니면 붉어지고 검은 옻을 지니면 검어진다. 그러므로 군자는 반드시 그 함께 있는 사람을 조심해야 하는 것이다.[與善人居, 如入芝蘭之室, 久而不聞其香, 卽與之化矣, 與不善人居, 如入鮑魚之肆, 久而不聞其臭, 亦與之化矣. 丹之所藏者赤, 漆之所藏者黑. 是以君子必愼其所與處者焉.]"라고 하였다.

안됨을 말씀하신 것이다. 새가슴과 곱사등이는 고개를 숙이거나 우러러보지 못하는 것이니, 불선한 사람이 우러러 보면 하늘에 부끄럽고, 고개를 숙이면 땅에 부끄러움을 비유한 것이다.

이상은 〈신대〉 3장이니, 장마다 4구이다.

이자승주 二子乘舟

두 사람이 배를 타고 가니 二子乘舟
둥둥 떠가는 그 그림자로다 汎汎其景
그대를 생각하고 생각하여도 願言思子
중심(中心)이 막막하도다 中心養養

《집전》에 말하였다. 이자(二子)는 급(伋)과 수(壽)이다. '배를 타고 감'은 황하를 건너 제(齊)나라로 간 것이다. 경(景)은 영(影 그림자)의 고자(古字)이다. 양양(養養)은 양양(漾漾 물이 넓음)과 같다.
○부이고 흥이다.[125] '범범기영(汎汎其景)'은 그쳐 정박할 곳이 없음을 말한 것이다. 양양(漾漾)은 호탕(浩蕩)함이니, '중심양양(中心漾漾)'은 그 이유를 생각하여도 단서를 발견하지 못한 것이다.

125 부이고 홍이다 : 《집전》에는 부라고 하였으니, 아래 장도 같다. 구설에는 "위선공(衛宣公)이 그 아들 급(伋)을 위하여 제(齊)나라에 장가를 들게 하였는데, 그 여자가 아름답다는 말을 듣고는 자기가 그를 취하고자 하여 마침내 신대(新臺)를 하수(河水)가에 짓고 그를 맞이하니, 나라 사람들이 그를 미워하여 이 시를 지어 풍자했다.〔衛宣公爲其子伋, 娶於齊, 而聞其美, 欲自娶之, 乃作新臺於河上而要之, 國人惡之, 而作此詩以刺之.〕"라고 하였다.

두 사람이 배를 타고 가니 二子乘舟
둥둥 떠 가도다 汎汎其逝
그리워하여 그대를 생각하니 願言思子
의리에 해롭지 않겠는가 不瑕有害

부이고 흥이다. 구설에 이르기를 "위(衛)나라 선공(宣公)이 급(伋)의 아내를 맞이하니, 이가 선강(宣姜)이다. 수(壽)와 삭(朔)을 낳았는데, 삭이 선강과 함께 급을 선공에게 참소하니, 선공이 급으로 하여금 제(齊)나라에 가게하고는 자객으로 하여금 그를 죽이게 하였다. 수가 이것을 알고 급에게 알려주고, 또 그에게 다른 나라로 갈 것을 권하였다. 급은 그의 말을 따르지 않고 말하기를 '아버지가 없는 나라가 있으면 가(可)할 것이다.'라고 하였다. 수는 급에게 술을 많이 먹여 취하게 하고는 그 깃발을 훔쳐 먼저 가니 자객이 그를 죽였다. 급이 도착하여 말하기를 '나를 죽이려고 한 것이니, 수가 무슨 죄가 있는가.'라고 하자, 자객이 또다시 그를 죽이니,[126] 시인이 이 시를 읊었다."라고 하였다.

'둥둥 떠가는 그 그림자'라고 한 것은 두 사람의 행위가 의리에 합당한 바가 없어서 진실한 이치를 알지 못하고 이름을 위해 죽으니, 마치 둥둥 떠 있는 빈 그림자가 그치고 정박할 곳이 없음과 같음을 말한 것이다. 급이 도망가지 않고 죽어서 아버지에게 누를 끼침은 신생(申生)과 같고,[127] 수(壽)가 형에게 도움이 되지 못하고 부질없이 죽음은

126 위(衛)나라……죽이니 : 이 내용은《춘추좌전》환공(桓公) 16년 조와《사기(史記)》〈위강숙세가(衛康叔世家)〉에 자세히 보인다.

127 급이……같고 : 신생(申生)은 춘추 시대 진(晉)나라 헌공(獻公)의 태자로, 헌공이 여희(驪姬)를 총애하여 그의 아들 해제(奚齊)를 세우고자 신생을 곡옥(曲沃)에 거처하게 하였다. 아우 중이(重耳)가 신생에게 떠날 것을 권유하였으나 물리치고, 자신의 누명을 밝히지 않은 채 부왕의 명에 따라 마침내 자살하였다.《春秋左傳 僖公 五年》

모두 아버지를 잊고 스스로 어질게 여긴 것이니, 인(仁)의 적(賊)이다. 헛된 명성으로 실제가 없으면서 의리에 해당되지 못하는 것을 가지고 '둥둥 떠 있는 그 그림자이다.'라고 흥하였으니, 참으로 좋다. 끝에 '의리에 해롭지 않겠는가'라고 한 것은 그 의리에 해가 됨을 말한 것이다.

〈신대(新臺)〉는 사람을 취함을 조심히 하지 않으면 안 됨을 말하였고,[128] 〈이자승주〉는 자기 몸을 보존함을 삼가지 않으면 안 됨을 말하였다. 《주역》에 이르기를 "지나치게 물을 건너 물이 이마까지 빠져 흉하다."[129]라고 하였으니, 후대에 이른바 충절(忠節)에 죽었다고 하는 자들은 대체로 모두 〈이자승주〉와 똑같은 경우이다. 자기 몸을 공경하지 않고 가볍게 죽음으로 달려가서 의리에 근거한 바가 없어 밤중에 풀벌레가 불로 뛰어가는 것과 같으니, 어찌 현명함이 있겠는가. 죽었지만 현명함이 없으면 장차 어디에 쓰겠는가. 이 편은 그 백세(百世)의 밝은 가르침이 될 만하다. 〈포유고엽(匏有苦葉)〉 이하의 편들은 세상을 살아가면서 대처하는 의리이다.

이상은 〈이자승주〉 2장이니, 장마다 4구이다.

이상은 〈패풍(邶風)〉 19편이다.

128 신대(新臺)는……말하였고 : 심대윤은 위의 〈신대〉를 풀이하면서 사람을 교제하는 것을 신중히 해야함을 강조한 것으로 보았다.

129 주역에……흉하다 : 여기서 심대윤은 《주역》 〈대과괘(大過卦) 상육(上六)〉의 "지나치게 물을 건너 물이 이마까지 빠져 흉하니, 탓할 데가 없다.〔過涉滅頂, 凶, 无咎.〕"라고 풀이한 정이(程頤)의 해석을 취하였다.

용 鄘

백주 柏舟

둥둥 떠 있는 측백나무 배여 汎彼柏舟
저 황하(黃河) 가운데 서 있도다 在彼中河
너풀거리는 저 양모(兩髦)한 분이 髧彼兩髦
실로 나의 위의(威儀)이시니 實維我儀
죽을지언정 맹세코 다른 데로 가지 않으리라 之死矢靡他
어머니는 하늘이신데 母也天只
이처럼 사람 마음 몰라주시는가 不諒人只

《집전》에 말하였다. 흥이다. 담(髧)은 머리털이 드리워진 모양이다. 양모(兩髦)는 머리털을 잘라 숨구멍-신(囟)은 신(顖 정수리의 숨구멍)이다.-의 좌우에 끼고 있는 것으로, 아들이 부모를 섬기는 꾸밈이니, 부모가 별세하면 이것을 제거한다. 지(之)는 이름이요, 시(矢)는 맹세요, 미(靡)는 없음이다. 양(諒)은 믿음이다. 구설(舊說)에 위(衛)나라 세자(世子) 공백(共伯)[1]이 일찍 죽자, 그의 아내 공강(共姜)이 의(義 절개)를 지키려 하였는데, 친정어머니가 그녀의 뜻을 빼앗아 개가(改嫁)시키려 하므로 공강이 이를 지어 스스로 맹세했다고 하였다.
○위의는 몸이 수립되는 것이다.[2] 측백나무 배가 비록 둥둥 떠 있는

1 공백(共伯) : 위나라 희후(釐侯)의 태자인 여(餘 ?~B.C.813)로, 아우인 무공(武公) 화(和)의 공격을 받아 자살하였다. 《史記 卷37 衛康叔世家》

물건이나 저 황하 중류에 서 있는 것은 매인 곳이 있어서 흘러가지 않는 것이다. 여자가 개가하는 예(禮)가 있으나 공백은 실로 내가 수립된 위의로 은혜로운 정을 끊을 수가 없으니, 마치 배가 매여서 서 있으면 흘러가지 않는 것과 같다. 예는 천하 만세(萬世)에 인정(人情)의 큰 중(中)이다. 선왕이 그 양끝을 잡아서-양끝은 지나친 것과 미치지 못하는 것이다.- 공공(公共)의 제도를 세웠으나 그 중에 한 사람이 한 때의 은혜로운 정이 유독 깊은 자가 있으면 사사로운 의리 또한 폐할 수가 없다. 그러므로 상복의 제도에 이미 큰 중을 세워서 떳떳한 제도를 만들었으나, 은혜로운 정이 유독 깊은 자를 위해서 심상(心喪)을 제정하였다. 그리하여 공공의 제도와 사사로운 의리가 나란히 행해져 한 가지도 폐해지지 않으니, 공공의 제도는 천하 만세의 공통된 중이요, 사사로운 의리는 한 사람이 한 때에 하는 단독의 중이다.

중은 천하의 중이 있고 한 나라의 중이 있고 한 집안의 중이 있고 한 사람의 중이 있으니, 작은 중을 가지고 큰 중을 침범해서도 안 되고 또한 큰 중을 가지고 작은 중을 없애지 않는 것이 예의 큰 법도이다. 부인이 남편이 죽고 자식이 어려서-하나를 들어 그 나머지를 포함하였다.- 의뢰하여 따를 곳이 없으면 예에 개가를 인정하였으나, 은혜로운 정이 유독 깊어서 차마 죽은 남편을 잊어버리지 못하여 뜻을 지키고 시집가지 않는 자가 있으면 또한 열부(烈婦)라고 이를 만하다. 시집가는 자는 공통된 중에 죄책하지 않는 것이요, 시집가지 않는 자는 단독의 중에 숭상하는 바이다. 단독의 중에 숭상하는 바이고 공통된 중에 해로움이 없으며, 또 남편을 따르다가 배반하여-남편을 따르다가 배반하고 다른 곳으로 시집가는 자가 있다.- 법도를 무너뜨리는 자에게 선(善)을 장려할 수 있으면 이는 예에 급히 취하는 바이다.

2 위의는……바이다 : 【집전】 의(儀)는 짝〔匹〕이다.

공백이 어질었는데 공강도 어질어서 어진 부부가 서로 배필이 되어 은혜와 사랑이 유독 깊어서 차마 잊을 수가 없었다. 그러므로 측백나무 배가 매여 있어 흘러가지 않은 것을 가지고 흥하여 맹세하였으니, 그 사사로운 의리가 중도에 맞았다. '어머니가 덮어 주고 길러 준 은혜가 하늘과 같은데 어찌하여 내 마음을 헤아려주지 못하시는가.'라고 한 것이다.

둥둥 떠 있는 측백나무 배여 汎彼柏舟
저 황하가에 서 있도다 在彼河側
너풀거리는 저 양모(兩髦)한 분이 髧彼兩髦
실로 나에게 특별하시니 實維我特
죽을지언정 맹세코 나쁜 마음 품지 않으리라 之死矢靡慝
어머니는 하늘이신데 母也天只
이처럼 사람 마음 몰라주시는가 不諒人只

흥이다. 1장의 '황하의 가운데'는 사사로운 의리의 중을 말한 것이요, 이 장의 '황하가'는 사사로운 의리의 편벽된 중을 말한 것이다. 특(特)은 특별함이니,[3] 공백의 은정(恩情)을 깊이 받음은 다른 사람은 없고 나만 홀로 있는 것이다.-〈백주〉가 〈장유자(牆有茨)〉와 〈군자해로(君子偕老)〉의 앞에 있는 것은, 오직 절개를 지켜 개가하지 않은 뒤에야 비로소 내면에 간특하고 외면에 꾸미는 근심[4]이 없게 되니, 절개가 없기 때문에 이런 근심이 있는 것이다.-

3 특(特)은 특별함이니 : 【집전】 특(特) 또한 짝[匹]이다.

4 내면에……근심 : 심대윤은 〈장유자〉는 간특함을 내면에 숨김에 대한 풍자로 보고, 〈군자해로〉는 외면을 꾸밈에 대한 풍자로 보았다.

이상은 〈백주〉 2장이니, 장마다 7구이다.

〈백주〉의 의리는 또한 신하에게도 옮길 수 있으니, 비간(比干)의 인(仁)[5]이 이것이다.-신하가 세 번 간하다가 군주가 듣지 않으면 떠나가는 것이 예인데, 비간은 사직이 망하는데 홀로 사는 것을 차마 하지 못한 것이다.- 신하는 군주가 없으면 폐백을 싣고 다른 나라에 갈 수 있으나, 혹 군주의 은혜를 받음이 특별히 깊으면 비록 군주가 멸망하고 후손이 없어서 은혜를 보답하고 충성을 바칠 곳이 없더라도 의리상 차마 잊을 수 없는 경우가 있다. 예컨대 예양(豫讓)이 원수를 갚음[6]과 전주(田疇)가 절개를 지킴[7]도 또한 가상하다. 이른바 복첩(僕妾)의 절개라는 것이 이것이니, 이는 바로 한 사람의 작은 중이다.-이는 부인의 경우에는 모두 비간의 인이고, 장부의 경우에는 사직을 위하여 죽은 자는 비간의 인이요 한 사람을

5 비간(比干)의 인(仁) : 비간은 은나라 주왕(紂王)의 숙부로 《논어》 〈미자(微子)〉에 "미자는 떠나가고 기자(箕子)는 종이 되고 비간은 간하다가 죽었다. 공자께서 말씀하셨다. '은나라에 세 인자(仁者)가 있었다.'〔微子去之, 箕子爲之奴, 比干諫而死. 孔子曰: '殷有三仁焉.'〕"라고 보인다. 이에 대하여 심대윤의 《논어》에 "비간이 종척(宗戚)의 신하로서 나라가 망하는 것을 차마 볼 수 없어 죽음으로 간하여 그치지 않았으니, 지극한 성품이 있으므로 또한 인이 된다.〔比干以宗戚之臣, 不忍見國之亡也, 死諫而不止, 以有至性, 故亦爲仁也.〕"라고 하였다.

6 예양(豫讓)이 원수를 갚음 : 예양은 춘추시대 말기 진(晉)나라 대부 지백(智伯)의 가신으로, 지백이 조양자(趙襄子)에게 멸망하자 복수를 시도하였으나 발각되어 자결하였다. 예양의 복수는 지백의 후손이 모두 죽어서 보상을 바랄 수 없음에도 불구하고, 자신을 알아준 지백에게 죽음으로 보답하려는 것이었다.

7 전주(田疇)가 절개를 지킴 : 전주(169~214)는 후한 말기 사람으로, 유주(幽州)의 목(牧)인 유우(劉虞)의 명을 받아 장안(長安)의 헌제(獻帝)에게 파견되었다. 그가 돌아왔을 때 유우가 이미 공손찬(公孫瓚)에게 살해당하였는데, 전주는 유우의 묘에 제사를 지내고 '군주의 원수를 갚지 못하였으니 세상에 설 수 없다' 하며, 수백 명을 거느리고 서무산(徐無山)에 은거하였다. 뒤에 조조(曹操)가 작위를 내렸으나 자신은 의리를 저버린 사람일 뿐이라며 거절하였다. 《三國志 魏志 卷11 田疇列傳》

위하여 절개를 지키는 자는 복첩의 절개이다. 이 뜻은 《논어》에 자세히 보인다.[8]–

장유자 牆有茨

담장에 납가새가 있으니 牆有茨
쓸어버릴 수 없도다 不可掃也
중구(中冓)의 말이여 中冓之言
입에 올릴 수 없도다 不可道也
만일 말할진댄 所可道也
말이 추악해지도다 言之醜也

《집전》에 말하였다. 흥이다. 자(茨)는 질려(蒺藜)이니, 덩굴로 자라

8 이……보인다 : 《논어》 〈헌문(憲問)〉에 자공(子貢)이 "관중(管仲)은 인자(仁者)가 아닐 것입니다. 환공(桓公)이 공자 규(公子糾)를 죽였는데, 죽지 못하고 또 환공을 도와주었습니다."라고 질문한 장에서, 심대윤의 《논어》에 다음과 같이 보인다. "군주는 백성을 다스려 백성의 음식을 먹고, 신하는 군주를 도와 백성을 다스려 백성의 음식을 먹는다. 이 때문에 군주가 백성을 위해 죽으면 신하가 군주와 함께 죽는 것이다. 백성을 다스리는 직책이 없이 군주에게 사역되어 군주의 음식을 먹는 자는 복첩의 신하이니, 군주가 죽으면 그를 위해 죽는다. 이로써 말하면 신하의 의리는 진실로 복첩의 절개와 다르다.……군주가 백성에게 잘 하지 못하여 어려움에 이르거나 군주의 죽음이 백성을 위한 일이 아닌 경우에 신하가 군주를 위해 죽는다면, 이는 백성을 위해 죽는 것도 아니고 군주를 위해 죽는 것도 아니며,–군주가 죽었는데 백성을 위한 일이 아니라면 이는 곧 백성의 군주가 아니다.– 한 사람을 위해 죽는 것이다. 한 사람을 위해 죽는 것은 복첩의 절개이지 군자의 의리가 아니다.〔君治民而食民之食, 臣輔君以治民而食民之食, 故君爲民死, 則臣與之同死焉. 其無治民之責, 而役於君而食君之食者, 僕妾之臣也, 君死則死之. 由是言之, 人臣之義, 固與僕妾之節不同也.……若君不能於民, 以及於難也, 及君死而非民事者, 而其臣死之, 是非爲民死也, 非爲君死也,–君死而非民事, 則乃非民之君.– 爲一人死也. 爲一人死者, 僕妾之節, 非君子之義也.〕"

고 잎이 가늘며, 씨에 세 개의 가시가 있어 사람을 찌른다.

○중구(中冓)는 집의 그윽하고 깊은 곳이다. 구설에 선공(宣公)이 죽자 혜공(惠公) 삭(朔)이 즉위하였는데, 그의 서형인 완(頑)이 적모인 선강(宣姜)과 간통하니, 국인(國人)이 이를 풍자했다고 하였다.[9] 신하로서 그 군모(君母)를 풍자함은 대역죄이니, 구설의 망령됨을 알 수 있다. 숨은 간특함과 추악한 행실이 있는 자는 힘써 스스로 엄폐하므로 중구에 가탁하여 풍자하였으니, 납가새를 제거함이 좋음을 모르는 것이 아니나 사람을 찌르기 때문에 제거할 수가 없는 것이요, 중구의 일을 자세히 알지 못하는 것이 아니나 추악하기 때문에 말하지 않는 것이다. 무릇 숨겨지고 어두운 가운데 간특한 짓을 하는 자는 남이 추악하게 여겨서 차마 말하지 못함을 알지 못하고는, 남들이 알지 못하니 무방하다고 여긴다. 그러나 남들이 실로 알면서도 말하지 않는 것이요, 알지 못하는 것이 없다.

《예기》에 이르기를 "소인이 불선한 짓을 하되 이르지 못하는 짓이 없다가 은밀하게 그 불선함을 가리우고 선함을 드러내나니, 남들이 자기를 보기를 자신의 폐와 간을 보듯이 할 것이니, 이것을 일러 '마음속에 성실하면 외면에 나타난다.'고 하는 것이다. 증자(曾子)가 '열 눈이 보는 바요, 열 손가락이 가리키는 바이니, 그 무섭구나.'라고 말씀했다." 하였다.[10]

9 중구(中冓)는……하였다 : 《집전》에 중구는 '집에 재목이 서로 쌓여진 곳〔舍之交積材木〕'이라 하고, 또 '규중(閨中)의 일이 모두 추악하여 말할 수 없다.'라는 구설에 대하여 '이치가 그럴 듯 하다.'고 하여, 중구를 '규중'으로 해석하였다. 반면에 심대윤이 '집의 그윽하고 깊은 곳'이라고 한 중구는 처자·형제 등 가까운 사람의 속마음을 의미한다.

10 예기에……하였다 : 이 내용은 《대학》의 전(傳) 6장에 보이는데, 심대윤의 《대학고정(大學考正)》에 "암(厭)은 암(闇 어두움, 가림)과 같다. '마음을 바룸이 뜻을 성실히 함에 있다.'고 말하지 않은 것은 성실함을 곧바로 바름으로 삼을 수 없기 때문이다.-비록

무릇 소인이 추악하여 부끄러워할 만한 일을 많이 행하고서 겉으로 가려서 숨기기를 일삼는 것은 수고롭기만 하고 무익하다. 안에 소유하면 반드시 외면에 나타나니, 그 수줍고 부자연스럽고 군색하게 꾸미는 말과 얼굴빛, 망측하고 수상한 행동거지를 사람들이 모두 의심하여 헤아려 본다. 의심하여 헤아리는 자는 온갖 억측을 다하니, 이는 한 푼과 한 치를 가리려다가 남의 의심을 취하는 것이 한 길을 넘는 것이다. 이것을 일러 '마음속에 성실하면 외면에 나타난다.'고 하는 것이다.

무릇 사람들이 악행을 할 때에는 반드시 홀로 하지는 못하고 모두 남과 함께 하니, 함께 하는 자는 그의 처자와 형제간이 아니면 붕우와 친한 사람이다. 저 초(楚)나라와 월(越)나라 사람이 나를 비난하고 업신여김은 진실로 큰 실패가 되지 못하고, 큰 실패는 바로 내가 서로 의지하며 같이 사는 처자와 형제, 친한 사람에게 있으니, 비록 잠시 욕심을 함께하여 서로 도우나 그 마음은 반드시 나를 비난하고 업신여긴다. 비난과 업신여김을 받는 것은 여러 화(禍)의 근원으로 친근한 사람이 복종하지 않고 먼 사람이 재앙을 일으킬 것이니, 이것이 천하의 가장 큰 근심이다.

멸망하는 근본은 반드시 친근한 사람이 나를 비난하고 업신여김에서 시작되니, 이는 '열 눈이 보는 바'를 말한 것이다. 그러므로 말하기를 '알면서도 말하지 않는 것이요 알지 못함이 있지 않다.'고 한 것이니, 이 시의 가르침은 뜻이 깊다고 이를 만하다.

담장에 납가새가 있으니	牆有茨
제거할 수가 없도다	不可襄也

부정을 하더라도 성실함이 있다.-〔厭, 同闇. 不曰'正心在誠意'云者, 不可便以誠爲正也.【雖爲邪, 亦有誠也.】〕"라고 하였다.

중구의 말이여 中冓之言
상세히 말할 수 없도다 不可詳也
상세히 말할진댄 所可詳也
말이 길어지도다 言之長也

흥이다. 양(襄)은 양(攘 제거함)과 통한다. '말이 길어짐'은 상세히 알지 못하는 것이 아니다.[11]

담장에 납가새가 있으니 牆有茨
묶어서 제거할 수가 없도다 不可束也
중구의 말이여 中冓之言
되뇔 수 없도다 不可讀也
입으로 외울진댄 所可讀也
말이 욕되도다 言之辱也

흥이다. 속(束)은 묶어서 제거함이다. 독(讀)은 말을 외는 것이다.

이상은 〈장유자〉 3장이니, 장마다 6구이다.

군자해로 君子偕老

군자와 백년해로해야 하는지라 君子偕老

11 말이……아니다 : 【집전】 '말이 길어짐'은 말하고 싶지 않아 말이 길어 다하기 어렵다고 칭탁한 것이다.

비녀에 여섯 곳을 옥으로 꾸미니	副笄六珈
여유롭고 의젓하며	委委佗佗
산과 같고 하수(河水)와 같아	如山如河
상복(象服)이 어울리는데	象服是宜
그대의 선하지 못함은	子之不淑
어찌해서인고	云如之何

부이다. 부인으로 군자와 백년해로하는 자는 마땅히 이와 같아야 하는 것이다. 부인은 관이 없고 비녀가 있으니,-부인의 비녀는 장부의 관이다. 그러므로 여자가 15세가 되면 계례(笄禮)를 하고, 남자가 20세가 되면 관례(冠禮)를 하는 것이다.- 비녀는 관의 부(副 보조(輔助))가 되므로-부인이 남편의 보조가 된다는 뜻이다.- '부계(副笄)'라 하였다.[12] 육가(六珈)는 옥으로 비녀를 꾸민 것이다. '위위(委委)'와 '타타(佗佗)'는 온화하고 여유로워 스스로 만족한 모양이다. '산과 같음'은 편안하고 후중함이요, '하수와 같음'은 깊고 넓음이다. 상복(象服)[13]은 사물의 형상을 그린 옷이다. '그대가 선하지 못함'은 그 뜻을 약간 드러내어서 이것이 조소이고 칭찬이 아님을 밝힌 것이다.

12 비녀는……하였다 : 비녀〔笄〕에는 머리카락을 말아 고정하는 것과 관 또는 머리 장식을 고정하는 것의 두 종류가 있다. '비녀가 관의 부(副)가 된다.'는 것은 비녀가 관을 고정시켜 줌을 말한다. 《집전》에는 "부(副)는 제복(祭服)의 머리 장식이니, 머리털을 엮어서 만든다. 계(笄)는 횡계(衡笄 관 또는 머리 장식을 고정하는 비녀)이니, 부의 양 곁에 드리워 귀에 닿게 하고, 그 아래에는 담(紞 귀막이 옥 끈)을 가지고 진(瑱 귀막이 옥)을 매단다."라고 하였는데, 이는 후부인(后夫人)의 머리 장식이다. 《집전》은 이 시를 선강(宣姜)을 풍자한 것으로 본 반면에 심대윤은 제후국의 명부(命婦)에 가탁하여 풍자한 것으로 보고 있다. 이 때문에 '부계'의 해석을 달리 한 것으로 보이며, 이는 아래 2장의 적의(翟衣)와 3장의 단의(褖衣)의 경우도 같다.

13 상복(象服) : 【집전】 법도에 맞는 옷〔法度之服〕

춘추시대 사람들은 용모와 사령(辭令)을 수식하기를 좋아하였으나, 안에는 숨은 간사함이 많았으니,【해설이 《좌전정론(左傳正論)》에 보인다.[14]】 〈장유자〉와 〈군자해로〉의 시가 이 때문에 지어진 것이다. 바로 말하고 싶지 않았으므로 부인에 가탁하여 풍자한 것이다.

옥빛처럼 깨끗하고 깨끗하니 玼兮玼兮
그 분의 적의(翟衣)로다 其之翟也
검은 머리 구름과 같으니[15] 鬒髮如雲
다리를 할 것이 없도다 不屑髢也
옥으로 만든 귀막이며 玉之瑱也
상아로 만든 머리빗이며 象之揥也
훤칠한 이마로소니 揚且之晳也
어쩌면 그리도 하늘과 같으며 胡然而天也
어쩌면 그리도 상제(上帝)와 같은고 胡然而帝也

14 해설이 좌전정론(左傳正論)에 보인다 : 《춘추좌전》 선공(宣公) 12년에 진(晉)나라와 초(楚)나라가 필(邲) 땅에서 전쟁을 벌일 적에 초나라의 악백(樂伯) 등이 진나라에 도전한 뒤에 진나라 포계(鮑癸)에게 추격을 당하였다. 악백이 사슴을 잡아서 포계에게 주며 "아직 사냥할 때가 되지 않아 바치는 짐승이 없을 것이니, 이 사슴을 종자들의 반찬거리로 올립니다."라고 하자, 포계는 저들은 군자라고 하며 추격을 멈추었다. 이에 대해 심대윤은 《좌전정론》에서 "전쟁이 급한 때에 느긋하게 거동을 꾸미고 실제를 잃은 것이니, 다른 일도 알 만하다.〔以戎事之急也, 猶然飾儀而喪實也, 其於他事可知矣.〕"라고 하였다. 또 '춘추시대에 선왕의 도가 상실되어 충신(忠信)·질박·돈후함의 실제는 사라졌으나, 학문·언사(言辭)·위의(威儀)의 문(文)은 아직 남아 있어서 사람들이 용모를 꾸몄다.'고 하고, "춘추시대의 어진 자는 본성대로 하면서 문식을 하였기 때문에 후세 사람들이 미칠 수 없는 바이고, 어질지 못한 자는 문으로 본성을 없앴기 때문에 사람의 용모에 금수의 행동을 한 것이다.〔其賢者, 性而文之, 故後世之所不及也; 其不賢者, 以文滅性, 故人貌而禽行也.〕"라고 비판하였다.

15 구름과 같으니 : 【집전】 머리숱이 많고 아름다움을 말한 것이다.

《집전》에 말하였다. 부이다. 차(玼)는 선명하고 아름다운 모양이다. 진(鬒)은 머리털이 검음이다. 체(髢)는 다리〔髲髢〕이니, 머리숱이 적으면 다리를 넣어 머리숱을 보탠다. 진(瑱)은 귀를 막는 것이다. 상(象)은 코끼리 뼈이다. 체(揥)는 머리를 빗는 것이다. 양(揚)은 이마 위가 넓은 것이다. 차(且)는 어조사이다. 석(皙)은 흼이다. '호연이천(胡然而天)'은 보는 자가 놀라서 귀신으로 여기는 것이다.
○적의는 명복(命服)이니,[16] 꿩을 그린 것이다.

선명하고 선명하니	瑳兮瑳兮
그 분의 단의(褖衣)로다	其之展也
저 갈포(葛布) 옷 위에 덧입으니	蒙彼縐絺
이것을 단단히 동여매도다	是紲袢也
그대의 맑고 훤칠한 미목(眉目)이며	子之清揚
훤칠하고 풍만한 얼굴이로다	揚且之顏也
진실로 이와 같은 사람이여	展如之人兮
나라의 아름다운 분이로다	邦之媛也

《집전》에 말하였다. 부이다. 차(瑳)는 깨끗한 모양이다. 몽(蒙)은 위에 덮어쓰는 것이다. 추치(縐絺)는 갈포(葛布) 중에 촘촘한 것이다. 설반(紲袢)은 얽어매어 꾸미는 뜻이다. 청(清)은 보는 것이 청명함이요, 양(揚)은 눈썹 위가 넓은 것이요, 안(顏)은 이마 모서리가 풍만한 것이다. 미녀(美女)를 원(媛)이라 한다.

16 적의는 명복(命服)이니 : 《집전》에는 "적의는 제복(祭服)이다."라고 하였다. 적의를 제복으로 입는 것은 후부인(后夫人)이나 고경(孤卿)의 처에 해당한다. 《禮書通故 第48 禮節圖表1 婦服表》

○전(展)은 마땅히 단(襐)이 되어야 하니, 단의는 부인의 상하 간에 공통된 의복이다. 명부(命婦)는 이를 편복(便服)으로 삼고, 사서인(士庶人)의 아내는 이를 성복(盛服)으로 삼는다.[17] 전(展)은 '진실로'이다. 이는 그 사람의 의복이 사람에 걸맞지 않고 마음이 용모에 부응하지 않는데도 군자가 그를 취함을 조소한 것이다.

소인들이 말을 듣기 좋게 하고 얼굴빛을 곱게 하고 공손을 지나치게 해서 비록 밖으로 잘 꾸며서 현란하게 하나 충신(忠信)이 없으면 사람들이 또한 그를 미워하는 것이니, 공자께서 이런 사람은 "인(仁)한 이가 적다." 하셨다.[18] 〈장유자〉는 내면의 악을 가릴 수 없음을 말하였고, 〈군자해로〉는 외면의 꾸밈이 유익한 바가 없음을 말하였다.

이상은 〈군자해로〉 3장이니, 한 장은 7구이고, 한 장은 9구이고, 한 장은 8구이다.

상중 桑中

당(唐)을 캐기를	爰采唐矣
매읍(沫邑)의 시골에서 하도다	沫之鄉矣

17 전(展)은……삼는다 : 《집전》에는 '전'을 전의(展衣)로 보고 '예로써 군주와 빈객을 뵐 때 입는 예복이다.' 하였는데, 이는 제후국의 부인에 대하여 말한 것이다. 제후국의 명부에게 전의는 제복이다. 《禮書通故 第48 禮節圖表1 婦服表》

18 공자께서……하셨다 : 《논어》 〈학이(學而)〉와 〈양화(陽貨)〉에 "말을 듣기 좋게 하고 얼굴빛을 곱게 하는 사람은 인한 이가 적다.〔巧言令色, 鮮矣仁.〕"라고 보이고, 또 〈공야장(公冶長)〉에 "말을 듣기 좋게 하고 얼굴빛을 곱게 하고 공손을 지나치게 함을 옛날 좌구명(左丘明)이 부끄러워하였는데, 나 또한 이것을 부끄러워하노라.〔巧言令色足恭, 左丘明恥之, 丘亦恥之.〕"라고 보인다.

누구를 그리워하는고	云誰之思
아름다운 맹강(孟姜)이로다	美孟姜矣
나와 상중(桑中)에서 만나기로 약속하였으며	期我乎桑中
나를 상궁(上宮)에서 맞이하였고	要我乎上宮
나를 기수(淇水)가에서 전송하였도다	送我乎淇之上矣

《집전》에 말하였다. 당(唐)은 몽채(蒙菜)이니, 일명은 토사(兎絲)이다. 매(沬)는 위(衛)나라의 고을이니, 《서경》에 이른바 '매방(妹邦)'이란 곳이다. 상중(桑中), 상궁(上宮)은 모두 지명이다. 요(要)는 영(迎 맞이함)이다.

○흥이고 부이다.[19] 지식이 많으면서 지식이 적은 이에게 묻고, 능하면서 능하지 못한 이에게 물으면 사람들이 장차 진심으로 나를 좋아하고 복종해서 나를 위하여 충성스럽게 도모해서 나의 미치지 못함을 보조할 것이니, 이는 장부가 여자에 있어 지식의 많고 적음이 크게 다르나, 취하여 배필로 삼아서 규문 안의 일을 물으면 부인이 나를 위하여 충성스럽게 도모해서 안의 일이 다스려지는 것과 같다. 만약 자기 지식의 많음이 크게 차이가 남을 자부하고서 부인을 취하여 배필로 삼지 않으면 집안을 다스릴 수가 없다.

그러므로 이 시는 아마도 아랫사람에게 묻는 것을 부끄러워하지 않는 뜻인 듯하니, 매읍의 시골에서 당을 캐는 것으로 아랫사람에게 묻는 것을 흥하되 맹강에 가탁하여 풍자한 것이다. 상중에서 만나기로 약속

19 흥이고 부이다 : 《집전》에는 부로 보았으니, 아래 2장과 3장도 같다. 《집전》에 "위나라 풍속이 음란하여 세신(世臣)의 집안으로 지위에 있는 자들이 서로 처첩(妻妾)을 도둑질하였다. 그러므로 이 사람이 스스로 말하기를 '장차 매읍에서 당을 캐면서 그리워하는 사람과 더불어 서로 만나기로 약속하며 맞이하고 전송하기를 이와 같이 했다.'고 한 것이다."라고 하였다.

하고 상궁에서 맞이하고 기수 가에서 전송함은 진심으로 나를 좋아하고 복종하여 나를 섬김에 그 공손함을 다한 것이다.

한 번 가서 당을 캐고 3배의 보답을 얻은 것은 너무 많지 않은가. 어찌하여 이것이 아랫사람에게 물음이 됨을 아는가? 나는 대답하였다. "한 번 가서 세 배의 보답을 받았으면 이 사람이 저 사람보다 더 높음을 아는 것이니, 만약 낮은 자가 한 번 가고 윗사람이 세 번을 했다면 예에 맞지 않는 것이다."-《춘추좌전》에 "군주는 하나를 취하고 신하는 둘을 취함은 무례이다."라고 하였다.[20]-

이에 보리를 베기를	爰采麥矣
매읍의 북쪽에서 하도다	沫之北矣
누구를 그리워하는고	云誰之思
아름다운 맹익(孟弋)이로다	美孟弋矣
나와 상중에서 만나기로 약속하였으며	期我乎桑中
나를 상궁에서 맞이하였고	要我乎上宮
나를 기수가에서 전송하였도다	送我乎淇之上矣

흥이고 부이다. 《집전》에 말하였다. 익(弋)은 《춘추》에 사(姒)를 혹 익(弋)으로 썼으니,[21] 아마도 기(杞)나라 여자로 하후씨(夏后氏 하나

20 춘추좌전에……하였다 : 《춘추좌전》 희공(僖公) 28년 조에, 진(晉)나라 문공(文公)과 초나라의 영윤 자옥(子玉 성득신(成得臣))이 성복(城濮)에서 대치하였는데, 전투를 벌이기 전에 자옥이 사신을 보내 "위(衛)나라 군주를 회복시키고 조(曹)나라를 봉해 주십시오. 그러면 신도 송나라의 포위를 풀겠습니다."라고 하자, 진나라 대부 호언(狐偃)이 "자옥은 참으로 무례합니다. 임금은 하나를 취하는데 신하는 둘을 취하려 하니, 공격 기회를 놓쳐서는 안 됩니다.〔子玉無禮哉! 君取一, 臣取二, 不可失矣.〕"라고 보인다.

21 익(弋)은……썼으니 : 《시전대전》에 "《춘추좌전》 경문의 정사(定姒)가 《춘추공양전》과 《춘추곡량전》에는 정익(定弋)으로 되어 있다.〔《春秋》定姒, 《公》、《穀》作定

라)의 후손인 듯하다.

이에 순무를 캐기를 　爰采葑矣
매읍의 동쪽에서 하도다 　沬之東矣
누구를 그리워하는고 　云誰之思
아름다운 맹용(孟庸)이로다 　美孟庸矣
나와 상중에서 만나기로 약속하였으며 　期我乎桑中
나를 상궁에서 맞이하였고 　要我乎上宮
나를 기수가에서 전송하였도다 　送我乎淇之上矣

흥이고 부이다. 용(庸) 또한 귀한 성(姓)이다.[22] -《집전》에는 이 시를 상간(桑間)의 음란한 시라 하였으니,[23] 상중과 상간은 우연히 서로 비슷하기 때문에 이렇게 말한 것이다. 부자(夫子)가 나라를 다스림을 말씀하시기를 "정나라 음악을 추방해야 하니, 정나라 음악은 음탕하다."고 하여 경문에 드러내어 만세의 법칙으로 삼으시고,[24]

弋.〕"라고 하였다. 정사(定姒)는 노(魯)나라 정공(定公)의 부인이다.

22 용(庸)……성(姓)이다 : 1장의 《집전》에 "맹강의 강(姜)은 제나라 여자이니, 귀족임을 말한 것이다.〔姜, 齊女, 言貴族也.〕"라고 하였고, 2장의 맹익(孟弋)도 하나라 후손으로 귀족이므로 말한 것이다.

23 집전에는……하였으니 : 《집전》에 "《예기》 〈악기(樂記)〉에 이르기를 '정(鄭)나라와 위(衛)나라의 음악은 난세(亂世)의 음악이니 만(慢)에 가깝고, 복수(濮水) 가의 상간의 음악은 망국(亡國)의 음악이니 정사가 산만하고 백성이 흩어져서 윗사람을 속이고 사사로움을 행하여 그치게 할 수 없다.' 하였다. 살펴보건대, 상간의 음악은 바로 이 편이다."라고 하였다. 《예기》의 정현의 주에 "복수 가에 상간이라는 지역이 있다." 하였다.

24 부자(夫子)가……삼으시고 : 《논어》 〈위령공(衛靈公)〉에 안연(顔淵)이 나라를 다스리는 방법을 묻자, 공자가 "하나라의 책력를 행하며 은나라의 수레를 타며 주나라의 면류관을 쓰며 음악은 소무(韶舞)를 할 것이요, 정나라 음악을 추방하며 말재주 있는 사람을 멀리 해야 하니, 정나라 음악은 음탕하고 말 잘하는 사람은 위태롭다.〔行夏之時, 乘殷之輅, 服周之冕, 樂則韶舞, 放鄭聲, 遠佞人. 鄭聲淫, 佞人殆.〕"라고 말씀하였다.

도리어 복수(濮水) 가의 상간의 음악을 《시경》에 취했다면 어찌 서로 이처럼 모순되게 하셨겠는가. 복수 가의 음악이 진(晉)나라 평공(平公)의 때에 나왔으니,[25] 그렇다면 상간의 음악이 일어난 것도 그때에 있었던 듯하다. 편 가운데 세 곳에 세 성의 여인과 기약하고 만나기로 약속하고 전송한 바를 보면 마치 온 세상이 그런 것 같으니, 어찌 이와 같은 일이 있겠는가. 반드시 이럴 리가 없다. 이것은 바로 가탁한 말을 한 것이다. 그러므로 세 번 변하여 운을 맞춘 것이니, 가탁한 말이요 곧바로 말한 것이 아님을 밝히기 위한 것이다.-

이상은 〈상중〉 3장이니, 장마다 7구이다.

순지분분 鶉之奔奔

메추라기는 재빨리 걸으며	鶉之奔奔
까치는 힘겹게 걷는데	鵲之彊彊
선량하지 못한 사람을	人之無良
내 형으로 삼노라	我以爲兄

흥이다. 순(鶉)은 메추라기〔鵪〕의 등속이니, 걷기를 잘한다. 분분(奔

25 진(晉)나라……나왔으니 : 진호(陳澔)의 《예기집설(禮記集說)》에 《사기》〈악서(樂書)〉를 인용하여 "위(衛)나라 영공(靈公)이 진(晉)나라에 가면서 복수 가에 머물렀는데, 밤에 금(琴) 소리를 듣고 악사 사연(師涓)을 불러서 곡조를 적게 하였다. 진나라에 이르자 사연에게 명하여 진나라 평공(平公)을 위해 이 음악을 연주하게 하였는데, 진나라 악사 사광(師曠)이 말하였다. '이것은 주왕(紂王)의 악사인 사연(師延)이 만든 화려하고 음란한 음악입니다. 주나라 무왕(武王)이 상나라 주왕을 정벌할 때에 사연이 복수에 투신하여 죽었습니다. 그러므로 이 음악을 들은 것은 반드시 복수 가에서 들었을 것입니다.'"라고 하였다.

奔)은 걸음이 빠른 모양이다. 까치는 잘 걷지를 못하니, 강강(彊彊)은 걸음이 나아가지 못하여 힘을 쓰는 모양이다.[26] 메추라기가 비록 잘 걷고 까치가 비록 잘 걷지 못하나 메추라기는 작고 까치는 크니, 까치는 메추라기를 두려워하지 않고 메추라기는 까치를 두려워하는바 메추라기는 메추라기가 되고 까치는 까치가 된다. 이로써 어질지 못한 사람을 내가 형으로 삼으니, 형이 아우를 섬기지 않고 아우가 형을 잘 섬겨서 형은 형이 되고 아우는 아우가 됨을 흉하였다.

자식은 자기가 아버지보다 어질다고 하여 아버지를 낮춰서는 안 되고, 아우는 자기가 형보다 어질다고 하여 형을 낮춰서는 안 되니, 자식으로서 아버지를 낮추고 아우로서 형을 낮추면 어짊을 상실하여 패역과 바꾸는 것이다. 패역하여 자신이 높여야 할 분을 낮춤은 큰 형벌을 내릴 죄악이니, 《서경》에서 말한 '원악대대(元惡大憝)'[27]가 이것이다. 아버지가 비록 어질지 못하나 자식은 아버지를 무서워하지 않을 수가 없고 형이 비록 어질지 못하나 아우가 공경하지 않을 수가 없다. 《시경》에 이르기를 "형과 아우가 서로 좋아할 것이요, 잘못을 서로 본받지

26 분분(奔奔)은……모양이다 : 【집전】 분분과 강강은 거처할 때에 일정한 짝이 있고, 날 때에는 서로 따르는 모양이다.

27 원악대대(元惡大憝) : 모든 사람들에게 미움을 받는 극악한 자로, 《서경》 〈강고(康誥)〉에 "큰 죄악은 크게 미워하니〔元惡大憝〕, 하물며 불효하고 우애하지 않음에 있어서랴. 자식이 그 아버지의 일을 공경히 하지 아니하여 아버지의 마음을 크게 상하면 아버지는 그 자식을 사랑하지 아니하여 자식을 미워할 것이다. 그리고 아우가 하늘의 드러난 이치를 생각하지 아니하여 능히 그 형을 공경하지 않으면 형 또한 부모가 자식(아우)을 기른 수고로움을 생각하지 아니하여 크게 아우에게 우애하지 않을 것이다. 이런 지경에 이르고도 우리 정사하는 사람들에게 죄를 얻지 않으면 하늘이 우리 백성에게 주신 떳떳함이 크게 없어져 혼란할 것이니, 이러하거든 문왕(文王)이 만든 형벌을 빨리 시행하여 이들을 형벌하고 용서하지 말라."라고 보인다. 심대윤은 《서경채전변정》에서 "삼강오상에 죄를 지은 자를 원악이라 한다.〔得罪於綱常者曰元惡.〕"라고 풀이했다.

말라."[28] 하였으니, 스스로 자기 도리를 다할 뿐이다. 어찌 높여야 할 분의 어짊과 어질지 못함으로 인해 그 분을 높이고 낮추겠는가.

위(衛)나라의 세자가 불초하였는데 그 아우 중에 어진 자가 형을 섬김에 공경을 다하니, 국인(國人)들이 그를 어질게 여겨서 군주가 형을 폐하고 아우를 세워 사직을 편안히 하기를 바랐다. 그러므로 이 시를 지어서 풍자한 것이다.

구설에 위나라 사람들이, 선강(宣姜)이 공자 완(頑)과 사통함을 미워하였기 때문에 혜공이 한 말로 하여 풍자하였다고 하니,[29] 이는 패륜하여 윤리를 끊어 버리는 말이다. 신하가 자식의 말을 하여 군모(君母)의 악을 지척하면서 이르기를 '선량하지 못한 사람'이라고 한다면 이는 패륜하여 윤리를 끊어 버리는 사람이다. 장차 그의 목을 베고 살을 저미고 불에 태우고 맷돌에 갈아도 부족할 것이니, 군자가 도리어 이런 자를 취한단 말인가. 이 설을 주장한 자는 애당초 천지간에 군부가 있음을 알지 못하는 자일 것이다.

까치는 재빨리 걸으며　　　　鵲之彊彊
메추라기는 힘겹게 걷는데　　　　鶉之奔奔
선량하지 못한 사람을　　　　人之無良
내 군주로 섬기리라　　　　我以爲君

28 형과……말라 : 이는 〈기보지십 사간(斯干)〉에 "兄及弟矣, 式相好矣, 無相猶矣."라고 보이는데, 심대윤은 "유(猶)는 '같이 함〔如〕'이니, 형제간에 서로 본받아서 잘못을 해서는 안 되는 것이다. 형이 비록 우애하지 않더라도 아우가 이것을 본받아서 공경하지 않아서는 안 되고, 아우가 비록 공경하지 않더라도 형이 이것을 본받아서 우애하지 않아서는 안 된다."라고 하였다.

29 혜공이……하니 : 《집전》에는 '선량하지 못한 사람'은 공자 완을 말한다고 하였다.

흥이다. 반복해서 말한 것은 깊이 좋게 여긴 것이다. 위군(爲君)[30]은 훗날 장차 군주로 삼음을 말한 것이다. 〈상중〉은 능하면서 능하지 못한 이에게 묻는 것이요 〈순지분분〉은 어질면서 어질지 못한 이를 섬기는 것이니, 성인이 취하여 세상의 법칙으로 삼은 것이다.-"내 형으로 삼는다."는 것은 아우가 된 자의 말이 아니니, 신하의 경우도 똑같다. 군주의 종자(宗子)는 바로 신하들의 형이니, 형의 반열에 있으나 형의 실제가 없으므로 풍자할 수 있는 것이요 폐할 수 있는 것이다. 국인들이 스스로 풍자하였으나, 그 아우가 어질어서 형을 잘 섬기니, 풍자하는 가운데 이 뜻을 붙인 것이다.-

이상은 〈순지분분〉 2장이니, 장마다 4구이다.

양시(楊時)[31]는 이르기를 "《시경》에 〈장유자〉와 〈상중〉의 여러 편을 기재함은 위나라가 적(狄)에게 멸망한 원인[32]을 나타내기 위한

30 위군(爲君) : 《집전》에는 '선량하지 못한 사람'은 선강이고 군(君)은 소군(小君)이라 하였다.

31 양시(楊時) : 명도(明道)와 이천(伊川)의 문인으로 호는 귀산(龜山)이다. 《집전》에 양시의 말로, 위나라가 오랑캐에게 멸망당한 원인을 나타내기 위하여 이 편을 〈정지방중(定之方中)〉의 앞에 기재하였다고 하였다.

32 위나라가……원인 : 적에게 멸망한 무렵의 위나라 정세는 다음과 같다. 위나라 선공(宣公)이 아들 급(伋)을 제(齊)나라에 장가들게 하였는데, 제나라 여인이 미인이란 말을 듣고 자기 아내로 맞이하니, 이가 선강(宣姜)이다. 선강은 수(壽)와 삭(朔)이라는 두 아들을 낳았고, 수는 이복형인 급과 친하게 지냈다. 선강과 삭이 선공에게 급을 모함하자, 선공은 급을 사자로 제나라에 보내면서 자객을 시켜 죽이게 하였다. 수는 이 사실을 알고 급을 살리기 위해 술을 먹여 취하게 한 다음 자신이 사자인 것처럼 꾸미고 가서 자객에게 살해되었다. 급은 뒤늦게 이 사실을 알고 그대로 길을 가다가 또다시 살해되었다. 선공이 죽고 어린 삭이 즉위하니, 이가 혜공(惠公)이다. 혜공이 어린 나위로 즉위하자, 제나라에서는 공자 완(頑)을 시켜 선강과 간통하게 하여 대공(戴公)과 문공(文公), 송나라 환공(桓公)의 부인과 허(許)나라 목공(穆公)의 부인을 낳았다. 혜공이 죽고 의공(懿公)이 즉위하여 정사를 돌보지 않다가 적(狄)에게 멸망하

것이다." 하였으니, 그 말이 망령되다. 시라는 것은 도리와 예의의 곡진함을 밝혀서 사람을 가르친 것이니, 역사책에 그 득실과 성패를 드러낸 것과는 같지 않다. 위나라가 적에게 멸망한 이유는 시에서 언급할 바가 아니다. 천하의 득실과 성패의 연고가 어찌 끝이 있겠는가. 그런데 유독 이 한 가지 일을 들었다면 과연 이것이 충분히 가르침이 되겠는가.

정지방중 定之方中

정성(定星)이 막 혼중성(昏中星)이 되자	定之方中
초궁(楚宮)을 지으니	作于楚宮
해그림자로써 헤아려	揆之以日
초구(楚丘)에 궁실을 짓고	作于楚室
개암나무와 밤나무	樹之榛栗
가래나무와 오동나무 추자나무와 옻나무를 심으니	椅桐梓漆
이것을 베어 거문고와 비파를 만들도다	爰伐琴瑟

《집전》에 말하였다. 부이다. 정(定)은 북방(北方)에 있는 별이니 영실성(營室星)이다. 하정(夏正) 10월의 어두워질 때에 영실성이 하늘 정남(正南)쪽에 나타나는데 이때에 토목 공사를 경영하고 일으킬 수 있으므로 영실성이라 이른다. 초궁(楚宮)은 초구(楚丘)의 궁궐이다.

였으며, 대공이 즉위하였으나 도성이 없어 조읍(漕邑)의 들에 거처하다가 곧바로 죽고, 문공이 뒤를 이어 즉위해서 수많은 어려움을 겪고 나라를 부흥하였는바, 이 내용이 아래에도 보인다.

규(揆)는 헤아림이니, 여덟 자 되는 나무를 세워놓고는 해가 뜨고 질 때의 그림자를 헤아려 동서(東西)를 정하고, 한낮의 그림자로 남북(南北)을 정하는 것이다. 초실(楚室)은 초궁(楚宮)이니, 호문(互文)[33]하여 운(韻)을 맞춘 것이다. 의(椅)는 재(梓)나무 열매에 오동나무 껍질이요, 재(梓)나무는 추자나무 중에 결이 거칠고 색깔이 희며 열매가 있는 것이다.

살펴보건대 《춘추좌전》에 '위(衛)나라 의공(懿公) 9년에 적(狄)이 위나라를 침입하자 의공이 적인(狄人)과 형택(熒澤)에서 싸우다가 패전하여 죽임을 당하였다.[34] 송(宋)나라 환공(桓公)이 위나라의 유민을 거느리고 황하를 건너 남쪽으로 가서 선강(宣姜)의 아들 신(申)을 세워 조(漕)읍에 초막을 짓고 살게 하니, 이가 대공(戴公)이다. 이 해에 대공이 죽자 그 아우 훼(燬)를 세우니, 이가 문공(文公)이다. 제(齊)나라 환공(桓公)이 초구에 성을 쌓고 위나라 수도를 옮기자, 문공은 거친 삼베옷을 입고 거친 명주 관을 쓰고서, 재목을 기르기를 힘쓰고 농업을 가르치며, 상업을 유통시키고 공인(工人)들에게 혜택을 주며, 교육을 공경히 하고 학문을 권장하며, 정치의 방법을 제시해 주고 능력이 있는 자에 직책을 맡겨서, 원년에는 혁거(革車)가 30승이었는데, 말년에는 마침내 300승이 되었다.' 하였다. 국인들이 이 시를 지어서 그 일을 읊은 것이다.

○이 편은 아(雅)요 풍(風)이 아닌데,[35] 오로지 위나라의 일이어서

33 호문(互文) : 동의어를 섞어 써서 글자의 중복을 피하는 수사법을 가리킨다.

34 위(衛)나라……당하였다 : 이 내용은 《춘추좌전》 민공(閔公) 2년 조에 보인다. 위나라 의공은 학을 좋아하고 우대하여 대부의 수레에 타게 하였다. 이로 인해 민심을 잃어, 적인과 싸울 때 백성들이 "학에게 싸우게 하라."고 하니, 위나라 군대가 대패하였다.

35 아(雅)요 풍(風)이 아닌데 : 심대윤은 〈국풍〉의 서설에서 "아는 장엄한 말로 뜻을 진술해서, 은미하게 풍자하지 않는 것이다.……아는 장엄한 말로 뜻을 진술해서 토속에 관계되지 않으므로 나라를 달지 않았고, 풍은 일에 가탁하여 뜻을 붙여서 인하여 그

이것을 취하여 주(周)나라의 〈대아〉와 〈소아〉에 넣을 수가 없으므로 위나라의 풍에 붙인 것이다.

저 옛 성터에 올라가	升彼虛矣
초구를 바라보노라	以望楚矣
초구와 당읍(堂邑)을 바라보며	望楚與堂
산과 언덕을 해그림자로 헤아려보며	景山與京
내려와 뽕나무가 잘 자라는가를 관찰하니	降觀于桑
점괘에 길하다 하더니	卜云其吉
끝내 진실로 좋도다	終焉允臧

《집전》에 말하였다. 부이다. 허(虛)는 옛 성(城)이다. 초(楚)는 초구(楚丘)이고 당(堂)은 초구의 옆에 있는 고을이다. 영(景 영(影))은 그림자를 헤아려서 방면(方面)을 바로잡는 것이니, '해그림자를 관찰하고 등성이에 올라감〔旣景迺岡〕'[36]의 영(景)과 같다. '뽕나무가 잘 자라는가를 관찰함'은 그 토질이 뽕나무에 적당한가를 살피는 것이다. 이 장(章)은 처음에 경영한 것에 근본해서 이 지역이 끝내 길함을 기뻐한 것이다.

단비가 이미 내리므로	靈雨旣零
저 관인(倌人)을 명하여	命彼倌人
별을 보고 일찍 멍에하여	星言夙駕

정을 볼 수 있으므로 국토에 달아서 풍속과 정교(政敎)가 똑같지 않음을 드러내었다."라고 하였고, 또 〈소아〉의 서설에서 "아 가운데에도 풍에 속하는 것이 있으니, 풍에 아가 있는 것과 같다."라고 하였다.

36 해그림자를……올라감 : 〈대아 공류(公劉)〉에 나온다.

상전(桑田)에 멈추니　說于桑田
다만 이 사람의　匪直也人
마음가짐이 착실하고 깊을 뿐만 아니라　秉心塞淵
큰 암말이 3천 필이나 되도다　騋牝三千

《집전》에 말하였다. 부이다. 관인(倌人)은 멍에를 주관하는 자이다. 성(星)은 별을 보는 것이다. 세(說)는 세(稅)와 같으니, 멈춤이다. 병(秉)은 잡음이다. 말이 7척(尺) 이상인 것을 내(騋)라고 한다.
◯영(靈)은 먼저 나타나는 좋은 징조이다. 영우(靈雨)는 농사에 앞선 비이니, 농사에 앞서 비가 내림은 비를 바라지 않아도 비가 저절로 내린 것이다. 이는 문공이 농업을 권장하는데 부지런하여 다만 그 사람의 마음가짐이 독실하고 깊고 넓을 뿐만이 아니요 그 공효가 부국강병에 이름이 이와 같음을 말한 것이다. 《예기》에 "국군(國君)의 부유함을 물을 경우 말을 세어 대답한다."라고 하였으니,[37] 말의 많고 적음에서 그 밖의 다른 것을 알 수 있는 것이다.

이상은 〈정지방중〉 3장이니, 장마다 7구이다.

37 예기에……하였으니 : 이 내용은 《예기》 〈곡례 하(曲禮下)〉에 "국군의 부유함을 물을 경우 땅의 넓이를 헤아려 대답하되 산과 못에서 나오는 것으로 한다.〔問國君之富, 數地以對, 山澤之所出.〕"라고 하여 마(馬)가 지(地)로 바뀌어 있으며, 다른 예서(禮書)에는 보이지 않는다. 《집전》에 "《예기》에 '국군의 부유함을 물을 경우 말을 세어 대답한다.'라고 하였는데, 지금 키가 큰 암말의 많음이 이와 같다고 하면 말의 생식의 번성함을 알 수 있고, 위나라의 부유함을 알 수 있다.〔《記》曰'問國君之富, 數馬以對', 今言騋牝之衆如此, 則生息之蕃可見, 而衛國之富亦可知矣.〕"라고 보이는바, 저자가 이를 인용한 것으로 보인다. 호산(壺山) 박문호(朴文鎬)의 《시경집전상설(詩經集傳詳說)》에는 '問國君之富 數馬以對' 아래에 "《예기》 〈곡례〉에는 마(馬)가 지(地)로 되어 있으니, 이는 아마도 주자가 은괄(檃栝 적당히 가감)하여 쓴 것일 것이다.〔按《禮記·曲禮》, 馬作地, 此蓋檃栝用之耳.〕"라고 하였다.

체동 蝃蝀

무지개가 동쪽에 있으니	蝃蝀在東
감히 이것을 가리킬 수 없도다	莫之敢指
여자의 시집감은	女子有行
부모 형제를 멀리하는 것이니라	遠父母兄弟

《집전》에 말하였다. 체동(蝃蝀)은 무지개이다.[38]
○비이고 부이다.[39] 전국시대의 유세하는 선비들은 자기의 집안과 나라를 버리고 조상의 선영을 떠나고 친척과 이별하여 열국에 두루 돌아다니며, 다행히 그가 만난 군주가 혼우(昏愚)해서 자기의 귀역(鬼蜮)[40]의 기술을 펼쳐 권세와 총애를 취하기를 바란다. 그러다가 군주가 자기 속셈을 알아채면 또다시 떠나고 다른 나라에 가서, 편안히 거처할 때가 없고 멍에를 풀어놓고 쉴 곳이 없으니, 마치 굶주린 쥐가 동쪽에 구멍을 뚫고 서쪽으로 달아나나 왕왕 덫과 올가미에 걸리는 재앙을 당하는 것과 같다.

〈체동〉이 쓰인 시대에 이미 이런 유세를 시작한 자가 있었으므로

38 체동(蝃蝀)은 무지개이다 : 【집전】 해가 비와 사귐에 갑자기 형질을 이루어 혈기(血氣)가 있는 종류와 같으니, 이는 바로 음양(陰陽)의 기운이 사귀어서는 안 될 때에 사귀는 것이니, 천지(天地)의 음기(淫氣)이다. 동쪽에 있는 것은 저녁 무지개이다.

39 비이고 부이다 : 《집전》에는 비라고 하였으니, 아래 제2장도 같다. 《집전》에 "이는 음분을 풍자한 시이다. 무지개가 동쪽에 있음에 사람들이 감히 가리킬 수 없음을 말하여 음분의 악함을 사람들이 말할 수 없음을 비(比)한 것이다. 더구나 여자가 시집가면 또 마땅히 그 부모와 형제를 멀리해야 하니, 어찌 이것을 돌아보지 않고서 무릅쓰고 행동할 수 있겠는가."라고 하였다.

40 귀역(鬼蜮) : 귀신과 물여우로, 은밀히 남을 해치는 음흉한 사람을 비유한다. 물여우는 물속에서 모래를 머금고 있다가 사람에게 쏜다고 한다.

시인이 이를 풍자한 것이다. 이 사람이 밝은 군주를 저버리고 혼우한 군주를 구함은 마치 무지개가 해를 등지고 생겨남과 같으며, 이 사람이 지조가 없어서 권세에 따라 변통하고 일정한 행실이 없어서 변덕과 속임이 백 가지로 나옴은 마치 무지개가 실제 형체가 없어 높은 듯 낮은 듯하고 일정한 색깔이 없어서 참인 듯 거짓인 듯함과 같다. 이 사람의 권세가 빛나고 혁혁함은 마치 무지개의 광채가 옆으로 뻗쳐 있어서 두려워할 만하지만 손가락으로 가리키고자 하나 할 수도 없고 감히 하지도 못하는 것과 같다. 그러므로 "감히 가리킬 수 없도다."라고 한 것이다.

"여자의 시집감은 부모 형제를 멀리하는 것이다."라는 것은 자기 집안과 나라를 버리고 밖에서 요행을 바라고 위험을 무릅씀을 가탁하여 말한 것이다. 마치 부인의 부귀가 친정아버지 집에 유익함이 없어서, 비록 이르는 곳에서 권세와 총애를 얻으나 끝내 집안을 일으킬 희망이 없고 기업(基業)을 세울 수가 없는 것과 같으니, 유세하는 자가 자신의 마음과 성품을 잃고 분주히 몸을 움직여 자주 위기에 빠지나 끝내 집안을 이루고 기업을 세워서 자손을 위한 계책을 세우지 못한다. 이는 그 재앙을 깊이 말한 것이다. 그러므로 2장에서 거듭 말하여 정녕한 뜻을 다하였다.

아침에 무지개가 서쪽에 오르니	朝隮于西
해가 높이 뜬 아침에 비가 오도다	崇朝其雨
여자의 시집감은	女子有行
부모 형제를 멀리하는 것이니라	遠兄弟父母

비이고 부이다. 《집전》에 말하였다. 제(隮)는 오름이다. 《주례(周禮)》의 십운(十煇)[41]에 아홉째가 제(隮)인데, 제는 무지개이니, 기

(氣)가 아래로부터 올라가는 것이다.

◯숭조(崇朝)는 해가 높이 뜬 때이다.[42] 1장에서 동쪽에 있다고 한 무지개를 여기에서 "아침에 서쪽에 오른다."고 한 것은 무지개가 일정한 장소가 없어서 오직 해를 등짐을 말한 것이다. "해가 높이 뜬 아침에 비가 온다."라는 것은 해가 높이 뜬 아침에 비를 얻는 것이니, 그가 이르는 곳에 번번이 얻는 바가 있음을 말한 것이다. 무지개가 있는데 비가 오면 비가 많이 오지 않고 그치니, 비록 번번이 얻은 바가 있으나 또한 크게 되거나 오래가지 못하는 것이다.

이러한 사람이여	乃如之人也
혼인(昏姻)을 생각하도다	懷昏姻也
크게 신의가 없고	大無信也
천명(天命)을 알지 못하도다	不知命也

부이다. '이러한 사람'[43]이 군주를 섬기기를 구하는 것이니, 그가 하

41 십운(十煇) : 태양 주위에 나타나는 광채와 구름 등의 10가지 모양이다. 첫째는 침(祲)으로, 검은 구름과 붉은 구름이 서로 침입하는 것이며, 둘째는 상(象)으로 한 떼의 붉은 새 모양의 구름이 태양 주위에 있는 것이며, 셋째는 휴(鑴)로 송곳 모양의 구름이 태양을 찌르는 것이며, 넷째는 감(監)으로 관자(貫子) 모양의 붉은 구름이 태양 주위에 있는 것이며, 다섯째는 암(闇)으로 일식과 월식을 이르며, 여섯째는 몽(瞢)으로 해와 달의 빛이 희미한 것이며, 일곱째는 미(彌)로 구름이 태양을 뚫고 지나가는 것이며, 여덟째는 서(敘)로 산 모양의 구름이 질서정연하게 태양의 위에 있는 것이며, 아홉째는 제(隮)로 무지개이며, 열째는 상(想)으로 어떤 모양으로 상상할 수 있는 기운(구름)이 섞여 있는 것이다. 《周禮注疏 卷25 春官 眡祲》

42 숭조(崇朝)는……때이다 : 《집전》에는 "숭(崇)은 마침이니, 날이 샐 때부터 아침밥을 먹을 때까지를 종조(終朝)라고 한다. 막 비가 오다가 무지개가 나타나면 비가 아침만 오고 그침을 말하였으니, 이는 음특(淫慝)한 기운이 음양의 화합을 해침이 있는 것이다."라고 하여 숭조(崇朝)를 종조(終朝)와 같은 뜻으로 해석하였다.

는 바가 크게 신의가 없고 천명을 알지 못하여 자기 분수를 지키지 못한다.-이 시의 묘함은 마치 밝은 태양이 도깨비를 비추고 신묘한 붓이 사람의 간과 폐를 그리는 것과 같다.- 후세의 분쟁하는 나라 사이를 돌아다니면서 일정한 주장이 없이 유세하는 자들은 어찌 이 시를 거울삼지 않는가.

이상은 〈체동〉 3장이니, 장마다 4구이다.

《집전》에 대체로 이것을 음분을 풍자한 시라 하였으나 음분하는 사람이 풍자할 만한 대상인가. 비록 은미하게 풍자함이 있더라도 어느 누가 풍자하는 말이 추악함을 모르겠는가. 군자로서 음분을 풍자한다면 치욕이 아니겠는가. 그리고 음분하는 사람에게 천명을 알지 못한다고 책함은 착오가 아니겠는가. 이런 글이 경서가 될 수 있겠는가.

상서 相鼠

쥐를 보건대 가죽이 있으니	相鼠有皮
사람으로서 위의(威儀)가 없단 말인가	人而無儀
사람으로서 위의가 없는 이는	人而無儀
죽지 않고 무엇하는고	不死何爲

부이다.[44] 상(相)은 봄이니, 천하게 여길 만한 쥐를 보아도 가죽이 있으니, 어찌 하물며 사람으로서 위의가 없겠는가. 위의가 외면에 나타

43 이러한 사람 : 《집전》에는 음분(淫奔)한 자를 가리켜 말한 것이라 하였다.
44 부이다 : 《집전》에는 흥으로 보았으니, 아래 2장과 3장도 같다.

남은 가죽이 밖에 있는 것과 같으니, 마음이 전일하지 않으면 위의를 잃는다. 위의가 전혀 없는 자는 마음에 미친병이 있는 것이니, 죽지 않고 무엇하겠는가.

쥐를 보건대 이빨이 있으니 相鼠有齒
사람으로서 분수를 모른단 말인가 人而無止
사람으로서 분수를 모르는 이는 人而無止
죽지 않고 무엇을 기다리는고 不死何俟

부이다. 이빨은 위아래의 구분이 있어서 위는 정지해 있고 아래는 움직인다.-《주역》〈이괘(頤卦)〉의 뜻에 자세히 나온다.[45]- 지(止)[46]는 분수이니, 사람에게 분수가 있음은 이빨에 위아래가 있는 것과 같다. 사람이 분수를 알지 못하고 멋대로 행동하여 만족할 줄 모르면 죽지 않고 무엇하겠는가.

쥐를 보건대 사체(四體)가 있으니 相鼠有體
사람으로서 예(禮)가 없단 말인가 人而無禮
사람으로서 예가 없는 이는 人而無禮
어찌하여 빨리 죽지 않는고 胡不遄死

45 주역……나온다 : 심대윤의《주역상의점법》〈이괘 초구(初九)〉에 "턱에는 위아래가 있어서, 위는 정지해 있고 아래는 움직이니, 그 상을 취하였다. 그러므로 괘를 위아래로 나눈 것이다. 아래 괘의 세 효는 지위가 없어서 스스로 음식을 마련하여 먹는 자이고, 위 괘의 세 효는 지위가 있어서 남에게 음식을 얻어먹는 자이다.〔夫頤有上下, 上止而下動. 取其象焉, 故分卦爲上下. 下卦三爻, 无位而自食者也; 上卦三爻, 有位而食於人者也.〕"라고 보인다.

46 지(止) :【집전】용지(容止)

부이다. 예가 인(仁)의 쓰임이 됨은 신체가 사람에게 쓰임이 됨과 같으니, 예가 없으면 인이 없게 되고 인이 없으면 사람다움이 없으니, 죽지 않고 무엇하겠는가. 〈채동〉은 분수를 지키지 않고 위험한 일을 행하여 요행을 바람을 풍자한 것이요, 〈상서〉는 무례함을 풍자한 것이니,-예가 있으면 위의와 분수가 그 안에 들어 있다.- 또한 비슷한 부류이다.

이상은 〈상서〉 3장이니, 장마다 4구이다. 이 편은 아(雅)이다.

간모 干旄

펄럭이는 간모(干旄)여	孑孑干旄
준읍(浚邑)의 교외에 있도다	在浚之郊
흰 실로 짜서 매달고	素絲紕之
좋은 말 네 필을 멍에하니	良馬四之
저 아름다운 그대는	彼姝者子
무엇으로써 보답해 주려는고	何以畀之

《집전》에 말하였다. 부이다. 혈혈(孑孑)은 특별히 드러난 모양이다. 간모(干旄)는 물소 꼬리를 깃대 머리에 매달아서 수레 뒤에 꽂는 것이다. 준(浚)은 위(衛)나라 읍(邑)이다. 비(紕)는 직조(織組)한 것이니, 흰 실로 직조하여 동여맨 것이다. 비(畀)는 줌이다.

펄럭이는 간여(干旟)여	孑孑干旟
준읍의 도읍에 있도다	在浚之都

흰 실로 짜서 매달고　　素絲組之
좋은 말 다섯 필을 멍에하니　　良馬五之
저 아름다운 그대는　　彼姝者子
무엇을 주려는고　　何以予之

《집전》에 말하였다. 부이다. 여(旟)[47]는 새매를 그린 깃발이다. ◯수레는 다섯 말을 매는 경우가 없으니, '다섯 필을 멍에한다.'[48]고 한 것은 가탁한 말이다.

펄럭이는 간정(干旌)이여　　孑孑干旌
준읍의 성(城)에 있도다　　在浚之城
흰 실로 짜서 매달고　　素絲祝之
좋은 말 여섯 필을 멍에하니　　良馬六之
저 아름다운 그대는　　彼姝者子
무엇을 말해 주려는고　　何以告之

《집전》에 말하였다. 부이다. 정(旌)은 꿩의 깃털을 쪼개어 깃대의 머리에 다는 것이다. 축(祝)은 연결함이다.
◯'여섯 필을 멍에한다.'고 한 것 또한 가탁한 말이다. 이는 문공이 능히 예로써 현자를 등용함을 말한 것이다.[49] 교외에서 도읍으로 오고 도읍에서 성으로 옴은 점점 가까워짐이니, 진용(進用)함에 차례가 있

47 여(旟) : 《집전》에 주리(州里)에 세우는 깃발로, 위에는 정모(旌旄)를 설치하고 그 아래에는 깃발을 달고 깃발 아래에 술을 달았는데, 모두 새와 새매를 그렸다고 하였다.
48 다섯 필을 멍에한다 : 【집전】 五之는 다섯 마리의 말이니, 그 성함을 말한 것이다.
49 이는……것이다 : 《집전》에는 위나라 대부가 수레를 타고 가서 현자를 만나려고 하는 것으로 보았다.

음을 말한 것이다. 네 필에서 다섯 필이 되고 다섯 필에서 여섯 필이 됨은 점점 후하게 하는 것이니, 총애함에 차등이 있음을 말한 것이다. 진용함에 차례가 있으면 사사로운 사랑이 아니요, 총애함에 차등이 있으면 사사로운 은혜가 아니다.

'흰 실'은 군주의 성실을 비유한 것이요, '좋은 말'은 신하의 재능을 비유한 것이다. "저 아름다운 그대는 무엇으로써 보답해 주려는고."라고 한 것은 군주가 현자에 대하여 사랑하고 좋아하는 마음이 끝이 없어서 생각하기를 게을리하지 않음을 말한 것이요, "무엇을 말해 주려는고."라고 한 것은 신하의 선함이 무궁하기를 바란 것이니, 군주가 신하의 선함을 바라면 예로써 접대하여 선한 신하를 얻게 될 것이다.

이상은 〈간모〉 3장이니, 장마다 6구이다.

재치 載馳

말 달리고 수레 몰아	載馳載驅
돌아가 위후(衛侯)를 위문하리라	歸唁衛侯
말 몰기를 멀리하여	驅馬悠悠
조읍(漕邑)에 이르려 하였는데	言至於漕
대부들이 발섭(跋涉)하고 뒤쫓아 오니	大夫跋涉
내 마음에 근심하노라	我心則憂

《집전》에 말하였다. 부이다. 재(載)는 어조사이다. 국가를 잃은 것을 위문함을 언(唁)이라 한다. 풀섶 길을 걷는 것을 발(跋)이라 하고,

물길을 걷는 것을 섭(涉)이라 한다. 선강(宣姜)의 딸이 허(許)나라 목공(穆公)의 부인이 되었다. 그는 위(衛)나라가 멸망함을 민망히 여겨 장차 조읍으로 가서 위후를 위문하려 이미 길을 떠났는데, 대부들이 뒤쫓아 와서 만류하니, 마침내 가지 못하고 이 시를 지은 것이다. 친정 부모가 돌아가셨을 적에는 귀녕(歸寧)하지 못하는 것이 예법이다.

이미 나를 좋게 여기지 않지만	旣不我嘉
곧바로 돌아가지 못하노라	不能旋反
너에게 좋지 않게 여김을 당하나	視爾不臧
내 그리움을 떨쳐 버릴 수 없노라	我思不遠
이미 나를 좋게 여기지 않지만	旣不我嘉
곧바로 물을 건너가지 못하노라	不能旋濟
너에게 좋지 않게 여김을 당하나	視爾不臧
내 그리움은 그치지 않노라	我思不閟

《집전》에 말하였다. 부이다. 불원(不遠)은 떨쳐 버릴 수 없는 것이다. 비(閟)는 닫음이다. 곧바로 돌아가 물을 건너서 위나라에 이를 수 없는 것이다.

저 아구(阿丘)에 올라가	陟彼阿丘
패모(貝母)를 캐노라	言采其蝱
여자는 근심이 많고	女子善懷
또한 각자 자기 뜻을 행하는데	亦各有行
허(許)나라 사람들은 이를 허물하니	許人尤之
저 사람들 어리고 또 미쳤도다	衆穉且狂

《집전》에 말하였다. 맹(蝱)은 패모이다. 선회(善懷)는 근심하는 생각이 많은 것이니, 《한서(漢書)》에 "강안(江岸)이 많이 붕괴되었다.〔岸善崩.〕"[50]라고 하였다.

○흥이다.[51] 아구(阿丘)는 언덕의 명칭이다.[52] 약초는 맛이 쓰나 병을 치료하고, 대부의 말은 매우 받아들이기가 괴로우나 나의 병을 치료할 수 있다. 그러므로 채택하는 것이다. '역각유행(亦各有行)'은 각자 자기 뜻을 행하는 것이다. "저 사람들 어리고 또 미쳤다."라는 것은 괴롭게 여기는 말인데, 병을 치료할 수 있다는 뜻이 말 밖에 들어 있다.

내 들판을 걸어가니	我行其野
우북한 보리로다	芃芃其麥
큰 나라에 도움을 받고자 하나	控于大邦
누구를 통하며 누구에게 가야 하나	誰因誰極
대부와 군자들아	大夫君子
나를 허물하지 말지어다	無我有尤
그대들이 생각을 백방으로 하나	百爾所思
내가 가는 것만 못하니라	不如我所之

50 강안(江岸)이 많이 붕괴되었다 : 이 내용은 《한서》 권29 〈구혁지(溝洫志)〉에 나오는 낙수(洛水)에 관한 언급인데, 안사고(顔師古)의 주에 "선붕(善崩)은 쉽게 붕괴함을 말한 것이다.〔善崩, 言憙崩也.〕"라고 하였다.

51 흥이다 : 《집전》에는 부로 보았으니 아래 제4장도 같다. 《집전》에 "이미 위나라에 갈 수 없으나, 그리움이 끝내 그치지 않는다. 그러므로 길에 있으면서, 혹은 높은 언덕에 올라가 우상(憂想)의 정을 펴고, 혹은 패모를 캐어 울결(鬱結)의 병을 치료하였다.〔以其旣不適衛而思終不止也, 故其在塗, 或升高以舒憂想之情, 或采蝱以療鬱結之病.〕"라고 하였다.

52 아구(阿丘)는 언덕의 명칭이다 : 【집전】 한쪽이 치우치게 높은 것을 아구라 한다.〔偏高曰阿丘.〕

《집전》에 말하였다. 봉봉(芃芃)은 무성한 모양이다. 극(極)은 이름이다.

○흥이다. 보리는 까끄라기와 가시가 많으나 굶주림을 면할 수 있다. 공(控)은 이끌어 도움이니, 큰 나라에 도움을 받고자 하나 통하여 이를 만한 사람이 없는 것이다. 그대들이 비록 백방으로 생각하나 내가 마침내 가는 것만 못한 것이다. 이는 대부들의 말이 보리의 까끄라기와 가시가 있는 것과 같음을 말한 것인데, 굶주림을 면할 수 있는 뜻이 말 밖에 있다.

이 편은 그 심정의 절박함을 말한 것이 매우 지극하니, 정을 억제하고 예를 지키는 뜻이 저절로 나타난다. 허나라 사람을 깊이 원망한 것은 깊이 좋게 여긴 것이니, 또한 국풍의 문체이다. 〈간모〉는 군주가 예로써 신하를 대한 것이고, 〈재치〉는 신하가 예로써 군주의 잘못을 막은 것이다.

이상은 〈재치〉 4장이니, 두 장은 장마다 6구이고, 두 장은 장마다 8구이다.

이상은 〈용풍〉 10편이다.

위衛

기욱淇奧

저 기수(淇水) 벼랑을 보니	瞻彼淇奧
푸른 대나무 쑥쑥 뻗었도다	綠竹猗猗
문채나는 군자여	有匪君子
잘라놓은 듯 다듬어 놓은 듯	如切如磋
쪼아놓은 듯 갈아놓은 듯하도다	如琢如磨
치밀하고 굳세며	瑟兮僩兮
빛나고 드러나니	赫兮咺兮
문채나는 군자여	有匪君子
끝내 잊을 수 없도다	終不可諼兮

《집전》에 말하였다. 흥이다. 욱(奧)은 《대학》에 욱(澳)으로 되어 있으니, 벼랑이다. 기수(淇水)가에는 대나무가 많으니, 《한서(漢書)》〈구혁지(溝洫志)〉의 '기원(淇園 원림(園林)의 이름)의 대나무'가 이것이다.-《한서》〈구혁지〉에 "무제(武帝)가 호자하(瓠子河)의 터진 곳을 막을 적에 기원(淇園)의 대나무를 넣어서 제방의 자재로 삼았다."[1]라고 하였고, 또 〈《후한서(後漢

1 무제(武帝)가……삼았다 : 한나라 무제 때 황하가 호자(瓠子)에서 터져 호자하로 흐르게 되었는데, 신하를 시켜 터진 곳을 막게 하였으나 번번이 실패하였다. 이로 인해 매년 흉년이 들자 무제가 직접 이 곳에 임하여, 군사 수만 명을 징발하고 장군 이하가 모두 목재를 지고 가서 터진 곳을 막게 하였다. 이 때 목재가 부족하여 기원의 대나무를 제방의 자재로 사용하여 결국 공사를 완성하였다. 《漢書 卷29 溝洫志》

書)》〈구순열전(寇恂列傳)〉에〉 "구순(寇恂)이 기원의 대나무를 베어 화살 100여만 개를 만들었다."[2]라고 하였다.- 의의(猗猗)[3]는 가지가 잘 뻗은 모양이다. 비(匪)는 《대학》에 비(斐)로 되어 있으니 문채가 있는 모양이다. '군자'는 무공(武公)을 가리킨다. 뼈와 뿔을 다루는 자는 칼과 도끼로 잘라 놓고 줄과 대패로 다듬으며, 옥과 돌을 다루는 자는 몽치와 끌로 쪼아 놓고 모래와 돌로 가니, 학식과 덕의 진전에 그침이 없음을 말한 것이다. 훤(咺)은 드러나는 모양이다. 《모시서(毛詩序)》에 이는 무공(武公)을 찬미한 시라고 하였다.

○푸른 대나무가 마디가 있고 색깔이 바뀌지 않는 것을 가지고서 군자의 덕을 흥한 것이다.[4] 슬(瑟)은 견고하고 치밀한 것이니 견고하고 치밀함은 성실함이요, 한(僩)은 엄하고 삼가는 것이니-태만하고 소홀함이 없음을 엄(嚴)이라고 하고, 마음의 힘이 사물에 두루 미치는 것을 각(恪)이라고 한다.- 엄하고 삼감은 공경하고 조심함이다.[5] 《대학》에 "'잘라놓은 듯 다듬어 놓은 듯함'은 학문을 말한 것이요, '쪼아놓은 듯 갈아놓은 듯함'은 스스로 행실을 닦음이요, '치밀하고 굳셈'은 신실(信實)하고 조심함이요,-순(恂)은 신실함이다.[6]- '빛나고 드러남'은 위의(威儀)요, '문채나는

2 구순(寇恂)이……만들었다 : 구순은 광무제(光武帝) 유수(劉秀)를 도와 동한(東漢)을 건립하는데 공을 세운 장수이다. 광무제는 하내(河內)를 평정하고서 구순을 하내 태수로 삼아 운수, 군량 공급, 군사 훈련 등을 맡기고 자신은 북쪽을 정벌하였다. 구순이 이 임무를 수행하면서 기원의 대나무로 화살을 만들어 전방의 군대에 보급하였다. 《後漢書 卷46 寇恂列傳》

3 의의(猗猗) : 【집전】 처음 나와서 유약하고 아름답고 성한 것이다.

4 푸른……것이다 : 【집전】 푸른 대나무가 처음 나와서 아름답고 성함으로써 무공의 학문과 스스로 행실을 닦음이 진보함을 흥한 것이다.

5 슬(瑟)은……조심함이다 : 《집전》에는 슬은 긍장(矜莊)한 모양이고, 한(僩)은 위엄스러운 모양이라 하였다.

6 순(恂)은 신실함이다 : 恂은 두려워함(음이 준)과 신실함(음이 순)의 뜻이 있는데, 심대윤의 《대학고정(大學考正)》에는 恂慄을 '두려워하고 삼가고 조심함〔畏懼敬憚〕'이

군자여 끝내 잊을 수 없음'은 성한 덕과 지극한 선(善)을 백성들이 잊지 못함을 말한 것이다."라고 하였다.

이 편은 아(雅)이니, 오로지 무공의 덕을 읊었는데,[7] 주(周)나라의 〈대아〉와 〈소아〉에 넣을 수가 없으므로 그 나라의 풍(風)에 붙인 것이다.

저 기수 벼랑을 보니	瞻彼淇奧
푸른 대나무 청청(青青)하도다	綠竹青青
문채나는 군자여	有匪君子
귀막이가 수영(琇瑩)이며	充耳琇瑩
피변(皮弁)에 꿰맨 것이 별처럼 빛나도다	會弁如星
치밀하고 굳세며	瑟兮僩兮
빛나고 드러나니	赫兮咺兮
문채나는 군자여	有匪君子
끝내 잊을 수 없도다	終不可諼兮

《집전》에 말하였다. 흥이다. 충이(充耳)는 귀막이요, 수영은 옥과

라 하여 恂을 '두려워함'으로 해석하였고, 주자의 《대학집주(大學集註)》에도 恂慄을 두려워함〔戰懼〕으로 해석하였다.

7 무공의 덕을 읊었는데 : 《집전》에서도 무공을 찬미한 시로 보아 "《국어(國語)》를 살펴보면 무공은 나이가 95세였는데도 오히려 나라에 경계하기를 '경(卿)으로부터 이하로 대부와 여러 사(士)들에 이르기까지 만일 조정에 있는 자들이면 내가 늙었다고 하여 나를 버리지 말고, 반드시 조정에서 삼가고 공손히 하여 서로 나를 경계하라.' 하였고, 마침내 〈대아 억(抑)〉의 시를 지어 스스로 경계했다고 하였다. 〈소아 빈지초연(賓之初筵)〉 역시 무공이 자신의 잘못을 뉘우치고 지은 것이니, 그렇다면 그가 문장력이 있고 능히 간하는 말을 받아들여 예로써 스스로 방비했음을 알 수 있다.〔按《國語》, 武公年九十有五, 猶箴儆于國曰'自卿以下至于師長、士, 苟在朝者, 無謂我老耄而舍我, 必恪恭於朝, 以交戒我', 遂作《懿》戒之詩以自警. 而《賓之初筵》, 亦武公悔過之作, 則其有文章而能聽規諫, 以禮自防也, 可知矣.〕"라고 하였다.

비슷한 돌이니, 천자는 옥으로 귀막이를 하고, 제후는 돌로 귀막이를 한다. 회(會)는 솔기이니, 옥으로써 피변의 솔기 가운데를 장식하여 빛나는 별과 같은 것이다.
○'귀막이가 수영이며 피변에 꿰맨 것이 별처럼 빛나도다'는 절차탁마(切磋琢磨)하는 공부가 저와 같이 마음에 부지런하여, 위의가 외면에 나타남이 이와 같이 아름다움을 말한 것이다.[8]

저 기수 벼랑을 보니　瞻彼淇奧
푸른 대나무가 살평상과 같도다　綠竹如簀
문채나는 군자여　有匪君子
금(金)과 같고 석(錫)과 같으며　如金如錫
규(圭)와 같고 벽(璧)과 같도다　如圭如璧
너그럽고 여유 있으니　寬兮綽兮
아, 중각(重較)이로다　猗重較兮
희학(戲謔)을 잘하니　善戲謔兮
지나침이 되지 않도다　不爲虐兮

너그럽고 여유가 있으면서도 공경하기 때문에, 능히 희학을 잘하면서도 지나침이 되지 않는 것이다.

《집전》에 말하였다. 흥이다. '살평상과 같음'은 대나무가 빽빽함을 말한 것이다.
○의(猗)[9]는 의(倚)가 되어야 하니 의지함이다. 금(金)과 석(錫)은 견고하고 영구함을 말한 것이요, 규(圭)와 벽(璧)은 사람됨이 귀중한

8 귀막이가……것이다 : 【집전】 대나무의 견강(堅剛)하고 무성함으로써 복식의 존엄함을 흥하여, 그 덕이 의복에 걸맞음을 나타낸 것이다.
9 의(猗) : 《집전》에는 감탄사라고 하였다.

보배로 여길만함을 말한 것이다.[10] 몸에 닦아서 이것이 밖으로 드러나고 효험으로 나타남은 덕(德)의 순서이다. 관(寬)은 사나움의 반대요 작(綽)은 급함의 반대이다. 중각(重較)은 《집전》에 "경사(卿士)의 수레이다.[11] 각(較)은 두 의(輢 거상(車箱)의 양쪽 옆판)의 위에 식(軾 거상 앞의 가로 나무)보다 높이 나온 것이니,[12] 수레의 양쪽 옆에 있다."라고 하였으니, 이는 지위에 거하여 행실을 공경함을 말한 것이다.-공경할 대상이 있으면 〈이에 기대어〉 경례를 한다.[13]-

희학을 하여 지나침〔虐〕이 되는 것은 어떻게 하면 지나침이 되는

10 금(金)과……것이다 : 【집전】 '금·석'은 단련함이 정순(精純)함을 말한 것이요, '규·벽'은 타고난 자질이 온윤함을 말한 것이다.

11 경사(卿士)의 수레이다 : 이는 모형(毛亨)의 전(傳)에 나온 것인데, 공영달(孔穎達)의 소에 "《모시서》에 '무공이 주나라 조정에 들어가 도왔다.'라고 하고, 여기서 '아, 중각이로다.'라고 하였으므로 '경사의 수레'라고 한 것이다.〔《序》云'入相於周', 而此云'猗重較兮', 故云卿士之車.〕"라고 하였다. 경사는 주나라의 집정이 된 자로, 〈소아 십월지교(十月之交)〉의 《집전》에 "경사는 육경(六卿) 이외에 다시 도관(都官)을 두어 육관(六官)의 일을 총괄하게 한 것이다."라고 하였다. 중각은 옛 주에 설명이 없는데, 공영달의 소에 천자와 그 신하의 수레는 각(較)의 높이가 제후의 수레보다 높다고 하였고, 《삼례사전(三禮辭典)》에는 각이 수레의 옆에 큰 귀처럼 있고 그 위에 다시 갈고리 모양의 동(銅) 장식이 작은 귀처럼 있어서 중각 또는 중이(重耳)의 명칭이 있다고 하였다.

12 각(較)은……것이니 : 이 내용은 《주례》의 정현의 주에 나온 것으로, 《주례》 〈동관고공기(冬官考工記) 여인(輿人)〉에 "거상 너비의 반을 식의 높이로 하고, 거상 길이의 반을 각의 높이로 한다.〔以其廣之半爲之式崇, 以其隧之半爲之較崇.〕"라고 하였는데, 이에 대한 정현의 주에 "병거의 식은 높이가 3척 3촌이다. 각은 양쪽 두 의(輢)의 위에 식보다 높이 나온 것이다. 병거는 각으로부터 아래까지 모두 5척 5촌이다.〔兵車之式高三尺三寸. 較, 兩輢上出式者. 兵車自較而下凡五尺五寸.〕"라고 보인다. 또 의(輢)는 《주례》 〈동관고공기 서(序)〉의 정현의 주에 수(殳)·모(矛)·과(戈)·극(戟) 등의 창을 모두 의에 꽂는다고 하였다.

13 공경할……한다 : 수레에 탄 자가, 군주의 수레를 끄는 말을 보면 수레 앞쪽의 식에 기대어 경례하는 예가 있는데, 심대윤은 옆쪽의 가로 나무인 각에도 기대어 경례를 한다고 본 것이다.

가? 《예기》에 이르기를 "활을 조이기만 하고 풀어 놓지 않듯이 백성을 오랫동안 부리기만 하고 풀어 주지 않는다면 문왕(文王)과 무왕(武王)도 다스리지 못하고, 활을 풀어 놓기만 하고 조이지 않듯이 백성을 편안히 즐기게만 한다면 문왕과 무왕도 하지 않는다. 한 번 조이고 한 번 풀어 놓는 것이 문왕과 무왕의 도이다."[14]라고 하였다. 군자의 도는 안으로 정도(正道)를 지키고 밖으로는 권도(權道)를 행해서, 예(禮)로써 분수를 엄하게 하고 악(樂)으로써 여러 사람들을 화합하게 한다. 그러므로 능히 한결같지 않은데도 하나를 이루고 같지 않은데도 동화하는 것이다.[15]

군자는 마음가짐을 방정하게 하고 몸가짐을 엄하게 삼간다. 그러나 화락하고 평이하게 여러 사람을 대하지 않으면 천하 사람들을 친하게 따르게 할 수 없으니, 화락하고 평이하게 하지 않는 자를 일러 '함께 인(仁)을 하기 어려운 자'[16]라고 하는 것이다. 이 때문에 군자는 항상

14 활을……도이다 : 이는 《예기》 〈잡기 하(雜記下)〉에 보인다.

15 예(禮)로써……것이다 : 이 내용에 관하여 다음을 참고할 만하다. 《예기정해(禮記正解)》 〈악기(樂記)〉에서 심대윤은 "예는 나누고 달리하는 것이고, 악은 합하고 동화하는 것이다. 나누지 않으면 합할 수 없고, 달리하지 않으면 동화할 수 없다. 조리 있게 나눈 뒤에야 능히 합할 수 있고, 물건마다 달리한 뒤에야 능히 동화할 수 있다. 같지 않은데도 동화하므로 능히 동화하고, 한결같지 않은데도 하나를 이루므로 능히 하나를 이루는 것이다. 같음과 다름을 합하여 하나를 이루므로 대동(大同)이요, 한결같음과 한결같지 않음을 합하여 하나를 이루므로 대일(大一)이다. 예악은 치일(致一 하나를 이룸)의 도이다.〔禮者, 分異者也; 樂者, 合同者也. 不分則不合, 不異則不同. 條條而分之, 然後乃能合也; 物物而異之, 然後乃能同也. 不同而同, 故能同; 不一而一, 故能一也. 合同與異而同, 故大同也; 合一與不一而一, 故大一也. 禮樂者, 致一之道也.〕"라고 하였다.

16 함께……자 : 《논어》 〈자장(子張)〉의 증자(曾子)의 말에 "당당하구나, 자장(子張)이여. 함께 인을 하기 어렵도다.〔堂堂乎, 張也! 難與竝爲仁矣.〕"라고 보인다. 이에 대해 심대윤의 《논어》에 "온순하고 어질고 공손하고 겸양하는 덕이 부족한 것이니, 군자는 독실하게 할 뿐이다.〔少溫良恭讓之德也, 君子慥慥爾.〕"라고 하였다.

엄숙한 얼굴빛과 근엄한 말을 높고 뛰어난 것이라 여기지 않고, 사이사이에 담소와 희학을 하여 화평함으로써 사람을 대한다. 이로 인해 사람들이 친애하고 기뻐하고 마음속으로 복종하여 기꺼이 자신의 실정을 다 털어놓으며, 어렵게 여기고 소원히 대하는 마음을 품지 않는 것이다.

조조(曹操)가 손뼉을 치고 즐거워하며 담소하고[17] 손책(孫策)이 능히 담소하여,[18] 영웅들을 가까이 따르게 하여 환심을 얻을 수 있었으니, 더구나 군자로서 온순하고 공손하고 너그러우며 담소와 희학을 잘 하는 자에 있어서랴. 와서 만나 보는 사람들이 춘풍의 가운데에 있는 듯하고 진국의 맛 좋은 술을 마시는 듯하여 자기도 모르게 즐거워지면서 절로 취하게 된다.

희학을 잘하지 못하는 자는 자신이 두려워하는 상대에게는 아첨하고 소홀히 하는 상대에게는 친압하고 업신여기니, 이것이 이른바 학(虐)이다. 남의 아첨을 좋아하는 자는 오직 소인만이 그러하니, 군자는 아첨을 싫어한다. 소인을 기쁘게 하면 끝내 힘을 얻지 못하고 화(禍)를 얻으며, 군자에게 미움을 받으면 또한 끝내 포상을 받지 못하고 죄를

17 조조(曹操)가……담소하고 : 이 내용은 제갈량(諸葛亮)의 〈후출사표(後出師表)〉에 "옛날에 선제(先帝)께서 초(楚) 땅에서 패전하시니, 이때를 당하여 조조는 손뼉을 치면서 천하를 이미 평정했다고 생각했습니다.〔昔先帝敗軍於楚, 當此時, 曹操拊手, 謂天下已定.〕"라고 보이고, 《삼국지(三國志)》〈위지(魏志) 무제기(武帝紀)〉의 배송지(裴松之)의 주에 "조조는 사람들과 담론할 때마다 희롱하고 시가(詩歌)를 읊으며 숨기는 바 없이 다 말하였고, 즐거워 크게 웃을 적에는 안주 그릇에 머리를 처박아 두건에 온통 안주가 묻기도 하였으니, 그 경박함이 이와 같았다.〔每與人談論, 戲弄言誦, 盡無所隱, 及歡悅大笑, 至以頭沒杯案中, 肴膳皆沾汚巾幘, 其輕易如此.〕"라고 보인다.

18 손책(孫策)이 능히 담소하여 : 이 내용은 《삼국지》〈오지(吳志) 손책전(孫策傳)〉에 "손책의 사람됨은 풍채와 용모를 아름답게 꾸미고 담소를 좋아하고 성정이 활달하고 남의 의견을 잘 받아들이고 사람 쓰는 것을 잘하였으니, 이 때문에 그를 만난 선비와 백성들이 마음을 다하여 기꺼이 목숨을 바치지 않는 자가 없었다.〔策爲人, 美姿顔, 好笑語, 性闊達聽受, 善於用人, 是以士民見者, 莫不盡心, 樂爲致死.〕"라고 보인다.

얻게 되니, 죄와 화가 함께 이르는데 어찌 실패하지 않겠는가.

《서경》에 이르기를 "군자를 친압하고 업신여기면 그 마음을 다하게 할 수 없고, 소인을 친압하고 업신여기면 그 힘을 다하게 할 수 없다."[19] 라고 하였는데, 이뿐만이 아니다. 친압하고 업신여김은 남을 낮추지 못하나 자신은 능히 낮추어서 남의 경멸과 천시를 받게 되고, 친압함과 업신여김은 남을 기쁘게 하지 못하나 능히 남을 부끄럽게 하여 남의 원한과 분노를 사게 된다. 속담에 이르기를 "전쟁이 장난과 조소(嘲笑)에서 일어난다."고 하였으니, 장난과 조소도 삼가지 않으면 안 된다. 아첨하는 자는 자신을 공경하지 않고, 친압하고 업신여기는 자는 남을 공경하지 않으니, 두 가지를 끊지 않으면 그 마음이 공경하지 않음을 알 수 있다.

이 장은 군자의 덕이 효험으로 나타남을 말하고서 군자가 희학을 잘함으로 끝맺었으니, 군자와 교제하는 사람들이 군자에게 기쁜 마음으로 복종하지 않는 이가 없음을 나타낸 것이다.-군자는 희학을 하나 희롱하지는 않는다.-

이상은 〈기욱〉 3장이니, 장마다 9구이다.

고반 考槃

고반(考槃 행실이 아름다운 자)이 시냇가에 있으니	考槃在澗
석인(碩人)의 마음이 넉넉하도다	碩人之寬
홀로 자고 깨어 말하나	獨寐寤言

19 군자를……없다 : 이는 《서경》 〈여오(旅獒)〉에 보인다.

부이다. 고(考)는 아름답고 훌륭함〔令善〕이다. 반(槃)은 반(盤)과 같으니 반선(盤旋 예절을 행하며 돌고 나아가고 물러남)이다. 고반(考槃)은 스스로 반선을 아름답게 하는 것이니,[20] 《주역》에 "자신의 주선(周旋)을 아름답고 상서롭게 한다.〔考祥其旋〕"[21]라고 한 것이 이것이다. 산 사이의 물을 간(澗)이라고 한다. 관(寬)은 스스로 너그럽게 하여 근심하지 않는 것이다.

홀로 자고 홀로 깨고 홀로 말하면서 이 뜻을 잊지 않기를 맹세하였으니, 《주역》〈비괘(否卦)〉에 '덕을 검소하게 하여 난을 피함'[22]과 〈곤괘

20 고(考)는……것이니 : 【집전】 고(考)는 이룸이요, 반(槃)은 반환(盤桓 머뭇거림)의 뜻이니, 은거하는 집을 이룸을 말한 것이다. 진씨(陳氏)는 말하기를 '고는 두드림이요, 반은 그릇 이름이니, 그릇을 두들겨 노랫가락을 맞추는 것이니, 동이를 두드리고 질장구를 쳐서 음악으로 삼는 것과 같다.' 하였으니, 두 해설이 어느 것이 옳은지 알지 못하겠다.

21 자신의……한다 : 이는 《주역》〈이괘(履卦 ䷉)〉의 상구(上九) 효사에 "視履, 考祥其旋, 元吉."이라고 보이는데, 심대윤에 의하면 이 효사는 "사람들이 자신이 행한 것을 보니 주선을 아름답고 상서롭게 하면 크게 길하리라."로 해석된다. 심대윤은 "군자는 남들이 보고 본보기로 삼는 바이므로 '시리(視履)'라고 하였으니, 몸가짐과 행동이 볼 만함을 말한 것이다. 《시경》에 '군자가 행하는 바요 소인들이 보는 바이다.'라고 하였다.……고(考)는 영(令)이다. 보고 듣고 말하고 동함이 종용히 예(禮)에 맞아 주선함에 아름답고 상서로운 광채가 있으므로 '고상기선(考祥其旋)'이라 하였다.……원길(元吉)은 힘을 쓰지 않고 크게 길한 것이다.〔人之所視而爲則象也, 故曰視履, 言容止可觀也. 《詩》云: '君子所履, 小人所視.'……考, 令也. 視聽言動, 從容中禮, 其周旋令善而祥光, 故曰'考祥其旋'.……元吉, 不用力而大吉也.〕"라고 하였다. 《周易象義占法》 반면에 정이천(程伊川)에 의하면 이 효사는 "행한 것을 보아 길흉을 상고하되 그 주선함이 완벽하면 크게 선하고 길하리라."라고 해석한다. 《周易傳義》

22 덕을……피함 : 〈비괘(䷋)〉의 대상전(大象傳)에 "천지가 사귀지 않음이 비(否)이니, 군자가 보고서 덕을 검소하게 하여 난을 피해서 녹봉으로써 영화롭게 하지 말아야 한다.〔天地不交否, 君子以, 儉德辟難, 不可榮以祿.〕"라고 보이는데, 심대윤은 "검덕(儉

(困卦)〉에 '명(命)에 맡겨 뜻을 이룸'[23]과 잠룡(潛龍)이 '세상에 은둔하여도 근심하지 않으며 뜻이 확고하여 뽑을 수 없는 것'[24]이 이것이다.

德)은 자신의 덕을 빛내지 않는 것이다.……군자가 영화와 이로움을 싫어하는 것이 아니라, 비색하여 막힌 세상에서 화와 난을 함께하지 않고자 하므로 더불어 영화와 이로움을 함께하지 않는 것이다. 혼우한 임금과 어지러운 신하가 위에 있어 자신의 말을 들어주지 않고 자신의 계책을 써 주지 않아 뜻이 통하지 않고 도가 합하지 않으므로 덕을 검소하게 하여 깊이 감추어서 세상을 잊고 홀로 선을 행하는 것이다.〔儉德, 不耀其德也.……君子匪惡榮利也, 惟其不欲同禍難, 故不與共榮利. 昏君亂臣在上, 言不聽, 計不用, 志不通, 道不合, 故斂德深藏, 遺世獨善也.〕"라고 하였다. 《周易象義占法》

23 명(命)에……이룸 : 〈곤괘(䷮)〉의 대상전에 "못에 물이 없음이 곤이니, 군자가 보고서 명에 맡겨 뜻을 이룬다.〔澤无水困, 君子以, 致命遂志.〕"라고 하였는데, 심대윤은 "치(致)는 맡김이다. 명에 맡겨 순함을 따름은 감(坎 ☵)괘의 물이 험한 곳에서 땅을 따라 순하게 흐름에서 상(象)을 취한 것이고, 뜻을 이루어 분수를 넘지 않음은 태(兌 ☱)괘의 못이 기쁘고 윤택하여 터지지 않음에서 상을 취한 것이다.〔致, 委致也. 委命而隨順, 象坎水之險而隨地順流也; 遂志而不濫, 象兌澤之悅潤而不決也.〕"라고 하였다. 《周易象義占法》 치명(致命)은 정이천에 의하면 '명을 지극히 함'이고, 주자에 의하면 '목숨을 바침'이다. 《周易傳義》

24 잠룡(潛龍)이……없는 것 : 《주역》〈건괘(乾卦 ䷀) 문언전(文言傳)〉에 '잠룡은 쓰지 말라.〔潛龍勿用〕'에 대하여 "용덕(龍德)을 가지고 은둔한 자이니, 세상에 따라 변치 않으며 명성을 이루려 하지 않아, 세상에 은둔하여도 근심하지 않으며, 남으로부터 인정을 받지 못하여도 고민하지 않아, 즐거운 세상이면 도를 행하고 걱정스런 세상이면 떠나가서, 뜻이 확고하여 뽑을 수 없는 것이 잠룡이다.〔龍德而隱者也, 不易乎世, 不成乎名, 遯世无悶, 不見是而无悶, 樂則行之, 憂則違之, 確乎其不可拔, 潛龍也.〕"라고 보인다. 심대윤은 이에 대하여 "'즐거운 세상이면 도를 행함'은 그 뜻이 천하를 잊지 않음이요, '걱정스런 세상이면 떠나감'은 명철하여 몸을 보전함이요, '세상에 따라 변치 않음'은 시속(時俗)에 빠지지 않음이요, '명성을 이루려 하지 않음'은 시속을 따라 명예를 구하지 않음이다. 군자는 만세의 중용이 되어 한 시대의 길흉을 돌아보지 않으므로 능히 이처럼 지극히 어려운 일을 하는 것이다. 군자의 도는 남과 이로움을 함께하는 것이고 그 학문은 몸을 세우고 백성을 편안히 하는 방법이니, 이를 버리고 시속을 따라서는 안 되며 또한 할 수도 없는 것이다. 그러므로 고민하지 않는 것이다.〔'樂則行之', 志不忘天下也; '憂則違之', 明哲保身也; '不易乎世', 不爲時俗所溺也; '不成乎名', 不爲隨俗而求譽也. 君子爲萬世之中庸, 而不顧一時之利鈍, 故能爲此至難之事也. 君子其道則物與同利也, 其學則立身安民之術也, 不可舍之而趨時, 亦所不能也, 故无悶也.〕"라고

현자가 난세를 만나서 사람들이 자신을 알아주지 않으니, 나아가 공을 이룰 수 없음을 스스로 헤아린다. 그러므로 은거하여 뜻을 이루어서 스스로 생활에 만족하여 세상에 바라고 구차히 구하는 마음이 없는 것이다. 이것이 어찌 잠시 천하를 잊은 것이랴. 다만 시대가 불우하므로 편안히 지낼 뿐이니, 소인들이 스스로 높은 체하여 세상에 돌아가지 않겠다고 맹세하는 것과 다르다.[25] 이 편은 아(雅)이다.

고반이 언덕에 있으니	考槃在阿
석인이 뜻을 굳게 지키도다	碩人之薖
홀로 자고 깨어 노래하나	獨寐寤歌
길이 이 뜻을 어기지 않기로 맹세하도다	永矢弗過

부이다. 과(薖)[26]는 굳게 지키는 뜻이다. 과(過)는 떠나가 머물지 않음이니, 불과(弗過)는 그 뜻을 굳게 지켜서 떠나지 않음을 말한 것이다.[27]

고반이 높은 육지에 있으니	考槃在陸
석인이 뜻을 바꾸지 않도다	碩人之軸

하였다.《周易象義占法》

25 다만……다르다 : 【집전】 시인이 현자가 산골 시냇가에 은거하면서 덕이 크고 넓고 너그러워 근심하는 뜻이 없어서, 비록 홀로 자고 깨어 말을 하나, 오히려 스스로 이 즐거움을 잊지 않겠다고 맹세함을 찬미한 것이다.

26 과(薖) : 【집전】 과(薖)는 뜻이 상세하지 않다. 혹자는 또한 관대(寬大)한 뜻이라고 한다.

27 불과(弗過)는……것이다 : 【집전】 영시불과(永矢弗過)는 원하는 바가 이 즐거움을 넘지 않기를 스스로 맹세한 것이니, 장차 이대로 일생을 마치려는 듯이 한다는 뜻이다.

홀로 자고 깨었다가 다시 누웠으나 獨寐寤宿
길이 남에게 요구하지 않기로 맹세하도다 永矢弗告

부이다. 축(軸)[28]은 옮기지 않고 바꾸지 않는 뜻이니, 수레의 축은 옮기지 않고 바꾸지 않는다. 숙(宿)은 누움이다. 불곡(弗告)[29]은 남에게 요구하는 말을 하지 않는 것이다. 너그럽기 때문에 잊지 않을 수 있고, 굳게 지키기 때문에 뜻을 지킬 수 있고, 바뀌지 않기 때문에 남에게 요구하지 않을 수 있는 것이다. 능히 이와 같이 하는 자는 그 도(道)로 스스로 즐거워하여 후회가 없을 수 있고, 의(義)로 스스로 편안하여 부끄러움이 없을 수 있고, 지혜로 스스로 만족하여 실패가 없을 수 있고, 덕으로 자립하여 폐지함이 없을 수 있다.

이상은 〈고반〉 3장이니, 장마다 4구이다.

석인 碩人

석인(碩人)이 키가 훤칠하니 碩人其頎
비단옷을 입고 그 위에 홑옷을 덧입었도다 衣錦褧衣
제후(齊侯)의 자식이요 齊侯之子
위후(衛侯)의 아내요 衛侯之妻
동궁(東宮)의 매씨(妹氏)요 東宮之妹
형후(邢侯)의 이(姨)요 邢侯之姨

28 축(軸) : 【집전】 머뭇거리고 떠나지 않는 뜻〔盤桓不行之意〕
29 불곡(弗告) : 【집전】 이 즐거움을 남에게 말하지 않는 것이다.

담공(譚公)이 사(私)로다　　譚公維私

《집전》에 말하였다. 부이다. 석인(碩人)은 장강(莊姜)을 가리킨 것이다. 기(頎)는 긴 모양이다. 경(褧)은 홑옷이니, 비단옷을 입고 홑옷을 덧입는 것은 문채가 드러남을 싫어하는 것이다. 《예기》에는 경(褧)이 경(絅)으로 되어 있다.[30] 동궁(東宮)은 태자가 거처하는 궁이니, 장강은 제(齊)나라 태자인 득신(得臣)의 여동생이다. 아내의 자매를 이(姨)라 하고, 자매의 남편을 사(私)라 한다. 형후와 담공은 모두 장강 자매의 남편이니, 여기서는 서로 바꾸어 말한 것이다. 《춘추좌전》에 말하였다. "장강이 아름다웠으나 아들이 없자, 위나라 사람들이 그를 위하여 〈석인〉을 지었다."[31]

손은 부드러운 삘기와 같고　　手如柔荑
살은 엉긴 기름처럼 곱고[32]　　膚如凝脂
목은 굼벵이와 같고　　領如蝤蠐
치아는 박씨와 같고　　齒如瓠犀
매미 머리에 나비 눈썹이로소니　　螓首蛾眉
예쁘게 웃음에 보조개가 보이며　　巧笑倩兮
아름다운 눈에 흑백(黑白)이 분명하도다　　美目盼兮

30 예기에는……있다 : 《예기》 〈중용(中庸)〉에 "《시경》에 이르기를 "비단옷을 입고 홑옷을 덧입는다." 하였으니, 문채가 드러남을 싫어해서이다. 그러므로 군자의 도는 은은하나 날로 드러나고, 소인의 도는 선명하나 날로 없어지는 것이다.〔《詩》曰"衣錦尙絅", 惡其文之著也. 故君子之道, 闇然而日章, 小人之道, 的然而日亡.〕"라고 보인다. 〈정풍(鄭風) 봉(丰)〉에도 '의금경의(衣錦褧衣)'로 되어 있다.

31 장강이……지었다 : 이는 《춘추좌전》 은공(隱公) 3년 조에 보인다.

32 손은……곱고 : 【집전】 띠풀이 처음 난 것을 이(荑)라 하니, 부드럽고 흼을 말한 것이다. 응지(凝脂)는 기름이 식어서 엉긴 것이니, 또한 살결이 흼을 이른다.

《집전》에 말하였다. 부이다. 영(領)은 목이다. 추제(蝤蠐)는 나무 벌레 중에 희고 긴 것이다. 호서(瓠犀)는 박의 씨이니, 색깔이 희고 가지런히 늘어서 있다. 진(螓)은 매미와 같은데 작으니, 그 이마가 넓고 방정하다. 아(蛾)는 누에의 나방이니, 그 눈썹이 가늘고 길며 굽어져 있다. 천(倩)은 입의 보조개가 아름다운 것이요, 변(盼)은 눈의 흑백이 분명한 것이다.

석인이 한가로이	碩人敖敖
농교(農郊)에 머물도다	說于農郊
네 필의 말이 건장하며	四牡有驕
붉은 재갈 선명도 한데	朱幩鑣鑣
적거(翟車)를 타고 가 조회하니	翟茀以朝
대부들은 일찍 물러가	大夫夙退
소군을 수고롭게 말라고 하였다	無使君勞

《집전》에 말하였다. 부이다. 세(說)는 세(稅 머무름)와 같다. 농교(農郊)는 가까운 교외이다. 분(幩)은 표(鑣)의 꾸밈이니, 표는 말 재갈 밖의 쇠이다.[33] 표표(鑣鑣)는 성함이다. 적(翟)은 적거(翟車)이니, 부인(夫人)의 수레는 꿩의 깃털로 꾸민다. 불(茀)은 수레의 가리개이니, 부인(婦人)의 수레는 가리개를 설치하여 막는다.

○조회에서 대부들이 처음 소군(小君 제후의 부인)을 뵌 것이니, 군(君)은 소군이다.[34] 오오(敖敖)[35]는 한가로운 모양이다.

33 분(幩)은……쇠이다 : 【집전】 군주는 붉은 끈으로써 표를 감는다.〔人君, 以朱纏之也.〕

34 조회에서……소군이다 : 《집전》에는 군을 군주로 보아 "이것은 장강이 제나라로부터 시집올 때에 가까운 교외에 머물면서 이 성대한 수레와 말을 타고서 군주의 조정에

하수(河水)가 넘실넘실 흘러 河水洋洋
북으로 콸콸 흐르거늘 北流活活
철썩철썩 그물을 치니 施罛濊濊
전어(鱣魚)와 상어가 팔딱거리며 鱣鮪發發
갈대가 길쭉길쭉한데 葭菼揭揭
여러 강씨(姜氏)들은 많기도 하며 庶姜孽孽
여러 선비들은 건장도 하더니라 庶士有朅

《집전》에 말하였다. 부이다. 황하는 제나라의 서쪽, 위나라의 동쪽 지역에서 북쪽으로 흘러 바다로 들어간다. 양양(洋洋)은 물이 성대한 모양이요, 활활(活活)은 흐르는 모양이다. 고(罛)는 그물이다. 활활(濊濊)은 그물이 물에 들어가는 소리이다. 전(鱣)은 용(龍)과 비슷한데 황색이고 머리가 뾰족하며 입이 턱 밑에 있고 등과 배에 모두 단단한 껍질이 있으니, 큰 것은 천여 근이나 된다. 유(鮪)는 전어와 비슷한데 작으며 청흑색이다. 발발(發發)[36]은 많은 무리가 도약하는 모양이다. 담(菼)은 완(薍 갈대)이니, 적(荻)이라고도 한다. 게게(揭揭)는 높이 선 모양이다. 얼얼(孽孽)[37]은 자식이 많은 모양이다. 걸(朅)은 굳센 모양이다.

○1장은 일가친척의 귀함을 말하였고[38] 2장은 용모의 아름다움을 말하

들어오니, 국인들이 장강을 얻어 장공(莊公)의 배필로 삼음을 즐거워하였다. 그러므로 국인들이 이르기를 '군주에게 조회하는 여러 대부들은 마땅히 일찍 물러가서 군주로 하여금 정사에 너무 수고하여 부인과 친할 수 없게 하지 말라.'고 했었는데, 지금엔 그렇지 못함을 탄식한 것이다."라고 하였다.

35 오오(敖敖) : 《집전》에는 '긴 모양〔長貌〕'이라 하여 장강의 키가 큰 것으로 보았다.

36 발발(發發) : 【집전】 왕성한 모양〔盛貌〕

37 얼얼(孽孽) : 【집전】 성대하게 꾸민 것〔盛飾〕

38 1장은……말하였고 : 《집전》에는 "족류(族類)의 귀함을 지극히 말하여, 정적(正

였고 3장은 수레와 말의 꾸밈을 말하여, 한마디도 덕행을 언급하지 않았고, 마지막 장에는 도리어 황하의 물고기와 갈대와 여러 강씨와 여러 선비를 가지고 끝마쳐서, 전혀 의의가 없고 말이 되지 않는다.-《집전》에 "제나라 땅이 넓고 비옥하여 부인이 시집올 적에 선비와 여자가 성하게 구비된 것이다."[39] 하였으니, 황하의 물고기와 갈대가 제나라 땅의 넓고 비옥함과 무슨 상관이 있는가. 제나라 땅의 넓고 비옥함이 장강과 무슨 상관이 있는가. 황하의 물고기와 갈대를 말하다가 갑자기 여러 강씨와 여러 선비를 말하였는데, 이들이 부인을 따라온 자임을 어찌 아는가. 장강이 앞에서 이미 위나라 조정에 들어왔는데, 어찌 다시 시집올 때를 말하겠는가.- 이로써 뜻을 가탁하여 풍자한 것임을 알 수 있다.

이 편은 오로지 장강이 아름다우나 자식이 없음을 위하여 지은 것이다. 지도(地道)는 낮고 두터워서 능히 더러움을 받아들이고 병을 감추어 주며, 그 덕이 순하고 고요해서 능히 아름다움을 머금어 암컷의 도리를 지킨다.[40] 그러므로 만물이 생겨나고 사람이 길러지는 것이다. 꽃이 무성하게 피는 것은 많은 열매를 맺지 못하고, 깨끗한 물이 흐르는 곳에는 물고기가 번식하지 못하니, 찬란한 빛과 분명히 분별하는 말과 결백한 행실과 옥돌처럼 아름다운 덕은 이어받음이 있을 수 없으니, 이어받음이 있을 수 없는 것은 후계가 있을 수 없다. 부인의 덕은 땅의 도인데, 장강이 혹 이와 반대로 한 듯하다. 그러므로 시인이 깊이 애석해한 것이다.

嫡)의 소군이 되었으니 마땅히 친후해야함을 나타내어 장공의 혼혹(昏惑)함을 거듭 탄식한 것이다."라고 하고, 2장과 4장도 1장의 뜻이라고 하였다.

39 선비와……것이다 : 《집전》에 여러 강씨는 잉첩(媵妾)으로 따라온 조카와 여동생이고, 여러 선비는 잉신(媵臣)이라 하였다.

40 암컷의 도리를 지킨다 : 《주역》〈곤괘(坤卦)〉 육삼(六三) 효사의 '아름다움을 머금어 정(貞)할 수 있음〔含章可貞〕'에 대하여 심대윤은 "굳게 지킬 수 있음을 말한 것이다.〔言可固守也.〕"라고 하였다. 《周易象義占法》 암컷의 도리는 땅의 덕을 말한 것으로 겸손하고 유순함, 암말과 같이 굳건히 걸어감 등을 가리킨다.

"비단옷을 입고 그 위에 홑옷을 덧입었다."라고 한 것은 문채가 드러나지 않기를 바라는 것이요, '농교에 머무름'은 질박함에 나아가기를 바란 것이요, '적거를 타고 가 조회함'은 밝음을 가리기를 바란 것이요, "대부들은 일찍 물러가 소군을 수고롭게 말라."라고 한 것은 위의에 능숙하지 않기를 바란 것이다.-무릇 글을 짓는 법에 한두 구를 겉으로 드러내어 화제에서 벗어나게 한 것은 바로 사맥(辭脈)이니, 사맥은 주된 뜻이 담긴 것이다. 한두 글자를 거듭 이어 쓰되 서로 바라보게 한 것은 바로 자안(字眼)[41]이니, 자안은 은미한 뜻을 드러내어 분별한 것이다. 글을 읽는 자가 반드시 이것을 찾아서 안 뒤에야 비로소

41 자안(字眼) : 《논어》 〈헌문(憲問)〉에 자안의 용례가 다음과 같이 보인다. "진성자(陳成子)가 간공(簡公)을 시해하자, 공자께서 목욕하고 조회하시어 애공(哀公)에게 아뢰셨다. '진항(陳恒)이 군주를 시해하였으니, 토벌하소서.' 애공이 말하였다. '저 삼자(三子)에게 말하라.' 공자께서 말씀하셨다. '내가 대부의 뒤를 따랐기 때문에 감히 아뢰지 않을 수 없었는데, 군주께서 저 삼자에게 말하라고 하시는구나.' 삼자에게 가서 말씀하셨는데 불가하다고 하니, 공자께서 말씀하셨다. '내가 대부의 뒤를 따랐기 때문에 감히 말하지 않을 수 없었다.'〔陳成子弑簡公, 孔子沐浴而朝, 告於哀公曰: '陳恒弑其君, 請討之.' 公曰: '告夫三子.' 孔子曰: '以吾從大夫之後, 不敢不告也, 君曰: 告夫三子者.' 之三子, 告, 不可. 孔子曰: '以吾從大夫之後, 不敢不告也.'〕"라고 하였는데, 이에 대하여 심대윤은 "'삼자자(三子者)'의 자(者)가 바로 자안(字眼)이라고 하고, "무릇 말이 중복되는데도 번다함을 줄이지 않은 것은 모두 깊은 뜻이 있는 것이다. 노나라로 제나라를 치는 것이 반드시 불가함은 아녀자들도 아는 것이다. 당시에 삼환(三桓 삼가(三家))이 군주의 명을 제 마음대로 행하였으니, 군주를 시해한 최자(崔子)와 같았다. 공자의 말씀은 아마도 삼환도 장차 진항과 같을 것이라고 한 것이다. 애공이 이에 '저 삼자에게 말하라'고 하였으니, 이는 공자의 뜻을 깨닫지 못한 것이다. 그러므로 그 말을 들어 깊이 애석해한 것이다.〔凡言辭重複而不殺煩者, 皆有深意也. 夫以魯伐齊之必不可, 婦孺之所知也. 時三桓專命, 猶崔子也. 夫子蓋曰: 是亦將陳恒爾. 公乃曰'告夫三子', 是不悟其意也, 故擧其言而深惜之也〕"라고 하였다. 이는 공자의 말씀이 진항을 토벌하라는 것이 아니라, 실은 삼자에 대한 대책을 강구해야 함을 은미하게 간한 것이라고 본 것인데, 은미한 뜻이 있음을 나타내기 위해 '삼자'를 거듭 말하고, 또 자(者) 자를 써서 그것을 드러냈다는 것이다. 《시경》에서의 자안에 대한 설명에 따르면 '삼자'를 자안이라 해야 할 것인데 자(者)를 자안이라 하여, 자안의 정의가 일치하지는 않으나 그 용법을 대체로 볼 수 있다.

작자의 뜻을 통달할 수 있다. 이 시에서는 막 장강의 일가친척을 말하는데 '비단옷을 입고 그 위에 홑옷을 덧입었다'는 한 구를 쓴 것이 겉으로 드러낸 것이고, 막 수레와 말의 꾸밈을 말하는데 '농교에 머문다'고 한 것과 '적거를 타고 가 조회하니 대부들은 일찍 물러가라'고 한 것이 바로 화제에서 벗어난 말이다. 그러므로 이것은 뜻이 있어서 특별히 드러내어 말한 것임을 아는 것이다.- 일가친척과 용모와 장식의 아름다움을 자세히 말하고 덕행을 언급하지 않은 것은, 문채의 화려함이 너무 지나쳐서 실제의 덕을 가림을 말한 것이다.

이 장은 황하의 물이 혼탁하여 맑지 않기 때문에 물고기가 많고 갈대가 무성하며 그 지역에 인물도 성함을 말하였다. '여러 강씨'는 제나라의 공족들이고 '여러 선비'는 다른 성씨의 제나라 인물들이다. 황하 연안 지역은 비옥한 진흙땅이어서 자라는 물건이 많고 거주하는 백성이 성하다. 시를 편집한 자가 이 시를 취한 것은 비단 부인의 도만 그런 것이 아니라 군자 중에도 이런 경우가 있기 때문이다.-한(漢)나라의 마 황후(馬皇后)[42]와 반 첩여(班婕妤)[43]도 모두 자식이 없었다.-

42 마 황후(馬皇后) : 후한(後漢) 명제(明帝)의 황후로, 복파장군(伏波將軍) 마원(馬援)의 딸이며 시호는 덕(德)이다. 덕이 후궁 가운데 으뜸으로 평가받아 황후가 되었고, 황후가 된 뒤에도 검소하여 언제나 대련(大練)으로 지은 옷을 입고 치마에 선을 두르지 않았다. 유희를 즐기지 않아 명제가 노닐 때에 따라 가는 일이 드물었다. 명제를 모실 때 정사에 관해 조언하여 많은 도움을 주었으며, 명제가 죽자 《현종기거주(顯宗起居注)》를 지어, 황제의 언행을 기록하는 기거주 형식의 선구가 되었다. 자식이 없었는데, 후궁 때부터 맡아서 기른 장제(章帝)가 즉위하자 황태후가 되었다. 장제가 외숙들에게 봉작(封爵)하려 하였으나 허락하지 않았다. 《後漢書 卷10上 明德馬皇后紀》

43 반 첩여(班婕妤) : 전한(前漢) 성제(成帝)의 후궁이자 문학가로, 《한서(漢書)》를 편찬한 반고(班固)의 여동생이며, 첩여는 여관(女官)의 명칭이다. 성제의 총애를 받았는데, 사이에 낳은 아들이 요절하였다. 성제가 노닐 적에 첩여와 함께 수레를 타려고 하자, 첩여는 "현명한 군주는 모두 곁에 명신을 두었고, 삼대의 망국의 군주는 총애하는 여인을 두었습니다. 지금 저와 함께 수레를 타려고 하시니, 이는 망국의 군주와 비슷하지 않습니까."라고 하였다. 후에 조비연(趙飛燕)이 성제의 총애를 받게 되자 태후를 봉양하겠다는 이유로 동궁(東宮)으로 물러가 거처하였다. 이때 자신의 처지를 서글퍼하며

이상은 〈석인〉 4장이니, 장마다 7구이다.

맹 氓

미련하고 미련한 백성[44]이 氓之蚩蚩
베를 안고 실을 사러 오더니 抱布貿絲
실을 사러 온 것이 아니라 匪來貿絲
와서 나에게 도모하더라 來卽我謀
그대를 전송하느라 기수(淇水)를 건너 送子涉淇
돈구(頓丘)에 이르렀노라 至于頓丘
내가 약속을 어긴 것이 아니라 匪我愆期
그대에게 좋은 중매가 없어서이니라 子無良媒
바라건대 그대는 노하지 말지어다 將子無怒
가을로 기약하자 하였노라 秋以爲期

비이고 부이다.[45] 치치(蚩蚩)는 무지한 모양이다. 공공연히 말하고 싶지 않으므로 가탁하여 '미련하고 미련한 백성'이라고 하였으니, 실제는 떠나온 군주를 가리킨 것이다. 무(貿)는 사는 것이다. 실은 베를 짜기 위해 필요하고 현자는 정사를 하기 위해 필요하니, 베를 안고 가서 실을 사는 것으로 정사를 맡기기 위해 현자를 구함을 비유하였다.

지은 〈자도부(自悼賦)〉, 〈원가행(怨歌行)〉 등이 전해진다. 《漢書 卷97下 外戚傳》

44 백성 : 《집전》에 맹(氓)은 백성이니, 남자로서 그 누군지를 알 수 없는 이의 칭호라고 하였다.

45 비이고 부이다 : 《집전》에는 부로 보아 "이는 음부(淫婦)가 남에게 버림을 당하고는 스스로 그 일을 서술하여 회한(悔恨)의 뜻을 말한 것이다."라고 하였다.

'그대를 전송하느라 기수를 건너 돈구에 이르렀노라'의 돈구는 지명이니, 자신이 기꺼이 군주에게 등용되고자 함을 말한 것이요, "내가 약속을 어긴 것이 아니라 그대에게 좋은 중매가 없어서이다."라고 한 것은 마음속으로는 기꺼이 등용되고자 하나 오히려 예(禮)에 따라 나아가고 물러남을 말한 것이다. 장(將)[46]은 훗날을 기대하는 말이다. '가을로 기약함'은 자세히 살피고 신중히 하여 급하게 합하지 않음을 말한 것이다. 이는 위(衛)나라 사람 중에 타국에서 벼슬을 하다가 쫓겨난 자가 가탁하여 자신의 일을 말한 것이다.

군신(君臣)과 부부의 합함은 구차히 해서는 안 되니, 신하가 군주를 택하고 여자가 남편을 택함은 더욱 마음을 다해야 하는 바이다. 군주와 남편을 떠남은 중하고 어렵기 때문에 나아감을 가볍고 쉽게 할 수 없는 것이니, 어찌 구차히 합하고 급하게 떠나가서 창부(娼婦)의 행위와 같이 하겠는가? 한 마디 말이 맞지 않고 한 가지 일을 따르지 않는다고 해서 번번이 떠나가는 자는, 이는 패란(悖亂)을 행하여 군신과 부부의 윤리를 알지 못하는 자이다.-스스로 은사(隱士)라고 칭하여 출사하려고 하지 않는 자는 바로 여자 중에 시집가지 않아 인륜을 폐하는 자이다.- 이 때문에 반드시 그 처음을 삼가고 종말을 도모하는 것이다.

시인은 아마도 처음을 자세히 살폈으나 다만 군주의 기량(器量)이 자기와 같지 않음을 보지 못하였기 때문에 종말을 잘 보전하지 못한 것이다. 시를 편집한 자가 이를 취하여, 군신의 만남이 이와 같이 중하니 헤아리지 않고 구차히 합해서는 안 됨을 나타내었다.-어떻게 이것이 가탁한 말임을 아는가? 이에 대하여 말하였다. "아래 장에 '3년 동안 부인이 되었다.'라고 하고, '총각 시절 그대와 즐거워하였다.'라고 하고, '늙어서 나로 하여금 원망하게 한다.'라고 하였으니, 어찌 총각이 3년 만에 늙는 경우가 있겠는가. 이것이 가탁한 말이

46 장(將) : 【집전】 원함이며 청함이다.〔願也, 請也.〕

아니고 무엇이겠는가."-

저 무너진 담장에 올라가 乘彼垝垣
복관(復關)을 바라보노라 以望復關
복관을 보지 못하여 不見復關
눈물을 줄줄 흘리더니 泣涕漣漣
이미 복관을 보고는 旣見復關
곧 웃으며 곧 말했노라 載笑載言
그대의 거북점과 그대의 주역점에 爾卜爾筮
점괘에 나쁜 말이 없거든 體無咎言
그대의 수레를 가지고 오라 以爾車來
내 재물을 가지고 옮겨가리라 하였노라 以我賄遷

부이다.[47] 궤(垝)는 무너짐이니, '무너진 담장'은 자신이 바라보는 사람이 온전한 덕이 아님을 말한 것이다. 복관(復關)은 지명이니, 그 사람을 말하지 않고 그가 있는 지명을 말한 것은 공공연히 드러내어 지적하지 않고자 함을 보인 것이다. 바라보고 눈물을 흘림은 등용되기를 구하는 뜻이 매우 간절함을 말한 것이요, '그대의 거북점과 그대의 주역점에 점괘에 나쁜 말이 없음'은 자기의 재주와 덕이 충분히 군주를 섬길 수 있고 허물이 없음을 말한 것이요, '내 재물을 가지고 옮겨감'은 평생 배운 것을 가지고 군주에게 나아가 바침을 말한 것이다.

뽕잎이 떨어지기 전에는 桑之未落
그 잎이 검고 윤택했더니라 其葉沃若

47 부이다 : 《집전》에는 여인이 남자와 만나기로 약속한 날짜가 되자 무너진 담장에 올라가서 바라보고, 만나 본 뒤에 남자와 말하는 것으로 보았다.

아, 비둘기여　　于嗟鳩兮
뽕나무 오디를 먹지 말지어다　　無食桑葚
아, 여자여　　于嗟女兮
남자와 놀아나지 말지어다　　無與士耽
남자의 놀아남은　　士之耽兮
오히려 말할 수 있지만　　猶可說也
여자의 놀아남은　　女之耽兮
말할 수 없느니라　　不可說也

비이고 흥이다. 뽕잎이 떨어지기 전에 윤택함을 가지고 군주의 체통이 쇠하지 않았을 때에는 그 위의가 성대함을 비유하였다.[48] 옥약(沃若)은 윤택한 모양이다. 《집전》에 비둘기가 뽕나무 오디를 먹으면 취하니, 비둘기가 오디를 먹고서 취함을 가지고 여자가 남자와 놂을 흥한 것이라고 하였다. 군주가 신하를 취하고 남편이 부인을 구할 때에도 삼가지 않을 수 없으나, 신하가 군주를 택하고 여자가 남편을 택할 때에는 더욱 자세히 살펴야 하는 것이다.

뽕잎이 떨어지니　　桑之落矣
누렇게 되어 떨어지도다　　其黃而隕
내 그대의 집에 시집간 뒤로　　自我徂爾
삼 년 동안 가난하게 살았노라　　三歲食貧
기수(淇水)가 넘실넘실 흐르니　　淇水湯湯
수레의 휘장을 적시도다　　漸車帷裳
여자가 잘못한 것이 아니니라　　女也不爽

48 뽕잎이……비유하였다 : 【집전】 뽕나무의 윤택함을 말하여 자신의 용색(容色)이 예전에 빛나고 화려함을 비유하였다.

남자가 행실을 이랬다저랬다 해서이니라　士貳其行
남자가 극(極)이 없으니　士也罔極
그 마음을 이랬다저랬다 하도다　二三其德

비이고 부이고 흥이다.[49] 조(徂)는 감이요 나아감이다. "기수가 넘실넘실 흐르니 수레의 휘장을 적시도다."의 휘장〔帷裳〕은 부인 수레의 가리개이니, 수레가 낮고 물이 깊은 것이 아님을 말한 것이다.[50] 상(爽)은 어김이다. 망극(罔極)은 이르는 바가 없는 것이다. 중도(中道)가 일덕(一德)이 되고[51] 과(過)와 불급(不及)이 이랬다저랬다함이 되니, 중도를 잡지 않으면 신실함이 없게 된다.

삼 년 동안 부인이 되어　三歲爲婦
집안일을 수고롭게 여기지 않았으며　靡室勞矣
일찍 일어나고 밤늦게 자서　夙興夜寐
하루아침의 겨를도 없었노라　靡有朝矣
약속한 말이 이미 이루어지자　言旣遂矣

49 비이고 부이고 흥이다 : 《집전》에는 비로 보아 "뽕잎이 누렇게 되어 떨어짐을 말하여 자신의 용색(容色)이 쇠하여 보잘것없이 됨을 비유하였다."라고 하였다.
50 기수가……것이다 : 기수의 물이 세차게 넘실넘실 흘러 물에 비해 수레가 낮지 않은 데도 부인의 가리개가 젖음을 가지고 '남자가 이랬다저랬다'함을 흥하였다고 본 듯하다.
51 중도(中道)가 일덕(一德)이 되고 : 심대윤은 일덕에 관하여 "일덕은 순일한 덕이니, 순일하면 그치지 않는다.〔一德, 純一之德, 純則不已矣.〕"라고 하였다. 또 중도와 일덕의 관계에 대해서는 "순임금의 '정(精)하게 하고 한결같이 하여 중도를 잡음'과 이윤(伊尹)의 '일덕으로 화합하여 하나가 됨'은 서로 표리가 된다.〔舜之精一執中, 伊尹之一德協一, 相爲表裏也.〕"라고 하고, "나쁜 기미로 잡되게 나아가지 않아야 마음을 정하게 하고 한결같이 하여 중도를 잡게 된다.〔不雜進于不善之幾, 則精一執中矣.〕"라고 한 것을 참조할 수 있다.《書經蔡傳辨正 咸有一德, 顧命》

포악함에 이르니 至于暴矣
형제들은 이것을 알지 못하여 兄弟不知
희희 웃는구나 咥其笑矣
고요히 생각해보고 靜言思之
몸소 스스로 서글퍼하노라 躬自悼矣

부이다. '미실노의(靡室勞矣)'는 집안일을 수고롭게 여기지 않는 것이요, '미유조의(靡有朝矣)'는 하루아침의 한가로운 여가도 없는 것이니, 약속한 말이 이미 이루어지자 갑자기 포악함에 이른 것이다. 희(咥)는 마땅히 치(嗤)가 되어야 한다.[52]

그대와 백년해로하려 했더니 及爾偕老
늙어서 나로 하여금 원망하게 하도다 老使我怨
기수(淇水)에는 벼랑이 있고 淇則有岸
습지에는 물가가 있거늘 隰則有泮
총각(總角) 시절 그대와 즐거워함에 總角之宴
웃고 말하기를 편안히 하였으며 言笑晏晏
약속하고 맹세하기를 분명히 하였기에 信誓旦旦
그 뒤집어질 줄을 생각지 못했노라 不思其反
뒤집어질 줄을 생각지 않았으니 反是不思
또한 어쩔 수 없도다 亦已焉哉

부이고 흥이다. 반(泮)은 물가이다. 물길이 다하면 육지가 있고 육

52 희(咥)는……한다 : 희(咥)와 치(嗤)는 모두 '웃다', '웃는 모양'의 뜻이 있으니, '희'를 '치'로 써야 하는 이유는 미상이다.

로가 다하면 물이 있으니, 이는 '뒤집어짐'을 말한 것이다.[53] 좋음만 보고 좋지 못함을 알지 못하니, 이는 '그 뒤집어질 줄을 생각지 못함'을 이른 것이다. 《집전》에 "총각은 여자가 계례(笄禮)하기 전에 머리를 묶어 꾸밈을 한 것이다."라고 하였다. 안안(晏晏)[54]은 편안하고 즐거움이요, 단단(旦旦)은 분명함이다. 연(宴)은 "그대는 새로 장가든 아내와 즐거워한다."[55]라는 연이다.

이상은 〈맹〉 6장이니, 장마다 10구이다.

죽간 竹竿

길쭉길쭉한 낚싯대로	籊籊竹竿
기수(淇水)에서 낚시질함을	以釣于淇
어찌 이것을 생각지 않으리오마는	豈不爾思
멀어서 이를 수가 없도다	遠莫致之

《집전》에 말하였다. 부이다. 적적(籊籊)은 길면서 점점 줄어드는 것이다. 죽(竹)은 위나라의 물건이요, 기(淇)는 위나라의 땅이다. ○대나무 낚싯대를 가지고 물고기를 낚음은 부인의 일이 아니니,[56]

53 물길이……것이다 : '淇則有岸, 隰則有泮'으로 '뒤집어짐'을 흥하였다는 말이다.

54 안안(晏晏) : 【집전】 화하고 부드러움〔和柔〕

55 그대는……한다 : 이 내용은 〈패풍(邶風) 곡풍(谷風)〉에 보이는데, 연(宴)은 즐거워함〔樂〕의 뜻이다.

56 대나무……아니니 : 《집전》에 "위(衛)나라의 딸이 제후에게 시집가서 친정에 돌아가 문안할 것을 생각하였으나, 예의상 될 수가 없었다. 그러므로 이 시를 지은 것이다.

이 시는 〈패풍(邶風) 천수(泉水)〉와 뜻이 같은데,[57] 또다시 이 시를 취한 것은 〈천수〉의 뜻이 은미하여 알기 어렵기 때문에 〈죽간〉을 다시 실어서 읽는 자로 하여금 서로 미루어 통달하게 하고자 한 것이다.

천원(泉源)은 왼쪽에 있고	泉源在左
기수는 오른쪽에 있느니라	淇水在右
여자가 시집감이여	女子有行
부모형제를 멀리하였도다	遠父母兄弟

《집전》에 말하였다. 부이다.[58] 천원은 위나라의 서북쪽에 있고, 기수는 위나라의 서남쪽에 있다.

○'부모형제[59]를 멀리했다'고 말했으니, 부모가 별세하였는데 돌아가 문안하지 못한다는 말이 아니다.

기수는 오른쪽에 있고	淇水在右
천원은 왼쪽에 있느니라	泉源在左

낚싯대로 기수에서 낚시질하고픈 생각이 있으나 멀어서 이를 수 없다고 말한 것이다."라고 하였으므로 말한 것이다.

57 이……같은데 : 심대윤은 〈천수〉에 대하여, 죄를 얻고 외국으로 달아난 자가 옛 나라를 그리워하는 뜻인데, 이를 부인이 친정에 돌아가 문안할 것을 생각함에 가탁한 것이라 하였다.

58 부이다 : 【집전】 두 물이 위나라에 있음을 생각하고 스스로 그만도 못함을 탄식한 것이다.

59 부모형제 : 경문의 '父母兄弟'는 정리본 《모시정의》에는 '兄弟父母'로 되어 있다. 그 교감기에 당석경(唐石經)·소자본(小字本)·민본(閩本)·명감본(明監本)에는 '兄弟父母'로 되어 있고, 상대본(相臺本)에는 '父母兄弟'로 되어 있다고 하고, "상대본이 잘못 되었으니, 《경전석문(經典釋文)》에서 '遠兄' 두 글자에 음주를 낸 것으로 증험할 수 있다."라는 완원(阮元)의 말을 인용하였다.

예쁘게 웃음에 이가 하얗게 보이며 巧笑之瑳
아름다운 패옥 차고 노닐 수 있을까 佩玉之儺

부이다. 차(瑳)는 곱고 깨끗한 모양이니, 웃을 적에 이빨이 곱고 깨끗한 것이다. 나(儺)[60]는 나(娜)와 통하여, 아름다운 모양이니, 아나(阿娜)를 아나(猗儺)로 쓴 것[61]이 이것이다. 이는 기수와 천원의 사이에 놀 수 없음을 한스러워한 것이다.

기수가 유유히 흐르니 淇水滺滺
회(檜)나무로 만든 노이며 소나무로 만든 배로다 檜楫松舟
말에 멍에하고 나가 놀아 駕言出遊
내 근심을 쏟아볼까 以寫我憂

부이다. 회나무는 측백나무와 비슷한데 거칠다. 기수를 건너가고 싶었으나 할 수가 없으므로 수레를 말에 메우고 나가서 노닌 것이다.

이상은 〈죽간〉 4장이니, 장마다 4구이다.

환란 芄蘭

환란(芄蘭)의 가지여 芄蘭之支

60 나(儺) : 【집전】 걸음걸이에 법도가 있는 것〔行有度〕

61 아나(阿娜)를……것 : 〈회풍(檜風) 습유장초(隰有萇楚)〉에 '猗儺其枝'라고 보이는데, 심대윤은 "아나(猗儺)는 아나(阿娜)와 같으니, 부드럽고 연한 모양이다.〔猗儺, 阿娜同, 柔嫩貌.〕"라고 하였다.

동자(童子)가 뿔송곳을 찼도다 童子佩觿
비록 뿔송곳을 차고 있으나 雖則佩觿
나보다 지혜롭지 못하도다 能不我知
의젓하고 만족한 모습이여 容兮遂兮
드리운 띠가 흔들리도다 垂帶悸兮

《집전》에 말하였다. 흥이다. 환란은 일명 나마(蘿摩)이니, 만생(蔓生)하고 자르면 흰 즙이 있다.-《본초(本草)》에 작표(雀瓢)라고 하였다.- 지(支)는 지(枝)와 같다. 휴(觿)는 맺힌 것을 푸는 송곳이니, 상골(象骨)로 만드는데, 성인(成人)이 차는 것이요, 동자의 꾸밈이 아니다. 지(知)는 지(智)이다.
◯용(容)은 느리고 공손한 모양이요, 수(遂)는 스스로 만족한 모양이다.[62]-스스로 극진히 성취했다고 여기는 것이 이것이다.- 계(悸)는 띠가 아래로 드리워져 흔들리는 모양이다. 환란의 넝쿨이 어지럽게 얽혀서 가지가 본줄기와 구별되지 않음을 가지고 동자가 뿔송곳을 차서 성인과 구별되지 않음을 흥하였다. 비록 성인의 복식을 하고 있으나 그 재능은 실로 동자보다 지혜롭지 못하니, 의젓하고 자득한 모습은 외면에만 있고 속마음은 텅 비었음을 알 수 있다.

이 시는 사람 중에 스스로 자랑하고 높은 체하기를 좋아하나 그 실제가 없는 자를 풍자한 것이니,[63] 이른바 '얼굴빛만 장엄하고 엄숙하여'[64]

62 용(容)은……모양이다 : 【집전】 용(容)과 수(遂)는 풀어지고 방사(放肆)한 모양이다.〔容、遂, 舒緩放肆之貌.〕

63 이 시는……것이니 : 《집전》에는 "이 시는 무엇을 말한 것인지 알 수 없으니, 감히 억지로 해석하지 못하겠다."라고 하였고, 《모시서》에는 혜공(惠公)의 교만하고 무례함을 풍자한 시(詩)라 하였다.

64 얼굴빛만……엄숙하여 : 《논어》 〈선진(先進)〉에 "언론이 독실한 사람을 허여한다면 군자인 자인가? 얼굴빛만 장엄한 자인가?〔論篤是與, 君子者乎? 色莊者乎?〕"라고

능히 훌륭한 일을 할 수 없는 자이다. 군자를 귀중하게 여기는 이유는 능히 남과 함께하여 친하고, 일을 당하면 잘 처리하기 때문이다. 능력이 남을 복종시키고 일을 맡기에 부족하면서 헛되이 스스로 장엄하게 하고 삼가고 엄숙히 해서 남보다 윗사람이 되기를 바람은 지극한 도가 아니니, 이 또한 자주 남의 미움을 받고 신의 노여움을 사게 된다.

성인(成人)이 성인이 되는 이유는 뿔송곳과 활깍지를 참에 있지 않고, 군자가 군자가 되는 이유는 위의의 장중함에 있지 않다. 성인인 자는 그 복장이 성대하기 때문에 뿔송곳과 활깍지를 차는 것이요, 군자는 그 마음이 전일하기 때문에 위의가 있는 것이다. 이제 성대한 복장이 없으면서 뿔송곳을 차고 활이 없으면서 활깍지를 찬다면 성인이 될 수 없고, 덕이 없으면서 위엄을 세우고 재주가 없으면서 위의를 갖춘다면 군자가 될 수 없다. 속담에 이르기를 "맨몸에 칼을 찬다."라고 하였으니, 이는 근본을 버리고 지엽을 취함을 말한 것이다.

동자를 면하고자 하는 자는 성인의 관과 의복을 구비하여야 되고, 군자가 되고자 하는 자는 만물을 구제하고 백성을 편안하게 하여야 된다. 중심을 버리고 외면을 취하며 형체를 등지고 그림자를 좇는다면 끝내 될 수가 없을 것이다. -동자는 다만 뿔송곳과 활깍지만 차고 있는 맨몸의 어린아이이니, 이것이 바로 '맨몸에 칼을 찬다'는 뜻이다.-

환란의 잎이여 芄蘭之葉
동자가 활깍지를 차고 있도다 童子佩韘
비록 활깍지를 차고 있으나 雖則佩韘

보이고, 《논어》 〈양화(陽貨)〉에 "얼굴빛은 엄숙하면서 마음이 유약한 것을 소인에게 비유하면 남의 집 벽을 뚫고 담을 넘는 도적과 같을 것이다.〔色厲而內荏, 譬諸小人, 其猶穿窬之盜也與.〕"라고 보인다.

나보다 뛰어나지 못하도다 能不我甲
의젓하고 만족한 모습이여 容兮遂兮
드리운 띠가 흔들리도다 垂帶悸兮

흥이다. 섭(韘)은 활깍지이니, 뼈로 만들어서 오른손 엄지손가락에 끼우고 활시위를 당기는 것이다. 갑(甲)은 장(長 뛰어남)이다. 환란은 넝쿨이 가늘고 잎이 크니, 잎이 도리어 넝쿨보다 큰 것을 가지고 동자로서 활깍지를 차고 도리어 성인보다 낫다고 여김을 흥하였다. 이는 동자와 성인이 구별되지 않을 뿐만 아니라, 활깍지를 차는 것은 성인으로서 활쏘기를 잘하는 자가 하는 것이다.

이 편은 백세에 경계를 남길 만하고, 특히 송(宋)나라와 명(明)나라 이래 사람들의 약석(藥石)이 될 수 있다. 마음이 정(精)하고 한결같은 뒤에야 능히 공명(公明)하고, 공명한 뒤에야 덕과 재주가 있고, 덕과 재주가 있은 뒤에야 능히 만물을 구제하고 백성을 편안하게 할 수 있으니, 마음이 정하고 한결같은 자는 위의를 저절로 얻게 된다. 마음을 다스릴 줄 모르고 단지 외모의 꾸밈을 일삼으면 유익함이 없는 것이다.

이상은 〈환난〉 2장이니, 장마다 6구이다.

하광 河廣

누가 하수(河水)가 넓다 이르는가 誰謂河廣
한 갈대로 건널 수 있도다 一葦杭之
누가 송(宋)나라가 멀다 이르는가 誰謂宋遠

발돋움하면 내 바라볼 수 있도다 跂予望之

《집전》에 말하였다. 부이다. 위(葦)는 갈대의 등속이다. 항(杭)은 건넘이다. 위나라는 하수의 북쪽에 있고, 송(宋)나라는 하수의 남쪽에 있다. 선강(宣姜)의 딸이 송나라 환공(桓公)의 부인이 되었는데, 양공(襄公)을 낳고는 쫓겨나 위나라로 돌아왔다. 그 후 양공이 즉위하자, 부인이 아들을 그리워하였으나 의리상 갈 수가 없었다. 그러므로 이 시를 지은 것이다.

◯아버지의 뒤를 이어 즉위한 군주는 아버지와 체(體 혈통(血統))가 되니, 어머니가 쫓겨나면 선군(先君)과 인연이 끊겨서 사사로이 돌아오게 할 수가 없다. 시의 글은 다만 송나라가 멀지 않음을 말하였으나, 예를 지켜서 감히 가지 못하는 뜻이 말 밖에 있다. 시를 편집한 자가 이를 취하여 대의(大義)를 위해서는 친속을 돌아보지 않아[65] 사사로운 정으로 공의(公義)를 해치지 않음을 밝힌 것이다.

누가 하수가 넓다 이르는가 誰謂河廣
일찍이 거룻배도 용납하지 못하도다 曾不容刀
누가 송나라가 멀다 이르는가 誰謂宋遠
일찍이 하루아침 거리도 못 되도다 曾不崇朝

《집전》에 말하였다. 부이다. 도(刀)는 작은 배이다. '증불숭조(曾不崇朝)'는 길을 감에 아침을 마치지 않고 도착하는 것이다.

65 대의(大義)를……않아 : 원문은 '대의멸친(大義滅親)'으로 국가의 대의를 위해서 부자간의 사사로운 정을 돌아보지 않은 춘추시대 위(衛)나라 대부 석작(石碏)의 고사에서 유래하였다. 석작은 아들 석후(石厚)가 공자(公子) 주우(州吁)와 함께 환공(桓公)을 시해하자, 계책을 세워 주우와 석후를 모두 죽였다. 《春秋左傳 隱公4年》

이상은 〈하광〉 2장이니, 장마다 4구이다.

백혜 伯兮

백(伯)[66]이 굳세기도 하니	伯兮朅兮
나라의 영걸이로다	邦之桀兮
백이 창을 잡고서	伯也執殳
왕의 전구(前驅)가 되었도다	爲王前驅

《집전》에 말하였다. 부이다. 걸(朅)은 굳센 모양이다. 수(殳)는 과(戈)의 등속이다.
○왕의 군대가 동쪽을 정벌할 적에 위나라 신하 중에 뛰어난 자를 뽑아서 수행하게 하였는데, 인하여 왕이 그를 올려 신하로 삼고 돌려보내지 않으니, 위나라 사람이 이 시를 지은 것이다.[67]

백이 동쪽으로 간 뒤로부터	自伯之東
내 머리가 날리는 쑥대와 같노라	首如飛蓬
어찌 기름이 없고 머리를 감을 수 없으리오마는	豈無膏沐
누구를 위하여 모양을 내리오	誰適爲容

66 백(伯) : 《집전》에 "백(伯)은 부인이 자기 남편의 자(字)를 지목한 것이다."라고 하였으니, 남편의 자에 백 자가 든 것이다. 옛날에 자를 지을 적에 첫째 아들은 백이나 맹(孟), 둘째는 중(仲), 셋째는 숙(叔), 막내는 계(季)를 많이 사용하였다.
67 왕의……것이다 : 【집전】 남편이 오랫동안 정역(征役)에 나갔기 때문에 부인이 이 시를 지은 것이다.

《집전》에 말하였다. 부이다. 쑥의 꽃이 버들개지와 같아, 모여서 날리면 어지러운 머리털과 같다. 기름을 발라 머리털을 윤택하게 하고, 머리를 감아 때를 제거한다.

◯여자는 자기를 좋아하는 이를 위하여 용모를 꾸미는데, 지금 백(伯)이 있지 않으면 위하여 용모를 꾸밀 상대가 없는 것이다. 나라에 현자를 등용하는 대신이 있으면 사람들이 모두 스스로 행실을 닦고 발탁되어 예우 받기를 바라는데, 지금은 의지하여 선(善)을 할 수 있는 대신이 없는 것이다.

비가 오려나 비가 오려나 했는데	其雨其雨
해가 환하게 빛나도다	杲杲出日
생각하여 백을 그리워하는지라	願言思伯
머리 아픈 병을 마음에 달게 여기노라	甘心首疾

비이고 부이다.[68] 고고(杲杲)는 해가 빛나는 것이다. 국인들이 덕택이 베풀어지기를 날마다 바라지만 끝내 얻을 수 없는 것이다. 백이 떠난 뒤로부터 사람들은 선을 닦는데 태만하고 나라에서는 덕정을 베풀지 않으니, 이 때문에 백을 그리워함이 더욱 간절하여 머리 아픈 병을 마음에 달게 여김을 말한 것이다.-"비가 오려나 비가 오려나 했는데 고고히 해가 나오도다."라고 한 것이 어찌 《집전》처럼 남을 기다리는 말이겠는가.-

어이하면 훤초(諼草)를 얻어	焉得諼草

68 비이고 부이다 : 《집전》에는 비로 보아 "장차 비가 오기를 바랐는데 환하게 해가 나온 것으로써, 군자(남편)가 돌아오기를 바랐는데 돌아오지 않음을 비유한 것이다."라고 하였다. 비가 오는 것을 《집전》은 군자가 돌아옴의 비유로 보았으나, 심대윤은 위로부터 덕택이 베풀어짐의 비유로 보았다.

이것을 북당(北堂)에 심을꼬 言樹之背
생각하여 백을 그리워하는지라 願言思伯
내 마음 병들게 하도다 使我心痗

비이고 부이다.[69] 훤초(諼草)는 원추리이니, 이것을 먹으면 사람으로 하여금 근심을 잊게 한다.-일명은 녹총(鹿葱)이고 일명은 의남(宜男)이다.- 배(背)는 당(堂)의 뒤이다. 이제 현자가 없는 것을 근심하니, 현자를 얻으면 근심을 잊을 수 있기 때문에 원추리로써 현자를 비유하였다. 원추리를 당의 뒤에 심는 것은 주(周)나라에서 또다시 취하여 갈까 두려워하였으므로 은폐된 곳에 심어서 주나라 사람으로 하여금 알지 못하게 한 것이니, 매우 아낀다는 말이다. 〈패풍(邶風) 연연(燕燕)〉은 제후가 천자에게 현자를 올려서 윗사람을 섬김에 충성하는 것이니 예(禮)이고, 〈백혜〉는 국인들이 현자를 아끼고 사모하여 자기 나라에 두고자 하는 것이니 정(情)이다. 군자는 예로써 행하고 소인은 정으로 말한다. 매(痗)는 병듦이다. 시를 편집한 자가 이 시를 취하여 나라의 영고성쇠가 현자 한 사람이 있고 없음에 달려 있음을 나타낸 것이다.

이상은 〈백혜〉 4장이니, 장마다 4구이다.

유호 有狐

여우가 편안하고 여유롭게 有狐綏綏
저 기수(淇水)의 돌다리에 있도다 在彼淇梁

69 비이고 부이다 : 《집전》에는 부로 보았다.

마음의 근심은 心之憂矣
그대가 치마가 없기 때문이로다 之子無裳

비이고 부이다.[70] 수수(綏綏)[71]는 편안하고 여유가 있는 모양이다. 여우는 의심이 많고 능히 사람을 현혹시키므로 군주와 장수의 비유로 삼은 것이다. 장수는 마땅히 편안하고 여유로움을 귀하게 여겨야 하고, 번잡하고 황급하게 해서는 안 된다. 그러므로 '여우가 편안하고 여유롭다'고 한 것이다.

장수가 밖에 있을 적에는 군주가 장수를 위하여 마음을 다해 계획해서 장수가 요구하는 바를 이루어준 뒤에야 비로소 성공할 수 있다. 만약 중앙에서 장수를 제어하고 재물과 관직과 상(賞)을 아까워해서, 일을 아뢰어도 들어주지 않고 물자를 청하여도 주지 아니하여, 작은 비용을 계산하고 큰 이익을 도모하지 않으며, 잠깐의 수고를 꺼려서 길이 편안함을 돌아보지 않는다면, 비록 훌륭한 장수와 용맹한 병졸이 있더라도 그 힘을 쓸 곳이 없을 것이다. 지금 힘쓸 곳이 없음을 근심하여 반복하여 영탄하였으니, 그 도를 아는 자라고 이를 만하다. '치마가 없다'고 한 것은 가탁하여 말한 것이다.[72]

여우가 편안하고 여유롭게 有狐綏綏

70 비이고 부이다 : 《집전》에는 비로 보았으니, 이하의 장도 같다. 《집전》에 "나라가 혼란하여 백성이 흩어져서 배우자를 잃으니, 어떤 과부가 홀아비를 보고는 그에게 시집가고자 하였다. 그러므로 여우가 홀로 걸어가는데 그 치마가 없음을 근심한다고 칭탁하여 말한 것이다."라고 하였다.

71 수수(綏綏) : 【집전】 홀로 걸어가며 짝을 구하는 모양〔獨行求匹之貌〕

72 지금……것이다 : 1장에서 '치마가 없다'고 하고, 2장에서 '띠가 없다'고 하고, 3장에서 '옷이 없다'고 하며 반복하여 근심하였는데, 이에 대하여 심대윤은 군주가 훌륭한 장수를 쓰는 도를 알지 못하여 그 힘을 쓸 곳이 없음을 가탁하였다고 본 것이다.

저 기수의 건널목에 있도다 在彼淇厲
마음의 근심은 心之憂矣
그대가 띠가 없기 때문이니라 之子無帶

비이고 부이다. 여(厲)는 나(粿)와 통하니, 물이 깊어서 옷을 벗고 건널 수 있는 곳이다.

여우가 편안하고 여유롭게 有狐綏綏
저 기수가에 있도다 在彼淇側
마음의 근심은 心之憂矣
그대가 옷이 없기 때문이니라 之子無服

비이고 부이다.

이상은 〈유호〉 3장이니, 장마다 4구이다.

목과 木瓜

나에게 모과를 던져줌에 投我以木瓜
경거(瓊琚)로써 보답하고도 報之以瓊琚
보답했노라고 여기지 않음은 匪報也
길이 우호를 하고자 해서이니라 永以爲好也

《집전》에 말하였다. 목과(木瓜)는 무목(楙木 모과나무)이니, 열매는 작은 오이와 같으며, 맛이 시고 먹을 만한다. 경(瓊)은 옥의 아름다운 것이요, 거(琚)는 패옥의 이름이다.

○부이다.[73] 경거로써 모과에 보답하였으면 후하다고 이를 만하다. 그러나 이것으로 보답했다고 여기지 않고 또 길이 우호를 하고자 하는 것이다. 무릇 남의 은혜를 받은 자는 마땅히 10배로 보답해야 하는데, 또한 이미 보답했다고 여겨서 그쳐서는 안 되고, 자기 몸을 마칠 때까지 여력이 있으면 보답하고 또 보답해서 열 번 보답하고 백 번 보답하고 그치지 않으며 또 자손으로 하여금 계속하게 해야 한다. 전(傳)에 "물건을 준 은혜에는 자신의 능력으로 보답한다."[74]라고 하였는데, 오직 자신의 능력에 따라 보답함을 말한 것이니, 이것을 일러 '길이 우호를 한다'고 한 것이다. 《전국책(戰國策)》에 "재물을 주는 것은 재물의 양에 따라 정하지 않고 상대가 곤궁할 때에 주어야 한다."[75]라고 하였다. 사람이 곤궁하고 궁핍한 때에 있으면 비록 한 번 손을 잡아 준 도움과 한 번 밥을 먹여 준 은덕이라도 힘입는 바가 크니, 받은 것에 상당하는 정도만 보답해서는 안 되고, 또한 한 번 보답하고 그만두어서도 안 된다. 저 사람의 능력이 나에게 보답할 수 있을지 알 수 없고, 보답이

73 부이다 : 《집전》에는 비로 보았으니, 이하의 장도 같다. 《집전》에 "이 시는 의심컨대 또한 남녀가 서로 선물하고 답례한 말인 듯하다."라고 하였다.

74 물건을……보답한다 : 《국어(國語)》 〈진어(晉語)〉에 "사람은 세 분에 의해서 살게 되니, 이들을 섬기기를 한결같이 하여야 한다. 아버지는 나를 낳아 주시고, 스승은 나를 가르쳐 주시고, 임금은 나를 먹여 주셨으니, 아버지가 아니면 태어나지 못하고, 임금이 먹여 주지 않으면 자라지 못하고, 스승이 가르쳐 줌이 아니면 알지 못하니, 낳아 주신 것과 똑같은 것이다. 그러므로 한결같이 섬겨서 오직 처한 바에 따라 목숨을 바쳐야 한다. 살게 해 준 은혜에는 죽음으로 보답하며 물건을 준 은혜에는 자신의 능력으로 보답하는 것이 사람의 도리이다.〔民生於三, 事之如一. 父生之, 師敎之, 君食之, 非父不生, 非食不長, 非敎不知, 生之族也. 故壹事之, 唯其所在, 則致死焉. 報生以死, 報賜以力, 人之道也.〕"라고 보인다.

75 재물을……한다 : 《전국책》 〈중산책(中山策)〉에 "재물을 주는 것은 재물의 양에 따라 정하지 않고 상대가 곤궁할 때에 주어야 하며, 원한을 사는 것은 일의 심각함에 달려 있지 않고 상대의 마음을 상하게 하였는가에 달려 있다.〔與不期衆少, 其於當厄; 怨不期深淺, 其於傷心.〕"라고 보인다.

몇 년 뒤에 있을지 알 수 없고, 그가 나를 배반하지 않을지도 알 수 없다. 이처럼 알 수 없는 상황에서 남에게 은혜를 베풀었는데, 보답을 받을 때에는 겨우 상당하는 정도라면 어느 누가 은혜를 베풀겠는가.

은혜를 베풀고서 보답을 바라지 않는 자는 천 명이나 백 명 중에서 한 사람도 만날 수 없으니, 그렇다면 세상에 남에게 은혜를 베풀 자가 없게 될 것이다. 급박한 일은 사람에게 때때로 있는 것인데, 세상에 남에게 은혜를 베푸는 자가 없다면 어떻게 환난을 면하겠는가. 시를 편집한 자가 이 시를 취하여 은혜에 보답하는 방도로 삼은 것이다.

나에게 복숭아를 던져줌에 投我以木桃
경요(瓊瑤)로써 보답하고도 報之以瓊瑤
보답했노라고 여기지 않음은 匪報也
길이 우호를 하고자 해서이니라 永以爲好也

부이다. 요(瑤)는 아름다운 옥이다.

나에게 자두를 던져줌에 投我以木李
경구(瓊玖)로써 보답하고도 報之以瓊玖
보답했노라고 여기지 않음은 匪報也
길이 우호를 하고자 해서이니라 永以爲好也

부이다. 구(玖)는 옥돌이다. 이 편은 모과와 경거(瓊琚)에 가탁하여 말하였으므로 또한 풍(風)이라고 한 것이다.[76]

76 이……것이다 : 이 시에 은혜에 보답하는 뜻을 진술해서 아(雅)와 비슷하므로 말한 것이다. 심대윤에 의하면 풍은 '일에 가탁하여 뜻을 붙인 것'이고, 아는 '장엄한 말로 뜻을 진술해서, 은미하게 풍자하지 않는 것'이다. 《詩經集傳辨正 國風 序》

이상은 〈목과〉 3장이니, 장마다 4구이다.

이상은 〈위풍〉 10편이다.

왕 王

《집전》에 말하였다. 문왕(文王)은 풍(豊) 땅에 거주하고 무왕(武王)은 호경(鎬京)에 거주하였는데, 성왕(成王) 때에 이르러 주공(周公)이 낙읍(洛邑)을 경영하여 왕이 때로 동방의 제후를 조회하는 장소로 삼으니, 이에 주나라에 동도(東都 낙읍)와 서도(西都 풍·호경)가 있게 되었다. 유왕(幽王)이 포사(褒姒)를 총애하여 백복(伯服)을 낳고, 신후(申后)[1]와 태자 의구(宜臼)를 폐출하니, 의구가 신(申)나라로 달아났다. 신후(申侯)가 견융(犬戎)과 함께 유왕을 공격하여 희(戲) 땅에서 유왕을 시해하였다.【희(戲) 땅은 여산(驪山)의 아래이다.】 진(晉)나라 문후(文侯)와 정나라 무공(武公)이 의구를 신나라에서 맞이하여 세웠는데, 이가 평왕(平王)이니 동도로 옮겨 거주하였다. 왕성(王城)은《서경》〈우공(禹貢)〉의 예주(豫州) 태화산(太華山)과 외방산(外方山)의 사이에 있었으니, 북쪽으로는 하양(河陽)을 차지하고 기주(冀州)의 남쪽 경계까지 걸쳐 있었다. 지금의 하남부(河南府)와 회주(懷州)·맹주(孟州) 등의 지역이 이곳이다.

◯〈왕풍(王風)〉은 주나라가 동천(東遷)한 뒤의 시이다. 서주(西周) 시대에는 유왕과 여왕(厲王)이 포학한 정치를 할 때에도 사람들이 오히려 바른말을 하고 정직한 의논을 할 수 있었다.-백성들이 도로에서 서로 눈짓만 교환하던 때에는 풍(風)도 지을 수가 없었다.[2]- 이 때문에 아(雅)가 많고

1 신후(申后) : 유왕의 왕후로 태자 의구(宜臼)의 어머니이며 신후(申侯 신나라 군주)의 딸이다.

2 백성들이……없었다 : 백성들이 바른말을 할 수 있으면 아(雅)가 많게 되고 바른말을 하지 못하면 풍(風)이 많게 되는데, 눈짓만 교환할 수 있던 때에는 풍조차도 지을

풍(風)이 적었는데, 평왕 때에 이르러서는 인륜이 끊어져 곧바로 지적하여 공공연히 말할 수가 없었다. 그러므로 풍만 있고 아는 없게 되었다. 시를 편집한 자가 이것을 취하여 주나라가 쇠퇴한 이유를 드러냈는데, 이 시를 왕성에서 채집하였기 때문에 〈왕풍〉이라고 편을 이름하였다.-구설에는 주나라가 강등되어 열국(列國)이 되었다고 하였으니,[3] 이는 큰 패역(悖逆)이다. 천자를 강등하여 열후(列侯)로 삼은 자가 누구인가. 《춘추》에서는 조금도 주나라를 쇠미함 때문에 폄하하지 않았다. 만약 왕을 폄하하여 제후로 강등한다면 이는 군주를 무시하는 말이니, 큰 패역이 아닌가.-

구설에 열국의 시를 풍(風)이라 하고, 왕기(王畿)의 시를 아(雅)라 한 것[4]은 잘못이다.-아 가운데에도 열국의 시가 많이 있다. 《주례》에 태사(大師)가 여섯 가지 시를 가르치니, 풍과 부(賦)와 비(比)와 흥(興)과 아와 송(頌)이었다. 이것을 가지고 보면 이 여섯 가지는 모두 시를 짓는 체제이다. 제후국의 시를 풍이라 하고 왕기의 시를 아라고 한 것이 아님이 분명하다.-

○연릉 계자(延陵季子)가 말하였다. "아름답다! 근심하면서도 두려워

수 없었다고 말한 것이다. '눈짓만 교환'한다는 것은, 백성들이 여왕의 포학한 정치를 비방하였는데, 여왕이 노하여 위(衛)나라의 무당을 데려와서 비방하는 자를 감시하여 죽이자 백성들이 감히 비방하지 못하고, '길에 다니면서 눈짓만 교환한 것〔道路以目〕'을 가리킨다. 이때 소공(召公)이 백성의 비방을 막는 것의 폐해에 대하여 간하였으나 왕이 따르지 않은 일이 《국어(國語)》 〈주어 상(周語上)〉에 보인다. 심대윤이 말한 '바른말'과 '정직한 의논'은 소공의 간언보다는 백성들이 감시를 당하기 전에 왕을 비방한 것을 가리킨 것으로 보인다.

3 구설에는……하였으니 : 【집전】 평왕이 동도의 왕성으로 옮겨 거하니, 이에 왕실이 마침내 낮아져 제후와 다름이 없게 되었다. 그러므로 그 시를 아라 하지 않고 풍이라 한 것이다.

4 구설에……것 : 《집전》에 국풍(國風)에 대하여 "국(國)은 제후들을 봉한 지역이요, 풍은 민속의 가요의 시이다."라고 하였고, 아와 송(頌)에 대하여 "성주(成周)의 시대에 조정과 교제(郊祭)와 종묘 제사에 쓰는 악가의 내용이다."라고 하였다. 심대윤의 풍·아에 대한 설은 국풍의 서(序) 참조.

하지 않으니, 아마도 주나라가 동천한 뒤의 시일 것이다."[5]

서리 黍離

저 기장 이삭이 나란히 있는데 彼黍離離
저 피는 싹이 났도다 彼稷之苗
멍하니 길을 가니 行邁靡靡
중심에 울렁거리노라 中心搖搖
이 내 마음 아는 자는 知我者
나더러 마음에 근심한다 하는데 謂我心憂
이 내 마음 알지 못하는 자는 不知我者
나더러 무엇을 구하는고 하니 謂我何求
아득하고 아득한 창천(蒼天)아 悠悠蒼天
이 어떤 사람이 이렇게 하였는고 此何人哉

비이고 부이다.[6] 이리(離離)[7]는 나란히 이어진 모습이다. 미미(靡靡)[8]는 망망(惘惘)과 같으니, 마음이 어디에도 있지 않은 모습이다. 주나라가 동천한 뒤에 서주의 땅을 모두 버려서, 종묘와 궁실이 무너져

5 아름답다……것이다 : 이에 대하여《춘추좌전》양공(襄公) 29년 조의 두예(杜預)의 주에 "종주국인 주나라가 멸망하였기 때문에 근심하였고, 아직 선왕의 유풍(遺風)이 있기 때문에 두려워하지 않은 것이다.〔宗周隕滅, 故憂思, 猶有先王之遺風, 故不懼.〕"라고 하였다.

6 비이고 부이다 :《집전》에는 부이고 흥으로 보았으니, 이하의 장도 같다.《집전》에서는 이삭과 피의 모습으로써 마음의 상태를 흥한 것으로 보았다.

7 이리(離離) :【집전】 기장의 이삭이 드리워진 모양〔垂貌〕

8 미미(靡靡) :【집전】 더디고 더딤〔遲遲〕

벼와 기장이 자랐는데, 왕의 신하가 지나가다가 이것을 보고는 본 것을 인하여 비유하였다. 종묘와 궁실이 무너진 옛 터에 자라는 기장이 나란히 있어 절로 아름다워서 인간사의 슬픔을 알지 못하였고, 피가 또 따라서 싹이 나고 이삭이 패고 열매가 맺었다. 이는 평왕이 나라가 전복된 뒤에 왕이 되어 조그만 땅을 스스로 편안히 여겨 선조의 기업(基業)을 회복할 방법을 생각하지 않았고, 그 신하들도 따라서 편안히 놀고 눈앞의 안일만 탐하여 왕의 뜻을 이룸을 말한 것이다. 왕으로서 선왕의 종묘와 사직을 지켜야 하고 선왕의 토지와 인민을 받았는데, 원수를 갚지 못하고 이를 잃었으니 의리상 마땅히 머리를 불태우고 물에 뛰어들어 스스로 사죄해야 할 것이다. 만약 1푼이라도 회복할 수 있는 기회가 있다면 피를 마시며 창을 휘둘러 힘이 다해 죽는 것이 옳으니, 하루라도 하늘과 땅 사이에서 스스로 편안히 여겨서 자신을 위하여 도모해서는 안 된다.

《서경》〈문후지명(文侯之命)〉을 보면 평왕이 자신의 몸이 있는 줄만 알 뿐 선조가 있는 줄을 알지 못하여, 우선 지위만 보존하려 하고 선조의 기업은 생각하지 않으며 편안함을 구차히 생각하고 대의를 잊으니,[9] 인륜이 상실되고 왕업이 망한 것이다. 동도의 탄환만큼 작은

9 서경……잊으니 : 〈문후지명〉은 평왕이 진(晉)나라 문후(文侯)를 방백으로 삼고 검은 기장술과 활과 화살을 내려줄 적에 책서(策書)를 만들어 명한 것이다. 심대윤은 〈문후지명〉에 대하여 "지금 이 명을 보건대, 진나라 문후를 '부(父)인 의화(義和)'라 부른 것은 명분이 문란하고 왕실이 낮아진 것이요, '누가 짐의 몸을 돌볼 것인가? 〈나한 사람에게 공(功)이 있으면〉 길이 편안히 지위에 있을 것이다.'라고 한 것은 뜻이 자신을 도모하고 지위를 지키며 선조의 기업을 회복하지 않음에 있는 것이요, '네 도비(都鄙)를 간열하고 돌보라.'라고 한 것은 나라가 기울어지고 패망한 것을 편안히 여기고 왕실을 돌보지 않은 것이다. 아버지의 원수를 알지 못하고 나라를 돌보지 않고 명칭이 낮음을 부끄러워하지 않고서 오직 자신의 몸과 지위만 구차히 편안하고 보존되기를 도모하였으니, 천리와 인정이 상실되고 명분이 없어지고 선조의 뜻과 사업을 무너뜨린 것이다.〔今觀此命, 稱'父義和', 名分亂而王室卑也. '伊恤朕躬, 永綏在位', 志在謀身保位

땅[10]을 겨우 지켜서 스스로 작은 나라의 제후에 견주며, 부끄러워하고 분노하여 분발할 줄 몰랐으니, 이는 평왕이 이때에 사람의 양심이 없었던 것이다. 어쩌면 그리도 진(晉)나라 원제(元帝)[11]와 송(宋)나라 고종(高宗)[12]과 흡사한가. 시인이 이것을 말하고 싶어도 감히 말할 수가 없었다. 그러므로 시를 지어 풍자한 것이다.

"나더러 무엇을 구하는고 한다."라고 한 것은 스스로 눈앞의 안일만 도모하는 것을 좋은 계책으로 여겨서 내가 옛 기업을 회복하려고 함을 비웃는 것이요, "아득하고 아득한 창천아 이 어떤 사람이 이렇게 하였는고."라고 한 것은 하늘과 땅 사이에 이런 나쁜 사람이 있을 줄 생각하지 못했음을 말한 것이니, 이는 몹시 애석히 여기는 말이다.

신하로서 군주를 풍자하는 것이 옳은가? 이에 대답하였다. "은밀히 풍자한 것이요, 바로 지적하여 풍자한 것이 아니다. 군주가 깨닫지

而不恢先業也. '簡恤爾都', 安於傾敗而不恤王室也. 不知父讎, 不恤其國, 不恥名卑, 而惟身與位之苟安苟保是圖, 天理、人情喪矣, 名分滅矣, 志業隳矣.]"라고 비판하였다. 《書經蔡傳辨正 文侯之命》

10 탄환만큼 작은 땅 : 원문 탄환지지(彈丸之地)는 땅이 협소함을 비유하는 말로, 전국시대에 진(秦)나라가 조(趙)나라에게 6개 성을 바치라고 요구하자, 누완(樓緩)이 진나라에 탄환만큼 작은 땅을 주지 않으면 나중에 더 많은 영토를 잃게 된다고 주장한 것에 나온다. 《戰國策 趙策3》

11 진(晉)나라 원제(元帝) : 동진(東晉)의 초대 황제인 사마예(司馬睿)로, 사마의(司馬懿)의 증손이자 낭야왕(琅邪王) 사마주(司馬伷)의 손자이다. 서진(西晉)이 흉노족의 국가인 한(漢 전조(前趙))에게 멸망당하자 강남(江南)의 건업(建業)에 도읍하고 동진을 세웠다. 서진이 멸망한 뒤에 중국의 북부 지역은 5호(五胡)의 지배하에 들어갔다.

12 송(宋)나라 고종(高宗) : 남송(南宋)의 초대 황제인 조구(趙構)로, 북송(北宋) 휘종(徽宗)의 아홉 번째 아들이자 북송의 마지막 황제인 흠종(欽宗)의 아우이다. 금(金)나라의 침공으로 도성인 변경(汴京)이 함락되고 휘종과 흠종이 포로로 잡혀 간 뒤에, 남쪽으로 피신하여 임안(臨安)에 도읍하고 남송을 세웠다. 악비(岳飛) 등을 기용하여 금나라에 대항하기도 하였으나, 진회(秦檜) 등의 주화파(主和派)를 중용하여 금나라에 조공을 바치며 화친을 맺었다.

못함을 애통히 여겨 간언하여 바로잡음을 잊지 않음은 충성이니, 어찌 옳지 않겠는가. 임금의 악을 숨겨서 감히 드러내지 못하였다. 그러므로 은밀히 풍자한 것이다."

저 기장 이삭이 나란히 있는데	彼黍離離
저 피는 이삭이 패었도다	彼稷之穗
멍하니 길을 가니	行邁靡靡
중심에 취한 듯하노라	中心如醉
이 내 마음 아는 자는	知我者
나더러 마음에 근심한다 하는데	謂我心憂
이 내 마음 알지 못하는 자는	不知我者
나더러 무엇을 구하는고 하니	謂我何求
아득하고 아득한 창천아	悠悠蒼天
이 어느 사람이 이렇게 하였는고	此何人哉

비이고 부이다. 수(穗)는 이삭이 팬 것이다.

저 기장 이삭이 나란히 있는데	彼黍離離
저 피는 열매가 영글었도다	彼稷之實
멍하니 길을 가니	行邁靡靡
중심에 목이 꽉 메인 듯하노라	中心如噎
이 내 마음 아는 자는	知我者
나더러 마음에 근심한다 하는데	謂我心憂
이 내 마음 알지 못하는 자는	不知我者
나더러 무엇을 구하는고 하니	謂我何求
아득하고 아득한 창천아	悠悠蒼天

이 어느 사람이 이렇게 하였는고　　此何人哉

비이고 부이다. 열(噎)은 음식이 목구멍을 막은 것이다.

이상은 〈서리〉 3장이니, 장마다 10구이다.

군자우역 君子于役

군자의 부역 감이여　　君子于役
돌아올 기약을 모르노니　　不知其期
언제나 끝나려나　　曷至哉
닭은 둥지에 깃들며　　鷄棲于塒
날이 저물어　　日之夕矣
양과 소가 내려오는데　　羊牛下來
군자[13]의 부역 감이여　　君子于役
어찌 생각하지 않는가　　如之何勿思

부이고 비이고 부이다.[14] '갈지재(曷至哉)'[15]는 끝이 없음을 말한 것이다. 시(塒)는 《집전》에 "담장에 굴을 파서 닭을 깃들게 한 것이다."라고 하였다. 닭이 둥지에 깃들면 날이 저물어 양과 소가 내려온다. 왕기

13 군자 : 《집전》에 부인이 그 남편을 지목하는 말이라고 하였다.
14 부이고 비이고 부이다 : 《집전》에는 부로 보았으니, 이하의 장도 같다. 《집전》에는 대부가 오랫동안 부역에 나가 있자 그 집안사람이 그리워하여 지은 시로 보았다.
15 갈지재(曷至哉) : 《집전》에는 "어느 곳에 이르러 계신가?〔何所至哉?〕"로 해석하였다.

(王畿)의 가운데 동도가 있음은 사람이 사는 집 가운데 닭의 둥지가 있는 것과 같으니 땅의 좁음이 지극한 것이고, 왕이 동도에 거주함은 닭이 둥지에 깃든 것과 같으니 주나라 황실이 미약한 것이다. 닭이 둥지에 깃들어 날이 저물면 양과 소가 돌아와 휴식을 하니, 이때는 휴식하기에 좋은 때이고 활동하기에는 좋지 않은 때이다.

왕이 동도에 거주하여 주나라 황실이 미약하면 마땅히 백성을 휴식시키고 선비를 기르며 농업을 힘쓰고 병사들을 훈련시켜서 옛 기업의 회복을 도모해야 하는데, 지금 어찌하여 이렇게 하지 않는가. 그런데 도리어 옛 기업을 회복하는데 함께해야 할 백성에게 그만 두어도 되는데 그만 두지 않는 노역을 시켜서-예를 들면 신(申)나라·허(許)나라·보(甫)나라에서 수자리하는 것[16]과 같은 따위가 이것이다.- 선조를 생각하지 않고 백성을 돌보지 않으니, 왕이 의리에 강하지 못하여 의의(意義)가 없음이 심하다. 군자들도 피폐하고 소인들이 곤궁해진 것을 알 수 있다. "어찌 생각하지 않는가."라고 한 것은 왕이 장차 이 무리들을 거느리고 선조의 기업을 회복할 것을 도모해야 하는데 어찌하여 생각하지 않느냐고 한 것이다.

군자의 부역 감이여	君子于役
날짜와 달수로 계산할 수 없으니	不日不月
언제나 오실까	曷其有佸
닭은 말뚝에 깃들며	鷄棲于桀
날이 저물어	日之夕矣
소와 양이 모여드니	牛羊下括
군자의 부역 감이여	君子于役

16 신(申)나라……것 : 아래의 〈양지수〉 참조.

우선 기갈(飢渴)이나 면하면 하노라　　　苟無飢渴

부이고 비이고 부이다. 활(佸)[17]은 이름이다. 걸(桀)은 《집전》에 '말뚝'이라 하였다. 괄(括)은 '주머니의 주둥이를 묶음〔括囊〕'의 괄이니, 함께 모임이다.[18] "우선 기갈이나 면하면 하노라."라고 한 것은 눈앞의 안일만 탐하여 스스로 경영해서 큰 계책에 미치지 못함을 말한 것이니, 군주가 안일하고 신하가 게을러서 큰 계책을 할 수가 없는 것이다.

이상은 〈군자우역〉 2장이니, 장마다 8구이다.

군자양양 君子陽陽

군자가 양양(揚揚)하여　　　君子陽陽
왼쪽에는 황(簧)을 잡고　　　左執簧
오른쪽으로 나를 부르되 방으로부터 하니　　　右招我由房
그 즐겁도다　　　其樂只且

《집전》에 말하였다. 부이다.[19] 양양(陽陽)은 양양(揚揚)과 같으니,

17 활(佸) : 【집전】 모임〔會〕

18 괄(括)은……모임이다 : 괄(括)은 《집전》에 '이름〔至〕'이라 하였다. 괄낭(括囊)은 《주역》 〈곤괘(坤卦)〉 육사(六四) 효사에 "주머니의 주둥이를 묶듯이 하여 입을 다물면 허물도 없고 칭찬도 없으리라.〔括囊, 无咎, 无譽.〕"라고 보인다.

19 부이다 : 《집전》에는 부역 갔던 남편이 돌아오자 그 부인이 지은 것으로, 남편이 부역을 수고롭게 여기지 않고 빈천(貧賤)을 편안히 여겨 스스로 즐거워하며, 부인도 그 뜻을 알고 깊이 탄미한 것이라 하였다. 《모시서》에는 "주나라를 민망히 여긴 시이니, 군자가 난을 만나자, 서로 불러 녹을 받기 위한 벼슬을 하여 몸을 보전하고 해를 멀리

뜻을 얻은 모양이다. 생(笙)과 우(竽)는 모두 황(簧)이 있으니, 황은 대통 속의 금엽(金葉 쇠로 만든 얇은 떨림판)이다. 지저(只且)는 어조사이다.

◯방중(房中)의 음악은 금(琴)과 슬(瑟)뿐이요, 당상(堂上)의 음악이어야 비로소 생과 우가 있는데, 지금 황을 잡고서 나를 방에서 부른다면 제자리를 잃었고 장소가 협소한데 오히려 즐거움으로 여기는 것이다. 평왕(平王)이 옛 기업을 다 버리고 동도(東都)의 협소한 땅에 거처하였으나, 오히려 좋은 계책이라고 여겨서 자기 한 몸에 탈이 없음을 즐거워하니, 시인이 가탁하여 풍자하였다. 이때를 당하여 문왕과 무왕의 덕이 다 없어지지 않았고-동천한 뒤에 작은 영토를 가지고 정사도 제대로 다스려지지 못했는데, 수백 년에 이르도록 천하의 강한 제후와 교활한 오랑캐가 감히 천자의 이름과 지위를 빼앗아 취하지 않았으니, 이로써 문왕과 무왕의 덕이 동천할 때에도 끊어지지 않았음을 알 수 있다.- 제후 중에 아직도 주나라를 섬기는 자가 많았으니, 동도의 600리 땅에 웅거하여-6 곱하기 6은 36이니, 600리 땅은 100리 나라의 36배 넓이이다.- 백성들을 모으고 가르치고 제후들을 독려하여 거느렸다면 어떤 오랑캐라도 이기지 못하였겠는가. 원수를 토벌하고 국경을 회복함이 손바닥을 뒤집는 것보다도 쉬웠을 터인데, 도리어 몸을 온전히 하고 지위를 보존함을 다행으로 여겨서 신(申)나라와 융족(戎族)이 자기 아버지를 죽인 것을 잊고 자기를 도와 준 공[20]을 생각해서 옛 땅을 버려 생각하지 않으니, 시인이 이것을 심히 애석히 여겼다. '나를 부르되 방으로부터 함'은 신하 중에 분개하는 자의 말을 듣지 않고 그를 불러서 함께 즐김을 말한 것이다. 두 장을 모두

할 뿐이기 때문이었다."라고 하였는데, 《집전》에 이 또한 통한다고 하였다.

20 자기를……공 : 평왕이 태자 시절 폐출되어 신나라로 달아나자 신후(申侯)가 유왕(幽王)을 공격하여 죽이고 평왕을 세운 것을 가리킨다.

'그 즐겁도다'로 맺은 것은 마땅히 즐거워해서는 안 되는 것을 즐거워함을 깊이 탄식한 것이다.

군자가 화락하여　君子陶陶
왼쪽에는 깃 일산을 잡고　左執翿
오른쪽으로 나를 부르되 춤추는 자리로부터 하니　右招我由敖
그 즐겁도다　其樂只且

부이다. 도도(陶陶)는 화락(和樂)한 모양이다. 도(翿)는 춤추는 자가 잡는 깃털이다. 오(敖)[21]는 당상의 자리이다. 춤추는 자는 뜰에 줄지어 서는데 지금 당상에 있다면 자기 자리를 잃고 협소한 것이다.

이상은 〈군자양양〉 2장이니, 장마다 4구이다.

양지수 揚之水

작은 물이여　揚之水
묶어 놓은 섶 단도 떠내려 보내지 못하도다　不流束薪
저 그 사람이여　彼其之子
나와 함께 신(申)나라로 오지 못하였도다　不與我戍申
그리고 그립나니　懷哉懷哉
어느 달에나 내 집에 돌아갈런고　曷月予還歸哉

21 오(敖) : 【집전】 춤추는 자리〔舞位〕

흥이다.[22] 양지수(揚之水)[23]는 작은 물이다. 작은 물은 모래와 돌을 떠내려 보내지 못해서 평평하게 흐르던 물이 모래와 돌에 부딪혀 드날리며 흘러간다. 물이 미약하면 묶어 놓은 섶 단을 떠내려 보내지 못하는 것을 가지고 왕실이 미약하면 신나라에 수자리해서는 안 됨을 흥하였다. "저 그 사람이여[24] 나와 함께 신나라로 오지 못하였도다."라고 한 것은 은어(隱語)이다. 신후(申侯)가 유왕(幽王)을 시해하였으니, 평왕에게 있어서는 불공대천(不共戴天)의 원수가 된다. 외조부의 친함으로 부자간의 천륜을 멸해서는 안 되는데, 이제 신후가 자기를 구원하여 왕으로 세운 것을 은덕으로 여겨서 역적을 토벌하고 원수를 갚아야 할 군대를 동원하여 심지어 그를 지켜 주었다. 이는 자신이 있음만 알고 인륜이 있음을 알지 못한 것이며, 어머니가 있음만 알고 아버지가 있음을 알지 못한 것이니, 금수의 길이다. 천자의 백성으로서 지체를 낮추어 제후국의 부역을 해서 한 가지 일로 군신과 부자의 도리가 멸절되었으니, 이것을 말하자니 말할 수가 없고, 말하지 않자니 차마 그럴 수 없었다. 그러므로 은어를 써서 마치 나의 친한 사람이 함께 오지 못하여 그를 그리워한다는 듯이 말해서 그 뜻을 은폐하였으나, 그 의도는 사실, 식견이 있는 군자는 나와 함께 신나라에 수자리하러 오지 않았다는 뜻을 말한 것이니, 진심으로 그 의리에 복종하여 그를 생각한 것이다. "어느 달에나 내 집에 돌아갈런고."라고 한 것은 왕이 뉘우치고 깨닫기를 바란 것이다.

22 흥이다 : 《집전》에는 "흥은 '지(之)'와 '불(不)' 두 자(字)를 취한 것이다.〔興, 取'之'、'不'二字.〕"라고 하여, '揚之水'와 '彼其之子'의 두 '지(之)' 자와 '不流束薪'과 '不與我戍申'의 두 '불(不)' 자를 맞추어 흥한 것이라고 하였다.

23 양지수(揚之水) : 【집전】 양(揚)은 느릿느릿함〔悠揚〕이니, 물이 느리게 흐르는 모양이다.

24 저 그 사람이여 : 【집전】 수자리간 사람이 실가(室家)를 가리켜 말한 것이다.

《집전》에 말하였다. "신나라는 강성(姜姓)의 나라로 평왕의 외가이니, 지금의 등주(鄧州)에 있었다. 신나라가 초(楚)나라에 가까웠기 때문에 주나라 백성으로 하여금 수자리하게 하니, 수자리하는 자가 이 시를 지은 것이다."

작은 물이여	揚之水
묶어 놓은 나뭇단도 떠내려 보내지 못하도다	不流束楚
저 그 사람이여	彼其之子
나와 함께 보(甫)나라에 오지 못하였도다	不與我戍甫
그립고 그립나니	懷哉懷哉
어느 달에나 내 집에 돌아갈런고	曷月予還歸哉

흥이다. 보나라와 허(許)나라는 모두 신나라와 가까운 나라로 신나라와 성(姓)이 같으니, 신나라 때문에 수자리한 것이다. 《집전》에 말하였다. "보나라는 바로 여(呂)나라이니, 그 나라가 있던 땅은 자세하지 않다."

작은 물이여	揚之水
묶어 놓은 갯버들 단도 떠내려 보내지 못하도다	不流束蒲
저 그 사람이여	彼其之子
나와 함께 허(許)나라에 오지 못하였도다	不與我戍許
그립고 그립나니	懷哉懷哉
어느 달에나 내 집에 돌아갈런고	曷月予還歸哉

흥이다. 《집전》에 말하였다. 포(蒲)는 《춘추좌전》에 이른바 '동택(董澤)의 갯버들'[25]이라는 것이니, 화살을 만들 수 있는 것이다. 보나라

와 허나라는 모두 강성(姜姓)이다. 허나라는 지금의 영창부(潁昌府) 허창현(許昌縣)이 그 지역이다.

이상은 〈양지수〉 3장이니, 장마다 6구이다.

중곡유퇴 中谷有蓷

골짜기 가운데 익모초(益母草)가 있으니 中谷有蓷
햇볕에 말랐도다 暵其乾矣
여자가 버림받은지라 有女仳離
깊이 탄식하노라 嘅其嘆矣
깊이 탄식하니 嘅其嘆矣
사람의 어려운 때를 만났도다 遇人之艱難矣

《집전》에 말하였다. 흥이다.[26] 퇴(蓷)는 추(萑)이니, 바로 지금의 익모초이다.

○한(暵)[27]은 햇볕이 쬐어 마르는 것이다. 비(仳)는 떠남이니, 비리(仳離)는 남편에게 버림받은 것이다. '골짜기 가운데 익모초가 있음'은

25 동택(董澤)의 갯버들 : 《춘추좌전》 선공(宣公) 12년 조에 진(晉)나라 대부 지장자(知莊子 지계(知季))가 전투 중에 좋은 화살을 아끼고 쏘지 않자, 수레를 몰던 주무자(廚武子 위기(魏錡))가 노하여 "동택의 갯버들을 이루 다 쓸 수 있습니까.〔董澤之蒲, 可勝旣乎?〕"라고 한 것이 보인다. 동택은 하동(河東) 문희현(聞喜縣) 동북쪽에 있는 못의 이름이다.

26 흥이다 : 【집전】 흉년에 기근이 들어 실가(室家)가 서로 버리니, 부인이 물건을 보고 기흥(起興)하여 스스로 비탄하는 말을 서술한 것이다.

27 한(暵) : 【집전】 건조함〔燥〕

중덕(中德)의 군자가 세상을 다스리는 약석(藥石)이 되는데,[28] 채택되지 못함을 말한 것이다. 평왕의 때에도 진언(進言)하는 군자가 없지는 않았으나, 진언을 들어주지 않았다. 그러므로 골짜기 가운데의 익모초가 햇볕에 말라 버려짐을 가지고 흥하여, 여인이 버림받음으로써 가탁해 말하였다. '사람의 어려운 때를 만남'은 시절이 혼란하고 운수가 비색함을 탄식한 것이다."

골짜기 가운데 익모초가 있으니	中谷有蓷
햇볕에 말랐도다	暵其脩矣
여자가 버림받은지라	有女仳離
길게 휘파람을 부노라	條其歗矣
길게 휘파람을 부니	條其歗矣
사람의 좋지 못한 때를 만났도다	遇人之不淑矣

흥이다. 수(脩)는 《집전》에 심하게 말라서 포(脯)가 된 것[29]이라고 하였다. 조(條)[30]는 휘파람〔歗〕을 부는 모양이니, 소(歗)[31]는 입을 오므려 소리를 내는 것이다. '사람의 좋지 못한 때를 만남'은 군주가 나약하고 나라가 피폐함을 탄식한 것이다.

골짜기 가운데 익모초가 있으니	中谷有蓷

28 골짜기……되는데 : 익모초는 전초(全草)를 말려서 더워 먹은 데, 산모의 지혈, 강장제, 이뇨제 따위에 쓴다.

29 수(脩)는……것 : 《집전》에 수(脩)는 '길〔長〕'이라 하고, 또 혹자의 설로 "마름〔乾〕이니, 포(脯)를 수(脩)라고 이르는 것과 같다."라고 하였다.

30 조(條) : 【집전】 길게 휘파람을 부는 모양〔條然歗貌〕

31 소(歗) : 【집전】 입을 오무려 소리를 내는 것이니, 비한(悲恨)이 깊어서 탄식함에 그치지 않는 것이다.

말랐다가 다시 젖었도다　暵其濕矣
여자가 버림받은지라　有女仳離
훌쩍훌쩍 우노라　啜其泣矣
훌쩍훌쩍 우니　啜其泣矣
슬퍼한들 어찌 미치리오　何嗟及矣

흥이다. 햇볕에 말랐다가 다시 젖으면 부패하여 버리게 된다.[32] "슬퍼한들 어찌 미치리오."라고 한 것은 자신의 말이 쓰이지 않아서 일이 이미 실패하여 더이상 할 만한 것이 없음을 탄식한 것이다.

이상은 〈중곡유퇴〉 3장이니, 장마다 6구이다.

토원 兎爰

토끼는 여유만만 하거늘　有兎爰爰
꿩은 그물에 걸렸도다　雉離于羅
내가 태어난 초기에는　我生之初
할 일이 없었는데　尙無爲
내가 태어난 뒤에　我生之後
이 온갖 걱정을 만났으니　逢此百罹
행여 잠들어 움직이지 말지어다　尙寐無吪

32 햇볕에……된다 : 《집전》에는 '暵其濕矣'에 대하여, 심한 가뭄에 습지의 풀도 마른 것이라고 하였다.

《집전》에 말하였다. 비이다. 토끼의 성질은 음흉하고 교활하며, 꿩의 성질은 꼿꼿하다. 원원(爰爰)은 느슨하고 유유자적하는 뜻이다. 이(罹)는 근심이다. 상매(尙寐)의 상(尙)은 행(幸 행여)과 같다. 와(吪)는 움직임이다.

○토끼는 여유만만하고 꿩은 그물에 걸린 것을 가지고 소인은 뜻을 얻고 군자는 화를 당함을 비유하였다. '내가 태어난 초기에는 할 일이 없었다'는 것은 선왕(宣王)[33]의 중흥(中興)을 추억하고, 평왕은 그렇게 하지 못함을 애통히 여긴 것이다. 무위(無爲)는 무사(無事)라는 말과 같다. "행여 잠들어 움직이지 말지어다."라고 한 것은 속히 죽는 것이 차라리 다행이라는 것이다.

평왕의 때에도 군자가 없는 것이 아니었으나, 진언(進言)이 쓰이지 않고 몸도 재앙을 받게 되니, 혹은 거두어 떠나가고 혹은 침묵하여 비위를 맞추었다. 그러므로 조정에 훌륭한 사람이 없어서 나랏일이 날로 잘못되었다. 《전국책(戰國策)》에 "나라가 망하는 것은 현자가 없기 때문이 아니다."[34]라고 하였다. 〈왕풍〉의 여러 편을 보면 선왕의 가르침이 아직 멀지 않아서 조정에 있는 현사(賢士)가 많았다.

시를 편집한 자가 〈중곡유퇴〉와 〈토원〉 두 편을 취하여 평왕이 현자

33 선왕(宣王) : 여왕(厲王)의 아들이며 유왕(幽王)의 아버지로 이름은 정(靜, 靖)이다. 여왕이 폭정으로 쫓겨나고 14년 간의 공화(共和) 시기를 거친 뒤에 즉위하였다. 소목공(召穆公)·윤길보(尹吉甫)·중산보(仲山甫)·방숙(方叔) 등을 등용하여 조정을 정돈하고 험윤(玁狁)·서융(西戎)·회이(淮夷) 등을 토벌하여 주나라의 중흥을 이루었다. 그러나 만년에 강융(姜戎)에 크게 패하였으며, 간언을 듣지 않고 전행(專行)하여 국세가 다시 기울게 되었다.

34 나라가……아니다 : 이 내용은 《전국책(戰國策)》 〈진책(秦策)5〉에 "조(趙)나라 왕이 사공마(司空馬)를 떠나게 해서 나라가 망하였다. 나라가 망하는 것은 현자가 없기 때문이 아니라, 현자를 등용하지 못하기 때문이다.〔趙去司空馬而國亡. 國亡者, 非無賢人, 不能用也.〕"라고 한 것에 보인다.

를 등용하지 못하였기 때문에 주나라가 쇠미하여 떨치지 못함을 나타내었다. 〈주남〉과 〈소남〉은 현자를 등용하여 현자가 성하게 일어난 것이고, 〈왕풍〉은 현자를 등용하지 아니하여 현자가 은둔한 것이다. 《서경》〈주서(周書)〉에 명철한 이를 등용함에 대해 천명을 접하여 아는 것이라고 하였으니,[35] 그 뜻은 대략 철인(哲人)의 계책을 쓰는 것이 바로 천명을 순히 따르는 것이라는 것이다. 《주역》에 "천지가 닫히면 현자가 은둔한다."[36]라고 하였으니, 현자가 등용되고 버려짐을 가지고 나랏일의 홍하고 쇠퇴함과 천운의 통하고 막힘을 알 수 있다. 그 작용〔機〕이 돌아가는 고리와 같으니, 소홀히 해서는 안 되는 것이다.

토끼는 여유만만 하거늘	有兎爰爰
꿩은 새그물에 걸렸도다	雉離于罦

35 명철한……하였으니 : 《서경》〈주서 대고(大誥)〉에 "광대하게 나 어린 사람이 무강(無疆)한 큰 역수(歷數)와 사업을 이어서 명철한 이를 등용하여 백성들을 편안함으로 인도하지 못하였는데, 하물며 천명을 접하여 안다고 말할 수 있겠는가.〔洪惟我幼沖人, 嗣無疆大歷服, 弗造哲, 迪民康, 矧曰其有能格知天命?〕"라고 하였는데, 이에 대하여 심대윤은 "홍(洪)은 광대함이다. '홍유사복(洪惟嗣服)'의 홍유(洪惟)는 《서경》〈태서 하(泰誓下)〉에 '크게 위엄을 세우다〔洪惟作威〕'의 홍유와 같다. 복(服)은 일이니, 역복(歷服)은 역수와 사업이다. 조(造)는 진(進)이다. 철인을 등용하여 그 계책을 써서 백성들을 편안함으로 인도하는 것이 바로 천명을 아는 것이다.……격(格)은 정신이 이어지는 것이다.〔洪, 廣大也. '洪惟嗣服', 猶言'洪惟作威'也. 服, 事也, 歷服, 歷數、事業也. 造, 進也. 進哲人而用其猷, 以導民安康, 是爲知天命也. 今我不能造哲, 則況曰知命乎? 用哲人之猷, 卽是知天命.……格, 精神屬之也.〕"라고 풀이하였다. 《書經蔡傳辨正》

36 천지가……은둔한다 : 《주역》〈곤괘(坤卦) 문언전(文言傳)〉에 "천지가 변화하면 초목이 번성하고 천지가 닫히면 현자가 은둔한다.〔天地變化, 草木蕃; 天地閉, 賢人隱.〕"라고 보이는데, 심대윤은 이에 대하여 "'천지가 변화함'은 군주와 신하의 뜻이 서로 맞아서 다스려짐을 말한 것이요, '초목이 번성함'은 덕화가 입혀짐을 말한 것이며, '천지가 닫힘'은 위아래가 비색(否塞)함을 말한 것이다.〔'天地變化', 言君臣相得而爲理也, '草木蕃', 言德化被也. '天地閉', 言上下否也.〕"라고 풀이하였다. 《周易象義占法》

내가 태어난 초기에는 我生之初
오히려 할 일이 없었는데 尙無造
내가 태어난 뒤에 我生之後
이 온갖 근심을 만났으니 逢此百憂
행여 잠들고 깨어나지 말지어다 尙寐無覺

비이다. 조(造) 또한 할 일이다. 교(覺)는 잠을 깸이다.

토끼는 여유만만 하거늘 有兎爰爰
꿩은 새그물에 걸렸도다 雉罹于罿
내가 태어난 초기에는 我生之初
오히려 용사(用事)함이 없었는데 尙無庸
내가 태어난 뒤에 我生之後
이 온갖 흉한 일을 만났으니 逢此百凶
행여 잠들고 듣지 말지어다 尙寐無聰

비이다. 부(罦)와 총(罿)은 모두 그물이다. 용(庸)은 씀이니, 용사(用事)하는 것이다. 무총(無聰)은 듣는 바가 없는 것이다.

이상은 〈토원〉 3장이니, 장마다 7구이다.

갈류 葛藟

길게 이어진 칡덩굴이여 緜緜葛藟
하수(河水)의 가에 있도다 在河之滸

끝내 형제를 멀리한지라 終遠兄弟
타인을 아버지라 이르노라 謂他人父
타인을 아버지라 이르나 謂他人父
또한 나를 돌아보지 않도다 亦莫我顧

흥이다.[37] 면면(綿綿)은 길게 이어져 끊이지 않는 모양이다. 강안(江岸)의 위를 호(滸)라 한다. 면면히 자라는 칡덩굴이 얽혀서 서로 감겨 하수 가에 있으니, 하수 가는 칡이 마땅히 있을 곳이 아니다. 칡이 산을 떠나 물가에 있으면 시들어 번식하지 못한다. 자기 형제들을 소홀히 하고 다른 종족의 사람을 친히 따름은 마치 칡덩굴이 하수 가에 얽혀 있는 것과 같다. 평왕의 때에 희성(姬姓)의 나라가 왕기(王畿) 밖에 둘러 있었고, 외숙의 나라가 오복(五服)[38] 안에 나열되어 있으니, 만약 예로써 친히 하고 의로써 통솔하면 장차 제후들을 마치 몸통이 팔다리를 움직이듯이 부려서 못할 일이 없을 것이니, 기업을 회복함을 어찌 근심하며 오랑캐를 물리침에 무슨 어려움이 있겠는가. 그런데 도리어 형제들을 소홀히 하여 버리고 외숙들을 멀리 물리쳐서, 그들과

37 흥이다 : 《집전》에는 세상이 쇠하고 백성들이 흩어져서 마을과 가족을 버리고 유리(流離)하여 갈 곳을 잃은 자가 스스로 탄식한 것으로 보았다.

38 오복(五服) : 복(服)은 왕기(王畿)를 중심으로 구역을 나눈 것이다. 《서경》〈우공(禹貢)〉에는 전복(甸服)·후복(侯服)·수복(綏服)·요복(要服)·황복(荒服)의 오복(五服)이 있고, 《서경》〈강고(康誥)〉에는 후복·전복·남복(男服)·채복(采服)·위복(衛服)의 오복이 있고, 《주례》〈하관(夏官) 직방씨(職方氏)〉에는 후복·전복·남복·채복·위복·만복(蠻服)·이복(夷服)·진복(鎭服)·번복(蕃服)의 구복(九服)이 있고, 《국어(國語)》〈주어 상(周語上)〉에는 전복·후복·빈복(賓服)·요복·황복의 오복이 있다. 심대윤은 〈우공〉의 오복은 우(禹)임금 때의 제도이고 《국어》의 오복은 주나라의 제도로 보았는데, 다만 《국어》에 왕기를 전복이라고 한 것은 잘못이라 하였다. 또 《주례》의 구복도 잘못으로 보았다. 《書經蔡傳辨正 周官》 채침(蔡沈)은 《서경》〈강고〉의 오복을 주나라 제도로 보고 있다. 《書經集傳 周官》

더불어 왕실의 일을 도모하지 않고 오직 융족과 진(秦)나라를-진나라 또한 본래 서융(西戎)이다.- 의지하고 총애해서[39] 서주의 8백리 옛 강토를 들어 이들에게 맡겼다. 이들은 우리의 동족이 아니어서 그 마음이 반드시 우리와 다르다. 이들에게 힘입지 못하고 도리어 화를 불러, 제후의 마음을 가로막고 스스로 우익(羽翼)을 잘라 버리며 힘써 원수를 세우고 번병(藩屛)을 철거해서 주나라의 왕업이 마침내 망하여 아무것도 할 수가 없게 될까 두려우니, 이것이 〈갈류〉를 짓게 된 이유이다.

길게 이어진 칡덩굴이여	綿綿葛藟
하수의 가에있도다	在河之涘
끝내 형제를 멀리한지라	終遠兄弟
타인을 어머니라 이르노라	謂他人母
타인을 어머니라 이르나	謂他人母
또한 나를 기억해주지 않도다	亦莫我有

흥이다. 물가를 사(涘)라 한다. 유(有)는 《춘추좌전》에 "우리 군주를 염두에 두지 않는다.〔不有寡君〕"[40]라고 한 것의 '유'이다.

39 융족과……총애해서 : 진나라가 서융과 같은 종족인지에 대해서는 정설이 없으나, 《사기》〈진본기(秦本紀)〉에는 순임금에게 영씨(嬴氏) 성을 하사받은 백예(柏翳)의 후손들이 중원 또는 이적의 땅에 있었는데, 중휼(中潏)이 서융(西戎)의 지역에 거하였다고 하였다. 평왕이 동천하면서 양공(襄公)을 제후로 봉하고, 융족을 물리친다면 서주(西周) 지역을 주겠다고 하였는데, 문공(文公) 때에 영토를 기산(岐山)까지 넓히고, 목공(繆公) 때에 융족을 토벌하고 서융 지역의 패자가 되었다. 진나라가 본래 서융이라는 설은 《어비자치통감강목(御批資治通鑑綱目)》 권14의 주에 보인다.

40 유(有)는……유이다 : 《춘추좌전》 소공(昭公) 3년 조에 진(晉)나라 대부 숙향(叔向)이 "정(鄭)나라 군주께서 만약 우리 군주를 염두에 두지 않는다면 비록 아침저녁으로 우리 진(晉)나라에 오시더라도 우리 군주께서는 의심하실 것입니다.〔君若不有寡君, 雖朝夕辱於敝邑, 寡君猜焉.〕"라고 하였다. 《집전》에도 《춘추좌전》을 인용하고, 또 유

길게 이어진 칡덩굴이여　綿綿葛藟
하수의 물가에 있도다　在河之漘
마침내 형제를 멀리한지라　終遠兄弟
타인을 형이라 이르노라　謂他人昆
타인을 형이라 이르나　謂他人昆
또한 나의 소식을 듣지 않도다　亦莫我聞

흥이다. 위는 평평하고 아래는 물에 깎인 것을 순(漘)이라한다. 나의 일을 듣고 싶지 않다면[41] 더욱 소원한 것이다.[42]

이상은 〈갈류〉 3장이니, 장마다 6구이다.

채갈 采葛

저 칡을 채취함이여　彼采葛兮
하루 동안 보지 못함이　一日不見
삼월(三月)과 같도다　如三月兮

(有)는 지유(識有)라고 하였는데, 《시전대전》의 소주에 여릉 나씨(廬陵羅氏)는 '지유'는 '기억하여 잊지 않는 것〔記而不忘〕'이라고 하였고, 화곡 엄씨(華谷嚴氏)는 "경문의 막아유(莫我有)는 없는 것처럼 여김을 말한 것이다.〔'莫我有', 言視之若無也.〕"라고 하였다.

41 나의……않다면 : 《집전》에는 경문 '莫我聞'의 문(聞)을 '서로 소식을 알림〔相聞〕'이라 하여, '나에게 소식을 알리지 않다'로 해석하였다.

42 소원한 것이다 : 원문은 '진월(秦越)'로 진나라와 월나라가 서로 멀리 떨어져 있기 때문에, 서로 소원하고 상관하지 않음을 비유한다.

비이다.[43] 칡이 물건에 칭칭 감겨서 붙은 것을 가지고 소인이 교분을 맺어 아부함을 비유하였다. 국가가 장차 일어나려 할 적에는 군자를 사모하기를 목마를 때에 물을 구하듯이 하고, 국가가 장차 망하려 할 적에는 소인을 사랑하기를 봉사가 인도해 주는 사람이 있는 것처럼 여긴다. 피(彼)는 외면하는 말이다. '하루 동안 보지 못함이 삼월과 같다'는 것은 친애함이 심해서 잠시도 버릴 수 없는 것이다.

〈중곡유퇴〉와 〈토원〉에서 근심하고 탄식하게 된 것은 〈채갈〉의 일이 있었기 때문이니, 〈갈류〉는 친척을 버리고 원수에게 나아간 것이고, 〈채갈〉은 정직한 사람을 미워하고 아첨하는 사람을 좋아한 것이다. 여러 사람이 좋아하는 것을 윗사람이 미워하고 여러 사람이 미워하는 것을 윗사람이 좋아해서, 윗사람의 좋아하고 미워함이 여러 사람과 상반되면 위태로움과 멸망이 이르게 된다.

저 쑥을 캠이여	彼采蕭兮
하루 동안 보지 못함이	一日不見
삼추(三秋)와 같도다	如三秋兮

비이다. 소(蕭)와 애(艾)는 쉽게 생장하면서 제거하기가 어려워, 좋은 벼 싹을 해친다. 그러므로 이로써 소인을 비유한 것이다.

저 약쑥을 뜯음이여	彼采艾兮
하루 동안 보지 못함이	一日不見
삼세(三歲)와 같도다	如三歲兮

43 비이다 : 《집전》에는 부로 보았으니, 이하의 장도 같다. 《집전》에는 "음분(淫奔)한 자가 칡을 채취함을 칭탁하고 간 것이다. 그러므로 인하여 그 사람을 가리키고는 사념(思念)함이 깊어서 오래되지 않았는데 오래된 것 같다고 말한 것이다."라고 하였다.

비이다.

이상은 〈채갈〉 3장이니, 장마다 3구이다.

대거 大車

대거(大車)가 덜컹덜컹 가니	大車檻檻
취의(毳衣)가 갈대처럼 푸르도다	毳衣如菼
어찌 그대를 그리워하지 않으리오마는	豈不爾思
부자(夫子)가 두려워 감히 달려가지 못하노라	畏子不敢

《집전》에 말하였다. 부이다.[44] 함함(檻檻)은 수레가 지나가는 소리이다. 옷에 오색으로 그림을 그리는데, 푸른색이 갈대와 같은 것이다. ○취의(毳衣)는 제후의 명복(命服)이니,[45] "어찌 그대를 그리워하지

44 부이다 : 【집전】 주나라가 쇠했는데도 대부로서 아직도 형정으로 사읍(私邑)을 잘 다스리는 자가 있었다. 그러므로 음분(淫奔)한 자가 그를 두려워하여 노래하기를 이와 같이 한 것이다.

45 취의(毳衣)는 제후의 명복(命服)이니 : 《집전》에는 취의를 천자의 대부의 의복이라 하였다. 모형(毛亨)의 전(傳)에 "취의는 대부의 의복이다.……천자의 대부는 4명(命)인데, 그가 봉기(封畿 왕기(王畿))로 나오면 5명이니 자(子)와 남(男)의 의복과 같다.〔毳衣, 大夫之服.……天子大夫四命, 其出封五命, 如子男之服.〕"라고 하였는데, 공영달의 소에, 전에서 말한 출봉(出封)은 봉기로 나오는 것이지 제후로 봉해지는 것은 아니라고 하였다. 또 정현(鄭玄)의 전(箋)에는 "옛날에 천자의 대부는 취면(毳冕)을 입고 나라를 순행하면서 백성의 송사를 판결하였으니, 바로 자와 남으로 천자의 조정에 들어와 대부가 된 자이다.〔古者天子大夫服毳冕以巡行邦國, 而決男女之訟, 則是子男入爲大夫者.〕"라고 하였는데, 공영달의 소에, 이는 천자의 대부가 기외(畿外)로 나가 자와 남의 제후로 봉해졌다가 다시 천자의 조정에 들어와 대부가 되는 것이라 하였다.

않으리오."라고 한 것은 대거(大車)[46]를 타고 취의를 입은 사람을 생각한 것이다. 자(子)는 부인이 자기 남편을 일컫는 말이다. 왕의 신하가 어진 제후를 보고 그를 따라가서 자기가 배운 바를 행하고 싶었으나, 예법에 제후의 신하가 올라가 왕의 신하가 되는 경우는 있어도 왕의 신하가 낮추어 제후의 신하가 되는 경우는 없다. 그러므로 부인의 말로 가탁하여 부자가 두려워 감히 달려가지 못한다고 한 것이다.

대거가 느릿느릿 가니	大車啍啍
취의가 옥처럼 붉도다	毳衣如璊
어찌 그대를 그리워하지 않으리오마는	豈不爾思
부자가 두려워 달려가지 못하노라	畏子不奔

《집전》에 말하였다. 부이다. 톤톤(啍啍)은 수레가 무겁고 더딘 모양이다. 문(璊)은 옥의 붉은색이다.

살아서는 집을 달리하나	穀則異室
죽어서는 묘혈(墓穴)을 함께 하리라	死則同穴

모형이나 정현과 달리 심대윤은 취의를 천자의 대부가 되지 않은 제후의 명복으로 본 듯하다. 취의는 천자의 여섯 가지 예복 가운데 하나로 5명인 자와 남 이상이 입을 수 있으며, 천자는 사방의 명산대천 및 산과 내에 제사 지낼 적에 입고, 자와 남은 천자의 제사를 돕거나 천자를 조현할 때 입는다. 취의는 오장(五章)으로, 상의(上衣)에는 종이(宗彝)·마름·분미(粉米)를 그리고 치마에는 보(黼)와 불(黻)을 수놓는다. 《周禮注疏 春官 司服》, 《詩傳大全 小雅 采菽》

46 대거(大車) : 《집전》에 대부의 수레라고 하였다. 이는 모형의 전을 따른 것인데, 천자의 대부가 백성의 송사를 다스리기 위해 타고 다니는 수레로 본 것이다. 공영달의 소에 대부가 왕기로 나가면 자와 남의 복식을 하므로 대거는 제후의 수레인 혁로(革路)라고 하였다. 혁로는 병거로서 가죽으로 덮고 다른 꾸밈이 없는 것이다.

나더러 거짓말 한다고 이를진댄 謂予不信
밝은 해를 두고 맹세하리라 有如皦日

《집전》에 말하였다. 부이다. 곡(穀)은 삶이다. 혈(穴)은 구덩이이다. 교(皦)는 밝음이다.

○살아서는 함께 일하지 못하나 죽어서는 함께 돌아가는 것이니, 처하여 있는 자리가 달라서 그대처럼 선(善)을 할 수가 없으나, 선하고자 하는 마음은 똑같음을 말하였다. '밝은 해를 두고 맹세함'은 죽음으로써 지키면서도 도를 잘해서[47] 자기의 뜻을 바꾸지 않겠다고 스스로 맹세한 것이다. 나라에 도가 없을 적에는 죽음에 이르러도 지조를 변치 않음은 군자의 강함이다.[48]-《집전》에 "〈음분하고자 하는 자가〉 살아서는 부부가 될 수가 없으나, 죽어서는 합장하기를 바란 것이다."라고 하였으니, 세상에 어찌 이런 일이 있겠

47 죽음으로써……잘해서 : 이 내용은 《논어》 〈태백(泰伯)〉에 "독실하게 믿으면서도 배우기를 좋아하며, 죽음으로써 지키면서도 도를 잘해야 한다.〔篤信好學, 守死善道.〕"라고 보이는데, 심대윤은 이에 대하여 "'도를 잘함'은 중용을 행함이요, '죽음으로써 지킴'은 죽음에 이르러도 지조를 변치 않음이니, 이 때문에 세상에 은둔하여도 후회하지 않을 수 있는 것이다〔善道, 中庸也, 守死, 至死不變也, 故能遯世不悔也.〕"라고 하였다. 심대윤은 선을 행하고자 하는 지조는 지키면서도, 예법을 따라 왕을 떠나지 아니하여 중용을 행해야 함을 말한 것으로 보인다. 심대윤은 〈진풍(秦風) 겸가(蒹葭)〉에서 '지위를 순히 따르고, 때를 순히 따르고, 형세를 순히 따름'이 중용의 지극히 선한 덕이라 하였다.

48 나라에……강함이다 : 《중용》에 "군자는 화(和)하나 흐르지 않으니, 강하다 꿋꿋함이여. 중립(中立)하여 치우치지 않으니, 강하다 꿋꿋함이여. 나라에 도가 있을 때에는 절도를 넘지 않으니, 강하다 꿋꿋함이여. 나라에 도가 없을 때에는 죽음에 이르러도 지조를 변치 않으니, 강하다 꿋꿋함이여.〔君子和而不流, 强哉矯! 中立而不倚, 强哉矯! 國有道, 不變塞焉, 强哉矯! 國無道, 至死不變, 强哉矯!〕"라고 보이는데, 심대윤은 "색(塞)은 절도이니, 형세를 틈타 방종하여 넘치지 않는 것이다. '죽음에 이르러도 지조를 변치 않음'은 삶의 이로움이 죽음의 의로움만 못한 것이다.〔塞, 節也, 言不乘勢縱溢也. 至死不變, 生之利, 不如義也.〕"라고 풀이하였다.

는가. 어찌 군이 부부의 윤리를 멸하고자 하였는가. 도대체 무슨 마음인가.-

이상은 〈대거〉 3장이니, 장마다 4구이다.

구중유마 丘中有麻

언덕 가운데 삼이 있으니	丘中有麻
저기에서 자차(子嗟)를 만류하도다	彼留子嗟
저기에서 자차를 만류하니	彼留子嗟
장차 이곳에 오고 싶어지기 바라노라	將其來施施

비이고 부이다.[49] 삼은 길쌈하여 옷을 만들 수 있는 것이요, 2장의 보리는 곡식 중에 먹을 만한 것이요, 3장의 오얏은 과실 중에 먹을 만한 것이다. 주나라의 대부가 제후국에 어진 선비가 있음을 보고 그를 올려 왕의 신하로 삼아서 함께 왕실을 보필하고자 하였다. 그러나 그 나라에 섬길 만한 군주가 있고 왕실에 보필할 만한 왕이 없으니, 어진 선비가 섬길 만한 군주를 버리고 보필할 수 없는 왕에게 나아가려고 하지 않았다. 그러므로 '언덕 가운데 삼이 있음'을 가지고 비유하여 '저기에서 자차(子嗟)를 만류한다'고 한 것이다. 장(將)은 훗날을 바라는 말이다. 시시(施施)는 희열(喜悅)하는 뜻이니, 행여 그가 오기를 바라고 왕이 혹 고치기를 기대한 것이다. 만약 왕이 명주나 비단이

49 비이고 부이다 : 《집전》에는 부로 보았으니, 이하의 장도 같다. 《집전》에는 부인이 더불어 사통(私通)하는 자가 오기를 바랐으나 오지 않자, 또 다른 자가 그를 만류하고 있다고 여기는 것으로 보았다.

되면 그가 장차 삼을 버리고 올 것이요, 왕이 벼나 차조가 되면 그가 장차 보리를 버리고 올 것이요, 왕이 대추나 밤이 되면 그가 장차 오얏을 버리고 올 것이다.

언덕 가운데 보리밭이 있으니 丘中有麥
저기에서 자국(子國)을 만류하도다 彼留子國
저기에서 자국을 만류하니 彼留子國
장차 나에게 와서 밥을 먹기 바라노라 將其來食

비이고 부이다. '장기래식(將其來食)'은 무리를 버리고 와서 나에게 밥을 먹음을 말한 것이다. 자차(子嗟)와 자국(子國)은 어진 선비의 자(字)를 가설한 것이니, 차(嗟)는 그 사람의 어짊을 감탄한 것이요, 국(國)은 그 나라에 훌륭한 군주가 있음을 말한 것이다.

언덕 가운데에 오얏이 있으니 丘中有李
저기에서 그 분을 만류하도다 彼留之子
저기에서 그 분을 만류하니 彼留之子
나에게 패옥(佩玉)을 주었도다 貽我佩玖

비이고 부이다. 지자(之子)는 자차(子嗟)와 자국(子國)이다. '이아패구(貽我佩玖)'[50]는 끝내 그가 오지 못하여 나에게 패옥을 준 것을 말한다. 오지 않은 것은 왕이 잘못을 고치지 않기 때문이요, 패옥을 준 것은 나의 어짊을 인정한 것이다. 〈대거〉는 현자가 왕의 혼우함을 싫어하여 밖에서 군주를 바라는 것이요, 〈구중유마〉는 현자가 왕이

50 이아패구(貽我佩玖) : 【집전】 자기에게 선물함이 있기를 바라는 것이다.

혼우함을 두려워해서 오지 않은 것이니, 위에 〈채갈〉의 군주[51]가 있으면 아래에 〈대거〉와 〈구중유마〉의 선비가 있는 것이다.

이상은 〈구중유마〉 3장이니, 장마다 4구이다.

이상은 〈왕풍〉 10편이다.

이남(二南)은 주나라가 흥왕(興旺)하게 된 이유를 드러낸 것이니, 주나라가 흥왕하게 된 이유는 또한 백대의 왕조가 흥왕할 이유요, 〈왕풍〉은 주나라가 쇠약해진 이유를 드러낸 것이니, 주나라가 쇠약해진 이유는 또한 백대의 왕조가 쇠약할 이유이다. 《서경》에 "잘 다스린 성왕(聖王)과 도를 함께하면서 흥하지 못한 군주가 없고 어지러운 군주와 일을 함께하면서 망하지 않은 군주가 없다."[52]라고 하였으니, 후세의 군자가 이것을 거울로 삼을 뿐이다.

진(晉)나라 원제(元帝)의 나약함과 송(宋)나라 고종(高宗)의 혼우함으로도 오히려 중국 한편의 나라를 보존하여 여러 대 동안 잃지

51 채갈의 군주 : 아첨하는 소인을 좋아하는 군주를 가리킨다.

52 잘……없다 : 《서경》 〈태갑 하(太甲下)〉에 "선한 덕을 백성에게 베풀면 다스려지고 악한 덕이 백성에게 미치면 어지러워진다. 잘 다스린 성왕(聖王)과 도를 함께하면서 흥하지 못한 군주가 없고 어지러운 군주와 일을 함께하면서 망하지 않은 군주가 없다."라고 보이는데, 심대윤은 이에 대하여 "덕은 인(仁)을 베풂이다. 이는 또 인이 있어 선한 덕을 백성에게 베풀고 인이 없어 악한 덕이 백성에게 미치면 흥망이 따름을 오로지 말한 것이니, 인이 있으면 경(敬)과 성(誠)은 이 가운데에 있다.……선대의 성왕은 때에 따라 마땅하게 만들어서 일은 다르나 도는 같으며, 혼란하여 망한 군주는 어둡고 나약하고 포학하여 도는 다르나 일은 같은 것이다.〔德, 仁之施也. 此又專言有仁而善德施于民, 無仁而惡德及于民, 則興亡從之矣, 有仁則敬誠在其中矣.……先聖王之因時制宜, 事不同而道同; 亂亡之君, 昏懦暴虐, 異道而同事也.〕"라고 풀이하였다. 《書經蔡傳辨正》

않았던 것은 자신의 힘으로 이룬 것이 아니요, 조종(祖宗)의 덕이 아직 없어지지 않았기 때문이다. 진나라가 오(吳)나라를 평정할 적에 칼날에 피를 묻히지 않고 함락하였고,[53] 송나라가 강남(江南)을 취할 적에 한 사람도 죽이지 않았으니,[54] 하늘의 도는 그 보답을 받게 한다. 이 때문에 진나라 원제가 나약하고 진나라에 청담(淸談)의 병폐가 이어졌으나,[55] 유홍(劉弘)[56]과 조적(祖逖),[57] 온교(溫嶠)[58]와

53 진나라가……함락하였고 : 진나라의 군대가 오나라에 진격할 적에 일부 오나라 고을과 장수들이 싸우지 않고 항복하였고 결국 오나라 황제 손호(孫皓)도 항복하였으며, 항복한 뒤에 그를 죽이지 않은 것을 가리킨다. 진나라 군대의 주축은 두예(杜預)와 왕준(王濬)이었는데, 형주(荊州)를 평정한 두예는 '파죽지세'라는 성어를 만들었고, 장강을 따라 진격한 왕준에 대해서는 "왕준이 촉(蜀) 땅에서 출발한 이후로 칼날에 피를 묻히지 않았고 공격하면 완강히 저항하는 성이 없었다.〔濬自發蜀, 兵不血刃, 攻無堅城.〕"라고 하였다. 《晉書 卷42 王濬列傳》

54 송나라가……않았으니 : 이는 송나라가 남당(南唐)의 도읍 금릉(金陵 남경(南京))을 함락할 때의 일이다. 송나라 태조(太祖)는 조빈(曹彬)에게 남당을 공격하게 하였는데, 조빈은 금릉의 함락이 임박하자 병을 칭탁하여 일을 하지 않으면서, 여러 장수들로 하여금 한 사람도 함부로 죽이지 않겠다는 맹세를 하게 하였다. 《宋史 卷258 曹彬列傳》 강남은 5대 10국의 남당(南唐)이 송나라를 의식하여 바꾼 나라 이름이다.

55 진나라에……이어졌으나 : 청담은 노장(老莊)사상을 중심으로 형이상적 논의와 정신적 자유를 숭상하는 풍조를 말한다. 청담은 위나라·진나라 때에 성행하였는데, 이로 인해 귀족 사회에 개인주의적이고 방관적인 태도가 만연하여 민생을 돌보지 않는 병폐가 있었다. 이 풍조를 대표하는 인물로 죽림칠현(竹林七賢)이 있다.

56 유홍(劉弘) : 236~306. 서진의 장수로 자는 화계(和季)이다. 혜제(惠帝) 때에 도간(陶侃) 등의 장수를 통솔하여 장창(張昌)과 진민(陳敏)의 반란을 진압하였다. 형주(荊州)를 다스릴 적에 농업을 권장하고 세금을 감면하고 인재를 등용하여 백성들의 추앙을 받았다. 《晉書 卷65 劉弘列傳》 왕부지(王夫之)는 유홍을 평하기를 "진나라가 강동을 지켜 중국의 정통을 보존한 것은 유홍의 공력이다. 유홍이 도간을 임명하여 장창을 죽이고 진민을 평정하여 강동이 다시 온전한 땅이 되었다.〔晉保江東以存中國之統, 劉弘之力也. 弘任陶侃, 誅張昌, 平陳敏, 而江東復爲完土.〕"라고 하였다 《讀通鑑論 卷12 惠帝》

57 조적(祖逖) : 266~321. 진나라의 장수로 자는 사치(士稚)이다. 조적은 강남에서 안정을 추구하던 원제에게 북벌을 진언하였는데, 원제는 그를 예주 자사(豫州刺史)로

도간(陶侃)[59]이 조정의 안팎에서 힘을 바쳐 나라가 이에 힘입어 보존되었고, 송나라 고종이 혼우하고 간신이 뒤를 이어 나왔으나,[60] 이강(李綱)[61]과 종택(宗澤),[62] 악비(岳飛)[63]와 오개(吳玠)[64]의 여러 문관

삼고 1천 명의 식량과 베 3천 필을 내주며 군사는 스스로 모집하도록 하였다. 조적은 장강을 건너 군사를 모집하여 황하 이남의 땅을 수복하였다. 황하 이북을 평정하려 할 적에 조정에서 대연(戴淵)을 도독(都督)으로 파견하여 조적을 통제하게 하고 조정에 내란이 일어나 대업을 이루지 못할 듯하자 울분을 참지 못하고 병사하였다. 《晉書 卷62 祖逖列傳》

58 온교(溫嶠) : 288~329. 진나라의 장수로 자는 태진(泰眞, 太眞)이다. 유곤(劉琨)을 따라 석륵(石勒)과의 전쟁에 참여하였고, 서진이 멸망하자 사마예(司馬睿 원제)에게 즉위를 권하는 권진표(勸進表)를 가지고 강남으로 갔다. 왕돈(王敦)이 반란을 일으키자 평정하였고, 강주 자사(江州刺史)가 되어 선정(善政)을 베풀었다. 성제(成帝) 때에 소준(蘇峻)과 조약(祖約)이 반란을 일으키자 도간(陶侃)을 설득하여 맹주(盟主)로 받들고 난리를 평정하였다. 《晉書 卷67 溫嶠列傳》

59 도간(陶侃) : 257~332. 진나라의 명장으로 자는 사행(士行)이며, 도연명(陶淵明)의 증조부이다. 서진의 혜제(惠帝)에서 동진의 성제(成帝)에 이르기까지 장창(張昌)·진민(陳敏)·두도(杜弢)·소준(蘇峻)의 난을 평정하여 동진을 안정시켰다. 벼슬이 시중(侍中)과 태위(太尉)에 이르고 대사마(大司馬)로 추증되었다.

60 간신이……나왔으나 : 고종의 재위 기간에 왕백언(汪伯彦 1069~1141), 황잠선(黃潛善 1078~1130), 진회(秦檜 1090~1155), 만사설(萬俟卨 1083~1157)이 재상으로 중용되었는데, 이들은 금나라와 화친할 것을 주장하였으며, 항전을 주장하는 명장과 명신들을 무함하고 파직시켜, 《송사(宋史) 간신열전(奸臣列傳)》에 올라 있다.

61 이강(李綱) : 1083~1140. 송나라의 명신으로 자는 백기(伯紀), 호는 양계(梁溪)이다. 금나라가 북송의 수도 변경(汴京)을 공격할 때 이강은 수비를 맡아 금나라 군대를 물리쳤으나, 얼마 후에 전쟁만 주장한다는 이유로 폄적되었다. 북송이 망한 뒤에 고종이 이강을 상서우복야 겸 중서시랑(尙書右僕射兼中書侍郎)으로 중용하였으나 주화론자(主和論者)들의 견제에 의해 75일 만에 파직되었다. 이후 여러 차례 금나라에 대항하는 계책을 올렸으나 받아들여지지 않았다. 《宋史 卷358, 卷359 李綱列傳》

62 종택(宗澤) : 1060~1128. 송나라의 장수로 자는 여림(汝霖), 시호는 충간(忠簡)이다. 흠종(欽宗) 때에 자주(磁州)를 다스리며 전쟁에 대비하여 금나라의 남하를 저지하였고, 부원수로서 고군분투하며 승리를 거두었다. 고종 때에는 개봉윤(開封尹)과 동경유수(東京留守)에 임명되어 도적들을 투항시키고 악비(岳飛)를 발탁하여 금나라 군대를 격파했다. 변경(汴京)으로 환도해야 한다는 상서를 20여 차례 올렸으나 주화론

과 무관이 충성을 바쳐 보위해서 나라가 오랫동안 이어졌다. 이는 땅이 좁고 군주가 혼암(昏闇)하였으나 인재가 있음에 힘입어 이룬 것이다.

내가 〈왕풍〉을 읽어보니, 어쩌면 그리도 군주가 혼우하고 현자가 많았는가. 동주(東周)가 작은 제후국의 땅을 가지고 약육강식의 춘추전국시대에서 오랫동안 나라를 이어갔던 이유를 내가 알 수 있었다. 이는 무왕이 주왕(紂王)을 정벌하여 백성들을 도탄의 가운데에서 구원하고 주공(周公)이 무경(武庚)을 죽이고서 은(殷)나라의 완악한 백성을 옮겨 교화해서[65] 깊고 두터운 은택이 남아 있었기 때문이니, 그 보답을 받음이 참으로 마땅하다.

자들에 의해 제지되었다. 《宋史 卷360 宗澤列傳》

63 악비(岳飛) : 1103~1141. 송나라의 명장으로 자는 붕거(鵬擧), 시호는 무목(武穆)이다. 북벌하여 금나라 군대를 연파하고 여러 지역을 수복하였으나 화의를 원하는 고종의 퇴각 명령을 받고 병권을 박탈당하였고, 얼마 뒤 무함으로 죽임을 당했다.

64 오개(吳玠) : 1093~1139. 송나라의 장수로 자는 진경(晉卿), 시호는 무안(武安)이다. 아우 오린(吳璘)과 함께 화상원(和尙原) 등에서 금나라의 군대를 물리쳐 촉(蜀) 땅을 보전하는데 큰 공을 세웠으며, 벼슬이 사천 선무사(四川宣撫使)에 이르렀다.

65 주공(周公)이……교화해서 : 무왕은 은나라를 멸망하고 패(邶)·용(鄘)·위(衛)로 만들어 아우인 관숙(管叔)·채숙(蔡叔)·곽숙(霍叔)의 삼감(三監)으로 하여금 다스리게 하였다. 주왕(紂王)의 아들인 무경(武庚)이 삼감과 함께 난을 일으키자 주공은 그를 멸하고 삼감의 백성을 성주(成周 낙읍)로 옮기고, 남은 백성을 강숙(康叔)에게 봉하여 위후(衛侯)로 삼았다. 《史記正義 卷4 周本紀》

詩經集傳辨正 1

校勘·標點

詩經集傳辨正序

禮爲體，樂爲用，【禮者，道之制中者也，樂者，詠歌禮之說以爲敎者也。】禮以敎士，樂以化民，【民之無知而不可敎者，非樂則無以化之也。】樂以詩歌爲主，聲律爲助。【化民，專在於詩歌，而聲律不妙，則人亦不樂聽之矣。】古者，天子制禮作樂，陳方夏之詩歌，【夷蠻則否。】擇其合於禮則，深於事情者，而登之大師，【太師，樂官之長太師、小師也，非三公太師、少師也。】編之樂府，禁其淫哇非正之音。【鄭、衛之音，乃起於天子不能觀風，詩亡之後也，非《詩》中鄭、衛之風也。】《詩》三百篇，皆達理君子之所作也，合於禮則，深於事情，用之，可以化民成俗，垂之，可以訓式後世，故著之爲經。徒言，不足以喩人也。或以象數明之，或以謨謀傳之，或以政事示之，或以儀文講之，【《論語》亦禮經中書也，所以博文、約禮也。】或以詠歌感之，五經之旨，一皆明夫天人之道而昭其禍福之致也。詩之辭簡而諷，旨微而隱，託物以發其情，深造而曲達，一唱三歎，不知手之舞之足之蹈之，言盡而意餘，聲短而思長，其入人之深，或過於指陳而詳說之也。上足以興起才智之志，下足以感發愚孺之心，非達理君子，其孰能與於此？類非漢儒之所能髣髴其一二也，《集傳》之悖謬滅經，固無足誅也。輒爲辨正，使五經之義，炳然復明於世，世其庶幾乎。【如《集傳》所說，則《詩經》不過男女懷思之情、淫亂之辭，外此者，又皆膚淺無義，不過庸夫愚婦之常談，兒童之所共知者。此焉足以敎化耶？此焉足以著經而垂之後世耶？變聖經，爲一部鄙悖浮浪之書，故曰"悖謬滅經"也。他經皆然，非惟此經爲然，而今於五經之卒業，特擧正之耳。】

論語說詩

子曰:“吾自衛反魯然後，雅、頌各得其正。”

先儒云:“自夫子已言《詩》三百，則《詩》三百舊矣。非千餘篇而夫子刪爲三百，如《史記》所稱，明矣。然則刪《詩》、《書》者，或略有刪削歟。雅、頌混竝[1]，故夫子釐而正之也。”

誦《詩》三百，授之以政，不達，使於四方，不能專對，雖多，奚爲?

詩，固益人神知而達於政事、言語者也，非如集說之鄙悖猥瑣，無所受用而已也。

興於詩。

不學詩，無以言。

詩，可以興，可以觀，可以群，可以怨，邇之事父，遠之事君，多識於鳥獸草木之名。

1 竝 : 奎章閣本에는 “幷”.

子貢曰:“貧而無諂[2], 富而無驕, 何如?”子曰:“可也, 未若貧而樂, 富而好禮者也。”子貢曰:“《詩》云‘如切如磋, 如琢如磨’, 其斯之謂歟。”子曰:“賜也, 始可與言詩已矣。告諸往而知來者。”

子夏曰:“‘巧笑倩兮, 美目盼兮, 素以爲絢兮’, 何謂也?”子曰:“繪事後素。”曰:“禮後乎。”子曰:“起予者, 商也。始可與言詩已矣。”

向令漢儒說此, 則不過曰美女、麗服而已。曰“繪事後素”, 曰“禮後乎”, 則可知學詩者不直讀其文辭而已, 當尋奧義於言外也。

2 諂 : 奎章閣本에는 “諂”.

國風

《周禮》大師教六詩，曰風、曰賦、曰比、曰興、曰雅、曰頌。此六者，製作之體也。風者，託事以寓意，所言則在此，而所謂則在彼，【如諫者之隱諷之也。】如風之感物微而不見其迹也。【《集傳》曰："風者，如物因風之動而有聲，其聲又足以動物也。"此樂之謂也．雅、頌皆然也，非獨風然也，是知《集傳》之說非矣。】興者，單辭隻言未足以明其意，故托物之比類者，以相映發也。【如雲從龍，風從虎，聖人作而萬物覩之類是也。】賦者，直陳其事而不託於物也。比者，譬也，援物以譬之而已，不以本事映發也。雅者，莊言陳義，不爲隱諷也。頌者，稱頌功德，以用於祭祀也。此六者，製作之體也，而風、雅、頌，所以立篇者也，賦、比、興，所以綴辭者也。【綴辭之法，惟有賦、興、比、證四者而已。詩章則無援證，而有賦、比、興也。】故風亦有賦、比、興，雅亦有賦、比、興，惟頌則但有賦而無比、興也。

編樂者 各以篇會類分，而有風、雅、頌之别焉。雅者，莊言陳義，不關於土俗，故不繫之以國。風者，託事以寓意，可因以見其情，故繫之國土，以著風俗、政敎之不同，其採之於方夏，則一也。頌者，祭祀之樂歌，列國祭祀，各自有頌，而魯、宋有頌而無風，他國有風而無頌．蓋無足取者，故不取之爾。【或有可取，或無可取，乃其偶然耳。邶、鄘、衛，皆康叔之封而其風獨多，亦偶然耳。惟雅則當無國無之也。】

舊有風雅、正變之說，而今不取之。【舊以二南爲正風，十三國爲變風，小雅、大雅亦有正有變，而詩有陳義[3]、諷刺二事耳。若以陳義爲正, 諷刺爲變, 則篇什之中, 二事相錯矣。若以治世之詩爲正, 亂世之詩爲變, 則又不可考其時世矣。

3 義 : 底本에는 "意". 奎章閣本에 근거하여 수정.

周南

周，周公之封邑；召，召公之封邑也。武王既克商，爲天子，作樂採詩於方夏，以爲樂歌。當是時，分周公左、召公右，使爲職方而主諸侯，自陝以東，周公主之，自陝以西，召公主之。周之爲國，北接戎胡，諸侯之國，皆在南方，【《大武》四成而南，是也。】采詩之得於周公所主者，曰《周南》；得於召公所主者，曰《召南》。於是，天下新定，所得之風，多文王時舊作，新詞絶少，故因以王畿之風合之。召公之職方，在於康王之初，故亦以其時之風附之，不繫於列國，而因以《周南》、《召南》名之云爾。周公之采邑在豳，故周公之詩，謂之豳風。召公之邑，舊說，在扶風 雍縣 南召亭。【凡風，多不敢直言正論，故托事以諷之。治平之國，少風而多雅，魯、宋之無風，豈亦其俗尙然歟。】○延陵 季子聞二南，曰："美哉！始基之矣，猶未也。然而勤而不怨矣。"

關雎

關關雎【七余反】鳩，在河之洲。
窈【烏了反】窕【徒了反】淑女，君子好逑【音求】。

《集傳》曰：興也。關關，和聲也。水中之地曰洲。窈窕，幽閑之意也。淑，善也。女者，未嫁之稱。逑，匹也。○雎鳩，水鳥。《左傳》，郯子云："雎鳩氏司馬。"其飛集，有行列而不亂群，類將帥之御衆以律，故以名司馬也。【杜預云"摯而有別，故爲司馬，主法"，全不成說矣。】舊說云："江、淮之間，有王雎，有定偶而不亂，摯而有別，未嘗見乘居而匹處。"今在河洲，則非此鳥也。以群飛和鳴而不亂其列之雎鳩，集於河洲，興群賢和會而不亂其分，在於聖主之朝，而曰惟聖主能有賢臣也。託於淑女，以言文王君臣際會之盛，故謂之風。文王所以造周，惟能用賢也，故以此篇首之爾。自漢儒謂爲文王得太姒賦之。夫男子思得賢妻，人之常情，何獨文王然哉？是何足以稱於文王乎？不言文王之好賢，而言其求女，至於寤寐思服，展轉反側，不亦鄙夫之貶誣聖人乎？其言"左右采之"，又何求取之悉而無厭也？雖甚荒淫好色之君，亦不至是矣。

參【初金反】差【初宜反】荇【行猛反】菜，左右流之。
窈窕淑女，寤寐求之。
求之不得，寤寐思服【叶蒲北反】。
悠哉悠哉，輾轉反側。

《集傳》曰：參差，不齊貌。荇，接余也，根生水底，莖如釵股，上青下白，葉紫赤，圓徑寸餘，浮在水面。左右，言無方也。流，順流而取之也。輾、轉、反、側，皆臥不安席之意也。○興而賦也。【自"求之不得"以下，賦也。】服，猶服膺之服，服而不脫也。上章，摠言之也。二章、三章，言求賢、用賢之事也。聖王之用人，若必求全備九德之人，則不多有矣。小大之材，無所遺棄，用當其才，叢集天下之善，以成天下之業。《洪範》曰："人之有能、有爲、有守，不協于極，皇則受之，會其有極，歸其有極。”以參差不齊之荇菜，左右流之，興小大不中之才，無所遺失，而曰求賢之切，如此其至也。

參差荇菜，左右采【叶此禮反】之。
窈窕淑女，琴瑟友【叶羽已反】之。
參差荇菜，左右芼【莫報反。叶音邈】之。
窈窕淑女，鍾鼓樂【音洛】之。

《集傳》曰：興也。芼，熟之也。友，親愛也。○《書》云：“文王克知三有宅心，灼見三有俊心。”求賢而旣得之，則在左右用之而當其才，立賢無方而不違其所。不知用人者，使鍼析薪，使斧縫衣，棄其所長而責其所短，壞其才器而敗其功業，如此而天下無可用之人，無可成之事矣。執銓而臨之，曰“天下無人”，豈眞無人耶？豈眞有人而毁壞之，使無人耶？若其孑然自立，介然自守，不爲毁壞之所敗，而其才器投之左右，所向有功，蓋千百歲而罕有。若必是人而乃用，則天下無可用之人也。又況讒阻抑遏，雖有是人，亦或有不見用者。以若所爲，欲求用人，以成天下之功，難矣。人君代天之工而爲民師，人君造命，人君造士。《易》云“聖人作而萬物覩”，明王在上，賢才乃出。參差荇菜，左右采之，則用當其才，而無毁壞者矣。用當其才，而發揚其善，遏絶其惡，【人之長處，發揚而引之，人之短處，遏絶而止之，則人之才器漸成矣。】則器熟其用，才熟其功，日將月就而進於上矣。《虞書》云：“百僚師師，庶績其凝。”《洪範》云：“時人斯其惟皇之極。”求賢而不知用，未善也；知用而不能熟之，未盡善也。參差荇菜，左右芼之，則能熟之矣。琴瑟鍾鼓，無相奪倫，然後致諧一也，卽關關雎鳩和集而不亂其列之意也。君臣上下各得其分，材安其任，行素其位，無有侵奪踰越，然後協和矣，卽不一而致一之謂也。琴瑟，樂之小者，鍾鼓，樂之大者也，知用則小和矣，能熟則大和矣。凡言詞重復而反覆詠嘆者，皆有深意存於其中也，用人之道，盡於是矣。

《關雎》三章，一章，四句，二章，章八句。

子曰"《關雎》，樂而不淫，哀而不傷"，《關雎》，通言《周南》也，非獨一篇之謂也。【子曰"《關雎》之亂"，《關雎》一篇，止於三章，一辭而焉有亂哉？可知《周南》諸篇爲《關雎》之亂也。】凡爲身，爲家，爲國，爲天下，壹是得人而成，失人而敗。得人者，得於天也；失人者，失於天也。得於天者昌，失於天者亡。是故《關雎》，用之家人，用之百姓，用之王侯，無所不當。是以爲上下通用之樂歌也，此爲周之基業，而爲天下萬世之則也。據集說，則不過男求女、男悅女凡夫之情，而鄙俚之辭也，顧乃贊美之極口，高出蒼天，豈非病風譫讝者耶？何其虛妄而無實也？【二南，言士之用舍進退也。】

葛覃

葛之覃兮，施【以豉反】于中谷，維葉萋萋，
黃鳥于飛，集于灌木，其鳴喈喈。

《集傳》曰：覃，延長也。黄鳥，鸝也。灌，叢也。喈喈，和聲也。○比也。施，迤也。南國化文王之德，莫不精白自修以順文王之心。“葛之覃兮，施于中谷”，以譬文王之道延長深遠而立于中德也。“維葉萋萋”，言其蔭庇厚而親附者衆盛也。“黄鳥于飛，集于灌木，其鳴喈喈”，言其衆賢集于朝庭而和協也。託於婦人治葛而寓意，故謂之風。中德施于天下，天下風靡而化之矣。若如《集傳》婦人成絺綌而歸寧父母，此乃閭巷匹婦之常事，何足取焉？葛覃、黄鳥，語甚冗長煩複，何以文章鄙俚至此耶？凡國風諸篇，集說大抵皆以爲婦人之作，何其婦人之能文者獨多而丈夫獨少耶？

葛之覃兮，施于中谷。
維葉莫莫，是刈【魚廢反】是濩【胡郭反】，
爲絺爲綌【去逆反。叶去略反】，服之無斁【音亦。叶弋灼反】。

《集傳》曰：莫莫，茂密貌。濩，煮也。精曰絺，麤曰綌。斁，厭也。○比也。言取法於文王而服膺不失也。“是刈是濩”，言學而熟之也。

言告師氏，言告言歸。
薄汚我私，薄澣【戶管反】我衣，
害【戶葛反】澣害否【力九反】，歸寧父母【莫後反】。

《集傳》曰：言，語辭也。師，女師也。薄，猶少也。汚，猶亂之爲治，一字二義相反也。害，何也。歸寧，歸而問安也。○比也。私，褻服，衣，表服也。“言告言歸”，以譬不迷其歸

向也。“薄汚我私”，正其心術也；“薄澣我衣”，整其威儀也。“害澣害否”，閑邪存誠以就精一也。“歸寧父母”，言如此然後，可以跂及於文王而同歸矣。此自勵而勉進之辭也，《卷耳》，鑽仰不可及，而退而自修之辭也，二者，皆君子之篤行者也。

《葛覃》三章，章六句。

卷耳

采采卷耳，不盈頃【音傾】筐，
嗟我懷人，置彼周行【叶戶郎反】。

《集傳》曰：卷耳，枲耳，或曰蔓生，《本草》曰：“卽蒼耳也。”頃，傾通。人，蓋謂文王也。○比也。周行，衆人所同行之大道也。此篇，卽顏子卓然有立於前，雖欲從之，末由也已之意也。采采不已，而終不能盈傾筐，以譬旣竭我力而所得未足也。“嗟我懷人，置彼周行”，言欲與文王同歸，而所采采者，乃天下之達道，可施於人人也。《集傳》以爲太姒懷思文王，婦人以夫不在而懷思憂愁，廢其所事，果是德行歟？后妃親采於道路，而有僕馬、登陟、罍酒，皆宇宙未有之事也。雖云托言，何無倫脊耶？

陟彼崔【徂回反】嵬【五回反】，我馬虺【乎回反】隤【音頹】，
我姑酌彼金罍，維以不永懷【叶胡隈反】。

比也。虺隤，馬病也。欲升崔嵬極高之處而我馬病，以譬欲望至德而力不逮也。“我姑酌彼金罍”，言擇乎至善而實行之也。天下之實，莫如飮食，故凡言飮食者，以譬實行也。“維以不永懷”，兼有二義，慕德者在擇善而固執，實行則自可以漸至也，不宜外浮慕之而蹈襲其迹也。此學者之至妙要訣也。【不爲外浮慕之，是一義。實行則可以漸至而免於永懷，是一義也。○據《集傳》，則廢事而懷之，酌酒而不思，進退相戾，而皆非婦人之美事也。】

陟彼高岡，我馬玄黃，
我姑酌彼兕【徐履反】觥【古横反。叶古黃反】，維以不永傷。

《集傳》曰：兕，野牛，一角，青色，重千斤。○比也。玄黃，馬病，毛焦黑而黃也。傷，重於懷也。不篤實行而外浮慕之，則終不得至，不免於懷而傷矣。

陟彼砠矣，我馬瘏【音塗】矣，
我僕痡【音敷】矣，云何吁矣？

比也。瘏、痡，皆病也。高岡，下於崔嵬，砠又下於高岡。前惟馬病，而今僕亦病矣。莊周云：“監市之履豨也，每下愈況。”見道愈精而自知愈明，是殆幾於道者也。天下之不善，本於恃，天下之善，本於不恃。不恃則能敬矣，是殆幾於道者也。人之賦於天，有日月之明焉，有燈燭之明焉，有螢爝之明焉。螢爝欲爲燈燭，而不可得矣；燈燭欲爲日月，而不可得矣。各盡其性而成器焉，則其爲用於天下，一也，鍼與斧爭功可也，杯與盆爭能可也。《中庸》曰“及其成功，一也”。《易》曰“成性存存，道義之門”。“云何吁矣”，盡性至命之說也。君子曰“《葛覃》之邁進，不如《卷耳》之退修，邁進，勇也，退修，仁且智也。然篤行君子 必始於《葛覃》而終於《卷耳》”云。上有《關雎》之君，則下有《葛覃》《卷耳》之士矣。【仰彌高，鑽彌堅，卓然有立，漸進而愈不可及也。崔嵬而高岡而砠，漸見低下而愈難進也，殆於盡性至命者也。其知明，故見其高；其行進，故高者漸低也。】

《卷耳》四章，章四句。

樛木

南有樛【居封[1]反】木，葛藟【力軌反】纍【力追反】之。
樂只【之氏反】君子，福履綏之。

《集傳》曰：興也。木下曲曰樛。藟，《本草》云：“蔓延木上，葉如葡萄而小，又名千歲藟。”纍，繫纏也。只，語辭。綏，安也。○福祿之址曰祉，履，猶祉也。木之千仞挺立，峻拔直上者，無物纍之矣，其枝曲而下垂者，葛藟爭纍之矣。以興人之儼然特立，截然直行，斬然而不可攀，赫然而不可近者，此自好之道，非中和之德也。子曰“過猶不及”，謂其堂堂乎難與爲仁矣。人皆貌敬而內嚴憚之，未有親附之者。其迹甚高，其實甚孤，實失天下之心而屢憎於神矣。自古及今，高

1 封：底本에는 “封”. 奎章閣本에 근거하여 수정.

明者之患，未有不在於是也。惟中和之君子，樂易逮下，不行苟難而明人之汚，斂其有餘而濟人之不足，如木之幹直而枝曲垂。人爭親附而神降之福，此謙之道也。《易》云"人道惡盈而好謙，鬼神害盈而福謙"，此篇之意也。義旨深遠，故反復詠歎之也。

南有樛木，葛藟荒之。
樂只君子，福履將之。

興也。荒，纏繞之重復也。將，扶持也。

南有樛木，葛藟縈之。
樂只君子，福履成之。

興也。縈，繞也。

《樛木》三章，章四句。

螽斯

螽【音終】斯羽，詵詵【所巾反】兮，
宜爾子孫，振振【音眞】兮。

《集傳》曰：螽斯，卽斯螽也。詵詵，衆多和集之貌。振振，盛貌。○賦也。直言螽斯之衆多和集，故其子亦盛，以風得天下之歡心者，必有延世之福也。今天下之人，莫非古昔聖賢之苗裔，則詩人之言，信而有徵矣。德不加于民，行不和於衆，而有後者，蓋未之聞也。有樛木之下濟，螽斯之和集，則外而天下願戴，內而子孫繁昌矣，天人禍福利害之道一致也。

螽斯羽，薨薨兮，
宜爾子孫，繩繩兮。

《集傳》曰：薨薨，群飛聲，繩繩，不絶貌。

○賦也。

螽斯羽，揖揖兮，
宜爾子孫，蟄蟄【直立反】兮。

賦也。揖揖，戢戢通，和集貌。蟄蟄，聚會貌。

《螽斯》三章，章四句。

桃夭

桃之夭夭【於驕反】，灼灼其華【方無、乎瓜二反】。
之子于歸，宜其室家【古胡、古牙二反】。

《集傳》曰：興也。夭夭，少好之貌，灼灼，華盛貌。之子，是子也，指嫁者也，婦人謂嫁曰歸。○禮，農事畢，女紅興而行嫁娶，農事作，女紅息而止嫁娶。桃華葉，則非昏姻之時也，蓋託言也。夫雖賢，不得良妻，則無以爲家矣；君雖聖，不得賢臣，則無以爲國矣。託言女子之昏嫁，以風賢臣之歸周。伯夷、太公，自東北之海而歸周，則當時賢人之至者衆矣。衆賢群集，而周業以興，"濟濟多士，文王以寧"，是也。"無能往來茲，文王蔑德降于國人"，是也。【《書·君奭》之文。】"灼灼其華"，言其文德盛也。"有蕡其實"，言其實德美也。"其葉蓁蓁"，言其蔭庇厚而攸好德重也。【可以爲政事、功業者曰文德，忠恕、中庸曰實德，立功成業，利澤在人曰攸好德。】有臣如此，則宜于國、家、天下矣．雲從龍，風從虎，上有《關雎》之君，則《桃夭》之士至矣。【《葛覃》《卷耳》，造士也，《桃夭》，來士也。】

桃之夭夭，有蕡【浮雲反】其實。
之子于歸，宜其家室。

《集傳》曰：興也。蕡，盛大貌。

桃之夭夭，其葉蓁蓁【側巾反】。
之子于歸，宜其家人。

《集傳》曰：興也。蓁蓁，葉盛貌。

《桃夭》三章，章四句。

兎罝

肅肅兎罝【子斜反．又子余反．與夫叶】，椓之丁丁【陟耕反】。
赳赳武夫，公侯干城。

《集傳》曰：興也。肅肅，整齊貌。罝，罟也。丁丁，椓杙聲。赳赳，武貌。干、城，皆扞衛者也。○士不繫於貴賤，雖在側陋寒微之人，亦或有賢於名門世族，舜、伊尹、傅說、太公是也。兎，禽之微者；罝，罟之小者，而整齊而用之，則亦可以有實獲矣，赳赳武夫，雖寒賤之人，而亦可以爲干城矣。或曰："此指文王之獲太公。"然說詩者但明其義而已，不必强執某人之所作，某人之所指也，以蹈漢儒之謬習也。

肅肅兎罝，施于中逵。
赳赳武夫，公侯好仇。【叶渠之反】

《集傳》曰：興也。逵，四達之道。仇，與逑同。

肅肅兎罝，施于中林。
赳赳武夫，公侯腹心。

《集傳》曰：興也。好仇加於干城，腹心加於好仇。

《兎罝》三章，章四句。

芣苢

采采芣【音浮】苢【音以】，薄言采【叶此禮反】之。
采采芣苢，薄言有之。

《集傳》曰：賦也。芣苢，車前也，好生道傍。○一篇，只一句，重復特甚，盖有微義存焉。芣苢生於道傍卑賤凡常之地，【爲人所踐蹈曰卑賤，衆所往來之處曰凡常。】而其物又不足貴。然尙猶采采而不已。先王之用人，惟恐失天下之材，分寸之能，銖兩之善，不以其卑賤凡常不足貴而置之。叢集小善，以成其大善，積蓄細功，以就其大業。小善不集而大善不成，細功不積而大業不就。《書》云“翕受敷施，九德咸事”是也。今以一身譬之，四體、五官、爪、牙、毛、髮之微，汗、唾、屎、溺之賤，皆得其宜，然後身乃安而人乃有矣。今以一家譬之，宗、庶、族、隷、器用、服食之微，　牛、馬、鷄、狗之賤，皆得其分，然後人乃和而家乃存矣。及於邦國、天下，其道一也。人知大之爲大，而不知小之爲大；知高之爲高，而不知卑之爲高者，不可與言於高大也。天下無良大，衆小之集爲大；天下無良高，衆卑之積爲高。集聚積畜之不已，則與天地參矣。兎罝，興賢人於側陋也；芣苢，采微藝於凡庸也。

采采芣苢，薄言掇【都奪反】之。
采采芣苢　薄言捋【力活反】之。

《集傳》曰：賦也。○掇，摘也，捋，捋取也。

采采芣苢，薄言袺【音結】之。
采采芣苢，薄言襭【戶結反】之。

《集傳》曰：賦也。袺，以衽貯之而執其裾也。襭，以衽貯之而扱其裾於帶也。

《芣苢》三章，章四句。

漢廣

南有喬木，不可休息。
漢有游女，不可求思。
漢之廣【叶古曠反】矣，不可泳思。
江之永【叶弋亮反】矣，不可方【叶甫妄反】思。

《集傳》曰：息，當作思，語辭也。漢水，出興元府 嶓冢山，至漢陽軍 大別山，入江。江水，出永康軍 岷山，東流合漢水，東北入海．方，桴也。○比也。南國諸侯 有見文王之聖德，而歎其不可及。喬木，言其崇高也；游女，言其婉美也。【和順積中也。】文王非在南在漢，而我心之所存則不可遠也，不可遠，故曰南，曰漢也。如臨在前，如監在傍，未嘗須臾離也，慕之深而親之切，然終不可與同也，故曰不可休，不可求也。既又歎其茫然不見崖際而終不可至也， 以言至德不可遠而亦不可至也。 若如《集傳》見其游女，歎其不可求，至以漢廣、江永爲比，則此其人不直一錢而此其言糞土也。聖人奚取焉?

凡詩之重復詠歎而不增損一字者，皆其注意處也。

翹翹【祈遙反】錯薪，言刈其楚。
之子于歸，言秣其馬【叶滿補反】。
漢之廣矣，不可泳思。
江之永矣，不可方思。

《集傳》曰：翹翹，秀起之貌。錯，雜也。楚，荊屬也。○比也。錯薪而刈其楚，言擇善而行之也。之子于歸而秣其馬，言與之同歸而幸爲之役屬也。欲求同於君子，無他術矣，惟篤行其善而乃可也。

翹翹錯薪，言刈其蔞【音閭】。
之子于歸，言秣其駒。
漢之廣矣，不可泳思。
江之永矣，不可方思。

比也．蔞，蔞蒿也。

《漢廣》三章，章八句。

汝墳

遵彼汝墳，伐其條枚【叶莫悲反】。
未見君子，惄【乃歷反】如調【張留反】飢。

《集傳》曰：汝水，出汝州天息山，徑蔡、潁州，入淮。墳，大防也．調，作輖，重也。○興也。條枚，幹枯而枝旁生者也。惄，胸心戛切也。汝旁之君，去紂而歸文王者 以幹枯而取其旁生之枝，興殷衰而周興，故去殷而歸周。背暗投明，人臣之義也。

遵彼汝墳，伐其條肄【以自反】。
旣見君子，不我遐棄。

《集傳》曰：幹斬而枝復生曰肄。○興也。

魴【符方反】魚赬【勑貞反】尾，王室如燬【音毀】。
雖則如燬，父母孔邇。

《集傳》曰：赬，赤也，魚勞則尾赤。魴魚尾本白而今赤，則勞甚矣，王室，殷也。父母，文王也。○賦也。民疲勞而王室如燬，然而以父母甚邇，自幸也。

《汝墳》三章，章四句.【《漢廣》《汝墳》，諸候之賢者歸周也。】

麟之趾

麟之趾，振振【音眞】公子【叶獎里反】。
于【音吁】嗟麟兮。

《集傳》曰：麟，麕身，牛尾，馬蹄，一角，角端有肉，設武備而不抵觸，不踐生草，不履生蟲。◯賦也。麟，仁獸也，振振，盛貌，此亦《螽斯》之意也。以麟之仁風文王之德，言有仁德故，子孫盛也。"于嗟麟"者，重言以歎其仁也。趾、定、角，取協韻，非有他義也。

麟之定【都佞反】，振振公姓。
于嗟麟兮。

《集傳》曰：定，額也．公姓，公孫也，姓之爲言，生也．◯賦也。

麟之角【叶盧谷反】，振振公族。
于嗟麟兮。

賦也。公族，祧廟未毁之親。【主猶在祧未毁也，天子，同八世祖，諸侯，同六世祖者也。】

《麟之趾》三章，章三句。

《周南》十一篇。

舊說大抵皆以爲"稱頌后妃之德"。然今以文理尋之，未有近之者。且正女由乎男，修身、齊家、治國，非婦人之事，舍男子而稱頌婦人，殆不知天地之義、陰陽之道也。有無男之國，可也。有無夫之國，可也，逆理悖禮，莫是甚焉。婦人之行，不出閨門，豈登於歌詠者邪？故雅、頌之章，無專稱婦人之德者，風人之知禮，獨不及雅、頌，何哉？鄙儒穿鑿無據之說，不亦甚矣乎？其言后妃之化及於南國，不亦悖矣乎？【國無二教化也，教化之主，無二人也。女奪男，陰疑陽也。】

召南

鵲巢

維鵲有巢，維鳩居【叶姬御反】之。
之子于歸，百兩【音亮】御【五嫁反。叶魚據反】之。

《集傳》曰：興也。鳩性拙，不善爲巢，或有居鵲之巢者。一車，謂之兩。御，迓也。〇此托於女子之歸，以言臣道也。妻從夫之家而家之，臣從君之國而國之，夫妻牉合，君臣一體，未有君利而臣害，夫利而妻害，善惡一致也，禍福一致也。妻懷有躬之志，臣有私家之心，則兩敗而俱傷矣。以鳩居鵲巢，興之子于歸，以明臣妻之義也。

維鵲有巢，維鳩方之。
之子于歸，百兩將之。

《集傳》曰：興也。將，送也。〇方，竝居也，車不得方軌之方。

維鵲有巢，維鳩盈之。
之子于歸，百兩成之。

《集傳》曰：興也。成，成其禮也。〇盈，"濟濟多士"之意也。

《鵲巢》三章，章四句。

采蘩

于以采蘩，于沼于沚。
于以用之，公侯之事【叶上止反】。

《集傳》曰：賦也。蘩，白蒿也。事，祭事也。○托於采蘩於沼沚而用之於公侯之祭，以言取士於鄉而用於廊廟也。舉賢，本於鄉，則無遺才，無濫選，于沼、于沚、于澗，取於蘩之鄉也。

于以采蘩，于澗之中。
于以用之，公侯之宮。

賦也。

被【皮寄反】之僮僮【音同】，夙夜在公。
被之祁祁，薄言還歸。

《集傳》曰：賦也。僮僮，竦敬也。祁祁，舒遲貌。○被，衾也，《漢書》"持被入直"是也。僮，與憧通，僮僮，往來之貌。【《易》曰"憧憧往來"，《書》云"往來"，玆言更退迭進而交輔君也。】憧憧而在公，祁祁而還歸，先急於公事而後緩於身計也。《國語》云[1]范武子之德曰"利其君，不忘其身"，未有君利而臣害者，亦未有臣害而君利者，利其君，乃不忘其身也，不忘其身，亦利其君也。如此然後，能名利兩遂而公私俱濟，此忠恕中庸至善之道也。《鵲巢》一心於公，而無私家之志，君臣同國也。《采蘩》先急於公而亦不忘其身，未有累敗其身而能事君者也。二篇互發而義乃圓矣。

《采蘩》三章，章四句。

草蟲

喓喓【於遙反】草蟲，趯趯【記歷反】阜螽。
未見君子，憂心忡忡【勅中反】。
亦旣見止，亦旣覯止，
我心則降【戶江反。叶乎攻反】。

《集傳》曰：喓喓，蟲聲也。草蟲，似蝗而青色。阜螽，蠜也。趯趯，躍貌。忡忡，憂貌。止，語辭也。覯，遇也。降，下也。○興而賦也。人君之取人，芣苢蘋蘩之菜，潢汚行潦之水，無所遺棄，器任而鼎熟【說見《易·鼎卦》。】，則可以羞於王公，可以薦於明神。然必得銓衡之才，範型之手，如伊、傅、周、召，以摠統百揆然後，百揆時叙，而庶績咸凝矣。微鎖之能，偏曲之用，未足以倚任而委托。"喓喓草蟲"，言不足與訏

1 云：奎章閣本에는 "言".

謨也；"趯趯阜螽"，行不足與成功也。亦既見止，聽其言而可績也。亦既覯止，施諸事而有效也。有《芣苢》《采蘩》《采蘋》，而又有《草蟲》然後，取人之道全矣。【《書》曰"疇咨若是，登庸?"，又曰"有能熙帝之載，使宅百揆"，人君欲求士，先求知人之臣，欲用人，先求御衆之才，此謂知本。子曰："工欲善其事，必先利其器。"】

陟彼南山，言采其蕨。
未見君子，憂心惙惙【張劣反】。
亦既見止，亦既覯止，
我心則說【音悅】。

《集傳》曰：蕨，鼈也，初生無葉可食。惙惙，憂貌。○興而賦也。薇、蕨，山菜之美者也，在大山深谷，采之甚難，不與道傍之芣苢、澗沼之蘋蘩竝也。

陟彼南山，言采其薇。
未見君子，我心傷悲。
亦既見止，亦既覯止，
我心則夷。

《集傳》曰：薇，似蕨而有芒。【一名迷蕨，又曰迷陽。】○興而賦也。未得之也，求之，如彼其切也，既得之也，任之，如此其不貳也。

《草蟲》三章，章七句。

采蘋

于以采蘋，南澗之濱。
于以采藻，于彼行潦【音老】。

《集傳》曰：賦也。蘋，大萍也，【《本草》云："大者曰蘋，中者曰荇，小者曰萍。"】江東人謂之薸。藻，聚藻也。行潦，流潦也。○托於蘋藻，而言取士，或取之於清流，或取之於濁污也。

于以盛【音成】之，維筐及筥【居呂反】。
于以湘之，維錡【宜綺反】及釜【符甫反】。

《集傳》曰：賦也。方曰筐，圓曰筥。湘，烹也。有足曰錡，無足曰釜。○盛之，維筐及筥，處之，各當其材也。烹之，維錡及釜，熟之，各成其功也。

于以奠之，宗室牖下。
誰其尸之，有齊季女。

《集傳》曰：賦也。宗室，大宗之廟也。尸，主也。齊，敬謹也。季，少也。
○王侯之廟，南向，大夫以下，東向，東向則奠於牖下矣。奠之宗室，言皆爲廊廟之用也。主祭者宗婦，而尸饌者季女。【《內則》"禮相助奠"是也。】主宗社者，君也，統百官，進退人才者，相也。此之季女，卽《草蟲》之君子也。

《采蘋》三章，章四句。

甘棠

蔽芾【非貴反】甘棠，勿翦勿伐，
召伯所茇【蒲曷反】。

《集傳》曰：賦也。蔽芾，盛貌。甘棠，杜梨也，白者爲棠，赤者爲杜。翦，翦其枝葉。伐，伐其幹也。茇，草舍也。召公循行南國，偶舍於棠樹之下，後人思其德，故愛其樹而不忍傷也。

蔽芾甘棠，勿翦勿敗【叶蒲寐反】，
召伯所憩【起例反】。

《集傳》曰：賦也。憩，息也。

蔽芾甘棠，勿翦勿拜【叶變制反】，
召伯所說【始銳反】。

《集傳》曰：賦也。拜，屈也。說，稅通。勿敗則非惟勿伐也，勿拜則非惟勿敗也，愛之愈久而愈深也。○此篇，托於甘棠，以言召伯之德，故亦謂之風。周有二伯職方，召公爲伯最久，其德浹於諸侯，故諸侯歌詠不忘也。內有可宅百揆之臣【宅，奠主之也，使百執事，各得分職而歸於一統而不紊，是謂"奠主之"也。】，則國治矣，外有柔遠能邇，安勸小大庶邦之伯，則天下服矣。周之盛時，周公爲冢宰，召公爲伯，其後則多以冢宰兼伯，爲其任大而其人不可易得也。《采蘋》興於內，《甘棠》作於外，猗歟盛矣，《關雎》之應也。

《甘棠》三章，章三句。

行露

厭【於葉反】浥【於及反】行露，
豈不夙夜【叶羊茹反】，
謂行多露。

《集傳》曰：厭浥，濕意。行，道也。○比也。諸侯有去紂而歸周者，遭紂之譴怒，而不改其志，托於女子之自守而風之也。以行露之沾污爲比，言其非不願事紂而效忠也，恐其累敗身名而同歸於禍惡也。故曰"豈不夙夜，謂行多露"，此不從於紂之破題也。

誰謂雀無角【叶盧谷反】，何以穿我屋。
誰謂女【音汝】無家【叶音谷】？何以速我獄？
雖速我獄，室家不足。

興而賦也。【"雖速我獄"以下，賦也。】速，召也。爾，謂雀，無角則何以穿我屋，以興爾爲我之世臣，何以今之不臣？爾未嘗臣我，則吾豈責汝？然雀未嘗有角矣，我未嘗臣汝矣。君臣以義合者也，道合則君臣，道不合則路人。我爲殷之世侯之子，而道不合於紂，則非紂之臣也，雖有譴責之言，謂之君臣，則不足爲君臣也。家，謂授國而爲臣也，此臣擇君之義也。

誰謂鼠無牙【叶五紅反】，何以穿我墉。
誰謂女無家【叶各空反】，何以速我訟【叶祥容反】。
雖速我訟，亦不女從。

○興而賦也。《甘棠》，諸侯懷之也，《行露》，諸侯避之也。

《行露》三章，一章三句，二章章六句。

羔羊

羔羊之皮【叶蒲何反】，素絲五紽【徒何反】。
退食自公，委【於危反】蛇【音移。叶唐何反】委蛇。

《集傳》曰：小曰羔，大曰羊。紽，以絲飾裘也。委蛇，自得之貌。○興也。退食，猶言罷食也，退食自公，食於公而退也。羔羊之皮，質而無文，又以素絲爲飾，然成其五紽，則文亦足矣。君子尙其質素而不飾文華，然質美而文自足，小人外飾文華以耀於人，而質實日喪，其文皤然不澤矣。《易》云“賁如皤如”，其究則曰“白賁”，而剝落至矣。退食自公，言以誠實行公，故退無愧悔而委蛇自得也。凡言飮食，以譬實也。

羔羊之革【叶訖力反】，素絲五緎【音域】。
委蛇委蛇，自公退食。

《集傳》曰：緎，縫界之飾也。○興也.

羔羊之縫【符龍反】，素絲五總【子公反】。
委蛇委蛇，退食自公。

興也。總亦糸飾也。

《羔羊》三章，章四句。

殷其靁

殷【音隱】其靁，在南山之陽。
何斯違斯，莫敢或遑？
振振【音眞】君子，歸哉歸哉。

興而賦也。殷，聲之盛也。何斯違斯，何此人之違此所乎？振振，盛貌，言其才藝之盛也。蓋有才藝之士 出遊以求名，其反作此詩以喩之。殷其靁在南山之陽，不離其所而聲聞自然遠震矣。《易》云："君子居其室，出其言善，則千里之外應之，言行，君子之所以動天地也。" 苟其實足矣，天地可動，而況於人乎？人不可不求名，而求名存乎務實。子曰"不患人之不已知，求爲可知也"，出遊而求名，莫敢或遑，惟恐不及，

非求名之道也。以子振振之才藝，歸而修之，則名可成矣。【何以知爲求名也？曰"以殷雷爲興"，則知其爲求名也。】

殷其靁，在南山之側【叶莊力反】。
何斯違斯，莫敢遑息？
振振君子，歸哉歸哉。

興而賦也。

殷其靁，在南山之下【叶後五反】。
何斯違斯，莫或遑處【尺煮反】。
振振君子，歸哉歸哉。

○興而賦也。《羔羊》，尙質而文自足，《殷雷》，務實而名自聞，皆篤行君子也。取人以文華，以名譽，則不失者鮮矣。

《殷其靁》三章，章六句。【《羔羊》《殷雷》二篇，用人者之尤當愼心處也。自古失人者，未嘗不由於是也。】

摽有梅

摽【婢小反】有梅，其實七兮。
求我庶士，迨其吉兮。

《集傳》曰：賦也。摽，落也。迨，及也。吉，吉日也。○

南國之君子，有老而未選者，托爲女子之辭。梅實可以調鼎，而落且盡焉，在樹者無幾矣。君臣相求，天地之大義也，非獨君之求士，而士之不求君也。子曰“沽之哉沽之哉，我待價者也”，待價而價不至，則出貨而求售，不待價而賤自沽，不知也。不求售而棄其貨，不仁也。鑽穴踰墻，不可也，懷寶迷邦，不可也。特存此篇，以明非獨君之求士，而士亦求君也。【二南，多言君之求士，則不可無此一篇也。】

摽有梅，其實三【叶蔬簪反】兮。
求我庶士，迨其今兮。

賦也。

摽有梅，頃【音傾】筐塈【許器反】之。
求我庶士，迨其謂之。

賦也。及我之自言而用之也。塈,《集傳》曰“取也”。

《摽有梅》三章，章四句。

小星

嘒【呼惠反】彼小星，三五在東。
肅肅宵征，夙夜在公。
寔命不同。

《集傳》曰：興也。肅肅，齊遬貌。宵征，夜行也。寔，與實同。○托於小臣之勤勞，以明人之材分，如器之有限，大小不齊而不可通用，用人者不可以私意抑揚也，用於人者不可以匪分妄求也，故亦謂之風。【夙夜在公而抱衾與裯，則專寵矣，而反嘆之，非如《集傳》之衆妾之作，明矣。】《摽梅》之求君，繼以《小星》，明非匪分妄求也。嘒，微明之貌。三五，無名之小星也，維參與昴，有名之小星也。【參、昴非小星，而謂之小星者，比於日、月則小矣。】星之微明，不足以光照，三五在東，其信附者少而且狹，止於其所也。以人之信附者衆少廣狹遠近，驗德之汚隆，明不足以光照，而信附者少而狹，則材之微者也。君子勞心，小人勞力，材之微者，不可不勞力矣。是故位高者，位愈高而力愈逸而心愈勞；位卑者，位愈卑而心愈逸而力愈勞。上而王、公專於勞心，下而農、工[2]專於勞力，各安其分而勤於分內，是之謂福。不守其分而騖於分外，是之謂禍。敬畏宵征，不舍晝夜，勤亦至矣；夙夜在公，而不敢暫息，勞亦極矣。是由於材微而分當然矣。故曰"實維命之不同也。"材、時、位謂之命，命，猶言分也。

嘒彼小星，維參【所森反】與昴【叶力求反】。
肅肅宵征，抱衾與裯【直留反】。
寔命不猶。

興也。猶亦同也。參，昴星之相近者也，言其信附者止於同黨而已也。

2 工：底本에는 "功". 奎章閣本에 근거하여 수정.

《小星》二章，章五句。

江有汜

江有汜【音祀。叶羊里反】，之子歸。
不我以。不我以，
其後也悔【叶虎洧反】。

《集傳》曰：水決復入曰汜。之子，媵妾指嫡妻也。媵有待年於國，而嫡不與之偕行，久而後迎之也。○興而賦也。托於媵之待年而後歸，以明士之用舍有時，不可躁進而驟求用也。君子居夷而俟命，小人行險而僥倖，居夷而俟命者，知積實之必見用，而時有通塞，故內篤修而順時而需之也。行險而僥幸者，不知積實之必見用，而時有通塞，故不務篤修而逆時而外求之也。【積實之足而天地人衆鬼神應之矣。雖不幸遇昏亂之時而不得位，然天爵自尊，榮於當世而施於後代矣。】內修者，終得之福；外求者，終致之禍，此天地之理而必然者也。良農勤耕而待秋，良賈居貨而俟時，君子力行而順命。不可爲者，天時也；順天時而爲之者，人道也。《江有汜》，言賢者自求其輔，如嫡之自擇其媵。士有可用而利於國，則上自求之矣，深山窮海之產，有可以益於人，則莫不取之矣，士患其不足用，而不患上之不用也。【若有足用而遇昏亂之時者，尤當隱居以俟時矣，不可入於危邦而淪胥以敗也。《易》曰："君子征凶。"】其後也悔，言終必悔悟而求我矣，上有一時之不察而終必悔改矣，天有一時之否塞而終必悔禍矣。

江有渚，之子歸，
不我與。不我與，
其後也處。

興而賦也。《集傳》曰：水岐成渚。

江有沱【徒河反】，之子歸，
不我過【音戈】。不我過，
其嘯也歌。

興而賦也。《集傳》曰：沱，江之別者。嘯，蹙口出聲，以舒憤懣之氣。【士之不守分而妄求，不待時而躁進者，用人者之所宜察也。】

《江有汜》三章，章五句。

野有死麕

野有死麕【俱倫反。與春叶】，白茅包【叶補苟反】之。
有女懷春，吉士誘之。

《集傳》曰：興也。麕，獐也，鹿屬，無角。春月萬物孳生，故女之懷昏嫁者，謂之懷春。〇死麕，可食之物而以白茅包之，賢士，有可用之實而以禮賓之。有女懷春，吉士誘之，言賢士與明君交相求也。

林有樸【蒲木反】樕【音速】，野有死鹿。
白茅純【徒尊反】束，有女如玉。

興也。樸，大木之去其枝葉者，【《書》云"若作梓材，既勤樸斲。"】樕，小材之斂東者也，言其材可用於大小也。樸樕及鹿，幷以白茅純束也，女之德行，溫其如玉者，以禮聘之矣。

舒而脫脫【勑外反】兮，無感我帨【始鋭反】兮，
無使尨【美邦反】也吠【符廢反】。

《集傳》曰：賦也。舒，舒泰而不急遽也。脫脫，舒緩貌。感，撼通。○撼我帨，不以禮待我也，尨也吠，見輕於人也。人臣以禮求親於君，有所自守而漸致其信重，故能久而不厭，保其終始而遂其功業也。若以諂附媚悅，而驟求親寵，君狎而不敬，暱而不重，未有能全其終者也。《易》云"王臣蹇蹇，非躬之故。"，蹇蹇，難行之意，王臣之蹇蹇難進，非其自愛其身而慳於爲用也。飄風之雨，不終日，甘醴之交，不踰年，臣不以禮處身，而君亦不以禮待臣矣。禮者，有節者也，禮者，漸次者也，忽遽而無節，非禮也。《小星》之安分，《江有汜》之待時，《野有死麕》之以禮進退，皆君子涉世之義也。【《語》曰"吾斯之未能信"，才器未熟，物望未洽，而驟進之，臨事生疏，見人驚怪，非成就人才之道也。】

《野有死麕》三章，二章章四句，一章三句。

何彼穠矣

何彼穠【奴容反】矣？唐棣【徒帝反】之華【芳無、胡瓜二反】。
曷不肅雝？王姬之車【斤於、尺奢二反】。

《集傳》曰：興也。穠，盛也。唐棣，移也，似白楊。王姬，王之女也。王姬下嫁於諸侯，不敢挾貴而驕其夫家也。◯唐棣之花，小蔕簇出而幷於一大蔕，故以比兄弟，夫婦敵耦，有兄弟之義也。肅雝，敬而且和，不以貴賤相轢也，故曰"王姬之車"。王姬下嫁於外臣，而恭執婦禮，無異於鈞敵者之昏姻，昏姻之道，不以門地之貴賤而有高下之別也。故以唐棣之幷蔕而無差等，爲興，托言士之交際，不以門品之高卑，爲之等差也，惟同德相朋，同道相遊而已。上之用人，不拘於名族、寒門而有所抑揚也，惟賢是擧，惟能是使而已。天下之大道，在於尊賢而賤不肖也，不繫於世類。蟣虱生於華屋，不足貴也；虬龍興於汚澤，不可賤也。不問其人而問其門地，將安用之？【舊說云"王姬下嫁於諸侯，車服不繫其夫"，此妾也。禮，妻從夫爵，車服如其命，何以不繫於夫耶？曷不肅雝？王姬之車，則車服之不加於夫，明矣。】

何彼穠矣，華如桃李。
平王之孫，齊侯之子【叶獎里反】。

興也。桃李之華，紅白相亞，亦無差等者也。平王，武王也，平定天下故，謂之平王，猶《書》言"寧王"也。蓋成王之女，適齊侯之子也。

其釣惟何？維絲伊緡。
齊侯之子，平王之孫【叶須倫反】。

興也。伊，語辭。緡，綸也，合絲爲緡。絲有大小，則不成緡矣，絲無差別然後，緡乃成矣。齊侯之子、平王之孫，反覆互言者，言無差別也。或曰："夫婦若是班乎？"曰："非也。天尊地卑，夫婦之道也，人無貴賤，門地之謂也。父子兄弟，無貴賤而有尊卑也，五倫皆然矣。自魏、晉以來，專尚門品，賢者不貴而不肖者不賤，貴賤失其實而賢不肖易其位，天下之亂，不可復爲也。明王苟興，必思所以改之，然後乃可以求治也。"

《何彼穠矣》三章，章四句。

騶虞

彼茁【側劣反】者葭【音加】，壹發五豝【百加反】，
于【音吁】嗟乎騶虞【叶音牙】。

《集傳》曰：賦也。茁，生出盛也。葭，蘆屬。豝，牡豕也，壹發五豝，言獲多也。○賈誼曰："騶，文王囿名，虞，虞人也。"托言獲獸之多，而歎美騶虞之善養禽獸，以風人才之衆盛，比屋可封，由於文王君臣，爲之師表而誘化之也。尙門品，則寒微者自暴棄而不修，不尙門品而惟才是擧，則寒賤者尤自振發淬礪，而賢臣良輔如雲矣。《騶虞》之所以次《何彼穠矣》也。

《螽斯》言和集之福，致其子孫之盛也。《麟趾》言仁德之所化，子孫宗族無不盛也。《騶虞》言誘化之所及，人才之盛如此也。

彼茁者蓬，壹發五豵【子公反】，
于嗟乎騶虞【叶五紅反】。

《集傳》曰：賦也。豕一歲曰豵。

《騶虞》二章，章三句。

《召南》十四篇。

子曰："人而不爲《周南》《召南》，其猶正墻面而立也歟。"【孟子曰"高叟之爲詩"，學他書，無言"爲"字，而獨於詩言"爲"字者，讀詩者，非如他書之直釋其本文而已，多尋微意於文辭之外，故曰"爲"也。】由此言之，其必有妙道益人者矣。若如《集傳》所說，則《關雎》男求女悅女，《葛覃》，婦人成絺綌而歸寧，《卷耳》《草蟲》，婦人采蔬而懷其夫，喜其歸。《汝墳》亦然。《殷其靁》，望其歸，《芣苢》，婦人采蔬，《采蘩》《采蘋》，婦人采蔬而祭祀，《樛木》《螽斯》，衆妾頌禱后妃，《桃夭》《鵲巢》，女子于歸，《兎罝》，野人有才，《漢廣》，嘆游女不可求，《行露》《野有死麕》，女子拒絶强暴，【女子獨化文王之德，而男子不化。】《麟趾》，頌禱之辭，《甘棠》，思召公，《羔羊》，美大夫之儉，《摽有梅》，處女求士，【女子自衒，至發於歌詠。】《小星》，美后妃之不妬，【雲雨之均澤，丈夫不能自由，而亦係於夫人之妬不妬也。】《江有汜》，媵待年而後歸，《何彼穠矣》，王姬下嫁而不驕，《騶虞》，獸多也。其高者，不過鄙俚常談，其下者，足以敗俗傷化，聖人奚取焉？ 雖使終身誦之， 予懼其迷人心靈而壞敗德行也，豈有分毫之益哉?【行敎化者，后妃也；作樂歌者，婦人也。盈天下者，惟婦人也，是無男之國也，無夫之國也。蓋習見後世之婦人，交政於天下，而恬以爲當然耳，若先王之禮，則不然矣。】

邶

《集傳》曰：邶、鄘、衛，三國名，在《禹貢》冀州。西阻太行，北逾衡漳，東南跨河，以及兗州桑土之野。自朝歌而北曰邶，南曰鄘，東曰衛，衛，武王弟康叔之封也 邶、鄘之入衛，未知在何時。【劉氏曰：“邶、鄘之地，豈始爲武庚、三叔之封，至成王滅四國，幷入於衛耶？”】今懷·相·澶·衛·滑·濮之州，開封·大名府界，皆衛境也。〇延陵 季子聞《邶》、《鄘》、《衛》，曰：“美哉淵乎，憂而不困者也。吾聞‘衛康叔、武公之德如是’，是其《衛風》乎。”皆衛詩也，而分繫於三國者，衛之收詩，三國之地，各令一官主之，而篇帙重多，不可合之，故因以其地名分繫之云爾。自《邶》以下十三國風，間雜以雅。列國之雅，義有可取，而不足入於周雅以爲樂章者，仍附之於其國之風，而從其多而名之謂風也。

柏舟

汎【芳劒反】彼柏舟，亦汎其流。
耿耿【古幸反】不寐，如有隱憂。
微我無酒，以敖【五羔反】以遊。

《集傳》曰：比也。微，非也。〇汎，浮也。耿耿，小明貌，憂心皎皎而不能昏寐也。【唐詩云：“皎皎萬慮醒還新”。】隱，忍痛也。

柏舟堅緻，可以乘載，亦可以汎流，流有夷險，以比其才足以任重而其道足以行於夷險，邦有道則穀，邦無道則全其義也。“微我無酒”，言非我之才無實用，可以游行而求君於天下也。君子不得於君而[1]巽志隱忍，冀幸君之有悟，故作詩以風之。

我心匪鑑，不可以茹【如預反】。
亦有兄弟，不可以據。
薄言往愬，逢彼之怒。

　　賦也。茹，度也。人心匪如鏡之明，照其姸媸，不可度君之終不可引喩以當道，而輒決其去就也。人臣之事君勿欺其不能，而誘以犯之，【防其惡而驅之使入於善曰“犯”。】致君於道，《易》云“以杞包瓜”，此之謂也。不能漸致其君，而輕於去就者，是賊君也，是不臣也。兄弟，朝僚之同志者也。雖有僚友之賢者同心匡救，然人各自盡其義耳，不可委君於人而自便其身，故往進規諫而逢君之怒也。余見世之巧黠者事其君，常委難於人而自就便利，此小人不忠之爲也，非君子之誠也。

我心匪石，不可轉也。
我心匪席，不可卷【眷勉反】也。
威儀棣棣，不可選也。

1　而：奎章閣本에는 “者”.

賦也。棣棣，閑習之貌。執志堅，用心正，故威儀之見於外者，無不善也，凡視、聽、言、動之見於外者，通謂之威儀。此言我之所存如此，足以引君當道而格其非心也。

憂心悄悄【七小反】，慍于群小。
覯【古豆反】閔旣多，受侮不少。
靜言思之，寤辟【避亦反】有摽【符小反】。

賦也。悄悄，不懌之貌。"慍于群小"，慍，忿恨也，群小之不知大道遠計，而誤君於尋常之間，敗事於忽微之中。指之無迹，言之無擧，而君之心術，日入于不善，君不自悟而臣不能諫，范仲淹所謂"怪鬼輩壞事"者也。【不知時勢事情之深幾，而以文好議者，是也。】此非蠹政醜正之人，而其誤君有甚於蠹政醜正，此最君子之所慍，而無如之何者也。蠹政醜正之人，所時有一二者，而君非甚昏，則不足畏也，怪鬼輩者，非有君子之明燭、淵覽善知幾微，則滔滔皆是也。故曰"群小"，群小之爲患，雖英主，亦不免也，此最君子之所慍，而無如之何者也。匪惟臣事君，有是患也，凡事之與人，莫不患也。"覯閔旣多"，悶鬱於中而不敢發言也，"受侮不少"，群小見我之含章，【《易》："以杞包瓜含章。"】而反以爲無知也。【此道，詳見《原委針砭》六不敬之目。】辟，拊通，拊[2]心也。摽，拊貌。致君如此其難，而精誠愈益切至者，《易》所云"志不舍命"也。

2 拊：奎章閣本에는 "拊".

日居月諸，胡迭【待結反】而微？
心之憂矣，如匪澣衣。
靜言思之，不能奮飛。

比而賦也。居、諸，語辭。微，虧食也。日月更相虧食，以比陰陽交相勝，事之得失、人之邪正，互相進退，不能純一而有定也。“如匪澣衣”，如衣垢汚之衣，未當[3]須臾忘澣也。衣垢則思澣，不可輒脫而裂之也，君過則思救，不可輒棄而絶之也，故如此其難而不能奮飛而去之也。所貴乎賢者者，爲其能化不善而爲善也。才也棄不才，中也棄不中，賢、不肖之間，不能以寸，況臣之於君乎？若必待堯、舜之君而事之，則大倫滅矣。嗚呼，觀於《柏舟》，可以見臣道之至矣，可以見君子之難矣。【日月迭微者，可犯而爲善也。若全無明者，不可化也。】

《柏舟》五章，章六句。

《關雎》爲二南之首，言人君作成臣下之道，《柏舟》爲國風之首，言人臣引致君上之義，正相對也。【《柏舟》之道，非惟事君然也，凡五倫之相與，無不有是也。】

3 當：奎章閣本에는 “嘗”.

綠衣

綠兮衣兮，綠衣黃裏。
心之憂矣，曷維其已？

《集傳》曰：綠，蒼勝黃之間色，黃，中之正色也。○比而賦也。綠以比偏倚少中之人，黃以比中德之士也。綠衣黃裏，中、不中混并雜進，而貴賤易所也，其君中則天下之中進，而不中遠矣，【不中化而爲中，若遠去然也。】其君不中，則天下之不中進，而中混不辨而失所矣。

綠兮衣兮，綠衣黃裳。
心之憂矣，曷維其亡？

比而賦也。綠衣黃裳，貴反下賤，不止并混易所也。亡，無也。

綠兮絲兮，女所治兮。
我思古人，俾無訧【音尤】兮。

比而賦也。綠絲，爲女子所治，古之所賤而今之所貴，古今之所尙不同也。訧，尤也，我思古人之義，俾無過尤，言个然自守，不從俗尙而變改也。試觀天下，其不爲流俗所遷者，或寡矣，《綠衣》之道，可謂難也已。

絺兮綌兮，凄【七西反】其以風。
我思古人，實獲我心。

比而賦也。絺綌凄其以風，暑之所貴而寒之所賤，寒暑之時用不同也。我守古人之義而無尤者，實獲我心之所安，無所愧悔也。君子曰："《綠衣》之不遷，亞於《柏舟》之善世矣。"

《綠衣》四章，章四句。

燕燕

燕燕于飛，差【初宜反】池其羽。
之子于歸，遠送于野。
瞻望不及，泣涕如雨。

興也。差池，齊而不齊也。燕，鳦也。古者諸侯之國，有出群拔萃稀世之臣，不敢自畜，而貢于天子，不貢，則有謫，用於王朝而有功，則侯氏有賞。其君送行而賦之，重言燕燕而曰"差池其羽"者，望其以事王之餘，不遺舊君，忠於王而惠顧我，兩不偏廢也。臣之就君，如女之從夫，故亦曰歸也。"之子于歸，遠送于野"，欲其眷念於我也，"瞻望不及，泣涕如雨"，不敢望其同於王也。爲此詩者，其忠信而知禮乎。不忘事上，忠也，待賢以誠，信也，先公後私而兩不偏廢，禮也。

燕燕于飛，頡【戶結反】之頏【戶郎反】之。
之子于歸，遠于將之。
瞻望不及，佇立以位。

興也。飛而上曰“頡”，飛而下曰“頏”。“佇立”，久立也。曰“差池”，曰“頡頏”，曰“下上”，皆重言燕燕之意也。

燕燕丁飛，下上其音。
之子于歸，遠送于南。
瞻望不及，實勞我心。

興也。洛陽，在衛之南。【蓋入爲東都之臣也。周作東都，置百官，如明之南京也。】

仲氏任【而今反】只【音紙】，其心塞淵【叶一均反】。
終溫且惠，淑愼其身。
先君之思，以勖寡人。

賦也。任，出力以任人之事也。塞，篤實也，淵，深廣也，言爲人謀而忠也。溫以事王，惠以顧我，“淑愼其身”，溫以事王也，“先君之思，以勖寡人”，惠以顧我也。【禮，婦人送迎不出門，遠送于野，非禮也，婦人無自稱寡人之禮，非如《集傳》莊姜之詩明矣。】禮，侯臣升于王朝，爲舊君反服齊衰三月，以是知舊國有事，亦爲之出力周旋也。

《燕燕》四章，章六句。

日月

日居月諸，照臨下土。
乃如之人兮，逝不古處【昌呂反】。
胡能有定，寧不我顧【叶果五反】？

比而賦也。逝，語辭也。古處，昔日之處也，猶言前事也。衛君有勳勞於王室，王之所嘗尊賜敬待者，而後更不見禮焉，故作詩以諷之。日月之明，照臨下土，以比天子之光當如是矣，乃以如是之人，前後相反如此，胡能有定而信於人乎？"寧不我顧"，言我之忠誠，何可不顧乎？【言日月照臨下土，則知爲王而發無疑也，照臨下土，非天子而誰？】以日月爲比，則蓋王不明不察而交惡也。

日居月諸，下土是冒。
乃如之人兮，逝不相好【呼報反】。
胡能有定，寧不我報？

比而賦也。冒，覆也。"寧不我報"，言我之勳勞，何可不報乎？【非責報也，言不可棄而不錄也。】

日居月諸，出自東方。
乃如之人兮，德音無良。
胡能有定，俾也可忘？

比而賦也。"出自東方"，言明照天下，自天子出也。"德音無良"，非止不相好，而更有譴怒之惡言也。施於人曰德，德音，言之加於人者也。"俾也可忘"，言使如我而可忘乎。

日居月諸，東方自出。
父兮母兮，畜我不卒。
胡能有定，報我不述。

比而賦也。"父兮母兮"，言天子爲天下父母而畜我不卒，何哉？【語脈，以前章"乃如之人"爲父母也。】"報我不述"，言所以報我者，不述前日之德，而乃以惡相報也。諸侯失寵於天子，而少無猜貳離外之志，猶以日月之明望於王，而父母之親處於己。憂王之不能有定，尊親盡於君，忠而深謀，至德之次也。【文王三分天下，有其二，以服事殷，其可謂至德也已。】此可爲諸侯世法矣。

《日月》四章，章六句。

終風

終風且暴，顧我則笑。
謔浪笑敖【五報反】，中心是悼。

比而賦也。終，言無止息之時也。風，言其亂也，風吹則物亂矣。且暴，亂而又暴也。"顧我則笑"，狎侮而不信也。謔，戲言也，浪，謾浪也，"謔浪笑敖"，復言顧我而笑之如此也。

終風且霾【亡皆反。叶音貍】，惠然肯來。
莫往莫來，悠悠我思。

比而賦也。霾，土雨也，亂而又昏也。惠，恩顧也，言惠然而肯來乎？我不能往，爾不肯來也，往來，非謂躬來見面也，謂情意之相接也。【所患於其人者，乃狎侮不信，衷情不相通也，不患其不見面也，今只願見面，則不成說矣。】"莫往莫來"，情志否隔而不通也。情志不通，由於狎侮而不信也，狎侮不信而情志不通，則欲進忠言嘉謨，而其道無由也。詩意恨其不信不通者，不忘進陳忠言以救其禍敗也。【"惠然肯來"，望之深也。】

終風且曀【於計反】，不日有曀。
寤言不寐，願言則嚏【都麗反】。

比而賦也。曀，雲陰翳塞也，昏之甚也。"不日有曀"，言

非一日有之也。願，望也。嚏，《集傳》曰“鼽嚏也”，刺鼻出聲也，氣窒則嚏。“願言則嚏”，望子則令人氣塞也

曀曀其陰，虺虺其雷。
寤言不寐，願言則懷【叶胡楒反】。

比而賦也。“曀曀其陰”，昏而不悟也。“虺虺其雷”，《集傳》曰：“雷將發而未震之聲。”雷，震動驚懼也，言將有震動驚懼之難而不悟也。“願言則懷”，望子則懷思也。此篇，但據文理而釋之如此耳，未詳所指者何人。舊說：“莊公惑於嬖妾，夫人莊姜，賢而失位，故作此詩。”然今觀《詩》辭，未見其爲莊姜也，又未聞莊公之惡如此之甚，而婦人之道，柔婉承順而不怨，發咏而諷刺，非端莊幽閑之德也。爲妻不能事夫，而未肯少自咎訟，而專肆怨望，失婦道也。舊說殆於誣莊公而陷莊姜矣。此詩施於臣於子於妻，莫可當也。惟諸侯之義，與內臣異，未有內事之責焉，可以專望於王而咎不在己，此爲諸侯之詩，無疑也。蓋衛侯[4]刺厲王也，厲王之惡如此，而衛侯少無貳異之志，恨其情志不通，不能進陳忠言，深慮其及於難，而悼思懷願之不已，忠亦至矣。《燕燕》《日月》《終風》，諸侯事君之義也。

《終風》四章，章四句。

4 侯：奎章閣本에는 “詩”.

擊鼓

擊鼓其鏜【吐當反】，踊躍用兵。
土國城漕，我獨南行【叶戶郎反】。

賦也。《集傳》曰：鏜，鼓聲。踊躍，坐作擊刺之狀也。兵，五兵也。土，土功也。漕，衛邑也。○土功於國，築城於漕，南行而戰，我獨爲之也，言次第勞役而不已也。此篇，人君御將用兵之道也。

從孫子仲，平陳與宋。
不我以歸，憂心有忡【敕中反。叶敕衆反】。

賦也。孫子仲，軍帥也。“不我以歸”，怨君之不聽其還也。【何以知怨君也？子仲亦豈久役疲病而不欲歸哉？故知欲歸而不得也。】君不御於將，師之進退在將，乃自中御之，而不聽其還。古者役不淹時，今久役而不已。是以憂心有忡也。先言從孫子仲，而言不我以歸者，不欲顯斥其君，而似若子仲爲之然也。

爰居爰處，爰喪【息浪反】其馬。
于以求之，于林之下。

比也。爰，乃也，“爰居爰處，爰喪其馬”，言疲民弱國，喪其彊壯於內也，“于以求之，于林之下”，言勤遠務功，求虛願於外也。鄙諺曰"失家之牛，尋山之豬"，言喪己之有而求於虛也。自三代以後，至今數千年，有國者莫有知斯義者，雖諸葛武侯，亦不免焉，而惟唐太宗，中國旣治，四夷自服，王猛治秦富彊，兵不留行，近之矣。先王修身而天下平，治國而敵人服。

死生契【音計】闊【叶苦劣反】，與子成說。
執子之手，與子偕老。

賦也。契，合也，闊，離也，"契闊"，猶言離合也。"成說"，成其約誓之言也。托於男女之辭，而言君之與將一心，於死生離合患難之際，同其存亡者也，何不恤我之勞而聽我之歸乎？

于【音吁，下同。】嗟濶[5]兮，不我活【叶戶劣反】兮。
于嗟洵【音荀】兮，不我信【師人反】兮。

《集傳》曰：賦也。洵，當作恂，信也。信，申同。○濶，離遠也。君將之相須，如彼其甚也，而何不恤我之勞而聽我之歸，使我離闊而不活，誠信而不申也？【姑從舊說，訓洵爲信，而文理終是未穩，疑有誤字也。○若如《集傳》"三章喪馬而求之林下"，是成何語，而四章、五章，乃言男女約誓，而悲其阻闊，語無倫脊，而義不足取也，不過鄙人猥瑣之言耳。】

《擊鼓》五章，章四句。

5　濶：《詩傳大全》에는 "闊"

世平則右文而左武；世亂則尙武而廢文，自春秋以來然也。然觀《兎罝》《擊鼓》，武臣亦重矣，文武之不可偏輕偏重，一也。是故先王之世，文武未嘗分矣，後世則分而爲二，文士迂腐懦弱浮華，武人悍戾木彊固陋，而無全才矣。

凱風

凱風自南【叶尼心反】，吹彼棘心。
棘心夭夭【於驕反】，母氏劬勞【叶音僚】。

《集傳》曰：比也。南風謂之凱風，長養萬物者也。棘，叢生多刺，不材之木也。夭夭，少貌。凱風以比母；棘心以比子，言母之育此不材之子，其劬勞甚矣，劬，勤也。

凱風自南，吹彼棘薪。
母氏聖善，我無令人。

比也。以棘之難長，而養之成薪，則母氏之劬勞尤甚矣。

爰有寒泉，在浚之下。
有子七人，母氏勞苦？

興也。浚，衛邑。寒泉，泉之有源者，而在邑之下，則不能灌漑而爲用矣。有子七人，而母未免勞苦，則無用子矣。舊說曰："其母改適於人，故曰'勞苦'。"

睍【胡顯[6]反】睆【華板反】黃鳥，載好其音。
有子七人，莫慰母心。

興也。睍睆，華鮮也。言黃鳥猶能好其音以悅人心也。○孀婦之改嫁，常事也。程頤曰："取失節者以配身，是亦己失節也。"，此非君子之言也。是天下之孀婦無改適者，而怨女盈於四海矣。義，利人者也；禮，安人者也，未有怨毒盈於四海而爲禮義者也。異哉，程氏之所謂禮義也！一言而怨毒盈於四海。《易》曰："婦人從一而終"，《記》曰"一與之齊，終身不改"，言終夫之身而不改也。《喪服·傳》曰"繼母父死而改適者，服之如母，貴終也"，以終夫之身爲終，故雖改適而亦謂之終也。婦人有三從之道，陰必從陽，而存天之理也。夫死而無子，無所可從，可以嫁矣。夫死而年少子幼，未可以從，可以嫁矣。與夫離出，無夫可從，則可以嫁矣。是三者，禮之所許嫁也。若如程氏概以改嫁爲失節，則亡國之臣民無不死者矣，無夫之女無不寡者矣，是絶人之類而滅人之性也。天下有禮義則無人矣，有人則無禮義矣，人與禮義不可以竝存也。焉有若此而不大悖者乎？異哉，程氏之所謂禮義也！一言而天下無人類。《凱風》之母，白首老婦，有七子而他適，此非禮之所許嫁也，而醜不可言。親之過大而不可悔，《凱風》之痛

6 顯：底本에는 "踊". 奎章閣本에 근거하여 수정.

恨自責，而不敢怨，不敢懟，可見孝子孺慕之至心，而合於君子之禮矣。或曰："心知母之不善，而云'母氏聖善'，非不情歟?"曰："心知母之不善，而不獨由於母，由於子之不能安悅母心，故言'母氏本以聖善，豈至於是乎？至於是者，以我之無令人，不能安悅母心而防閑非幾也'，此人情之至也。然而讓於大舜之底豫也。"

《凱風》四章，章四句。

雄雉

雄雉于飛，泄泄【移世反】其羽。
我之懷矣，自詒伊阻。

《集傳》曰：泄泄，飛之緩也。○比而賦也。雄雉之文章華彩，以比君子之文德也。"泄泄其羽"，言此文德之君子教人有序，循循漸誘，不急遽而躐揠也，"自詒伊阻"，言竭力從之而末由也。

雄雉于飛，下上【時掌反】其音。
展矣君子，實勞我心。

比而賦也。"下上其音"，隨人才知之高下而教喻成就之也。

展，《集傳》曰："誠也。""實勞我心"，篤學而愼思也。

瞻彼日月，悠悠我思【叶新齎反】。
道之云遠，曷云能來【叶陵之反】？

賦也。"瞻彼日月"，學問之日無幾，而寸陰可惜也，"悠悠我思"，我之所期者悠遠廣大也。"道之云遠，曷云能來"，來，至也，卽《綿蠻》"道之云遠，我勞如何"之意也。

百爾君子，不知德行【下猛反。叶戶郎反】？
不忮【之豉反】不求，何用不臧？

賦也。百，猶凡也，"百爾君子，不知德行乎？"，此自警而勉人也。忮，猜妬之也。子曰："君子食無求飽，居無求安，敏於事而愼於言，就有道而正焉，可謂好學也已。士志於道而恥惡衣惡食者，未足與議也。"見人之富貴而無猜妬之心者，以無求望於分外之志也。視之如浮雲，何求之有，不求之矣，何猜妬之有？所以能不恥其貧賤也，若此然後，能有所立矣。求之則不能無忮，忮之則不能無恥也。不免於飢愁、寒惱、外慕、虛願，漂搖於風雨，牽纏於韁鎖，則狐惑不定而立脚不住，又何能專精凝神，以奏將就之效乎？不忮不求，然後乃可以臧於學也，此乃學之根基也。爲此詩者，可謂好學也已矣，可謂知本也已矣。

《雄雉》四章，章四句。

匏有苦葉

匏有苦葉，濟有深涉。
深則厲，淺則揭【苦例反】。

比也。匏有苦葉，則不可食矣。人雖有實才，而亦不能通用，有能,有不能，在量己度事，可爲則爲之，不可爲則不爲也。知匏之可食，而不知苦葉之不可食，是不知自量也。“濟有深涉”，天下之夷險，隨處異焉，雖有聖人，亦有不可涉之津、不能辦之事也。才有所不能，時有所不可,【隨位而異時，時亦位也。】而其可能可爲者，又當量其難易而斟酌爲之，故曰：“深則厲，淺則揭。”厲，躶同，揭，擧衣也，此篇，言君子之涉世也。

有瀰【彌爾反】濟盈，有鷕【以小反】雉鳴。
濟盈不濡軌，雉鳴求其牡。

《集傳》曰：比也。瀰，水滿貌。鷕，雌雉聲。軌，車轍也。飛曰雌雄，走曰牝牡。○人之不自量者，曰“濟盈不濡軌”，而不自愼懼，故終有陷溺矣，君子則不然矣。【小人不知苦匏之不可食、濟之有深涉，故勇進而見敗也。】“雉鳴求其牡”，道不合，志不同，而求與之親，如雉之呼其非類，而見其搏噬矣，君子則不然矣。有子曰："因不失其親，亦可宗也。" 不知事之可爲與不可爲、人之可因與不可因，則無以涉於世矣。

雝雝鳴雁【叶魚肝反】，旭【許玉反】日始旦。
士如歸妻，迨氷未泮。

《集傳》曰：雝雝，聲之和也。旭，日初出也。◯興也。氷泮則農事作而婚娶止矣。雁則秋南而春北，日則暮入而朝出，惟不失其時也。托言士之歸妻，以明君子之出而事君有時，非時而出，則徒累身名而無成也。

招【照遙反】招[7]舟子【叶奬里反】，人涉卬【五郎反】否【叶補美反】。
人涉卬否，卬須我友【叶友軌反】。

賦也。卬，我也。昏君在上，賢者退藏，而朝廷無人，雖有聖人，不能孤立而有爲，必有同道之朋與相周旋，援之推之，提之挈之，然後事乃成矣。鄙諺曰："獨掌不鳴。"【稱量其才，審度夷險，適時可否，同志相濟，此四者，君子涉世之大綱也。】

《匏有苦葉》四章，章四句。

7 招：奎章閣本에는 없음.

谷風

習習谷風，以陰以雨。
黽勉同心，不宜有怒【叶暖五反】。
采葑【孚容反】采菲【妃鬼反】，無以下體。
德音莫違，及爾同死【叶想止反】。

興而比而賦也。習習，淸而又和也。葑、菲，皆蘿葍之類，食[8]葉而不食根者也。下體，根也。德音，言之施於人、施於事者也。羈旅之臣仕於衛者，始立功德，而終見疏薄，故去之而作此詩。山谷之風，淸而且和，故能爲陰爲雨矣，君臣有禮而和合，則有成矣。“采葑采菲，無以下體”，以比人不必根著也。世臣不必賢，羈旅不必不忠，在言之施於事者無所違失，則可與之圖終矣。“莫違”，無良之反也。【《集傳》，下體以比婦人顔色。顔色爲下體，則足脛爲上體耶?】

行道遲遲，中心有違。
不遠伊邇，薄送我畿【音祈】。
誰謂荼【音徒】苦？其甘如薺【音泚】。
宴爾新昏，如兄如弟【待禮反】。

賦也。畿，門限也。孔子接淅而行，望其用而知其不用，則不可一日無功而食也。《谷風》見用而有功，於其不得已而

8 食：底本에는 없음. 奎章閣本에 근거하여 수정.

去也，猶幸君之庶幾悟焉也，事殊而義同也。荼之苦而反甘如薺，言己之苦有甚於荼，以荼比之則荼甘矣。臣無去君之義；妻無去夫之禮，君不君；夫不夫，然後可去也。荼甘如薺，則其不得已也可知矣。後世之輕於去君者，何莫鑑焉？“宴爾新昏”，蓋君又得他國之臣而悅之也。宴，樂也。

涇以渭濁，湜湜【音殖】其沚【音止】。
宴爾新昏，不我屑以。
毋逝我梁，毋發我笱【古口反】。
我躬不閱，遑恤我後【胡口反】。

比而賦也。《集傳》曰：涇水出今原州百泉縣笄頭山，東南入渭，渭水出渭州渭原縣鳥鼠山，至同州馮翊縣，入河。湜湜，淸貌。沚，水際也。屑，潔也。梁，堰石障水而空其中，以爲魚路之咽喉也。笱，以竹爲器，承梁之空以取魚者也。○涇濁渭淸，而二水旣合，淸濁混淆而不分，則涇反以渭爲濁矣。然視其兩邊水際，則可知也。涇之沚渾渾，渭之沚湜湜矣。【水雖混合，而其一邊，則猶有本性也。《集傳》以爲“自比於涇而比新昏於渭”，已爲顚倒，而涇之流出處反湜湜云，全無分曉矣。】小人未有不依於君子而植其根柢者，如涇之得渭而其濁掩而不分也。君昏而不能卞別，則小人反以君子爲惡矣，如涇之反以渭爲濁也。惟察其心術之所止，則可以知其本性也。“不我屑以”，不以我爲潔而用之也。閱，歷察之也。欲戒新昏，毋居我之處而行我之事者，不欲斥君之過，故以新昏爲言耳，實欲戒君以勿令小人居君子之處而行君子之行，恐其必敗君之事也。然而我躬亦不能自歷察之，至於謝去，則何暇恤我已去之後乎？雖有忠厚之至心，而無所施也。

就其深矣，方之舟之。
就其淺矣，泳之游之。
何有何亡，黽勉求之。
凡民有喪，匍【音蒲】匐【蒲卜反】救之。

賦也。《集傳》曰：潛水曰泳，浮水曰游。匍匐，手足幷行，急遽之甚也。○就其深淺而各得其宜，應變也，“何有何亡，黽勉求之”，預備也，“凡民有喪，匍匐救之”，隱民也，能應變預備而歸重於隱民，此知爲邦者也。【若如《集傳》直以爲婦人之事，則婦人之道無權，而今能權矣，婦人之教令不出閨門，而今及於凡民。凡民，非惟鄰里之稱也，家人何以恤及於凡民乎？是女行男事，而[9]失其道也，家人僭君惠而犯其分也。】

不我能慉【許六反】，反以我爲讎。
旣阻我德，賈【音古】用不售【市救反。叶市因反】。
昔育恐育鞫【居六反】，及爾顚覆【芳服反】。
旣生旣育，比予于毒。

《集傳》曰：賦也。慉，養也，鞠，窮也。○阻，阻[10]塞也。

9 而：奎章閣本에는 없음.

10 阻：奎章閣本에는 “沮”.

施於事曰德，阻塞我施而不得行，如賈之不得售其貨也。人臣欲言不得，欲行不施，不爲有無而但享榮祿，是竊食也，【尸位素餐，是也。】其義可以去矣。育，產業，養生之謂也。

我有旨蓄【勑六反】，亦以御【魚呂反】冬。
宴爾新昏，以我御窮，
有洸【音光】有潰【戶對反】，既詒我肄【羊至反】。
不念昔者，伊余來塈。

興而賦也。旨，美味也，蓄，聚也。御，禦同，我有菜茹之旨蓄，以禦冬月之無也，至春夏則食其新也。以我禦窮而既安，則宴爾新昏也。洸，《集傳》曰"武貌"。潰，怒貌，肄，勞也，詒我以憂勞也。【《集傳》以爲"遺我以勤勞之事"，則非也。臣妻憚其勤勞而去之，悖行也。】塈，暨通，至也。【曰"伊余來塈"，則知爲羈旅之臣也。《左傳》作蔇。】君子絶交，不出惡聲，忠臣去國，不潔其名，故托於婦人之去夫而風之。《谷風》婉而不傷，怨而不忘，有足取焉。

《谷風》六章，章八句。

式微

式微式微，胡不歸？
微君之故，胡爲乎中露？

賦也。式，語辭，微，衰微也。中露，言有霑汚累敗之患也。

式微式微，胡不歸？
微君之躬，胡爲乎泥中？

賦也。泥中，言有霑汚陷溺之禍也。舊說以爲“黎侯失國而寓於衛，其臣勸其歸”。然國亡而無所於歸，又何歸哉？衛何有衰微，而客何有霑汚陷溺耶？舊說之不可信，明矣。蓋衛侯入爲王卿士，當幽、厲之時而不知其歸，其臣之見幾者風之曰：“王室微而又微矣，不去則小而汚累身名，大而陷溺死亡也。”此危邦不入；亂邦不居之義也。

《式微》二章，章四句。

旄丘

旄丘之葛【叶居謁[11]反】兮，何誕【徒旱反】之節兮？
叔兮伯兮，何多日也？

賦也。旄丘，丘名也。誕，濶也，見時物之變而寓居之多日也。舊說以爲“此亦黎臣之辭”，而今姑從之。黎之君臣，亡國而寓於衛，欲藉衛之力以圖復國，詩人度衛之終不可得力，

11 謁：底本에는 “謂”. 奎章閣本에 근거하여 수정.

欲去衛而他圖。黎之謀臣，不聽其計，故賦詩而風之。叔、伯，謂黎之謀臣也。

何其處也？必有與也。
何其久也？必有以也。

賦也。必有與、必有以，反言以見必無與、必無以也，辭婉而意切矣。

狐裘蒙戎，匪車不東。
叔兮伯兮，靡所與同。

賦也。蒙戎，猶蒙茸，毛紛亂也，言客久而裘弊也。匪車不東，詩人之意，蓋欲圖之於東國，故曰："非我之不東，叔、伯無與我同也。"【黎在衛西，而國已亡矣。《集傳》言"不歸不來，非我之不東告於衛"，正是夢語也。】

瑣【素果反】兮尾兮，流離之子。
叔兮伯兮，褎【由救反】如充耳。

賦也。不能大計遠圖，而止於瑣細尾末，則不免爲亡國流離之人矣。褎，《集傳》曰："多笑貌，耳聾之人多笑。"，叔、伯笑之而不聽，如塞耳之人矣。汎言瑣尾之不免流離，而繼言叔、伯之充耳，辭婉而意切矣。言衛之必不與，東國之可圖、瑣尾之無成，而意皆在於隱顯之間，君子之辭也。向使聽其計，焉知其不復哉？

《旄丘》四章，章四句。

簡兮

簡兮簡兮，方將萬舞。
日之方中，在前上處。

《集傳》曰：賦也。簡，簡易不恭之意。萬，舞之總名，武用干戚，文用羽籥也。“日之方中，在前上處”，言當顯明之處也。○世亂讒勝，賢者自度才不足以濟難，而懼其不免，故仕於伶官以遁其跡，其自譽，所以自晦也。君子悲其志而取其義焉云爾。【人雖有實才，大自稱揚，則聽之者意輕之而不信。是故欲自晦者，莫如自譽也。世之欲求知而自譽者，反其道者也。】

碩人俁俁【疑矩反】，公庭萬舞。
有力如虎，執轡如組【音祖】。

《集傳》曰：賦也。碩，大也。俁俁，大貌。如組，言其柔也。

左手執籥【餘若反】，右手秉翟【亭歷反 叶直角反】。
赫如渥【於角反】赭【音者】，公言錫爵。

《集傳》曰：賦也。籥，如笛而六孔。翟，雉羽也。赫，光明也。渥，霑漬也,【《易》云“其形渥”，是也。】赭，赤色[12]，赭霑漬則愈光也。錫爵，賜酒也。

山有榛，濕有苓【音零】。
云誰之思？西方美人。
彼美人兮，西方之人兮。

《集傳》曰：興也。苓，甘草也。○物各有處，易其處則不植矣。賢者而居亂世，處下國，何以自立乎？若遇明時，則乃其處也。“西方美人”，周之盛王也，“西方之人”，歎其遠而不遇也。

《簡兮》四章 三章，章四句，一章六句。

泉水

毖彼泉水，亦流于淇。
有懷于衛，靡日不思。
孌【力轉反】彼諸姬，聊與之謀【叶謨悲反】。

《集傳》曰：泉水，卽今衛州 共城之百泉也。淇水，出相州林慮縣，東流，泉水自西北來注之。孌，美好貌。諸姬，姪娣也。○興而賦也。毖，泉始出，㵣而不驟進之貌，以興已之有懷于衛而不敢輒行也。與諸姬謀者，知其不可而不敢輒行也。

12 色：奎章閣本에는 “也”.

出宿于泲【子禮反】，飮餞于禰，
女子有行，遠父母兄弟。
問我諸姑，遂及伯姊[13]【叶獎禮反】。

《集傳》曰：賦也。泲、禰，皆地名也。○凡托事而風者，皆有可以知其非直爲是事者，令聽之者，知其非直爲是事而托事以風也。【如韓文《毛穎傳》"南伐楚，次中山"，是也。】如《桃夭》《摽梅》，非昏姻之時，【氷泮而禁嫁娶，爲其妨於農事也。三月桃花實，五月落梅，非其時也。】《死麕》之吉士，非誘女之人，《谷風》之下體，非婦人之比。【諸篇各有註釋，讀者可以自知之，故今略擧而不悉也。】不知是，則無以知其托事而風也。禮，行者告於廟，禱於廟門之外行神，送行者皆以酒食餞之，此之謂祖道。男子旣行在道，有送者，則隨其遠近而餞別，婦人送行，不出門，惟有祖道，而無門外之餞。今言出宿而後飮餞，則非婦人，明矣。禮，女子有父母則歸寧，父母旣沒則否。【鄭氏曰："國君夫人，父母在則歸寧，父母沒則乃使人寧於兄弟也。"】今出宿飮餞而曰："女子有行，遠父母兄弟。" 故謀行於姑姊[14]，則是父母存而欲往寧之之辭也。父母存而寧之，禮之常也，何以謀問之煩而不敢行耶？則非婦人之歸寧，明矣。【《集傳》亦知不成說，故曰："此其嫁時之辭也。" 宿泲、餞禰，與宿干、餞言同。然一辭而一曰"始嫁之辭"，一曰"今行之辭"，果何據耶？作詩如此，何以使人知之耶？詩人豈全不知文理者耶？宿泲餞禰而曰"遠父母兄弟"者，若是始嫁之辭，而非今行之辭，則以問

13 姊：奎章閣本에는 "娣".

14 姊：奎章閣本에는 "娣".

我姑姊續之，果成說耶？何無文理也？《集傳》亦自知不成說，故終之以"云耳"，可知其强爲說也。《竹竿》云"泉源在左，淇水在右，女子有行，遠父母兄弟"，忽作始嫁之辭，人何以知之哉?】婦人在夫國，安得姑姊乎？知其假托也明矣。蓋衛人之仕於他國者，托辭以風之，故措辭如此，使人知其非爲婦人歸寧之事，而通其本意也。然仕於他國者，有父母在本國，則歲一歸而省之，有宗廟在本國，則歲一歸而謁之，本國之君亡，則爲之服齊衰三月。人臣不敢私行於境外，禮也，而有父母宗廟，則亦不廢私義也。惟無父母宗廟者，不敢還，今有父母而不敢還，何歟？禮，得罪於君而亡逃出奔者，不敢入舊君之竟，雖有父母宗廟，不得往焉。【其父母私遇於竟上，可也。】雖因讒間而非其罪，不敢自以爲無罪也。若君悔悟，使人謝之，然後乃敢入其竟。【若此而爲人子者，莫不愼於事君而重於犯罪，不敢輕犯罪而亡奔也。】由此言之，《泉水》《竹竿》，其得罪亡奔者之詩乎。其懷念舊國，若彼其切至也，則其因君暴臣讒，而非其罪也可知矣。凡托風者，多在男女，何也？以其襯於事情，而人之所深喻者，莫如男女，故以是也。【男女之情，人之所不學而知者也，故托於男女，則人易喩之也。】

出宿于干【叶居焉反】，飮餞于言，
載脂載舝，還車言邁，
遄臻于衛，不瑕有害？

《集傳》曰：賦也。干、言，皆地名。還，旋也。遄，疾也，臻，至也。瑕，何通。○脂，塗脂於軸之貫輪處，令其滑而易轉也。舝，軸頭木，所以持輪，令不脫也。

我思肥泉，玆之永歎。
思須與漕【叶祖侯反】，我心悠悠。
駕言出遊，以寫我憂。

《集傳》曰：賦也。肥泉，衛泉。須·漕，衛邑。○寫，瀉通，瀉去也。欲行而不得行，煩鬱不堪處，故出遊以瀉之，此情之至也。

《泉水》四章，章六句。

北門

出自北門【叶眉貧反】，憂心殷殷。
終窶【其矩反】且貧，莫知我艱【叶居銀反】。
已焉哉【叶將其反】。天實爲之，謂之何哉？

賦也。"出自北門"，托言以見其居陰幽之處也。殷殷，盛貌。"終窶且貧"，貧而又貧也。賢者不見用而祿仕卑官，不堪貧弊勞苦。然而曰"已焉哉，無用憂也，時命如此，謂之何哉"，此安分君子也。

王事適我，政事一埤【避支反】益我。
我入自外，室人交徧讁【知革反 叶竹棘反】我。
已焉哉。天實爲之，謂之何哉？

賦也。王事，供王之事。政事，其國之事也。《集傳》曰：適，之也，一，一切也，埤，厚也。

王事敦我，政事一埤遺我。
我入自外，室人交徧摧我。
已焉哉。天實爲之，謂之何哉？

賦也。敦，堆也。遺，委也。

《北門》三章，章七句。

北風

北風其涼，雨【于付反】雪其雱【普康反】。
惠而好我，携手同行。
其虛其邪？旣亟只【音祗[15]】且【子餘反】。

比而賦也。雱，雨雪墜下之貌。虛，不實也。邪，《集傳》曰：當作徐。亟，急也。只且，語辭。北風涼則雨雪雱矣，以比國政亂而禍難將至也。“其虛其徐”，言非不實也，非徐緩也。“旣亟只且”，旣急也，言難之必至而期又迫也。《易》云“見幾而作，不俟終日”，《北風》有焉。

15 祗：奎章閣本에는 “紙”.

北風其喈【音皆】，雨雪其霏【芳非反】。
惠而好我，携手同歸。
其虛其邪？既亟只且。

比而賦也。《集傳》曰：喈，疾聲也。霏，雨雪分披之貌。

莫赤匪狐，莫黑匪烏？
惠而好我，携手同車。
其虛其邪？既亟只且。

比而賦也。狐、烏，皆不祥之禽也，以比亂政者爲之妖孽而危難將至也。

《北風》三章，章六句。

靜女

靜女其姝【赤朱反】，俟我於城隅，
愛而不見，搔【蘇力反】首踟【直知反】躕【直誅反】。

《集傳》曰：賦也。靜者，閑雅之意。姝，美貌。踟躕，猶彷徨也。○《集傳》以爲"淫奔期會之詩"，靜女何以淫奔耶？既期會，則何以不見耶？聖人何以取淫亂之辭，著之經而訓于人耶？不爲禁之而反以爲訓耶？姦淫之人，潛相挑招，惟恐人知，何以其[16]詩歌入於國史耶?【入於國史, 則將受姦淫之刑矣。】此又理之所必不然也。噫, 其甚矣。汚滅經書, 誣衊聖人, 擠陷詩人於罔測之地, 發露自己鄙悖之情, 亦獨何心? 可謂難與言矣。其喪道迷民, 遺毒於天下, 至今六七百年, 俗日益敗, 世日益亂, 嗚呼傷乎! 嗚呼傷乎! 此詩蓋他國之君過衛, 聞衛之處士有賢德, 欲就見之, 處士以禮拒之, 而不敢見, 作詩以道其志也。【若衛君欲見之, 則擧而授[17]官, 處士不得辭, 故知爲他國之君也。俟於城隅, 自牧歸荑, 皆非本國自內之辭也, 乃自外來之辭也。】聞賢而慕, 欲見之, 好士之賢君也。心悅愛之而守禮, 不敢見賢士也。

靜女其孌, 貽我彤【徒冬反】管【叶古寬反】。
彤管有煒【于鬼反】, 說【音悅】懌【音亦】女美。

《集傳》曰: 賦也。孌, 好貌。◯煒, 光耀也。欲見而不見, 欲獻而不受, 故贈以彤管之微物, 表其愛慕之意也。"彤管有煒, 說懌女美", 言愛其人而物亦貴也。

自牧歸荑【徒兮反】, 洵美且異。
匪女【音汝】之爲美, 美人之貽。

《集傳》曰: 賦也。牧, 外野也。荑, 茅之始生者也。洵, 信也。女, 汝通。◯茅剛中而柔外, 潔而秀, 能庇蔭人,【乘屋以

16 其 : 奎章閣本에는 "爲".

17 授 : 底本에는 "受". 奎章閣本에 근거하여 수정.

庇風雨，蓑衣以防沾濕。】有似乎君子之德，故以爲祭祀之用。《易》云“藉用白茅”，贈之以荑，致其敬也。匪荑之爲美，美人之貽，答其意也。

《靜女》三章，章四句。

新臺

新臺有泚，河水瀰瀰。
燕婉之求，籧【音蘧】篨【音除】不鮮。

《集傳》曰：燕，安；婉，順也。籧篨，不能俯，疾之醜者也。籧篨，本竹席之名，或編以爲囷，其狀如人之病不能俯者，故名此疾也。○興也。泚，濕潤之貌。瀰瀰，水盈滿也。新臺之美而因近河，故有濕潤[18]之患矣。鮮，解字之誤，言不脫也。[19]

新臺有洒，河水浼浼。
燕婉之求，籧篨不殄。

興也。洒，水氣寒也。【洒淅之意也。】浼浼，汚濁貌。不殄，不絶也。

18 潤：奎章閣本에는 “瀰”.

19 言不脫：奎章閣本에는 “不言脫”.

魚網之設，鴻則離之。
燕婉之求，得此戚施。

興也。魚網而鴻離，則網決而魚散矣，不止於寒濕而已。離，麗也。戚施，不能仰之醜疾也。舊說以爲"衛宣公爲其子伋，娶於齊，而聞其美，作新臺於河上以要之，遂自娶之，國人惡之 而作此詩"。禮，爲君親諱，臣下而刺君，至以籧篨·戚施，肆口醜詬，此乃詬天罵地者也，是其生於無君之國者耶。聖人決不取此以壞萬世之綱常也。蓋詩人見有賢者與不善人爲友，故以求其燕婉而得其籧篨爲風，以新臺之近河而有寒濕之累，魚網之離鴻而有決裂之患爲興也。其言"不解"、"不殄"者，與之爲一而不可分也。子曰："丹之所藏者赤，漆之所藏者黑，與不善人處，如入鮑魚之肆，久而不聞其臭，亦與之化矣。"此言交際不可不愼也。籧篨、戚施不得俯仰，以譬不善人仰愧天、俯愧地也。

《新臺》三章，章四句。

二子乘舟

二子乘舟，汎汎其景。
願言思子，中心養養。

《集傳》曰：二子，伋、壽也。乘舟，渡河如齊也。景，古影字。養養，猶漾漾。○賦而興也。"汎汎其景"，言靡所止泊也。漾漾，浩蕩也，“中心漾漾”，思其故而不見端倪也。

二子乘舟，汎汎其逝。
願言思子，不瑕有害。

賦而興也。舊說以爲“宣公納伋之妻，是爲宣姜。生壽及朔，朔與宣姜，愬伋於公，公令伋之齊，使盜殺之。壽知之，以告伋，且勸之行。伋不從，曰：‘有無父之國可也。’壽醉伋以酒，竊其旌而先，盜殺之。伋至，曰：‘我之求也，壽何罪焉？’盜又殺之，詩人賦之”。其云“汎汎其景”者，謂二子之所爲，無所當於義，不知實理，而殉於名，如汎汎虛影，無所止泊也。伋之不亡而死，以累乎[20]父，類申生，壽之無賴於兄而浪死，皆忘父而自賢大，仁之賊也。虛名無實而不當於義，以“汎汎其景”爲興，善矣。末云“不瑕有害”者，言其害於義也。《新臺》，言取人不可不愼也，《二子乘舟》，言保身不可不敬也。《易》云：“過涉滅頂，凶。”後世之所謂死節者，類皆《二子乘舟》也。不敬其身，輕趨於死亡，而無據於義，如夜蟲之就火，豈有明哉？死而無明，將安用之？此篇其可爲百世之明訓矣。自《匏有苦葉》以下，皆涉世之義也。

《二子乘舟》二章，章四句。

《邶》十九篇。

20 乎：奎章閣本에는 “于”.

鄘

柏舟

汎彼柏舟，在彼中河。
髧【徒坎反】彼兩髦【音毛】，實維我儀。
之死矢靡他【湯河反】。
母也天只，不諒人只？

《集傳》曰：興也。髧，髮垂貌。兩髦者，翦髮夾囟【顖也。】，子事父母之飾，親死則去之。之，至也。矢，誓也。靡，無也。諒，信也。舊說，衛世子共伯蚤死，其妻共姜守義，其母欲奪而嫁之，共姜作此以自誓。○儀，身[1]之所以立也。柏舟，雖汎汎之物，而在彼中河，則有所維繫而不流矣。女有改嫁之禮，而共伯，實我之所以立，恩情不可絶也，如舟之繫而立則不流也。禮者，天下萬世人情之大中也。先王執其兩端，【過者、不及者】而立其公制焉，其有一人一時之恩情獨重者，私義亦不可廢也。故喪服既立其大中而爲常制，其恩情獨重者，爲之制心喪。公制與私義，並行而不偏廢，公制者，天下萬世之通中也，私義者，一人一時之獨中也。中有天下之中，有一國之中，有一家之中，有一人之中，不以小中侵大中，亦不以大中滅小中，禮之大經也。婦人夫死子幼，【擧一而包其餘也。】無賴於

1 身：底本에는 "舟". 奎章閣本에 근거하여 수정.

從，則禮之所許嫁也，而其有恩情獨重，不忍倍忘，而守志不嫁者，亦可謂烈矣。其嫁者，通中之所不誅也；其不嫁者，獨中之所尙也。獨中之所尙而無害於通中，又可以厲倍從【有從而倍之，他適者。】而敗度者，則禮之所亟取也。共伯賢而共姜亦賢，賢夫婦相配，恩愛獨重，而不忍忘。故以柏舟之有繫而不流，爲興而矢之，其私義中矣。母之覆育之恩如天，何爲不諒我之心乎？

汎彼柏舟，在彼河側。
髧彼兩髦，實維我特，
之死矢靡慝。
母也天只，不諒人只！

興也。中河，言私義之中也；河側，言私義之偏中也。特，孤特也，共伯恩情之重，人之所無，而我之獨有也。【《柏舟》在《牆有茨》《君子偕老》之先者，惟守節不改，然後乃無內慝外飾之患也，以無節，故有是患也。】

《柏舟》二章，章七句。

《柏舟》之義，亦可移於人臣也，比干之仁是已。【人臣三諫而不聽則去，禮也，而比干不忍亡社稷而獨生也。】人臣無君，則可以載贄而遊也，而或有受君之恩特重，雖其滅亡而無後，無處報效，而義不忍忘。如豫讓之報仇，田疇之守節，亦可尙也。所謂僕妾之節是也，斯乃一人之小中也。【此在婦人，則皆比干之仁也，在丈夫，則爲社稷而死者，比干之仁

也，爲一人而守節者，僕妾之節也。此義詳見《論語》。】

牆有茨

牆有茨，不可掃【叶蘇后反】也。
中冓【古候反】之言，不可道也。
所可道也，言之醜也。

《集傳》曰：興也。茨，蒺藜也，蔓生細葉，子有三角刺人。○中冓，室之幽深處也。舊說，宣公卒，惠公朔立，其庶兄頑烝於宣姜，國人刺之。以臣子而刺其君母，大逆也，舊說之妄，可知矣。蓋有隱慝醜行者，務自掩蔽，故托於中冓以風之。非不知茨之可除，而以其刺人，故不可除也；非不詳知中冓之事，而以其醜，故不言也。凡爲慝於隱闇之中者，未知人之醜不忍言，而以爲人之不知也而無傷也。然人實知之而不言也，未有不知也。《記》曰："小人爲不善，無所不至，厭然掩其不善，而著其善，人之視己，如見其肺肝然，此謂誠於中，形於外。曾子曰：'十目所視，十手所指，其嚴乎！'"凡小人之多行可愧，而外事掩蔽者，勞而無益也。有諸內，則必形於外，其羞澁窘遁之辭色、叵測殊常之擧止，人皆疑而忖之矣。夫疑而忖之者，無所不至，是掩其分寸，而取人之疑者，過於尋丈也。此謂誠中形外也。凡人之爲惡，必不能獨爲，皆與人也，非其妻子、兄弟，則朋友、親暱矣。夫楚越之人非我侮我，固不足爲大敗也，乃在妻子、兄弟、親暱之人，我之所相須而生者，雖暫以同欲相與，而其心則必非我侮我矣。非侮之來，衆禍之胎，親近不服，遠人爲災，此最天下之大患也。亡滅之本，必起於親近之非侮，此謂"十目所視"也。故曰有知之而不言也，未有不知也，此詩之訓，可謂深矣。

牆有茨，不可襄也。
中冓之言，不可詳也。
所可詳也，言之長也。

興也。襄，攘通。"言之長"，則非不[2]詳知也。

牆有茨，不可束也。
中冓之言，不可讀也。
所可讀也，言之辱也。

興也。束，束而去之也。讀，誦言也。

《牆有茨》三章，章六句。

君子偕老

君子偕老，副笄六珈【音加。叶居河反】。
委委【於危反】佗佗【待河反】，如山如河，象服是宜【叶牛何反】。
子之不淑，云如之何？

2 不：奎章閣本에는 "可".

賦也。婦人之與君子偕老者，當如是也。婦人無冠而有笄,【婦人之笄，丈夫之冠也。故女子十五而笄，男子二十而冠。】笄爲冠之副,【婦爲夫之助之義也。】故曰副。六珈，以玉飾笄也。"委委佗佗"，雍容自得之貌。"如山"，安重也；"如河"，深廣也。象服，繪象之服。"子之不淑"，微露其意，以明嘲而非贊也。春秋之人，好修飾儀貌、辭令，而內多隱慝,【說見《左傳正論》。】《牆有茨》《君子偕老》之所以作也。不欲正言，故托於婦人以風之。

玼【音此】兮玼兮，其之翟也。
鬒【眞忍反】髮如雲，不屑【先結反】髢【徒帝反】也。
玉之瑱【吐殿反】也，象之揥【勅帝反】也，揚且【子餘反】之晳【星曆反。叶征例反】也。
胡然而天也！胡然而帝也！

《集傳》曰：賦也。玼，鮮美貌。鬒，髮黑也。髢，髲髢也，少髮則以髢益之。瑱，塞耳也。象，象骨也。揥，所以摘髮也。揚，眉上廣也。且，語辭。晳，白也。"胡然而天"，見者驚以爲鬼神也。〇翟衣，命服，繪翟者也。

瑳【七我反】兮瑳兮，其之展也。
蒙彼縐【側救反】絺，是紲【息列反】袢【薄慢反。叶汾乾反】也。
子之清揚，揚且之顏也。
展如之人兮，邦之媛【于眷反。叶于權反】也。

《集傳》曰：賦也。瑳，鮮潔貌。蒙，覆也。縐絺，絺之蹙蹙者。紲袢，縚飾[3]之意也。清，視淸明也。揚，眉上廣也。

顔，額角豊滿也。美女曰媛。○展，當作襐，襐衣，婦人上下之通服也。命婦以爲便服，士庶之妻以爲盛服也。展，誠也。此嘲其人之服不稱人，心不副貌，而君子取之者。小人之巧言、令色、足恭，雖善外飾炫耀，而無忠信，則人亦惡之也，子曰："鮮矣仁。"《牆有茨》，言內惡之不可掩也；《君子偕老》，言外飾之無所益也。

《君子偕老》三章，一章七句，一章九句，一章八句。

桑中

爰采唐矣，沬【音妹】之鄉矣。
云誰之思？美孟姜矣。
期我乎桑中，要我乎上宮【叶居王反】，送我乎淇之上矣。

《集傳》曰：唐，蒙菜，一名兎絲。沬，衛邑，《書》云"妹邦"是也。桑中、上宮，皆地名。要，迎也。○興而賦也。以多問於寡，以能問於不能，則人將心悅服我，爲我忠謀而補我不及，如丈夫之於女子，多寡懸遠，而取以爲配，問以壼內之事，則爲我忠謀，而內事治矣。若自恃其多寡懸遠，而不取以爲配，則無以爲家也。故此詩，蓋不恥下問之意，而以采唐於沬鄉，興下問，而托於孟姜以風之也。期乎桑中，要乎上宮，

3 飾：奎章閣本에는 "飾".

送乎淇水之上，心悅服我，而事我盡其恭也。一行采之，而獲報三倍，不亦夥矣哉？何以知其爲下問也？曰：“一行而三報，則知此之上於彼也，若下者一而上者三，則爲失禮矣。”【《左氏》曰：“君一臣二，無禮也。”】

爰采麥矣，沬之北矣。
云誰之思？美孟弋矣。
期我乎桑中，要我乎上宮，送我乎淇之上矣。

興而賦也。《集傳》曰：弋，《春秋》姒，或作弋，蓋杞女，夏后氏之後也。

爰采葑矣，沬之東矣。
云誰之思？美孟庸矣。
期我乎桑中，要我乎上宮，送我乎淇之上矣。

興而賦也。庸亦貴姓也。【《集傳》以此爲桑間淫亂之詩，桑中與桑間，偶相近似，故云耳，夫子言爲邦，則曰“放鄭聲，鄭聲淫”，著經以垂萬世則，顧取桑間濮上之音，何相戾也？濮上之音，起於晉平公之時，則桑間之興，似亦在其時也。據篇中三處、三姓之女所期、所要、所送，如一世，豈有如此事耶？必無是理也。乃爲托辭，故三變而協韻也，所以明托辭而非直言也。】

《桑中》三章，章七句。

鶉之奔奔

鶉【音純】之奔奔，鵲之彊彊【音姜】。
人之無良，我以爲兄【叶虛王反】。

興也。鶉，鵪屬，善步。奔奔，步疾貌。鵲不能步，彊彊，步不進而用力之貌。鶉雖善步，鵲雖不能步，鶉小而鵲大，鵲不畏鶉而鶉畏鵲，鶉爲鶉而鵲爲鵲矣。以興人之無良，我以爲兄，而兄不事弟而弟事兄，兄爲兄而弟爲弟矣。子不可以己之賢於父而卑其父，弟不可以己之賢於兄而卑其兄也。子而卑其父，弟而卑其兄，則亡其賢而易其悖也。以其悖而卑其尊，大戮也。《書》云"元惡大憝"是也。父雖不賢，子不可以不嚴也；兄雖不賢，弟不可以不敬也。《詩》云"式相好矣，無相猶矣"，自盡其道而已。寧以尊之故而進退之耶？蓋衛之世子不肖，其弟賢者，事兄盡恭，國人賢之，而欲其君之廢兄而立弟，以安社稷，故作此詩以風之。舊說以爲衛人惡宣姜私公子頑，故爲惠公之言以刺之，此悖倫絶理之說也。臣爲子之言，以斥君母之惡，曰"人之無良"，此悖倫絶理之人也。將斬挫焚轢之不足，君子顧乃取之耶？爲此說者，初不知天地間有君父者也歟！

鵲之彊彊，鶉之奔奔。
人之無良，我以爲君。

興也。反覆言之者，深善之也。爲君，言他日將以爲君也。《桑中》，以能問於不能也，《鶉奔》，以賢事不肖也，聖人取之，以爲世規也。【“我以爲兄”，非爲其弟之言也，臣子一也。君之宗子，乃臣之兄也，有兄之列而無兄之實，故可刺之，可廢之也。國人自刺之，而其弟之賢而善事兄，寓意於其中矣。】

《鶉之奔奔》二章，章四句。

楊時以爲“《詩》載《牆有茨》《桑中》諸篇，以見衛爲狄所滅之因”，其言妄矣。詩者，所以明其道理、禮義之委曲，而訓乎人者也，非如史書之著其得失、善敗也。衛爲狄所滅之因，非詩之所及也。天下得失、善敗之故何限？而獨舉此一事，果足以爲訓耶？

定之方中

定【丁佞反】之方中，作于楚宮。
揆之以日，作于楚室。
樹之榛、栗、椅【於宜反】、桐、梓、漆，爰伐琴瑟。

《集傳》曰：賦也。定，北方之宿，營室星也。夏之十月，營室昏中，於是可以營作土功，故謂之營室。楚宮，楚丘之宮也。揆，度也，樹八尺之臬，度日出入之景，以定東西，以日中之景，定南北也。楚宮，楚室，互文以協韻也。椅，梓實桐皮。梓，楸之疏理白色而生子者也。按《春秋傳》衛懿公之九年，狄入衛，懿公及狄人戰于熒澤，敗而見殺。宋桓公以衛之遺民，渡河而南，立宣姜子申，以廬于漕，是爲戴公。是年卒，立其弟燬，是爲文公。齊桓公城楚丘，以遷衛焉，文公大布之衣，大帛之冠，務材訓農，通商惠工，敬敎勸學，授方任能，元年革車三十乘，季年乃三百乘。國人作此詩，以詠其事也。○此篇，雅也，非風也，專爲衛之事，而不足取以入於周雅，故附之于其國之風也。

升彼虛【起居反。叶起呂反】矣，以望楚矣。
望楚與堂，景山與京【叶居良反】，降觀于桑。
卜云其吉，終焉允臧。

《集傳》曰：賦也。虛，故城也。楚，楚丘也。堂，楚之傍邑也。景，測景以正方面也，與"旣景乃岡"之景同。"觀于桑"，審其土宜也。此章，本其始營而喜其終吉也。

靈雨旣零，命彼倌【音官】人。
星言夙駕，說于桑田【叶徒因反】。
匪直也人，秉心塞淵【叶一均反】，騋【音來】牝三千【叶倉新反】。

《集傳》曰：賦也。倌人，主駕者也。星，見星也。說，稅同，舍止也。秉，操執也。馬七尺以上，爲騋。○靈，先見之善也，靈雨，先事之雨也，先事而雨，則不待望之而後至也。此言文公之勤於勸農，　而曰非惟其人之秉心篤實深廣而已，其功效至於富强如此也。《記》云"問國君之富，數馬以對"，馬之多少，其他可知也。

《定之方中》三章，章七句。

蝃蝀

蝃【丁計反】蝀【都動反】在東，莫之敢指。
女子有行，遠【于萬反】父母兄弟。

《集傳》曰：蝃蝀，虹也。○比而賦也。戰國遊說之士，棄家國，去墳墓，離親戚，周流列國，求幸其君之昏，而售其鬼蜮之術，取其權寵。及其悟之，則又去而之他，無安居之時，無稅駕之鄉，如飢鼠之東穿西竄，而往往遭其機壓、係蹄之患。《蝃蝀》之世，已有始之者，故詩人風之。此人之背明而求於昏，如虹之背日而生；無執守而隨勢低仰，無常行而變詐百出，如虹之無實形而若高若下，無定色而似眞似虛。權勢輝赫，如虹之光氣橫亘而可畏，欲爲指摘，而不可得也，亦不敢也，故曰"莫之敢指"也。"女子有行，遠父母、兄弟"，托言棄其家國而乾沒於外。如婦人之富貴，無益於父家，雖所到，得其權寵，而終無成家之望、基業之立也。喪其心性，奔走其身，數犯危機，而終不能成家立業，爲子孫計也。此所以深喩其禍福也，故重言以致丁寧也。

朝隮【子西反】于西，崇朝其雨。
女子有行，遠兄弟父母。

比而賦也。《集傳》曰：隮，升也。《周禮》十煇，九曰隮，隮，虹也，氣自下而隮也。○崇朝，日崇高之時也。在東者，朝隮于西，言其未有定所，而惟日是背也,。"崇朝其雨"，崇朝而得雨也，言其所到之處，輒有所得也。虹而雨，雨不大而止，雖其輒有所得，而亦不能大且久也。

乃如之人也，懷昏姻也。
大無信【叶斯人反】也，不知命也。

賦也。如是之人，乃求事君也。其所爲大無信，而不知天命，不守其分也。【此詩之妙，如白日燭魑魅，神筆畫肝肺。】後世分爭之國，遨遊於其間，而莫適所定者，何莫鑑焉？

《蝃蝀》三章，章四句。

《集傳》多以爲刺淫奔之詩，淫奔之人，可足刺乎？雖微有刺，人孰不知言之醜也？君子而刺之，不亦辱乎？責以不知命，不亦傎乎？是足以爲經乎？

相鼠

相鼠有皮【叶蒲何反】，人而無儀【叶于何反】？
人而無儀，不死何爲？

賦也。相，視也，視鼠之可賤者，亦有皮矣，何況人而無儀乎？威儀之見於外，如皮之在外也，心不一，則威儀失。全無威儀者，心有狂疾也，不死何爲？

相鼠有齒，人而無止？
人而無止，不死何俟【叶羽已反。又音始】？

賦也。齒有上下之分，上止而下動。【詳《易·頤卦》之義。】止，分也。人之有分，如齒之有上下也。人之不知分，肆行而無厭，不死何爲？

相鼠有體，人而無禮？
人而無禮，胡不遄死【叶想止反】？

賦也。禮爲仁之用，如體爲人之用，無禮則無仁矣，無仁則無人矣，不死何爲？《蝃蝀》，刺不守分而行險僥倖也，《相鼠》，刺無禮也，【有禮，則儀與分在其中矣。】亦比類也。

《相鼠》三章，章四句。此篇，雅也。

干旄

孑孑【居熱反】干旄，在浚【蘇俊反】之郊【叶音高】。
素絲紕【符至反】之，良馬四之。
彼姝【赤朱反】者子，何以畀【必寐反】之？

《集傳》曰：賦也。孑孑，特出之貌。干旄，以旄牛尾注於旗干之首，建之車後也。浚，衛邑。紕，織組也，以素絲織組而維之也。畀，與也。

孑孑干旟，在浚之都。
素絲組【音祖】之，良馬五之。
彼姝者子，何以予【音與】之？

《集傳》曰：賦也。旟，鳥隼之旗也。○車無五馬，“五之”，托辭也

孑孑干旌，在浚之城。
素絲祝之，良馬六之。
彼姝者子，何以告【姑沃反】之？

《集傳》曰：賦也。旌，析翟羽，設於干首也。祝，屬也。○“六之”，亦托辭也。此言文公能以禮用賢也。自郊而都，都而城，漸近也，言進之有序也。自四而五，五而六，漸厚也，言寵之有等也。進之有序，而非私愛也；寵之有等，而非私惠也。素絲，以喻君之誠信也；良馬，以譬臣之材用也。“彼姝者子，何以畀之”，言君之於賢者，愛好無已，而念之不怠也。“何以告之”，欲其善之無窮也，君欲臣之善，則待之以禮而得矣。

《干旄》三章，章六句。

載馳

載馳載驅【叶祛尤反】，歸唁衛侯。
驅馬悠悠，言至於漕【叶徂侯反】。
大夫跋【蒲末反】涉，我心則憂。

《集傳》曰：賦也。載，語辭。弔失國曰唁。草行曰跋，水行曰涉。宣姜之女，爲許穆公夫人。閔衛之亡，將唁衛侯於漕，既行，大夫追而止之，乃不果行而作此詩。父母沒，不得

歸寧，禮也。

旣不我嘉，不能旋反。
視爾不臧，我思不遠。
旣不我嘉，不能旋濟。
視爾不臧，我思不閟。

《集傳》曰：賦也。遠，不能排遣也[4]。閟，閉也。不能旋反而濟以至於衛也。

陟彼阿丘，言采其蝱【音盲】。
女子善懷，亦各有行【叶戶郎反】。
許人尤之，衆穉【直吏反】且狂。

《集傳》曰：蝱，貝母也。善懷，多憂思也，《漢書》云：“岸善崩。”○興也。阿丘，丘名。藥草苦而療病，大夫之言甚苦而可以療我病，故采之。“亦各有行”，亦各行其志也。“衆穉且狂”，苦之之辭也，而可以療病之意，在言之外矣。

我行其野，芃芃【蒲紅反】其麥【叶訖力反】。
控【苦貢反】于大邦，誰因誰極？
大夫、君子，無我有尤【叶于其反】。
百爾所思【叶新齎反】，不如我所之。

4 遠……也：《集傳》에 근거할 때，“遠”이 “不遠”이 되거나，“不能”이 잘못 들어간 듯함.

《集傳》曰：芃芃，盛貌。極，至也。○興也。麥多芒刺，而可以療飢也。控，援引也，欲援引于大邦，而無可因而至也。爾雖百方思之，而無如我之遂行也。蓋謂大夫之言，如麥之有芒刺也，而可以療飢之意，在言之外矣。此篇陳其情之迫切甚至，而抑情守禮之意自見矣。深恨許人者，所以深善之也，亦風體也。《干旄》，君之以禮待臣也；《載馳》，臣之以禮防君也。

《載馳》四章，二章六句，二章章八句。

《鄘》十篇。

衛

淇奧

瞻彼淇奧【於六反】，綠竹猗猗【於宜反。叶於河反】。
有匪君子，如切如磋【七何反】，如琢如磨。
瑟兮僩【遐版反】兮，赫兮咺【況晩反】兮。
有匪君子，終不可諼【況元反。叶況遠反】兮。

《集傳》曰：興也。奧，《大學》作澳，水隈也。淇上多竹，《漢志》“淇園之竹”是也。【《漢志》：“武帝塞瓠子河，下淇園之竹，以爲楗。”“寇恂伐淇園之竹，爲矢百餘萬。”】猗猗，條達貌。匪，《大學》作斐，文章之貌。君子，指武公也。治骨、角者，切以刀、斧，而磋以鑢、鐋[1]，治玉、石者，琢以椎、鑿，而磨以沙、石，言學識進德之無已也。咺，宣著貌。《小序》以爲此美武公之詩。○以綠竹之有節而不改色，興君子之德也。瑟，堅密也，堅密，誠實也。僩，嚴恪也，【無慢忽曰嚴，心力周徹於事物曰恪。】嚴恪，敬忌也。《大學》曰：“‘如切如磋’者，道學也；‘如琢如磨’者，自修也；‘瑟兮僩兮’者，恂慄也；【恂，信也。】‘赫兮咺兮’者，威儀也；‘有匪君子，終不可諼兮’者，道盛德至善，民之不能忘也。”此篇，雅也。專詠武公之德，不可入周雅，故附之其國之風也。

1 鐋：底本에는“錫”.《詩傳大全》에 근거하여 수정.

瞻彼淇奧，綠竹青青【子丁反】。
有匪君子，充耳琇瑩【音營】，會【古外反】弁如星。
瑟兮僩兮，赫兮咺兮。
有匪君子，終不可諼兮。

《集傳》曰：興也。充耳，瑱也，琇瑩，石似玉者也，天子玉瑱，諸侯以石。會，縫也，以玉飾皮弁之縫中，如星之明也。◯“充耳琇瑩，會弁如星”，言切磋琢磨之工，如彼其勤於志，而威儀之見於外者，如此之美也。

瞻彼淇奧，綠竹如簀【音責。叶則歷反】。
有匪君子，如金如錫，如圭如璧。
寬兮綽兮，猗【於綺反】重【直恭反】較【古岳反】兮。
善戲謔兮，不爲虐兮。【寬綽而敬，故能善謔而不爲虐也。】

《集傳》曰：興也。“如簀”，言其密也。◯猗作倚，憑也。金、錫，言其堅固永久也。圭、璧，言其爲人之所貴寶也。修之身，而著於外，驗於效，德之序也。寬，猛之反也；綽，急之反也。重較，《集傳》以爲“卿士之車。較，兩輢上出軾者，在車兩傍也”，言居位而敬行也。【有敬則式。】戲謔而爲虐，何如則爲虐也？《記》曰：“張而不弛，文、武不能也，弛而不張，文、武不爲也。一張一弛，文、武之道也。”君子之道，內守正而外行權，禮以嚴於分，樂以和於衆。故能不一而一，不同而同也。君子立心方正，操行嚴飭，不爲樂易以接衆，則無以親附天下，是謂難與爲仁者也。是故不恒於正色厲言以爲高截，而間以談笑戲謔，平和以接人。所以得人之親悅懷服，樂輸其情，而無忌憚疏遠之意也。曹操之拊手歡笑，孫策之能笑語，亦能以親附英雄而得其歡心也，何況君子之溫恭寬綽，而善爲談笑戲謔者乎？人之來接者，如在春風之中，如飮醇醪之美，不覺歡然而自醉矣。其不善戲謔者，於其所畏者則諂媚矣，於其所忽者則狎侮矣，此所謂虐也。夫得人之諂媚而悅者，惟小人爲然，君子則惡之矣。見悅於小人，終不得力而得禍矣；見惡於君子，亦終不得賞而得罪矣。罪、禍竝至，不敗何爲？《書》云"狎侮君子，罔以盡其心，狎侮小人，罔以盡其力"，不獨於此也。狎侮不能以卑人，而能以卑己，爲人之所輕賤矣。狎侮不能以悅人，而能以恥人，爲人之所恨怒矣。諺云"戰爭起於嬉笑"，嬉笑亦不可不愼也。諂媚者，不敬其身也；狎侮者，不敬其人也。二者之不絶，其心之不敬，可知也。此章言德之驗於效，而以善戲謔終之，以見交接之人無不悅服也。【君子戲而不弄。】

《淇奧》三章，章九句。

考槃

考槃在澗【叶居賢反】，碩人之寬【叶區權反】。
獨寐寤言，永矢弗[2]諼【況元反】。

2 弗：底本에는 "不".《詩傳大全》에 근거하여 수정.

賦也。考，令善也。槃同盤，盤旋也。考槃，自善其盤旋也。《易》云"考祥其旋"是也。山間之水曰澗。寬，自寬而不戚戚也。獨寐，獨寤，獨言，而矢不忘此志也，《否》之"儉德辟難"、《困》之"致命遂志"、潛龍之"遯世無悶， 確乎不拔"是也。賢者遇亂世，人莫我知，自度不能出而有濟。故隱居遂志，自適其起居，而無希世苟求之心。是豈須臾忘天下哉？特其時不偶，故安之耳，非若小人之自高而誓不返世也。此篇，雅也。

考槃在阿，碩人之薖【苦禾反】。
獨寐寤歌，永矢弗過【古禾反】。

賦也。薖，固執之意。過，違去而不處也，不過，言固守其志而不過也。

考槃在陸，碩人之軸。
獨寐寤宿，永矢弗告【姑沃反】。

賦也。軸，不移不轉之意，車軸不移不轉也。宿，臥也。不告，不謁人以干求也。寬故可以不諼，薖故可以不過，軸故可以不告也。能如是者，其道足以自樂而無悔也，其義足以自安而無愧也，其知足以自得而無敗也，其德足以自立而無廢也。

《考槃》三章，章四句。

碩人

碩人其頎【其機反】，衣【於旣反】錦褧【苦迥反】衣。
齊侯之子，衛侯之妻，東宮之妹，邢侯之姨，譚公維私。

《集傳》曰：賦也。碩人，指莊姜也。頎，長貌。褧，襌也，衣錦而加褧，惡其文之著也，《記》作絅。東宮，太子之宮，齊太子得臣之妹。妻之姊妹曰姨，姊妹之夫曰私。邢侯、譚公，皆莊姜姊妹之夫，互言之也。《春秋傳》曰："莊姜美而無子，衛人爲之賦《碩人》。"

手如柔荑【徒兮反】，膚如凝脂。
領如蝤【似修反】蠐【音齊】，齒如瓠【戶故反】犀，螓【音秦】首蛾【我波[3]反】眉。
巧笑倩【七薦反】兮，美目盼【匹莧反。叶匹見反】兮。

《集傳》曰：賦也。領，頸也。蝤蠐，木蟲之長而白者。瓠犀，瓠子，白而齊列也。螓，如蟬而小，其額廣而方正也。蛾，蠶蛾也，其眉細長而彎也。倩，口輔美也，盼，黑白分明也。

碩人敖敖【五刀反】，說于農郊【叶音高】。
四牡有驕【起橋反。叶音高】，朱幩【符云反】鑣鑣【表驕反。叶音褒】，

3 波：底本에는 "汝".《詩傳大全》에 근거하여 수정.

翟茀【音弗】以朝【直遙反。叶直豪反】。
大夫夙退，無使君勞。

《集傳》曰：賦也。說，稅同。農郊，近郊也。幩，鑣飾也，鑣者，馬銜外鐵也。鑣鑣，盛也。翟，翟車也，夫人之車，以翟羽飾之。茀，蔽也，婦人之車，設蔽障之也。○以朝大夫始見于小君也，君，小君也。敖敖，閑暇之貌。

河水洋洋，北流活活【古闊反。叶戶劣反】。
施罛【音孤】濊濊【呼活反。叶許月反】，鱣【陟連反】鮪【于軌反】發發【補末反。叶方月反】，葭【音加】菼【他覽反】揭揭【居謁反】。
庶姜孽孽【魚竭反】，庶士有朅【欺列反】。

《集傳》曰：賦也。河在齊西衛東，北流入海。洋洋，水盛貌。活活，流貌。罛，罟也。濊濊，罟入水聲也。鱣似龍，黃色銳頭，口在頷下，背上腹下皆有甲，大者千餘斤。鮪似鱣而小，色青黑。發發，衆多跳躍之貌。菼，薍也，亦名荻。揭揭，高起貌。孽孽，生出衆多之貌。朅，武貌。○首章言族類之貴，二章言容貌之美，三章言車馬之飾，而無一言及於德行，卒章乃以河魚、葭菼、庶姜、庶士終之，全無意義，而辭語不成，【《集傳》云："齊地廣饒而夫人之來，士、女備盛也。"河魚、葭菼，何與於齊地廣饒耶？齊地廣饒，何與於莊姜耶？方言河魚、葭菼而忽言庶姜、庶士，何以知從夫人來者耶？莊姜既入，而何以復言其來時耶?】以是知其托意而風也。此篇，專爲莊姜之美而無子而作。地道卑而厚，能納汚藏疾，其德順而靜，能含章守牝。故萬物生焉，人民育焉。華之盛者，其實不蕃；流之淸者，其魚不繁。燁燁之色、察察之言、皎皎之行、碌碌之德，不可以有繼也。不可以有繼也者，不可以有後也。婦人之德，地道也，莊姜或是反焉，故詩人深惜之。其曰"衣錦褧衣"者，欲其文之不著也；"說于農郊"者，欲就其質樸也；"翟茀以朝"，欲其明之蔽也；"大夫夙退，無使君勞"者，欲其毋侈於儀也。【凡作文之法，其有一二句表出者，乃辭脈也。辭脈者，主意之所注也，有一二字重累相望者，乃字眼也。字眼者，表別微意也。讀之者必尋此，然後乃可通作者之意也。此詩方言族類，而"衣錦褧衣"一句，表出也，方言車馬之飾，而[4]"稅于農郊"及"翟茀以朝，大夫夙退"，乃題外之語也。故知其有意而特表言之耳。】盛言族類、容色、仗飾之美，而不及德行，謂其文華之太過而掩其實也。此章言河水渾而不淸，故魚多而葭茂，其地人物亦盛也。姜，齊之公族，士，異姓也。沿河之地，泥土肥美，生物蕃而居民盛也，編詩者取之者，不獨婦人之道然也，雖君子亦有焉。【漢之馬皇后、班婕妤，亦皆無子。】

《碩人》四章，章七句。

氓

氓之蚩蚩【尺之反】，抱布貿【莫豆反】絲【叶新齊反】。
匪來貿絲，來卽我謀【叶謨悲反】。

4 衣錦……飾而：奎章閣本에는 이 16字가 없음.

送子涉淇，至于頓丘【叶祛奇反】。
匪我愆期，子無良媒【叶謨悲反】。
將【七羊反】子無怒，秋以爲期。

比而賦也。蚩蚩，無知之貌。不欲訟言，故託云"氓之蚩蚩"也，實指去君也。貿，買也。絲，所以爲布也；賢，所以爲政也，抱布貿絲以比委政以求賢也。"送子涉淇，至于頓丘"，頓丘，地名也，言其樂爲之用也。"匪我愆期，子無良媒"，言心樂爲之用，而猶以禮進退也。將，望於他日之辭也。"秋以爲期"，言其審愼而不遽合也。衛人有仕於他國而見逐者，托言以自敍。君臣、夫婦之合，不可苟也，而臣擇君、女簡夫，尤所當致意也。以其去之重而難，故其就之不可輕而易也。豈其苟合而遽離，如娼婦之爲哉？一言不中，一事不從，而輒去者，此悖亂之行，而不知君、夫之倫者也。【自稱隱倫而不肯出仕者，乃女之不嫁而廢倫者也。】是故必愼於其始而圖其終。詩人其亦審於始矣，而特不見其主之不同量，故不保終也。編詩者取之，以見君臣之際會如此其重也，不可不量而苟合也。【何以知此爲托辭也？曰："其言'三歲爲婦'、'總角之宴'、'老使我怨'，寧有總角三歲而已老耶？是非托辭而何？"】

乘彼垝【俱毁反】垣【音袁】，以望復關【叶圭員反】。
不見復關，泣涕漣漣【音連】。
旣見復關，載笑載言。
爾卜爾筮，體無咎言。

以爾車來，以我賄【呼罪反】遷。

賦也。垝，毁也，垝垣，言所望之人，非全德也。復關，地名，不擧其人而擧其地，以示不欲訟言顯斥也。望之泣涕，言其求用之意甚切也。“爾卜爾筮，體無咎言”，言己之才德，足以事君而無咎也。“以我賄遷”，言以平生之所學，進而效之也。

桑之未落，其葉沃若。
于【音吁】嗟鳩兮，無食桑葚【音甚】。
于嗟女兮！無與士耽【叶持林反】。
士之耽兮，猶可說也，女之耽兮，不可說也。

比而興也。以桑之未落，其葉沃若，比君之體貌未衰，其儀繁縟也。沃若，潤澤貌。《集傳》曰：鳩食桑葚則醉，以鳩食葚而醉，興女之耽士也。君取臣，夫求婦，亦不可不愼，而臣擇君，女簡夫，尤所當審也。

桑之落矣，其黃而隕【叶于賓[5]反】。
自我徂爾，三歲食貧。
淇水湯湯【音傷】，漸【子廉反】車帷裳。
女也不爽【叶師莊反】，士貳其行【下孟反。叶戶郎反】。
士也罔極，二三其德。

5 賓：《詩傳大全》에는 “貧”.

比而賦而興也。徂，往也，就也。“淇水湯湯，漸車帷裳”，帷裳，婦車之障也，言非車之庳而水之深也。爽，違也。罔極，無所至也。中爲一德，過不及爲二三也，不中則無信矣。

三歲爲婦，靡室勞矣。
夙興夜寐，靡有朝【叶直豪反】矣。
言旣遂矣，至于暴矣。
兄弟不知，咥其笑【叶音燥】矣。
靜言思之，躬自悼矣。

賦也。“靡室勞矣”，不以家室之事爲勞也。“靡有朝矣”，無有朝旦之暇也。結約之言旣遂，遽至於暴也。咥，當作嗤。

及爾偕老，老使我怨。
淇則有岸【叶魚戰反】，隰[6]則有泮【音畔。叶匹見反】。
總角之宴，言笑晏晏【叶伊佃反】。
信誓旦旦【叶得絹反】，不思其反【叶孚絹[7]反】。
反是不思【叶新齎反】，亦已焉哉【叶將黎反】!

賦而興也。泮，水涯也。水行盡則有陸，陸行盡則有水，是謂反也。見其好而不知其不好，是謂“不思其反”也。《集傳》

6　隰：底本에는 “濕”. 《詩傳大全》에 근거하여 수정.

7　絹：《詩傳大全》에는 “絢”.

曰：“總角，女子未笄，結髮爲飾也。”晏晏，安樂也。旦旦，明也。宴，“宴爾新昏”之宴也。

《氓》六章，章十句。

竹竿

籊籊【他歷反】竹竿，以釣于淇。
豈不爾思？遠莫致之。

《集傳》曰：賦也。籊籊，長而殺也。竹，衛物，淇，衛地也。○竹竿釣魚，非婦人之事也，此與《泉水》同義，而又取之者，《泉水》之義，微而難見，故又載《竹竿》，欲令讀之者互推以通之也。

泉源在左，淇水在右【叶羽軌反】。
女子有行，遠【于萬反】父母兄弟【叶滿被反】。

《集傳》曰：賦也。泉水在衛之西北，淇在衛之西南。○曰“遠父母兄弟”，則非父母沒而不得歸寧之辭也。

淇水在右，泉源在左。
巧笑之瑳【七可反】，佩玉之儺。

賦也。瑳，鮮潔貌，笑而齒鮮潔也。儺，娜通，美貌，阿娜，作猗儺是也。恨其不得遊於其間也。

淇水滺滺【音由】，檜楫松舟。
駕言出遊，以寫我憂。

賦也。檜，似柏而麤。思渡淇水而不可得矣，故駕車而出遊也。

《竹竿》四章，章四句。

芄蘭

芄【音丸】蘭之支，童子佩觿【許規反】。
雖則佩觿，能不我知。
容兮遂兮，垂帶悸【其季反】兮。

《集傳》曰：興也。芄蘭，一名蘿摩，蔓生，斷之有白汁。【《本草》云雀瓢[8]。】支，枝同。觿，解結錐也，以象骨爲之，成人之佩，非童子之飾也。知，智也。○容，舒恭貌。遂，自足貌。【自以爲成就極盡，是也。】悸，帶下垂振動之貌。芄蘭之蔓，紛紜繆纏，枝不別於幹，以興童子而佩觿，不別於成人也。雖爲成

8 瓢：底本에는 "瓠". 《本草綱目》과 《毛詩正義》에 근거하여 수정.

人之服，而其才能則實不智於童子矣，其儼然偃然之形容，獨在於外表，而其中之空空，可知矣。此詩刺人之好自矜大而無其實也，所謂色莊色厲，而能不足以有爲者也。所貴乎君子者，爲其能與人而親，遇事而辨也。能不足以服人幹事，而虛自矜莊飭厲，以求上於人，非至道也，其亦屢憎於人而怒於神矣。成人之所以爲成人，不在於佩其觿、韘[9]也；君子之所以爲君子，不在於威儀莊重也。成人者其服盛，故亦佩觿、韘也。君子者其心一，故亦有威儀也。今無服而佩觿，無弓而佩韘，未足爲成人也；無德而修威，無才而飭儀，未足爲君子也。諺曰"赤身佩刀"，言遺其本而爲其末也。欲免爲童子者，備其冠服而可矣；欲得爲君子者，濟物安民而可矣。遺其中而爲其外，背其形而逐其影，終不可得矣。【童子是赤體小兒徒佩觿、韘也，卽"赤身佩刀"之意也。】

芄蘭之葉，童子佩韘【失涉反】。
雖則佩韘，能不我甲【叶古協反】。
容兮遂兮，垂帶悸兮。

興也。韘，決也，以骨爲之，著右手大指，以鉤弦也。甲，長也。芄蘭蔓細而葉大，以葉反大於蔓，興童子而佩韘，反自過於成人也。不惟不別也，佩韘，成人而能射者之爲也。此篇可以垂戒於百世，而尤爲宋、明以來之藥石也。其心精一然

9 韘：底本에는 "韄". 문맥을 살펴 수정.

後能公明，公明然後有德有才矣，有德有才然後能濟物安民矣。心精一者，其威儀自得也。不知[10]治其心而徒事外飾，亦無益也。

《芄蘭》二章，章六句

河廣

誰謂河廣？一葦【韋鬼反】杭【戶郎反】之。
誰謂宋遠？跂【丘豉反】予望【叶武方反】之。

《集傳》曰：賦也。葦，蒹葭之屬。杭，度也。衛在河北，宋在河南。宣姜之女，爲宋桓公夫人，生襄公，而出歸于衛。襄公卽位，夫人思之，而義不可往，故作此詩。○嗣君與父爲體，母出，絶於先君，不可以私反也。詩辭止言宋之不遠，而其守禮不敢往之意，在乎言外矣。編詩者取之，以明大義滅親，不以私害公也。

誰謂河廣？曾不容刀。
誰謂宋遠？曾不崇朝。

《集傳》曰：賦也。刀，小船也。“曾不崇朝”，行不崇朝而至也。

10 知：奎章閣本에는 “知者”.

《河廣》二章，章四句。

伯兮

伯兮朅【丘列反】兮，邦之桀兮。
伯也執殳【市朱反】，爲【于僞反】王前驅。

《集傳》曰：賦也。朅，武貌。殳，戈屬。◯王師東征，拔衛臣之尤者以從行，因升爲王臣而不返，衛人賦此詩。

自伯之東，首如飛蓬。
豈無膏沐，誰適【都歷反】爲容？

《集傳》曰：賦也。蓬華如柳絮，聚而飛，如亂髮也。膏以澤髮。沐以去垢。◯女爲悅己容，今伯不在，則無爲之容也。國有進賢之大臣，人皆自修而望其擢拔推轂，今無所恃而爲善也。

其雨其雨，杲杲【古老反】出日。
願言思伯，甘心首疾。

比而賦也。杲杲，日光也。國人日望德澤之下施，而終不可得也。言自伯之去，而人怠於修善，國闕於德政，是以思伯益切，而甘心於首疾也。【"其雨其雨，杲杲出日"，豈如《集傳》待人之辭也？】

焉【於虔反】得諼【況袁反】草，言樹之背？
願言思伯，使我心痗【呼內反】。

比而賦也。諼草，萱草也，食之，令人忘憂。【一名鹿葱，一名宜男。】背，堂後也。今以無賢爲憂，得賢則可以忘憂，故以萱草爲比。樹之背者，恐周之又取而去也，故樹之隱處，使其不知也，蓋甚惜之之辭也。《燕燕》，自諸侯進賢於天子，忠於事上，禮也；《伯兮》，自國人惜賢而慕之，欲有於其國，情也。君子以禮行，小人以情言。痗，病也。編詩者取此，以見國之榮悴係於一賢人之在亡也。

《伯兮》四章，章四句。

有狐

有狐綏綏，在彼淇梁。
心之憂矣，之子無裳。

比而賦也。綏綏，安舒之貌。狐多疑而能眩惑人，故以爲人君與將帥之譬也。將帥當以安舒爲貴，不可煩擾而遑遽，故曰"有狐綏綏"也。將帥在外，其君爲之盡心調畫，濟其所需，然後乃能成功也。若從中制御，吝惜財物、官賞，謁事而不聽，請資而不予，計其小費，而不圖大利，憚其暫勞，而不顧永寧，則雖有良將、猛卒，無所施其力矣。今憂其所無，而

重複詠歎，則可謂知其道者也。其曰“無裳”，托言之也

有狐綏綏，在彼淇厲。
心之憂矣，之子無帶。

比而賦也。厲，騍通，水深，騍而可涉處也。

有狐綏綏，在彼淇側。
心之憂矣，之子無服。

比而賦也。

《有狐》三章，章四句。

木瓜

投我以木瓜【叶攻呼反】，報之以瓊琚【音居】。
匪報也，永以爲好【呼報反】也。

《集傳》曰：木瓜，楙木也，實如小瓜，酢[11]可食。瓊，玉之美者。琚，佩玉名。○賦也。以瓊琚報木瓜，可謂厚矣。然不以爲報也，而又永以爲好耳。凡受人之恩惠者，當以十倍報之，亦不以爲旣報而止也，終其之身而有餘力，則報之又

11 酢：奎章閣本에는 “酸”.

報，十報百報而不已，又繼之以子孫。傳曰“報賜以力”，言惟力是視也，此之謂“永以爲好”也。《策》曰：“與不期衆少，期於當厄。”人在厄窘乏絶之時，雖一援之力、一飯之德，其爲賴也大矣，不可以相當而報之也，亦不可以一報而止也。彼人之力，能以報我，未可知也，報之在於幾年之後，未可知也，其不倍我，亦未可知也。以未可知而施於人，及其得報，僅乃相當，人孰[12]施之哉？施焉而不望報者，千百而不一得也，然則世無施於人者矣。緩急，人之所時有也，而世無施於人者，則何以免於難乎？編詩者取此，以爲報施之道也。

投我以木桃，報之以瓊瑤。
匪報也，永以爲好也。

賦也。瑤，美玉也。

投我以木李，報之以瓊玖【音久。叶擧里反】。
匪報也，永以爲好也。

賦也。玖，玉石也。此篇托於木瓜、瓊琚而言，故亦謂之風也。

《木瓜》三章，章四句。

《衛》十篇。

12 孰：底本에는 “熟”. 奎章閣本에 근거하여 수정.

王

《集傳》曰：文王居豐，武王居鎬，至成王，周公營洛邑，爲王時會東方諸侯之所，於是周有東西都焉。幽王嬖褒姒，生伯服，廢申后及太子宜臼，宜臼奔申。申侯與犬戎，攻幽王，弑于戲。【驪山下。】晉文侯、鄭武公迎宜臼于申而立之，是爲平王，徙居東都。王城在《禹貢》豫州太華、外方之間，北得河陽，漸冀州之南。今河南府及懷、孟等州是也。○《王風》，周東遷以後之詩也。西周之時，雖幽、厲之暴，人猶得正言直論，【若道路以目之時，則風亦不得作矣。】故多雅而少風。至于平王，人倫絶而不可正斥訟言，故有風無雅也。編詩者取之，以著周衰之故，而以其采於王城，故以《王風》名篇也。【舊說以爲降爲列國也，此大悖也。降天子而爲列侯者，誰耶？《春秋》不以周之衰微而少貶也。若貶王而降之，則是無君之說也，不亦大悖矣乎？】舊說以爲列國爲風，王畿爲雅者，非也。【雅中亦多有列國之詩也。《周禮》大師教六詩，曰風、曰賦、曰比、曰興、曰雅、曰頌。以此觀之，乃皆製作之體也。非諸侯曰風、王畿曰雅，明矣。】○延陵季子曰："美哉！思而不懼，其周之東遷乎。"

黍離

彼黍離離，彼稷之苗。
行邁靡靡，中心搖搖。

知我者，謂我心憂。
不知我者，謂我何求。
悠悠蒼天，此何人哉？

比而賦也。離離，聯比之貌。靡靡，猶惘惘也，心無所在之貌。周旣東遷，西周之地，擧而棄之，宗廟、宮室毁壞，生禾、黍，王臣行而見之，因所見而爲比。黍生於毁壞之舊址，離離自好，不知人事之悲愴，而稷又從而苗而穗而實矣。言平王立於蕩覆之餘，地區區自安，而不思所以恢復先業，其臣又從而恬嬉姑息而成之矣。守先王之宗廟、社稷，受先王之土地、人民，不能報而失之，義當燔首沈身，以自謝焉。苟有一分可復之幾，則歃血奮戈，力盡而斃可也，不宜一日自安於覆載之間，而爲其身謀也。觀《文侯之命》，平王知有其身而不知有父祖，姑保其位，而不念先業，苟懷宴安，而忘其大義，人倫喪矣，王業亡矣。僅守東都彈丸之地，自比於小國諸侯，而不知恥憤而奮發，是其於此焉，無人心矣。何其似於晉元、宋高也？詩人欲言而不敢言，故作詩以風之也。"謂我何求"者，自以偸安姑息爲得計，而笑我之求復舊業也。"悠悠蒼天，此何人哉"者，言不意天地之間，有此非人也，蓋痛惜之之辭也。以臣刺君，可乎？曰："隱風之也，非正刺之也。痛其君之不悟，而不忘匡諫，忠也，何爲不可乎哉？諱君之惡而不敢暴焉，故隱諷之也。"

彼黍離離，彼稷之穗【音遂】。

行邁靡靡，中心如醉。
知我者，謂我心憂。
不知我者，謂我何求。
悠悠蒼天，此何人哉?

比而賦也。穗，秀也。

彼黍離離。彼稷之實。
行邁靡靡，中心如噎【於結反。叶於悉反】。
知我者，謂我心憂。
不知我者，謂我何求。
悠悠蒼天，此何人哉?

比而賦也。噎，食窒喉也。

《黍離》三章，章十句。

君子于役

君子于役，不知其期，曷至哉【叶將黎[1]反】?
鷄棲【音西】于塒【音時】，日之夕矣，羊牛下來【叶陵之[2]反】。
君子于役，如之何勿思【叶新齎反】?

1 黎 : 底本에는 "黍". 《詩傳大全》에 근거하여 수정.
2 之 : 底本에는 없음. 《詩傳大全》에 근거하여 보충.

賦而比而賦也。“曷至哉”，言無限極也。塒，《集傳》曰：“鑿墻而捿也。”鷄捿于塒，則日之夕矣，而羊、牛下來矣。王畿之中，有東都，如人家之中，有鷄塒，禍亦至矣；王居于東都，如鷄之捿于塒，周室微矣。鷄捿于塒而日之夕矣，則羊、牛歸而休息，時可以休息，而不可以動作也。王居于東都，而周室微矣，則亦宜休民養士，務農訓兵，以圖恢復舊業，而今何以不然哉？乃以恢復舊業之衆，勞役於可已而不已之務，【如戍申、戍許、戍甫之類是也。】不念其先，不恤其民，其不彊於義而無謂也甚矣。其君子之亦疲而小民之窮，可知也。“如之何勿思”者，王將以是衆圖復先業，而何以不恤乎？

君子于役，不日不月，曷其有佸【戶括反。叶戶劣反】？
鷄捿于桀，日之夕矣，牛羊下括【古活反。叶古劣反】。
君子于役，苟無飢渴【叶巨列反】。

賦而比而賦也。佸，至也。桀，《集傳》曰：“杙也。”括，括囊之括，幷聚也。“苟無飢渴”，言姑息自營而不及大計也。君恬臣偸，不可爲也。

《君子于役》二章，章八句。

君子陽陽

君子陽陽，左執簧【音黃】，右招我由房。

其樂【音洛】只【音止】且【子餘反】。

《集傳》曰：賦也。陽陽，猶揚揚，得志之貌。笙、竽皆有簧，簧，管中金葉也。只且，語辭。○房中之樂，琴、瑟而已，堂上之樂，乃有笙、竽。今執簧而招我由房，則失其位而狹矣，而猶以爲樂也。平王盡棄舊業，而徧居于東都，猶以爲得計，而樂其一身之無恙也，詩人托辭而風之。當是時，文、武之德，未盡斬焉，【東遷之後，以蕞爾之地，政又不修，而至於數百年，天下之强侯、猾蠻，尙不敢攫其名位而取之，以是知文、武之德未斬於東遷之時也。】諸侯尙多服事者，據東都六百里之地，【六六三十六，爲百里之國三十六倍矣。】若輯訓其衆，以董率諸侯，其何戎之有？討讎復疆，易於反掌，顧以全軀保位爲幸，而忘申、戎之殺其父，錄其助己之功，棄其舊地，而不以爲念，詩人深痛惜之也。“招我由房”，言臣下之憤慨者，不聽其言，而招之同樂也。二章皆以“其樂只且”結之者，深歎其樂其不宜樂也。

君子陶陶，左執翿【徒刀反】，右招我由敖【五刀反】。
其樂只且。

賦也。陶陶，和樂之貌。翿，舞者所執羽也。敖，堂上之位也。舞者列於庭，今由敖，則失其位而狹矣。

《君子陽陽》二章，章四句。

揚之水

揚之水，不流束薪。
彼其【音記】之子，不與我戍申。
懷【叶胡威反】哉懷哉，曷月予還【音旋[3]】歸哉？

興也。揚之水，小水也。小水不能駕涵沙石，而平流激揚而行也。以水微弱，則不流束薪，興王室微弱，則不可戍申也。"彼其之子，不與我戍申"，隱語也。申侯弑幽王，在平王爲不共戴天之讎也。不可以外祖之親而滅天性之倫，今德其援立己也，以討逆復讎之師，而又爲之戍衛。是知有身而不知有倫，知有母而不知有父，禽獸之道也。以天子之民，下爲諸侯之役，一擧而君臣、父子之道滅焉，欲言則不可，不言則不忍。故爲隱語，若曰"我之所親，不同來而懷之"，以掩其旨，而其旨則實曰"有識君子，不與我戍申"之義也，誠服其義而念之也。"曷月予還歸哉"，冀幸王之悔悟也。《集傳》曰："申，姜姓之國，平王之母家也，在今鄧州。以其近楚，故以周民戍之，戍者作此詩。"

揚之水，不流束楚。
彼其之子，不與我戍甫。
懷哉懷哉，曷月予還歸哉？

3 旋：底本에는 "施".《詩傳大全》에 근거하여 수정.

興也。甫、許，皆申之近國，而與申同姓，爲申故戍之也。《集傳》曰：“甫卽呂也，未詳其地。”

揚之水，不流束蒲【叶滂古反】。
彼其之子，不與我戍許。
懷哉懷哉，曷月予還歸哉？

興也。《集傳》曰：蒲，《春秋傳》所云“董澤之蒲”，可以爲箭也。甫、許，皆姜姓。許在今潁昌府 許昌縣，是也。

《揚之水》三章，章六句。

中谷有蓷

中谷有蓷【吐雷反】，暵【呼但反】其乾矣。
有女仳【匹指反】離，嘅【口愛反】其嘆【土丹反】矣。
嘅其嘆矣，遇人之艱難矣。

《集傳》曰：興也。蓷，鵻也，卽今益母草也。○暵，日暵也。仳，違也，仳離，見棄於夫也。“中谷有蓷”，言中德之君子，爲理世之藥石，而不見取焉也。平王之時，亦非無君子之進言者，而不見聽焉。故以中谷之蓷暵乾而棄之爲興，而以女仳離託言也。“遇人之艱難”，歎其時之昏而運之否也。

中谷有蓷，暵其脩【叶式竹反】矣。
有女仳離，條其歗【叶息六反】矣。
條其歗矣，遇人之不淑矣。

興也。脩，《集傳》曰：乾之甚而爲脯也。條，歗貌，歗，蹙口出聲也。“遇人之不淑”，歎其君之懦而國之悴也。

中谷有蓷，暵其濕矣。
有女仳離，啜【張劣反】其泣矣。
啜其泣矣，何嗟及矣？

興也。暵乾而復濕，則腐敗而棄之矣。“何嗟及矣”，歎其言不用而事已敗，無復可爲者也。

《中谷有蓷》三章，章六句。

兎爰

有兎爰爰，雉離于羅。
我生之初，尙無爲【叶吾禾反】。
我生之後，逢此百罹【叶良何反】，尙寐無吪。

《集傳》曰：比也。兎性陰狡，雉性耿介。爰爰，寬緩自適之意。罹，憂也。尚寐之尙，猶幸也。吪，動也。○兎爰雉離以比小人得意而君子見禍也。“我生之初，尙無爲”，追憶宣王之中興，而痛平王之不能也。無爲，猶言無事也。“尙寐無吪”，不如速死之爲幸也。平王之時，亦非無君子，而言不見用，身且受殃，或卷而違去，或默而取容。故朝廷無人，而國事日非。《策》曰：“國亡者，非無賢人。”觀《王風》諸篇，先王之教未遠，而在寢之賢士多矣。編詩者取《中谷》《兎爰》二篇，以見平王之不能用賢，故衰微不振也。二南，以用賢而賢人蔚興，《王風》，以不用賢而賢人遁藏。《周書》以造哲爲格知天命，其意若曰用哲人之謀，卽是順天命也。《易》曰“天地閉，賢人隱”，以賢人之用舍，知國事之興替、天運之通塞矣。其機如轉環，不可忽也。

有兎爰爰，雉離于罦【音孚。叶步廟反】。
我生之初，尙無造。
我生之後，逢此百憂【叶一笑反】，尙寐無覺【居孝反。叶居笑反】。

比也。造，亦爲也。覺，寤也。

有兎爰爰，雉罹于罿【音衝】。
我生之初，尙無庸。
我生之後，逢此百凶，尙寐無聰。

比也。罦、罿，皆罟也。庸，用也，用事也。無聰，無聞也。

《兎爰》三章，章七句。

葛藟

綿綿葛藟【九軌反】，在河之滸【呼五反】。
終遠【于萬反】兄弟，謂他人父【夫矩反】。
謂他人父，亦莫我顧【叶果五反】。

興也。綿綿，長而不絶之貌。岸上曰滸。綿綿葛藟之綢繆相纏，乃在河之滸，河之滸，非葛之所宜有也。葛背山而在水，則悴而不殖矣。疏其兄弟而親附非類，如葛藟之綢繆於河滸矣。平王之時，姬姓之國，匝於畿外，舅叔之邦，列於服內，若以禮親之，以義帥之，將如身之使支，無所不可，何憂乎復業？何有於戎蠻？顧乃疏棄兄弟，屛遠舅叔，不與之圖猷王室，而惟戎與秦【亦本西戎也。】之是仗是寵，擧西周八百里之舊土而屬之。非我族類，其心必異，懼其不賴於力而反速於禍，阻絶諸侯之心而自翦其羽翼，務樹仇敵而輟其藩屛，周業遂喪而不可爲矣，《葛藟》之所爲作也。

綿綿葛藟，在河之涘【音俟。叶矣、始二音】。
終遠兄弟，謂他人母【叶滿彼反】。
謂他人母，亦莫我有【叶羽已反】。

興也。水涯曰涘。有，《左傳》“不有寡君”之有也。

綿綿葛藟，在河之漘【順春反】。
終遠兄弟，謂他人昆【叶古均反】。
謂他人昆，亦莫我聞【叶微勻反】。

興也。夷上洒下曰漘。不欲聞我之事，則尤秦、越矣。

《葛藟》三章，章六句。

采葛

彼采葛【叶居謁反】兮，
一日不見，如三月兮。

比也。以葛之繆纏附物，比小人之締結諂附也。國家之將興，慕君子，如渴求飮；國家之將亡，愛小人，如瞽有[4]相。彼，外之之辭也。“一日不見，如三月兮”，親愛之甚，不能暫舍也。《中谷》《兎爰》之所以憂歎者，以有《采葛》也。《葛藟》，棄親而卽讎也；《采葛》，惡直而喜佞也。衆人之所好而惡之，衆人之所惡而好之，上之好惡，與衆相反，而危亡至矣。

4 有：奎章閣本에는 “在”.

彼采蕭【叶疏鳩反】兮，
一日不見，如三秋兮。

比也。蕭、艾，易生而難除，害於良苗，故以比小人也。

彼采艾兮，
一日不見，如三歲兮。

比也。

《采葛》三章，章三句。

大車

大車檻檻，毳【尺銳反】衣如菼【吐敢反】。
豈不爾思？畏子不敢。

《集傳》曰：賦也。檻檻，車行聲。衣繪五色，其青者如菼。〇毳衣，諸侯之命服也。"豈不爾思"，思大車毳衣之人也。子，婦人稱其夫之辭。王臣有見諸侯之賢者，而欲從之，行其所學，而禮有侯臣升爲王臣，而無王臣降爲侯臣。故托爲婦人之辭，曰"畏子不敢"也。

大車啍啍【他敦反】，毳衣如璊【音門】。

豈不爾思？畏子不奔。

《集傳》曰：賦也。啍啍，重遲貌。璊，玉赤色。

穀則異室，死則同穴【叶戶橘反】。
謂予不信，有如皦【古了反】日。

《集傳》曰：賦也。穀，生也。穴，壙也。皦，白也。○生則不能與之同事，而死則與之同歸也，言所處異位，不得如君之爲善，而欲善之心則同也。"有如皦日"，自誓其守死善道，而不易其志也。國無道，至死不變，君子之强也。【《集傳》曰："生不得爲夫婦，而死則合葬。"世豈有是事乎？何乃堅欲滅夫婦之倫耶？亦獨何心？】

《大車》三章，章四句。

丘中有麻

丘中有麻，彼留子嗟。
彼留子嗟，將其來施施【叶時遮反】。

比而賦也。麻，可績以爲衣者也；麥，穀之可食者也；李，果之可食者也。周之大夫，見諸侯之國有賢士，思欲升爲王臣，共輔王室。而其國有君可事，王室無主可輔，賢士不肯去其可事之君，而就不可輔之王。故以"丘中有麻"爲比，而言"彼留子嗟”也。將，望於他日之辭也。施施，喜悅之意，庶望其來就，冀幸王之或改也。若主之爲帛爲錦，則其將舍麻而來矣；爲稻爲粱，則其將舍麥而來矣；爲棗爲栗，則其將舍李而來矣。

丘中有麥，彼留子國。
彼留子國，將其來食。

比而賦也。“將其來食”，言舍衆而來食於我也。子嗟、子國，假設其字也。嗟，嗟其人之賢也；國，言其國之有君也。

丘中有李，彼留之子【叶獎里反】。
彼留之子，貽我佩玖【十擧里反】。

比而賦也。之子，子嗟、子國也。“貽我佩玖”，言終不得其來而贈我佩玉也。不來者，以王之不改也，贈佩者，與我之賢也。《大車》，賢者厭王之昏而求君於外也；《丘麻》，賢者畏王之昏而不來也。 上有《采葛》之君，則下有《大車》《丘麻》之士矣。

《丘中有麻》三章，章四句。

《王》十篇。

二南，以著周之所以興也，周之所以興，亦百世之所以興也。《王風》，以著周之所以衰也，周之所以衰，亦百世之所以衰也。《書》云"與治同道，罔不興，與亂同事，罔不亡"，後之君子，其可鑑也已。夫以晉元之懦、宋高之昏，猶得保守偏邦，累世而不失者，非其有以自致也，祖宗之德，未泯也。晉平吳，不血刃而下之，宋取江南，不戮一人，天道食其報焉。是故晉元之懦而繼清談之弊，然有劉弘、祖逖、溫嶠、陶侃，陳力於內外，而國賴以存；宋高之昏而姦臣接踵而起，然有李綱、宗澤、岳飛、吳玠諸文武，效忠扞衛，而國以久傳。地褊君闇，而以有人材，故賴焉。余讀《王風》，何其主之昏而賢者之衆也？東周之以小國諸侯之地，久傳於春秋、戰國强弱啖食之際者，吾有以知之矣。武王伐紂，而拯其民於水火之中，周公誅武庚，遷殷之頑民而化之，其深恩厚澤之所存，固宜食其報也。

지은이 **심대윤(沈大允)**

1806(순조6)~1872(고종9). 조선 후기의 학자로 본관은 청송(靑松), 자는 진경(晉卿), 호는 백운(白雲)·석교(石橋)이다. 당쟁에 연루되어 집안이 쇠락한 탓에 출사를 포기하고, 생계를 위하여 나무 반상(盤床)을 제작하는 공방과 약방을 운영하기도 하면서 경전 연구와 저술에 몰두하였다. 40여 책의 경학 저술을 포함하여 역사와 경세(經世)에 걸쳐 110여 책을 저술하였다. 그의 학문은 이(利)를 종지(宗旨)로 삼고 현실 지향적이었으며, 경서 전반에 걸쳐 새로운 해석을 제시하여 독자적인 체계를 이룩하였다. 저서로 《복리전서(福利全書)》, 《한중수필(閒中隨筆)》, 《동사(東史)》, 《전사(全史)》, 《주역상의점법(周易象義占法)》, 《서경채전변정(書經蔡傳辨正)》, 《예기정해(禮記正解)》, 《의례정론(儀禮正論)》, 《주례산정(周禮刪正)》, 《좌전정론(左傳正論)》, 《효경산정(孝經刪正)》 등등이 있다.

옮긴이 **성원규(成元圭)**

1984년 서울에서 태어났다. 단국대학교 한문교육과를 졸업하고, 고려대학교 국어국문학 석사 과정을 수료하였다. 한국고전번역교육원 연수부 과정을 졸업하고, 현재 해동경사연구소 연구원으로 재직하고 있다.

옮긴이 **윤은숙(尹銀淑)**

1957년 인천에서 태어났다. 덕성여대 경영학과와 방송통신대 중문학과를 졸업하였다. 민족문화추진회(현 한국고전번역원) 연수부와 일반연구부 과정을 마치고 현재 해동경사연구소 연구위원으로 일하고 있다. 번역서로는 〈자치통감강목(4-14)〉(공역)이 있다.

옮긴이 **김형석(金炯奭)**

1967년 서울에서 태어났다. 대학에서 전자공학과 중어중문학을 공부하였고, 한국고전번역원 연수부를 졸업하였다. 현재 해동경사연구소 연구원으로 재직하고 있다.

특수고전협동번역사업(경전주석서) 연구진

연구책임자 성백효(해동경사연구소 소장)

공동연구원 신영주(성신여자대학교 한문교육과 교수)

연구원 윤은숙

김형석

성원규

시경집전변정 1

심대윤 지음 | 성원규 · 윤은숙 · 김형석 옮김

2021년 6월 30일 초판 1쇄 발행

편집 · 발행 학자원

등록 2011.4.6 제2011-14호

주소 (05355) 서울시 강동구 천호대로 1121

전화 02-6403-1000 | 팩스 02-6338-1001 | 이메일 hakjaone@daum.net

값 35,000원

ISBN 979-11-6247-215-6 94810

979-11-6247-214-9 (세트)